마음에게 들려주는
101가지 이야기

- 은유를 사용한 심리치료 -

George W. Burns 저
김춘경 · 배선윤 공역

WILEY

학지사

역자 서문

이 책은 조지 W. 번스(George W. Burns)의 *101 Healing Stories Using Metaphors in Therapy*(2001)를 번역한 책이다. 역자는 번스가 이후에 쓴 『어린이와 청소년을 위한 마음을 치유하는 101가지 이야기(*101 Healing Stories Using Metaphors in Therapy for Kids and Teens*)』(학지사, 2009)를 먼저 번역하였다. 은유를 활용한 치유적 이야기에 관심을 가지고 연구하던 중 번스의 책을 읽게 되었고, 은유치료를 소개하고 계속 발전시키기 위해 번역할 필요가 있다고 생각했다.

처음에는 두 권의 책을 모두 번역하지 않고, 두 책 중 더 필요한 책을 소개하고 싶었다. 아동과 청소년 상담을 주로 하다 보니 어린이와 청소년을 위한 치유 이야기가 더 많이 필요하다고 판단한 것이다. 또한 두 번째 책이 첫 번째 책의 내용을 요약해서 담고 있고, 좀 더 발전시켰기에 두 번째 책을 선정했다.

『어린이와 청소년을 위한 마음을 치유하는 101가지 이야기』를 읽은 사람들의 반응은 매우 좋았다. 상담사로 일하는 사람, 상담을 가르치는 사람, 상담을 배우는 대학원 학생, 평생교육원생 등 기대하지 못했던 사람들에게서 이 책을 통해 상담에 관한 많은 것을 배웠다는 이야기를 듣고 기뻤다. 대학원에서 이 책으로 문학치료를 가르쳤다는 한 교수도 이 책 덕분에 매우 재미있는 수업을 할 수 있었다고 했고, 이 책을 읽고 문학치료를 더 공부하고 싶어서 문학치료학과 박사과정에 응시한 학생도 만나게 되었다. 그들은 좀 더 많은 치유적 이야기를 원했고, 이제는 우리가 찾고 만들어야 한다고 말했다. 하지만 역자의 마음 한편으로는 또 다른 치유적 이야기도 소개하고 싶은 마음이 들었다. 그사이 번스도 이미 은유적 언어의 치유적 힘을 제시한 사례집을 『이야기로 치유하기(*Healing with Stories*)』(학지사, 근간)라는 책으로 편집하여 출판하였기에 내친김에 치유적 이야기에 관한 번스의 책을 시리즈로 모두 번역하기로 결심했다.

이야기와 은유가 얼마나 큰 치료적 효과를 낼 수 있는지에 대해서는 『어린이와 청소년을 위한 마음을 치유하는 101가지 이야기』 역자 서문에서 이미 충분히 밝힌 바 있다.

상담과 심리치료 분야에서 언어와 은유에 대한 강조가 지금만큼 있었던 적은 없었던 것 같다. 가장 일선에 서서 내담자를 만나는 임상 치료에서부터 가장 어려운 철학이며 사상이라고 하는 포스트모더니즘의 시대정신에까지 언어와 은유에 대해 말하지 않는 분야는 거의 없다. 이제 언어와 은유가 인간 본성의 일부임을 부인하는 학자나 전문가들은 없을 것이다.

번스가 말하는 은유는 수사학적인 기법에 국한되지도 않고, 포스트모더니즘에서 말하는 난해한 은유적 특성에 기울어져 있지도 않다. 그는 '이것으로 저것을 나타낸다.'는 가장 기본적인 은유의 원칙을 통해 강력한 치료 기법을 보여 주고 있다. 그는 은유를 관념의 대변자로도, 미학적 수사로도 보지 않고, 다만 인간이 자신의 문제와 자원을 볼 수 있는 길을 여는 열쇠로 사용하면서 은유의 힘을 여실히 보여 주고 있다.

역자는 오랫동안 내담자들을 대해 오면서 여러 가지 기법을 절충하여 사용해 왔다. 『어린이와 청소년을 위한 마음을 치유하는 101가지 이야기』의 역자 서문에서도 밝힌 바와 같이, 수많은 치료적 작업을 거치면서 가장 목말랐던 것은 내담자 한 사람 한 사람에게 꼭 맞도록, 마치 그들만을 위해 고안된 것 같은 치료적 기법이었다. 어떤 전형적인 틀에 맞춘 특정 학파의 도그마에 따르는 것이 아니라, 내담자의 본질과 그 내담자가 바라는 결과에 맞는 맞춤형 치료적 기법은 상담과 심리치료를 하는 모든 이들이 궁극적으로 바라는 것일지도 모르겠다. 번스 본인의 말대로 은유치료가 모든 것을 해결하는 만능열쇠는 아니다. 하지만 인간이 지닌 언어적 본능과 언어가 지닌 은유적 특성은 현대의 상담과 심리치료 종사자들에게는 마치 숨겨진 엘도라도와 같은 가치를 지니고 있다고 감히 말하고 싶다.

특히 우리나라를 비롯한 인도, 중국, 일본 등지의 동양의 고맥락 사회의 민족들은 기존 서양의 심리치료 기법들에 여전히 큰 저항을 보이고 있다. 이런 시점에서 노출을 꺼려하고 예로부터 은유적 의사소통에 익숙한 이런 민족들에게 이야기를 통한 은유치료는 상당히 긍정적인 영향을 미치리라고 본다. 실제로 책 본문에는 번스가 티베트나 중국 등지에서, 혹은 동양의 경서에서 채록한 이야기들이 수정된 모습으로 등장하기도 한다. 한 가지 아쉬운 점은 이런 치료적 이야기의 역사적 시발점은 분명 우리나라나 인도와 같은 동쪽의 민족들인데, 그것을 치료적 기법으로 활용한 것은 지구의 반 바퀴나 돌아서 있는 호주라는 낯선 곳이었다는 사실이다.

이 책에 실린 101가지 이야기와 그 활용법은 내담자들이 자신의 이야기를 어떻게 은유적으로 풀어내는지, 또 그런 은유들이 어떤 힘으로 내담자를 변화시키는지, 번스 자신이 세계 여러 곳을 여행하면서 수집한 이야기 속에 내재된 치료적 힘을 보여 준다.

인간은 누구나 자신의 상처나 그림자를 드러내기 힘들어한다. 그 상처나 그림자로 인한 고통이 삶에 지배적일 경우는 더욱 그러하다. 몸에 난 작은 상처조차도 내 손으로 직접 다스리기는 어렵다. 번스가 사용하고 있는 은유 이야기는 이런 사람들이 자기 상처나 그림자를 감싸서 고통을 줄이면서도 자기 모습에서 적당한 거리를 유지하여 스스로를 치료할 수 있는 길을 열어 준다.

책을 번역하고 여러 번의 교정 작업을 하는 내내, 이 책 속에 실린 이야기 속 구석구석에서 거울처럼 비치는 본인의 모습을 얼마나 자주 확인했는지 모른다. 물론 문화적 차이나 사회적 가치관의 차이로 인해 접근하기 힘든 이야기도 있다. 그런 점들이 아쉽기도 하면서, 한편으로는 우리나라에서도 많은 은유 이야기가 채록되고 만들어져서 풍부한 치료적 자산으로 쓰일 수 있기를 희망한다.

우리나라는 예로부터 신화의 나라였고, 많은 이야기들이 전해지고 있다. 역사적으로 수많은 굴곡을 겪으면서 그 신화들이 퇴색되고 이야기들도 많이 소실되고 변질되었지만, 여전히 치료적 힘을 지닌 이야기들은 남아 있을 것이다. 번스가 집필한 책을 소개하는 것이 앞으로 그러한 작업을 위한 선행 작업이 되어 우리 고유의 힘을 지닌 은유 이야기가 쏟아지고, 여러 임상과 교육 그리고 모든 관계 내에서 은유 이야기의 힘을 다시 한 번 확인하는 계기가 되기를 바란다.

책을 번역하면서 곁에서 함께 은유 이야기의 치료적 힘을 확인해 온 지인들과 학생들에게 고마움을 전한다. 번스의 책이 우리나라에 소개될 수 있도록 도와주신 학지사 김진환 사장님과 꼼꼼한 편집과 교정으로 도움을 주신 편집부 담당자께도 감사드린다.

2010년 4월
역자 일동

추천사

비가 내렸다. 계속해서 내리고, 또 내리고, 죽어라 퍼부어 댔다. 마치 하늘이 뚫린 것처럼. 홍수가 일어나기 시작했다. 한 성자가 주변을 둘러보며 이 비가 신의 계시일 거라고 생각하고 있었다. 아무리 비가 쏟아져도 자기는 무사할 거라고 믿었다. 문 앞에 서 있는데, 물이 집을 덮쳤고, 한 남자가 노를 저으며 다가와 말했다. "성자시여, 그렇게 계시면 안 됩니다. 제 배에 오르소서." 성자가 대답했다. "난 신의 사람이오. 신께서 날 물에 빠지게 하실 리가 없소. 다른 죽어 가는 영혼들을 먼저 구하시오." 그 사람은 배를 저어 가 버렸다.

홍수는 계속되고, 성자의 집 1층까지 물이 차올랐다. 성자는 2층 침실로 올라가 가만히 보고 있었다. 곧이어, 또 한 사람이 배를 저어 와서 창문 쪽으로 오더니 "성자님, 위험합니다. 제 배에 오르셔야 합니다."라고 말했다. 성자는 다시 거절했다, 이렇게 말하면서. "신께서 날 물에 빠지게 하실 리가 없소. 난 신의 종이며, 신의 소리요. 어서 가서 구해 주어야 할 사람을 구하시오." 그러자 그 사람도 가 버렸다.

비는 계속 내렸고, 물은 성자의 지붕까지 차올랐다. 물이 집을 완전히 덮어 버리자, 성자는 굴뚝으로 기어 올라갔다. 곧이어 헬리콥터가 날아와 그에게로 다가오더니 확성기에서 말이 울려 나왔다. "성자시여, 밧줄을 내려 드릴 테니 그걸 붙잡고 올라오십시오." 성자가 대답했다. "신께서 날 빠져 죽게 하실 리 가 없소. 도움이 필요한 다른 사람을 구하시오." 헬리콥터도 날아가 버렸다.

비는 계속 왔고, 물은 자꾸 차올랐고…… 성자는 빠져 죽었다.

그 성자가 천국에 가서 신을 만나자 이렇게 물었다. "신이시여, 어찌하여 저 를 빠져 죽도록 내버려 두셨습니까? 평생토록 몸과 마음을 다해 당신께 봉사하 지 않았습니까? 제 전 생애를 당신의 위대함에 헌신하고 당신의 말씀을 알리려 고 하지 않았습니까? 도무지 알 수가 없나이다. 왜 저를 빠져 죽도록 하셨습니 까?"

신이 대답했다. "한심하기 짝이 없구나! 내 그대에게 배도 두 대나 보내 주 었고, 헬리콥터까지 보내 주었거늘."

가끔은 코앞에 해결책이 있는데도 등잔 밑이 어둡거나 초점을 다른 데 두느 라 알아채지 못하거나 적용하지 못하기도 한다. 예를 들자면, 일상 속에서 우 리 주변에는 단지 존재하는 것만으로도 우리에게 문제를 해결하는 법, 긍정적 이고 효과적인 방식으로 타인과 좋은 관계를 맺는 법, 골치 아픈 삶의 국면을 잘 처리하는 법 등을 우리에게 보여 주는 훌륭한 사람들이 많다. 사람들은 저 마다 본보기가 될 만한 기술이나 자원들을 갖고 있어서, 우리가 배우려고 마음 만 먹으면 그들 모두가 인생에 도움이 될 수 있다. 사람들의 삶에는 저마다 전 해 줄 만한 이야기가 있다. 그걸 깨달을 수 있는, 또 그걸 이야기할 수 있는 시 간만 가지고 있다면 말이다.

조지 번스(George Burns)는 이 책을 통해 우리에게 여러 자원과 기술에 대해 들려주면서 우리가 그의 지혜 속에서 배우고 도움을 받을 수 있는 멋진 기회를 제공하고 있다. 번스는 사람에 관한 한 예리한 관찰자인데, 우리에게 이야기를 전하는 부드러운 방식을 보면 그가 얼마나 감수성이 풍부하고 예민한지를 바로 알 수 있다. 그는 이야기하기가 왜 생각을 전하고, 기술을 가르치고, 대개는 스스로가 만들어 내는 절망의 사슬에 매인 사람들에게 믿음을 줄 수 있는지를 이해할 수 있는 틀을 제시해 준다. 사람들이 제대로 살 수 있도록 자유롭게 해 주는 것이 번스의 뚜렷한 목표이므로, 그의 이야기들은 변화를 가능하게 하고, 다양한 시각으로 문제를 볼 수 있게 하며, 다양한 수준에서 해결책을 가져오도록 함에 있어 가장 중요한 것을 할 수 있게 해 주는 도구들이다. 번스는 독자 혹은 청자에게 힘을 부여하여, 판에 박힌 삶의 경험이라 해도 그 속에 원래부터 내재된 슬기를 볼 수 있게 한다.

심리치료에서, 특히 최면 임상가에게 있어서, 은유의 사용은 치료의 주요 요소가 되었다. 한 사람이 듣고 영감을 받아 자기 삶의 어떤 면을 바꿀 수 있었던 이야기가 왜 다른 사람에게는 아무 영향을 미치지 못하는지에 대한 연구는 아직 더 진행되어야 한다. 타인의 경험이 잠재적 교육의 도구가 될 수 있도록 하는 요인에는 어떤 것들이 있는가? 번스는 이런 연구과제와 여타의 중요한 물음을 숙지하여 이야기하기 기법이 좀 더 집중적이고 효과적인 개입 수단이 되도록 하는 방법에 대한 여러 귀중한 단서와 지도안을 제공한다.

번스가 여러 은유적 배와 헬리콥터를 보내 주어 우리에게 기회를 준 것에 진심으로 감사한다.

마이클 D. 얍코(Michael D. Yapko), PhD
캘리포니아 솔라나 해변에서

들어가며

"옛날 옛날에……." 하루가 저물고 어머니가 머리맡에 앉아 이 말을 해 줄 때면, 나는 좋아서 어쩔 줄을 몰랐다. 이 다섯 글자가 날 사로잡아 앞으로 어떤 일이 일어날까 하는 기대감은 커져만 갔다. 어디로 가게 될까? 환상 속으로 여행을 떠나게 될까, 아니면 상상의 바다를 헤엄쳐 나가게 될까? 지난번 갔던 곳에 나를 데리고 가는 걸까? 내 마음의 문을 열어 여태껏 몰랐던 경험을 하게 할까? 공포, 슬픔, 기쁨, 흥분 같은 감정을 일으키게 될까? 이불을 끌어당기면서, 눈을 꼭 감고, 미지의 여행을 탐험한다는 기대감을 즐겼다.

그런 시간들은 특별했다. 이야기를 나누는 동안은 아무에게도 방해받지 않는 시공이라는 아주 은밀한 뭔가가 있었다. 각각 자기만의 세계에 어느 정도 고립되어 있는 두 사람의 북극 탐험가처럼, 이야기를 듣는 사람과 하는 사람 간에 어떤 결속이 있었고, 둘만이 공유할 수 있는 경험이 우리를 은밀하게 엮어 주기도 했다.

어머니가 나에게 읽어 주셨던 이야기의 내용은 이제 기억의 저편으로 사라져 버렸지만, 그 경험은 행복과 친근함, 특별하다는 느낌으로 그대로 남아 있다. 어머니는 문학을 무척 좋아하셨다. 어머니는 누나와 나에게 어린이 문학 작품을 읽어 주셨는데, 그 이야기들은 미국에서 유럽으로, 호주로 이어졌다. 우리가 자라면서 어머니는 이야기로 들려주셨던 것을 귀로만 듣는 게 아니라 눈으로도 볼 수 있게 무언극이나 연극을 보여 주셨다.

아버지의 이야기는 사뭇 달랐다. 아버지의 이야기는 삶에서 나온 것이었다. 아버지의 손에는 책이 아니라 연장이 들려 있었다. 아버지는, 라이트 형제가 최초로 하늘을 날기 전에 태어나셨고, 요즘이라면 한창 공부할 나이에 세상의 반을 돌아다니면서 장사를 하셨다. 호주의 오지에 있는 농장에서 일을 하셨고, 도로 보수반에서도 일을 하셨고, 뱀 껍질을 벗겨 벨트를 만드는 일도 하셨고, 얼마 되지도 않는 전 재산을 화재로 잃은 적도 있었다. 아버지는 비극과 승리, 비통함과 성취, 도전과 해결의 이야기를 해 주셨다. 아버지의 이야기는 그 당시에는 이해할 수 없었던 독특한 방법으로 인간 정신 내적 자원의 무궁무진함과 경이로운 능력에 대해 가르쳐 주었다.

나는 부모님으로부터 이야기에 대해 많은 것을 배웠고, 그때 배웠던 어떤 이야기는 어른이 된 지금도 기억에 남아 있다. 어른이 되고, 부모가 되고, 사회에 발을 들이면서 그 이야기들은 내 삶을 풍요롭게 해 주었다. 나의 아내, 자식들, 손자들과의 친밀한 결속을 다지게 해 주었다. 그 이야기들은 치료사로서의 내 삶 속에서도 윤택하고 중요하며 영향력 있는 역할을 한다. 이야기가 없다면 우리는 모두 더 궁핍해질 것이며, 이야기 없이는 생존에 필요한 기술이나 지식을 개발할 방법을 생각해 내기 힘들 것이다. 이야기는 우리 인간의 진화에 없어서는 안 될 요소다. 또 이야기가 삶의 그런 핵심 부분이라면, 치료에 있어서도 핵심 요소라는 것은 논리적이고 당연하지 않겠는가?

살만 루슈디(Salman Rushdie)[1]의 소설 『무어의 마지막 한숨(*The Moor's Last*

---

[1] 인도의 수필가, 소설가이면서 MIT 공대 명예교수다. 『무어의 마지막 한숨』 외에 『하룬과 이야기 바다』 『악마의 시』 등을 집필했다. 그의 서사 방식은 신화와 환상과 현실이 혼합되어 나타나는 마술적 사실주의와 관련이 깊다(역자 주).

Sigh)』에서, 등장인물 중에 하나가 이런 말을 한다. "우리가 죽을 때 남기는 것은 이야기뿐이다." 우리는 이야기를 가지고 태어난다. 우리의 어머니가 우리를 처음 보듬어 안고 부드럽게 흔들면서, 포근한 목소리로 말을 해 주는 동안, 우리는 사랑의 이야기를 배운다. 자라면서, 우리는 가치관과 도덕, 사회적 기대치를 가르쳐 주는 이야기를 읽게 된다. 우리가 듣게 되는 이야기들은 우리 삶을 형성하기 시작하고, 반대로 우리가 말하는 이야기들은 우리가 누구인지를 밝혀 준다. 방과 후 학교에서 집으로 돌아오는 길에서도 우리는 교실이나 운동장에서 겪은 이야기를 한다. 우리가 어린 시절을 뒤안으로 물리고 젊은이의 책임감을 가지게 되어도 이야기를 내버리지는 않는다. 학생 때 했던 것처럼, 우리는 일터에서도 이야기를 안고 집으로 돌아온다.

이러한 이야기들은 몇 가지 기능을 제공해 준다. 일어난 사실을 이야기할 뿐만 아니라 우리 자신과 우리가 겪었던 것들, 우리의 인식, 우리의 세계관 등에 대한 것들을 전해 주기도 한다. 이야기는 우리가 인식하고 세계와 상호작용하는 방식을 형성하는 것과 마찬가지로, 몇 년이나 지난 뒤에도 삶의 여정에서 다시 떠올라 전율과 승리감으로 우리 자신의 근본적인 면을 드러내 보여 준다. 우리는 사라진다 해도 우리의 이야기는 그대로 남아 있다.

이 책이 제공하는 것

치료에서 효과적인 은유의 사용을 개발하려면 두 가지 중요한 요소가 있어야 한다. 첫째는 기술이다. 화가가 원근법과 색깔, 명암 등을 필요로 하듯이 이야기꾼도 청자를 매료시키고, 문제와의 동일시를 용이하게 하고, 해결책을 찾도록 참여시키는, 치료적 이야기를 구성하기 위한 원칙들을 알아야 한다.

둘째는 기법이다. 기법은 숱한 그림들 속에서도 하나의 그림을 눈에 띄게 만들어 주고 감동을 이어 갈 수 있게 해 준다. 마찬가지로, 내담자에게 가장 유익한 이야기들은 매력과 의미를 모두 보여 주는 방식으로 전달되고 내담자의 입맛에 딱 맞춘 것이다.

이 책은 내가 주관하는 은유 워크숍에 참여하는 실습생들의 요청으로 나오게 되었다. 학생들은 효과적인 치료적 의사소통의 기술과 기법을 모두 배우고 싶어 했다. 워크숍 훈련에서 가장 많이 들었던 두 가지 질문은 "어떻게 해야 효과적으로 내담자를 매료시키는 이야기를 할 수 있나요?"와 "적절한 이야기를 만들어 내는 소재와 자료들을 어디에서 찾으시나요?"다.

이 책은 이런 질문들에 대한 실천적 과정을 제시하고 있다. 어떻게 효과적으로 이야기를 하고, 어떻게 은유적으로 만들고, 어디에서 치료적 이야기 자료를 찾는지 보여 줄 것이다. 이야기를 전달하고 내담자를 푹 빠지게 만들고 치유과정의 문을 여는 데 이야기꾼의 목소리를 가장 효과적으로 사용하는 지도안을 제시하였다. 이 책은 이런 실천적 과정을 통해서 여러분 자신의 경험뿐만 아니라 다른 자료들에서까지 은유적 이야기를 만들어 내는 방법에 대하여 여러분을 찬찬히 안내해 줄 것이다.

내 실습생들과 동료들은 내가 치료에 사용했던 많은 이야기를 실을 수 있도록 허락해 주었다. 어떤 면에서 보면 나는 이야기 수집가란 생각이 든다. 이야기는 오래도록 강력하면서도 미묘한 교육과 치유의 능력으로 나를 매료시켜 왔다. 그래서 나는 아시아, 유럽, 아프리카, 호주, 미국 등지를 여행하면서 이야기를 모으게 된 것이다. 내담자들에게서도 비극적이거나 성공적인 이야기들을 들었고, 그들 삶의 경험에서도 배웠다. 어른들에게 있는 제약이나 구조 같은 것이 전혀 없는 내 자식들과 손자들에게서 독창적이고 상상력 넘치는 이야기들을 들었다. 태평양에 떠 있는 섬이든, 히말라야의 저 높은 곳이든, 조그만 마을이든 이야기꾼이 있는 곳이라면 언제나 자리를 같이했다. 그들의 기법을 관찰하고 그들이 전하는 메시지에 젖어들면서……. 나는 또 명시집과 민담, 아이들의 책, 이메일 안에서도 눈에 띄는 은유 내용을 찾았다. 여느 수집가들처럼, 나도 별로 가치가 없는 것들은 버리는 법을 배우고 고유한 장점이 되는 것들은 살찌웠기를 바란다. 나는 여러분들이 이 과정을 따르기를 권한다. 여러분이 여기서 읽게 되는 이야기들뿐만이 아니라 향후 만나게 되는 모든 것들에서도.

숙련된 치료사들에게는 이 책이 뜻깊은 치료적 은유를 구성하도록 하는 새로운 이야기의 다양한 단초들을 보여 줄 것이다. 독자들은 이 책을 통해 기술을 연마하고, 의사소통을 강화하며, 효율성을 높일 수 있는 테크닉을 얻게 될 것이다.

치료적 은유의 가능성에 이제 갓 눈뜬 초보 치료사들에게는 이 책이 단계별 과정과 사례, 어떤 치료적 배경 그리고 치료에서 바로 쓸 수 있는 치료적 이야기의 풍부한 자료 등을 제공할 것이다. 또한 이 책은 은유를 적용하는 방법에 대한 것을 가르쳐 줄 뿐만 아니라 치료적 의사소통의 기법과 변화의 과정, 결말을 촉진시키는 보상 등에 관한 능력도 길러 줄 것이다.

'치유적 이야기'에 대한 한두 마디

이런 은유적 이야기들을 '치유적 이야기'라고 부르는 것은 내가 '치유'라는 말을 넓은 의미로 정의하고 있기 때문이다. 서양에서 '치유'란 말이 신체적 질병을 치료하거나 신체적 문제를 낫게 하는 맥락에서 가장 보편적으로 사용되고 있지만, 나는 그런 환원론적 정의에 이 말을 국한시키고 싶지 않다. 정신생리학에 관해 내가 알고 있는 한(Pert, 1985, 1987; Rossi, 1993; Rossi & Cheek, 1998), 우리가 사물에 대해 생각하고 느끼는 방식을 바꾸는 이야기는 우리 심신의 처리과정에 있어서도 무언가를 바꿀 수 있을 거라는 가설을 세울 수 있다. 이야기를 듣는 사람이 이야기에 넋을 잃게 되는 걸 보면 호흡이나 근육의 움직임, 심장 박동 등의 변화로 심신이 적응해 나간다는 확연한 신호를 보게 된다. '두 번째 이야기'는 여러 세대를 거치면서 다듬어진 피지의 이야기인데, 이야기를 듣는 사람에게 숯불 위를 걷는 데 심신을 몰입시키기 위해 필요한 정신생리학적 능력에 대해서 말해 준다.

이 책에서 가장 기본적인 '치유'란 말도 정신적·정서적 안녕을 회복시키고, 구축하고, 강화하는 것을 뜻한다. 이 책에 모아 둔 이야기는 주로 태도, 정서, 생활환경 적응 촉진을 위한 행동 양식 등에 맞춰 가면서 궁극적으로 우리의 안녕을 보장해 주고자 한다. 이렇듯이 그 이야기는 증상을 없애 주거나 치료하는 데에만 고정된 것은 아니지만—예로부터 이야기하는 것이 늘 그래 왔듯이—인생 행로, 인생철학, 마음과 몸과 영혼과 환경 간의 역동적 관계를 만들어 주는 조화 속에 있는 존재와 같은 것이다.

그러므로 이야기는 문제 해결사 이상의 것이다. 이야기는 건강과 치유에 관한 예방적 차원을 들려준다. 이야기는 좀 더 풍성하며 강력할 수도 있다. 이야기는 듣는 사람에게 아직 겪지 못한 경험이나 도전을 보여 주고 그런 일이 일어날 때 처리할 수 있는 기미와 수단을 제시해 준다.

은유치료가 모든 이들—내담자든 임상가든—에게 효과가 있는 건 아니다. 그리고 그것만이 치료의 유일한 방법이라는 인상을 심어 주고 싶지도 않다. 이야기가 오랫동안 교육의 도구로서 증명되어 온 보편적 호소력과 효율성을 지니고 있다 해도 그런 간접적 치료 접근법이 애매하고 현학적인 듯하고 내담자의 요구와는 별로 상관없는 듯이 보여 제대로 맞지 않을 수도 있고, 별로 효과가 없을 수도 있다. 직접 개입에 더 나은 반응을 보이는 사람도 있고 어떤 사람들은 치료사가 그런 추상적인 이야기로 미적대는 걸 들으면서 애써 번 돈을 써야 하는 것에 화를 낼지도 모른다. 특정 이야기가 그 사람의 요구에 잘 맞지 않거나 은유 접근법이 적절하지 않다는 중대한 정보를 보여 주는 반응을 유심히 살펴보라.

치료의 활시위를 팽팽하게 낭길수록 그런 개별 내담자나 내담자의 개별 요구에 더 잘 맞출 수 있다. 은유치료는 하나의 활시위일 뿐이다. 그리고 성취를 얻기 위한 최상의 혹은 유일한 것은 아닐지도 모른다.

말로 하는 이야기와 글로 쓴 이야기

이야기의 전통과 진실성 두 가지 면을 모두 말하자면, 이런 이야기들을 인쇄물로 내놓아야 하는지 망설이게 된다. 글자로 새겨지고 나면, 이야기는 불변의 성질을 가지게 되어, 늘 그 모양 그대로 있어야 한다. 우리에게 기대감을 주는 것은 이야기가 역동적이란 것이다. 이야기는 진화하고, 변화하며, 입에서 입으로, 귀에서 귀로 전해지면서 개작된다. 사실, 이야기의 힘은 이야기를 듣는 사람의 요구와 환경에 관한 유동성과 적응성에 있는 경우가 많다.

이 책에 있는 이야기들이 처음 들었던 그대로라고는 말할 수 없다. 여러분이 이야기를 읽는 방법이 내가 지난번 내담자에게 이야기했거나 다음 내담자에게 이야기해 줄 방법이라고도 말할 수 없다. 이 시점에서 중요한 것은 이야기가 이야기의 말이나, 주제, 의미조차도 드러내 보이지 않는다는 것이다. 내담자에게 글자 그대로 기억하게 하거나 말하게 하기보다는 각 이야기에 담긴 치료적 메시지를 찾아야 한다. 이런 이야기들은 들었던 그대로, 배우가 대사 하나하나를 다 외우는 것처럼 반복해서 말하거나 견습 최면술사가 특정 최면 주문을 정확하게 읊는 것과는 다르다.

이야기가 진화하도록 두고 여러분의 이야기들도 그렇게 되도록 하라. 이야기는 우리 안에서 나와서, 우리 경험에 대한 것을 전달해 주고, 우리가 사람임을 증명해 낸다. 이야기라는 것은 우리가, 또 우리의 내담자들이 행복과 안녕을 찾을 수 있게 하고, 긍정적 정서 상태를 일으켜 그것을 지속시킬 수 있도록 하는 수단이 되기도 한다.

이 책의 구조

이 책은 내담자와 치료를 하던 중이라도 이야기 아이디어를 다시 보고 싶을 때 즉시 적절한 부분을 살펴볼 수 있도록 1~3부, 그리고 참고자료 등 네 부분으로 나누어 놓았다. 1부 '은유치료'는 벌을 주고, 정서를 불러일으키며, 영감을 주고, 행동을 변화시키며, 심신의 기적을 만들어 내고 치유하는 이야기의 힘을 살펴본다. 그다음에는 효과적인 이야기하기와 이야기꾼의 목소리 사용에 대한 안내가 나온다. 1부 마지막 장은 치료에서의 이야기 적용을 살펴본다.

2부 '치유적 이야기'는 10장으로 나뉘어 있으며 각 장의 치료적 성과 주제와 연관된 이야기를 10개씩 담고 있다. 각 장은 성과 주제의 성질에 관한 간략한 정의로 시작하고 특정성과 목표에 관한 연습문제로 마무리한다.

각 장의 이야기들은 공통적인 치료 목표를 나타내는 주제로 짜여 있다. 이 주제들은 무엇이 가장 일반적인 치료 목표라고 생각하는지에 관한 회합 참여자들의 의견을 모아서 내가 작성한 미출판 연구물에서 선별된 것들이다. 이 연구 결과에 치료사로서의 내 개인적 경험을 가미하여 여러분 자신의 은유를 개발하는 데 근간이 될 만한 일반적 치료 주제 10가지 목록을 도출해 내었다. 하지만 이것만이 치료적 결말도 아니며, 결정적이고 포괄적인 목표 설정이라기보다는 아이디어를 찾는 데 최상의 길잡이가 될 뿐이다.

3부 '은유 직접 만들기'는 여러분 자신의 결과 지향 이야기를 개발하는 과정으로 여러분을 안내할 것이다. 3부에서는 피해야 할 것을 말해 주고 이 책에 나오는 치유적 이야기의 형태가 얼마나 다르게 짜였는지에 대한 보기를 보여 준다. 다음으로 효과적인 치료적 은유를 짓고, 짜고, 보여 주는 과정 처리 방법이 나온다.

이 책의 주안점은 은유치료의 기초가 되는 연구를 보여 주는 게 아니라 이야기를 하는 법, 은유 아이디어를 찾는 법, 치료적 이야기를 구성하는 법에 둔다. 은유치료의 예술적인 면과 과학적인 면 모두 다 중요하기 때문에, '참고자료'에서 자세한 출처를 제시하여 관심 있는 독자들이 언어 형식, 효율성 이면의 연구, 다양한 치료적 적용 등으로 은유의 본질을 심도 있게 살펴볼 수 있도록 했다. 이는 또 전통 민담부터 인터넷 웹 사이트까지 다른 치료적 이야기를 찾아낼 수 있는 수단도 될 것이다.

향후 참고자료로 이 책을 사용하는 법

선명하고 실용적이면서도 쉽게 쓰면서도 너무 규범적이지는 않게 하려 했던 점이 이 책을 쓰면서 가장 곤란한 문제였다. 참고 체계를 뒤에 실은 것은 아이디어를 찾을 때 쓰일 수 있는 방침으로 표시해 놓은 것일 뿐, 특정 이야기를 사용하라는 지시 사항은 아니다. 은유가 적절하려면 개인적이어야 하고, 내담자와 힘을 모아 개발해야 하며, 내담자의 문제와 수단, 바람직한 결말 등을 내담자에게 보여 줄 수 있어야 한다. 다음에 그런 목표를 성취하기 위한 몇 가지 단계를 제시해 보았다.

1. **내담자가 드러내는 문제를 적절한 결과 지향 목표를 찾는 길잡이나 지침으로 사용하라.**

우선, 그런 상황과 그 처치에 관한 연구와 임상적 자료들에 의거해서 내담자와 함께 어느 부분이 치료 목표와 관련되어 있는지를 살펴보면서, 문제를 결말을 향한 수단으로 본다. 내담자 문제점의 본질을 이해하게 되면 PRO 접근법(15장을 보라)에 맞춰 적절한 은유를 만들 수 있을 것이다.

이 참고 체계를 '우울증에는 프로작(Prozac)'[2]이라는 식으로 '관계 문제는 10번째 이야기'로 써서는 안 된다. 드러난 문제를 은유로 만들어 나가는 동안 뭔가 아이디어를 줄 수 있는 단서 같은 표지판으로 보는 것이 더 나을 것이다.

2. 15장에 나오는 결과 지향 평가를 위한 개략적 단계에 따라 개별 내담자의 구체적인 치료 목표를 분명하게 정의하라.

일단 목표가 정해지고 나면 내담자가 바람직한 결말로 쉽게 나아갈 수 있게 하는 은유의 치료적 특성들을 선별하는 것은 어려운 일이 아니다.

3. 적절한 은유를 선택하라.

여러분의 아이디어와 내담자의 사례, 개인적 경험 등을 근간으로 하는 은유를 고르는 것이 더 좋은 선택이다. 아이디어를 찾으려고 애쓰고 있다면, 4~13장에 나오는 것을 사용해서 내담자와 가장 밀접하게 맞아 들어가는 치료 목표를 찾고, 내가 제시한 이야기를 아이디어와 보기로서 제시된 것으로 여기면서 다시 보라. 그 이야기 속에도, 여기에 인쇄된 특별한 방식에서도 마법은 없다. 그것들이 효과를 발휘하려면, 내담자마다 개별 목표에 맞춰 치료할 수 있도록 창조적으로 적용할 수 있는 여러분의 아이디어가 번쩍여야 할 것이다.

• • •

2) 세로토닌계 항우울 약물로서 우울증 치료제의 상품명. 성분명은 플루옥세틴이며 미국 일라이 릴리 제약회사가 개발, 1987년 FDA에서 승인받은 이후 전 세계적으로 가장 많이 사용되는 항우울제다(역자 주).

차 례

• 역자 서문 3
• 추천사 7
• 들어가며 11

첫 번째 이야기 **이야기의 중요성** 27

제1부 은유치료

제1장 ‖ **이야기의 힘** 33
왜 이야기를 하는가 33
훈육을 하는 이야기의 힘 35
감성을 불러일으키는 이야기의 힘 36
감동을 주는 이야기의 힘 37
변화를 일으키는 이야기의 힘 39
심신의 기적을 창출하는 이야기의 힘 42
치유하는 이야기의 힘 43

제2장 ‖ **효과적인 이야기하기** 49
효과적으로 이야기하기 위한 지침 51
이야기꾼의 목소리 사용을 위한 여섯 가지 지침 71

제3장 ‖ **치료 속의 이야기** 79
이야기, 설화, 일화, 은유 81

치료 속의 은유　83

왜 은유로 말해야 하는가　86

제2부
치유적
이야기

제4장 ‖ **힘 키우기**　93

두 번째 이야기　　　**심신의 힘에 대한 전설**　94

세 번째 이야기　　　**책임감을 가져라**　97

네 번째 이야기　　　**자신을 믿어라**　100

다섯 번째 이야기　　**칭찬을 받아들일 줄도 알아야지**　103

여섯 번째 이야기　　**짐과 유머집: 자기에게 힘을 주기 위한 이야기**　106

일곱 번째 이야기　　**자기주장으로 힘을 키우자**　109

여덟 번째 이야기　　**증상에 감사하라**　111

아홉 번째 이야기　　**능력에 대한 본보기**　115

열 번째 이야기　　　**조에게 힘을!**　117

열한 번째 이야기　　**높이 더 높이**　121

제5장 ‖ **수용 익히기**　127

열두 번째 이야기　　**인생을 그대로 받아들이는 거야**　128

열세 번째 이야기　　**환경 받아들이는 법**　131

열네 번째 이야기　　**잊을 수 없는 건 기억하자**　135

열다섯 번째 이야기　**우린 모두 달라**　138

열여섯 번째 이야기　**정말 바라는 것**　140

열일곱 번째 이야기　**삶이 주는 걸 받아들이자**　144

열여덟 번째 이야기　**잃어버린 건 잃어버린 것일 뿐**　146

열아홉 번째 이야기　**좋을지 나쁠지 누가 알아**　148

스무 번째 이야기　　**완벽함을 찾아서**　151

스물한 번째 이야기　**인생에 왕도는 없어**　153

제6장 ‖ **부정적 자세 재구성하기**　157

스물두 번째 이야기　**위를 보라**　158

스물세 번째 이야기　**자연의 법칙**　161

스물네 번째 이야기　**호사다마(好事多魔)**　163

스물다섯 번째 이야기   돛을 올려라 167
스물여섯 번째 이야기   모델을 찾아라 170
스물일곱 번째 이야기   지난 일은 툴툴 털어 버려 172
스물여덟 번째 이야기   이럴 수도 있구나! 175
스물아홉 번째 이야기   줄 끝에 매달렸을 때 178
서른 번째 이야기   믿는 대로 된다 181
서른한 번째 이야기   나의 아버지: 문제에서 해결까지 183

제7장 ‖ **행동 양식 바꾸기** 187
서른두 번째 이야기   오직 최고만을 188
서른세 번째 이야기   앎의 시작 191
서른네 번째 이야기   모순을 알고 활용하라 194
서른다섯 번째 이야기   마을 전체를 변화시킨 작은 행동 197
서른여섯 번째 이야기   늘 그랬던 대로 그렇게만 한다면 198
서른일곱 번째 이야기   순간에 충실하자 201
서른여덟 번째 이야기   뿌린 대로 204
서른아홉 번째 이야기   행동이 웅변보다 강하다 207
마흔 번째 이야기   인생이 그리 나쁜 것만은 아니지 209
마흔한 번째 이야기   예전보다 나은가요 212

제8장 ‖ **경험으로 배우기** 215
마흔두 번째 이야기   가진 것을 사용하라 216
마흔세 번째 이야기   괴물과 마주해 친구가 되는 거야 218
마흔네 번째 이야기   자신의 불편함을 사랑하는 법 222
마흔다섯 번째 이야기   문제가 새로운 가능성을 열어 줄지도 모르지 225
마흔여섯 번째 이야기   비극 속에서 보물을 찾아라 228
마흔일곱 번째 이야기   평화를 찾아서 230
마흔여덟 번째 이야기   경계선 긋기 233
마흔아홉 번째 이야기   잘못된 곳에 들어갔다가 벗어나서 237
쉰 번째 이야기   자신의 능력을 믿어라 240
쉰한 번째 이야기   아픔을 기쁨으로 243

제9장 ‖ **목표 이루기** 247

쉰두 번째 이야기 **궁극적 목표를 향해** 248

쉰세 번째 이야기 **자유롭게 나는 거야** 252

쉰네 번째 이야기 **소용 있소이다** 255

쉰다섯 번째 이야기 **헌신하다** 257

쉰여섯 번째 이야기 **책을 쓴다는 것** 259

쉰일곱 번째 이야기 **모든 산을 오르다** 263

쉰여덟 번째 이야기 **수많은 길들** 266

쉰아홉 번째 이야기 **새로운 삶을 지어라** 269

예순 번째 이야기 **성공의 비밀** 273

예순한 번째 이야기 **한 번에 하나씩** 276

제10장 ‖ **온정 키우기** 281

예순두 번째 이야기 **괜한 말다툼** 282

예순세 번째 이야기 **다른 사람 먹여 주기** 285

예순네 번째 이야기 **사랑과 이별** 287

예순다섯 번째 이야기 **사랑, 4.0 버전** 291

예순여섯 번째 이야기 **서로 인정하라** 295

예순일곱 번째 이야기 **보살피는 법** 297

예순여덟 번째 이야기 **더 주는 법** 302

예순아홉 번째 이야기 **손을 잡으세요** 305

일흔 번째 이야기 **온정의 이야기** 307

일흔한 번째 이야기 **필요한 걸 주는 거야** 310

제11장 ‖ **지혜 계발하기** 315

일흔두 번째 이야기 **인생이라는 강** 316

일흔세 번째 이야기 **선택은 만드는 거야** 320

일흔네 번째 이야기 **남에 대한 기대** 322

일흔다섯 번째 이야기 **생존을 위한 선택 개발** 324

일흔여섯 번째 이야기 **아는 것과 행하는 것** 327

일흔일곱 번째 이야기 **다른 시각으로 보자** 329

일흔여덟 번째 이야기 **지혜는 지혜롭게 써야지** 332

일흔아홉 번째 이야기　시간만 있었더라면　334

여든 번째 이야기　구도의 길을 멈추시오　337

여든한 번째 이야기　지혜의 원천을 찾아서　341

제12장 ‖ 자기 돌보기　345

여든두 번째 이야기　주는 것이 받는 것　346

여든세 번째 이야기　최선을 다하라　348

여든네 번째 이야기　가득 채워라　350

여든다섯 번째 이야기　자기 돌보는 법　352

여든여섯 번째 이야기　흐름을 따라서　355

여든일곱 번째 이야기　방향을 트는 거야　357

여든여덟 번째 이야기　자기 능력을 인식하고 사용하는 거야　362

여든아홉 번째 이야기　받고 싶은 걸 주는 거야　366

아흔 번째 이야기　신뢰 형성과 변화　369

아흔한 번째 이야기　자신을 위한 시간 갖기　372

제13장 ‖ 행복 키우기　377

아흔두 번째 이야기　밝혀질 수 없는 비밀　378

아흔세 번째 이야기　주고받고　382

아흔네 번째 이야기　간단하게 합시다　385

아흔다섯 번째 이야기　한참 신날 때　387

아흔여섯 번째 이야기　더 나빠질 수도 있었어　389

아흔일곱 번째 이야기　문제를 찾아다니는 문제　391

아흔여덟 번째 이야기　모든 게 하나로　393

아흔아홉 번째 이야기　인생이 주는 것을 활용하라　395

백 번째 이야기　인생을 즐겁게　397

제3부
은유 직접
만들기

제14장 ‖ 해야 할 것과 하지 말아야 할 것　403

내가 한 대로 하지 말 것　404

치유적 이야기 만드는 법　409

개인적 삶의 이야기를 사용하기 위한 지침　426

제15장 ‖ 자신의 치유적 이야기 창안을 위한
       PRO 접근법 사용 431
       PRO 접근법 구축 431
       치료적 은유 실행 단계 432
       맺으면서 449

백한 번째 이야기 왜 이야기로 가르치는가 451

• 참고자료 454

첫 번째 이야기
이야기의 중요성

　이야기는 지혜와 도덕, 인생철학 등을 전해 주는 중요한 수단이기 때문에, 어떤 문화권에서는 이야기에 대해 말하는 이야기도 있다. 다음에 나오는 이야기는 네팔의 민담에서 나온 것으로, 어떤 이야기들은 너무 중요하니까 꼭 들어야 한다는 걸 말하고 있다. 이야기를 듣지 않는다는 것은 삶과 죽음의 문제가 될 수도 있다.

　다음 이야기에서 왕을 주인공으로 하는 것은 모든 사람, 가장 영향력 있고 존중받는 사람까지도 이야기의 메시지에 귀 기울여야 한다는 걸 강조하기 위해서다. 이야기는 정말 본원적인 것이어서 우리의 행복과 안녕, 삶의 목적이 된다. 네팔 사람들은 자신들이 이야기의 특별한 신성의 가호 아래 있다고 굳게 믿고 있다.

　이 이야기는 자기 왕국에서만이 아니라 전 세계에서 가장 유명한 이야기꾼을 데려오고 싶어서 안달이 날 정도로 이야기를 너무나 좋아하는 왕이 살았던 시대의 것이다. 매일 밤 궁정에서는 이야기꾼들이 유명한 이야기나 새로운 이야기를 왕에게 들려주었다. 다들 알겠지만, 하루 종일 정무에 시달리는 일은 참 넌덜머리가 나지만 밤이 되어 이야기를 듣다 보면 어느새 왕의 마음은 잔잔해지곤 했다. 그런데 그렇다 보니 문제가 하나 있었다. 너무 편안해져서 이야기가 채 끝나기도 전에 왕이 그만 잠에 곯아떨어져 버린다는 것이다. 이런 행동이 불경스런 짓이고 불길한 징조가 된다는 건 삼척동자도 다 아는 일이다.

왕의 그런 버릇이 이야기의 신을 화나게 만들었다. 이야기의 신은 왕과 백성들이 모두 이야기를 듣는 예의범절을 매번 어긴 것에 굴욕감과 모욕감을 느꼈다. 왕과 그 백성들이 이야기도 끝맺지 못하면서 어떻게 행복한 삶을 살 수 있겠는가?

이야기의 신은 왕에게 본때를 보여 주기로 마음먹고, 총리대신의 꿈에 나타나서, 왕이 이야기를 끝까지 듣든지 아니면 아예 듣지 말든지 해야 한다고 경고했다. 총리대신은 자기 꿈 이야기를 왕에게 들려주었고, 왕도 깨어 있으리라 맹세를 했다. 그랬는데도 바로 그날 밤에 이야기가 왕의 마음으로 들어오자마자 왕은 눈꺼풀이 무거워지고 곧 잠이 들고 말았다.

이야기 신이 노발대발할 거라는 생각이 든 총리대신이 이야기꾼에게 이야기 속도를 바꾸고, 목소리를 좀 더 크게 하고, 왕이 잠이 오는 듯하면 더욱 흥분된 어조로 이야기해 달라고 부탁을 했다. 그러나 또 실패였다. 이야기의 신은 왕이 자기 경고를 무시한 처사에 화가 치밀었다. 이야기 신은 관대하고 참을성이 많았지만, 왕의 그런 행동에는 모욕을 입어 상처는 더해만 갔다.

이야기의 신이 한 번 더 총리대신의 꿈에 나타났다. "왕이 계속해서 이야기에 대한 예의를 갖추지 않는다면", 이야기의 신이 말했다. "이야기가 전해 주는 메시지를 들을 수 없게 되어, 왕이나 백성들에게 좋은 본보기가 될 가르침을 받지 못할 것이다. 만일 계속 이야기를 모독한다면, 죽게 될 것이며, 이야기 신의 힘으로 나는 그를 벌할 것이다. 왕이 이야기를 듣는 동안 한 번만 더 잠이 들면 그다음 날 아침 식사에 독을 탈 것이다. 그래도 죽지 않으면, 그의 머리 위로 나뭇가지를 부러뜨려 머리에 맞아 죽게 할 것이다. 어떤 이유에서건, 그래도 죽지 않는다면, 그때는 독사를 보내 그를 물어 죽게 할 것이다."

그런데 신의 경고는 거기서 끝나지 않았다. 왕은 이미 신의 경고를 무시했기 때문에, 총리대신이 왕의 절박한 운명을 말해 준다면, 이 충성스런 신하가 돌로 변할 것이라 했다.

이럴 수가! 목숨이냐, 충성이냐? 둘 다 막아야 한다. 총리대신은 자신의 주군이 깨어 있도록 하려고 갖은 수를 다 써 보았지만, 밤이 되자 왕은 다시 이야기가 끝나기 전에 잠이 들어 버렸다.

다음 날 아침 총리대신은 몰래 왕의 아침 식사를 자기 것과 바꿔치기 해서 주군의 생명을 구했다. 그날 저녁 그는 다시 왕이 잠들어 버리는 걸 막으려고 죽어라 애를 썼지만 아무 소용이 없었다. 그다음 날, 왕이 정원 벤치에 앉아 있는데, 총리대신은 왕의 머리 위에 있는 나무들을 유심히 살펴보고 있었다. 가지 하나가 탁 부러져 떨어지자마자 총리대신이 왕에게로 붕 몸을 날려 그를 밀어내 한 번 더 목숨을 구해 주었다. 왕은 감사했지만 총리대신은 그런 행동의 연유나 아직도 남아 있는 왕에 대한 저주에 대해서는 말해 줄 수가 없었다.

그날 밤, 왕은 여전히 이야기를 들으면서 꾸벅꾸벅 졸고 있는데, 총리대신이 왕의 침실로 살금살금 기어들어와 커튼 뒤에 숨었다. 이 충성스런 신하는 왕과 왕비가 잠자리에 든 뒤에도 불침번을 서며 기다리고 있었다. 이야기의 신이 예언한 대로 죽음의 뱀이 방으로 스스슥 미끄러져 들어와 제왕의 침대로 올라가는 것이었다. 뱀이 이를 드러내며 몸을 바짝 세우는데, 총리대신이 냉큼 때려 눕혀 버렸다. 한칼로 뱀을 베어 버린 것이다.

그 순간 왕이 잠에서 깼는데, 총리대신이 칼을 빼들고 있는 것을 보고는 암살을 기도한 것이라 믿게 되었다. 총리대신은 사형을 언도받았다. 사형집행 의자에 앉게 되자, 어떻게 해도 죽을 운명이란 생각이 들었다. 그래서 명예로운 충성심이라도 남기기 위해, 총리대신은 왕에게 자신의 그런 행동 뒤에 숨은 뜻을 말해 주었다. 그러자 마지막 말을 미처 마치기도 전에 그는 돌로 변해 버렸다.

왕은 슬픔과 죄의식으로 어찌할 바를 몰랐다. 그는 이야기를 듣는 중에 다시는 잠들지도 않고, 듣다 마는 법도 없을 거란 맹세를 하였다. 왕은 백성들에게 이야기와 이야기꾼, 이야기의 신께 경의를 표하라는 명을 내렸다. 그들은 이야기의 말뿐만 아니라 그 속에 담긴 메시지도 듣게 되었고, 이야기를 하는 것에도 경외심을 가지게 되었다. 그래서 그 메시지에 경외심을 갖고 자기네 삶 속에서 사용할 수 있게 되었다.

제1부

은유치료

제1장 이야기의 힘
제2장 효과적인 이야기하기
제3장 치료 속의 이야기

제1장
이야기의 힘

왜 이야기를 하는가

　1794년 한 어린 소년이 종양 제거 수술을 받았다. 200년도 더 전에, 겨우 아홉 살 된 아이가 수술 칼 앞에서 무슨 생각을 했을까 하는 생각을 하면 몸서리가 난다. 항생제도 아직 발견되지 않았다. 루이스 파스퇴르(Louis Pasteur)가 소독의 필요성을 의학계에 계몽하기도 전이고, 고통을 완화시켜 주는 마취제도 다음 세기의 반이나 더 지나서야 나왔다. 그 아이에게 해 줄 수 있었던 것은 이야기가 전부였다. 그 아이는 후일 수술 중에 주의를 딴 데로 돌리기 위해 들었던 한 이야기가 완전히 넋을 잃게 만들어 통증을 조금도 느끼지 못했다고 말했다.

　이야기의 힘이 그토록 강력할 수 있을까? 또 그 힘이 계속해서 남아 있을 수 있는 걸까? 그 아이에게는 확실히 그랬다. 18년 뒤, 그 소년은 자기 이야기 중 하나를 출판사로 넘겼다. 그가 바로 야곱 그림(Jacob Grimm)이다. 그 이야기는 무엇이었을까? 『백설공주』였다. 그는 나중에 가장 유명한 요정이야기꾼이 되었고, 그의 이야기는 말로, 인쇄물로, 연극으로, 영화로 두 세기나 흐른 뒤에도 계속 되풀이되고 있다.

그런데 이것이 야곱 그림이란 사람에게만 국한된 경험일까? 그런 경우에 그런 이야기가 주어진다면 우리 모두에게도 그 힘이 작용될 수 있는 건 아닐까? 어렸을 때 부모님이나 할아버지, 할머니가 밤에 머리맡에 앉아서 나만의 환상 속으로 여행을 할 수 있도록 이야기를 해 주시던 걸 기억하는가? 아니면, 좀 더 최근에, 만찬에서 이야기를 나누면서 웃음이나 슬픔 같은 감정이 일어난 적이 있는가? 무대나 영화배우가 보여 주는 이야기에 푹 젖다 보면, 종일 들들 볶이며 스트레스 받았던 일과나 두통, 배우자와의 말다툼을 잊게 되는 경험이 있을 것이다.

내가 어렸을 때 들었던 그런 이야기의 내용은 세월이 지나면서 지워져 버렸지만, 머리맡에서 이야기를 해 주던 사람과 이야기에 매료되었던 아이 사이에 일어났던 그 과정에서의 경험과 친근함은 쉽게 잊히지 않는다. 이야기는 그 자체로도 의사소통을 할 수 있는 특별한 힘을 지니고 있지만, 이야기를 하는 사람과 듣는 사람을 묶어 주는 관계 속에도 독특함과 친화력이 있기 때문이다.

이러한 결속은 인류 역사 속에 깊숙이 가려져 있던 기원 중 하나다. 헤아릴 수도 없는 아주 오랜 옛날에, 누군가가, 어디에선가, 이야기를 시작했다. 그때부터 이야기는 인류 사회에서 없어서는 안 될 부분이 된 것이다. 언어, 종교, 문화, 성, 나이에 상관없이 이야기는 우리 삶의 일부다. 우리의 언어, 종교, 과학, 문화가 이야기 속에 담겨 있기 때문이다. 이야기는 우리의 꿈을 충족시키기도 하고, 실제로 우리의 꿈 그 자체가 이야기가 되기도 한다.

이야기는 시간이 흐르면서 모든 문화를 넘나들며 말로, 음악으로, 몸짓으로 전해졌다. 이야기꾼, 성자, 배우, 인형극가, 무용가, 음악가, 그 외에도 다른 많은 사람들이 이야기를 전해 주었다. 이야기는 책으로 인쇄되고, 테이프에 녹음되고, 영화필름에 기록되고, 악기로 연주되어 왔다. 이야기는 관계를 결속시키고, 즐거움을 주고, 가르쳐 주는 힘을 지니고 있다. 옛날 사람들은 그 마을의 이야기꾼에게 먹을 것도 주고 잠자리도 내주곤 했다. 이야기를 듣는 기쁨의 대가로. 오늘날에는 현대의 이야기꾼이라 할 수 있는 은막의 스타들을 대중의 영웅으로, 백만장자로 만들어 주고 있다.

네팔에서는 엄마들이 아이들을 다스리기 위해 체벌을 하지 않고 무시무시한 이야기를 들려 준다. 히말라야 산맥을 가로지르고 있는 티베트 사람들은 강한 정서적 반응을 일으키는 힘을 지닌 이야기와 이야기꾼을 찾아다닌다. 전쟁 중에 이야기는 병사들에게 용기를 주기도 한다. 피지 섬에서 수 세대 동안 전해져 오고 있는 한 이야기는 이야기가 지닌 힘이 치유와 숯불걷기처럼 심신의 움직임을 통제할 수 있는 이유를 설명해 주기도 한다. 내담자가 자기들이 바라는 목표를 이루고 치유를 진작시키도록 하는 데 도움이 되는 은유로서 이야기를 사용하는 우리(상담가나 치료사들)는 직업상에서도 도움을 받는다.

훈육을 하는 이야기의 힘

네팔에서는 아이들이 물리적인 수단으로 훈육받지 않는다. 엄마들이 불쾌해하거나 눈물이 그렁그렁한 모습을 아이들에게 보이고 싶어 하지 않기 때문이다. 잘못된 행동을 한 아이에게 호통을 치고 고함을 꽥꽥 지르는 것에는 눈살을 찌푸린다. 대신 이야기를 해 주는 걸로 아이들의 행동을 다스린다. 아이들을 조용히 시키거나 꾸중을 하기 위해서 그들은 인간이나, 동물, 유령, 악령 같은 등장인물로 겁을 주는 무서운 이야기를 한다. 아이들에게 두려운 이야기를 하는 게 잔인하거나 정서적으로 학대를 하는 것처럼 보일지 모르지만, 내가 여기서 이런 예를 드는 것은 (우리의 문화적 관점으로) 그런 시시비비를 가리자는 게 아니라, 다음의 두 가지 점을 설명하려는 것이다. 첫째는 다른 문화권에서 이야기가 전통적으로 사용되어 온 방식에 대한 설명이고, 둘째는 이야기가 행

동을 규제할 수 있는 힘(이야기의 치료적 사용과 관련된 요소)을 지니고 있다는
걸 강조하는 것이다.

감성을 불러일으키는 이야기의 힘

고등학교 시절, 보크 선생님이란 분이 계셨는데, 개인적으로 나는 그분의 호
주 문학에 대한 열정적 사랑에 감사하고 있다. 내 머릿속에 아직도 지워지지 않
는 게 하나 있는데, 스틸 러드(Steele Rudd)의 『우리의 선택(On Our Selection)』
에서 발췌해 우리 교실에서 읽어 주신 '아버지와 비둘기'라는 이야기다. 터져
나오는 웃음과 너무 웃다 뺨으로 줄줄 흘러나오는 눈물 때문에 선생님은 이야
기 하나를 끝까지 다 읽지 못하셨다. 문학 같은 것과는 완전히 동떨어진 아이들
조차도 웃음을 멈출 수가 없었다. 책상을 쿵쾅거리면서, 너무 웃겨서 터질 것
같은 배를 움켜쥐었다. 보크 선생님은 즐거워서 흘리는 눈물에 대해서는 한마
디도 하지 않으셨다. 즐거워서 흘리는 눈물은 전염병처럼 교실로 번졌고, 교실
에서 도서관으로 번져 나가면서, 이야기를 하고 또 하느라 온통 난리가 나서 도
저히 수업을 마칠 수가 없었다.

그때 우리는 모두 이야기가 필연적으로 어떤 정서를 일으키는 힘을 가진다
는 것을 경험했다. 우린 숲에서 모닥불가에 둘러앉아서 누군가가 말해 주는 유
령 이야기를 들었던 걸 떠올릴 수도 있다. 네팔의 엄마들이 알고 있는 것처럼,
그런 이야기들은 아이에게 두려움을 자아내기도 한다. 이런 모닥불가의 이야
기들은 듣는 사람을 놀라게 하기도 하고 잠들지 못하게 할 수도 있다.

히말라야의 산바람을 맞는 쪽 고지대에 자리한 티베트라는 나라는 수 세기
동안 비교적 아무에게도 방해받지 않는 지리학적 고립을 누려 온 편이다. 계획
적인 정치적·종교적 고립 정책과 함께, 그 나라는 다른 나라들의 문명적 발달
과는 동떨어져 있었다(많은 부분에서 지금도 여전히 그러하다.). 이는 티베트 사람

들에게 그들만의 영적 발달에 집중할 수 있는 자유를 제공해 주었다. 이야기하기는 종교적 지혜를 전달해 주는 수단이 되었을 뿐만 아니라 주요 오락으로 중요한 현실적 기능을 수행하기까지 했다. 할아버지, 할머니들은 대대로 화로불가에 앉아 가족들에게 민담을 들려주는 역할을 맡았다. 이런 식으로 나라의 역사를 이해하고 젊은 세대에게 자기네 사회의 가치관을 전승시켰다.

이런 가족 안의 이야기꾼 말고도, 티베트에는 직업적 이야기꾼도 있었다. 그들은 이야기를 해 주고 선물로 음식을 받기도 했다. 그들은 이 사람들을 라마 마니(lama-manis)라고 부르는데, 이들은 전쟁이나 영웅의 서사적 전설이나 정서를 불러일으키는 이야기들을 해 주곤 했다. 티베트의 민담을 보존하려고 애쓰고 있는 놀부 쇼펠(Norbu Chophel, 1983)은 사람들이 한자리에서 몇 시간 동안이나 앉아서 라마 마니가 해 주는 이야기를 들으면서, 눈물도 훔치고, 벌게진 눈도 전혀 아랑곳하지 않고 집으로 돌아간다고 말한다.

감동을 주는 이야기의 힘

해군 장교이며 남극 탐험가인 로버트 팰콘 스콧 선장에 대한 실화는 이야기가 감동을 주고 동기를 부여하는 방법을 잘 보여 주는 예다. 1900년 서른두 살의 나이로, 그는 대영제국 최초의 국립 남극 탐험대 지휘관으로 임명되었다. 4년간의 탐사 여정에서 돌아와, 그는 중위에서 대위로 승진했다. 그레이트 서던랜드(Great Southern Land)를 탐험했던 다른 사람들처럼, 그도 거기에 푹 빠져서 다시 한 번 그런 기회를 갖고 싶다는 생각뿐이었다. 미지의 대륙은 5년 뒤 그를 다시 불렀고, 1909년 그는 남극 원정에 참여했다. 그 원정은 국가의 자존심과 식민지 주권을 위한 쟁탈이었다. 그 물결의 선두에 선 영국도, 이 광대하고 황량한 얼음 대륙의 통치권을 얻으려 했다.

목재 고래잡이 어선으로 위장하고 세계에서 가장 변덕스러운 바다를 지나

지구 반 바퀴를 돌고 난 후, 시베리아 조랑말 위에 짐을 싣고 대륙 횡단을 시작했다. 거칠고, 혹독한 기후에서 사는 말들인데도 악천후를 견디지 못하고 죽거나 안락사를 시켜야 했다. 어쩔 수 없이 수레를 직접 끌고 여행을 계속해, 그와 네 명의 동료들은 1912년 1월 18일, 남극에 도착했다. 수년 동안 죽을 힘을 다해 왔는데, 남쪽의 끝에서 노르웨이 국기가 극지의 차가운 바람에 나부끼고 있는 걸 보아야 했을 때, 그가 어떤 심경이었는지 그 누가 알 수 있으랴! (그의 일기장 첫머리에 적힌 "최악의 일이 일어났다."는 말도 그의 솔직한 심정을 전해 줄 수는 없었다.) 딱 한 달 차이로 지구 최남단 최초 정복자가 되지 못하고, 스콧은 로알드 아문센이 이끈 탐험대에게 패배했다.

불행히도 이것으로 비극이 막을 내린 게 아니었다. 육체적 피로와 혹독한 극지방의 날씨가, 얼어붙은 대륙을 가로질러 다시 그 긴 여정을 돌아가야 하는 그들을 끊임없이 괴롭히고 있었다. 그들 중의 한 사람이 돌아가던 길에서 죽었고 또 한 사람 오트 대위는 심한 동상으로 고생을 하다가 남극의 폭풍우 속에서 원정대의 행보를 지연시켜서 대원들의 생사를 위협하게 될까 봐 스스로 죽음을 선택하기도 했다. 그의 그런 자기희생적 행동도 별 도움이 되지 못했다. 남극을 떠난 지 두 달 반만에, 스콧과 다른 대원 두 명이 눈보라에 갇혀 버린 것이다. 그들은 음식과 잠자리가 준비된 임시숙소를 불과 10마일 남겨 두고 죽어 버렸다. 그해 말 구조대가 그들의 시신을 찾았는데, 거기에 그들의 기록과 일기장들이 그대로 남아 있었다.

스콧은 곧 나라를 위해 순직한 국가적 영웅으로 승격되었다. 스콧과 오트의 이야기는 원정대의 활동사진으로 상영되면서, 제1차 세계 대전 중에 흙무덤 같은 참호 속에 숨어 있던 유럽의 수많은 군인들에게 감동을 주었다. 그 사람들은 그들의 고생을 자기들 것으로 여기고, 애국심에 불을 붙였으며, 최후의 자기희생에 대한 위안을 찾아냈다. 수십 통의 편지가 스콧의 아내 앞으로 날아들었고, 그녀는 남편의 이야기를 들은 많은 사람들이 전쟁의 고통을 이겨 낼 수 있었다는 자부심을 갖게 되었다.

변화를 일으키는 이야기의 힘

제시카의 엄마가 아이를 데리고 왔을 때 그 아이는 겨우 여섯 살이었다. 제시카를 통해 나는 이야기의 힘에 대해 배울 수 있었다. 선택적 함묵증으로 진단받은 제시카는 아무하고나 말을 하지 않았는데, 나이가 얼마 되진 않았지만 그때까지 가까운 식구들 말고 다른 어른들과 말을 한 적이 한 번도 없었으며, 다른 아이들과도 거의 말을 하지 않았다. 또래 아이들이 모여 있을 때도 말을 하지 않아서 아이들은 제시카가 누구랑 단둘이서 놀 때 조용조용히 말하는 것을 들었을 뿐이었다.

부모들은 그걸 별로 문제 삼지 않았다. 집에서는 말도 잘하고, 어휘나 문장 구조, 발음의 유창성도 부모들이 보기에는 또래들보다 별로 떨어져 보이지 않았으니까. 제시카의 엄마는 제시카가 너무 말이 많아서 어떤 때는 그만 좀 해줬으면 할 때도 있다고 했다.

선생님의 경우는 문제가 달랐다. 선생님들은 문제를 심각하게 보고 있었다. 제시카가 1년 내내 입을 꽉 다물고 있었기 때문에—1년 전 유치원에 다닐 때도 그랬다.—선생님들은 제시카의 읽기 능력이나 말하기 기술을 평가할 방법이 없었다. 교사들의 방침은 제시카가 할 수 없는 평가법이나 책임을 요구했고, 제시카는 규칙에 따라 할 수가 없었다.

학교 심리상담자도 만나 봤지만 말을 하게 할 수도 없었고 언어로 제시된 표준검사로는 제시카의 정도를 측정해 볼 수 없었다. 학교 심리상담자는 제시카의 담임에게 행동계획표를 추천했다. 행동계획표가 잘못된 건지, 아니면 적용을 잘못한 것인지 잘 모르겠지만, 분명한 것은 제시카가 여전히 선택적 함묵증을 갖고 있다는 것이다.

나는 제시카와 엄마를 대기실에서 맞았고 잠시 동안 이런 저런 말을 나눈 뒤에 제시카의 엄마만 따로 보기로 했다. 제시카가 어른들과 이야기를 하지 않는다면 제시카를 먼저 만날 이유가 없었고 가족들 외의 다른 어른들과 나를 같은 눈으로 보게 할 상황을 애써 만들 일도 없었다. 또한 아이들을 만날 때는 부모와 아이를 같이 만나든 부모만 먼저 보든, 나는 아이 면전에서 아이를 깎아내리는 말을 하거나, 문제를 부각시키거나 적절한 치료적 접근에 관해 부정적인 영향을 미칠 만한 행동은 하지 않으려는 편이다.

나는 제시카에게 종이 몇 장, 색연필 등을 주고는 엄마랑 이야기하는 동안 그림을 그려 보라고 했다. 잠시 후 살며시 상담실 문을 두드리는 소리가 났다. 제시카가 두 장의 그림을 들고 들어왔는데, 하나는 엄마 거였고, 다른 하나는 내 것이었다. 제시카는 아무 말 없이 그걸 건네주었고 나는 고맙다고 하면서, 엄마랑 이야기를 좀 더 해야 하니까 조금 더 하고 있으라고 부탁했다. 제시카는 종이랑 색연필을 들고 바닥에 앉아 바로 그림그리기에 빠져드는 듯이 보였으나, 나는 제시카가 우리가 하는 말을 하나도 빼놓지 않고 듣고 있다는 걸 알고 있었다. 그것이 제시카의 엄마에게 말을 하는 척하면서 실은 제시카에게 이야기를 할 수 있는 기회를 주었다. 나의 치료적 의도는 두 가지였다. 첫째는 제시카와 제시카의 엄마 두 사람 모두에게 선택적인 대화는 정상적이라는 걸 전하는 것이다. 둘째는 얼마든지 변할 수 있다는 사실을 말해 주는 것이다. 이 단계에서 입을 꼭 다물고 있는 여섯 살짜리 아이에게 큰 변화가 일어날 수도 있을 거라는 생각은 하지 않았다.

첫 번째 의도에 초점을 맞추면서, 나는 말하고 싶은 사람과 말하고 싶지 않은 사람을 선택하는 방법은 누구나 갖고 있다는 사실에 대해 제시카의 어머니와 이야기를 하고 있었다. 좋아하는 사람들과는 툭 터놓고 쉽게 말을 할 수 있다. 단 한 마디도 함께하고 싶지 않은 사람도 있다. 우리가 말을 건네는 사람 중에는 긴 대화를 나누는 사람도 있고 그저 몇 마디만 하는 사람도 있다. 나는 제시카가 선택할 수 있는 힘을 가지고 있고 그렇게 선택하는 건 정상이라고 안심시켜 주고 싶었다. 다른 어른들은 모두(선생님들, 학교 심리상담자, 가족 주치의, 할머니 등) 아이의 행동에 문제가 있다고 보았고, 그런 접근법이 별 효과가 없었던 것으로 보아 이와 같은 지적은 중요했다.

변화에 대한 기대를 안고, 나는 초등학교 시절 기억 속에서 진짜 있었던 이야기 하나를 제시카의 엄마에게 해 주었다.

우리 반에 빌리라는 아이가 있었는데 학교에서는 선생님이든 학교 친구들이든 누구도 그 아이가 말하는 걸 들은 적이 없었다. 들리는 바로는 말을 할 수는 있고 집에서는 말을 한다고 했다. 그렇지만 학교에서는 입을 늘 다문 채였다. 빌리는 괴롭힘을 당해도 입을 다물고 있었다. 반 친구들과 선생님은 결국 그 아이의 침묵을 그냥 묵인해 버렸고 그렇게 몇 년이 흘렀다. 그리고 어떤 일이 일어났다.

이야기가 이쯤 되자, 제시카가 그리는 걸 멈추고 나를 쳐다보았다. 난 하던 대로 제시카의 엄마에게만 눈길을 둔 채 이야기를 계속해 나갔다.

월요일 아침이어서 우리는 모두 조회를 마치고 교실로 줄을 서서 들어오던 중이었다. 주말 청소당번이 서두르다가 청소도구를 그냥 휙 넣어두었는지, 교실 뒤편 사물함 문이 빠끔히 열려 있고 먼지털이 깃털 끝이 삐죽 나와 있었다. 빌리가 자기 책상 쪽으로 걸어가다가, 삐죽 나와 있는 깃털에 눈길을 멈추고는 미처 자기도 모르게 "선생님, 사물함 속에 암탉이 들어 있어요."라고 소리를 쳤다. 모두 웃음을 터뜨렸고 그 뒤로 빌리는 학교에서도 말을 하게 되었다.

제시카는 그림은 안 그리고 이야기를 듣고 있었다. 내가 이야기를 끝내자 제시카가 스케치하고 있던 종이를 밀쳐 두고 다시 그림을 한 장 그리기 시작했다. 나는 제시카의 엄마와 이야기를 계속하고 있었다. 몇 분 쯤 뒤에 제시카는 나에게 새 그림 한 장을 건네주었다.

"이게 뭐지?" 하고 물었다.

"트위티요." 제시카가 대답했다.

"트위티가 누구야?" 내가 물었다.

"내 카나리아예요." 제시카가 답했다.

　제시카의 엄마가 기가 막힌다는 얼굴로 바라보고 있었다. 제시카가 태어나서 이야기를 나눈 어른은 식구 외엔 내가 처음이었다. 제시카가 나한테 가르쳐 준 것처럼, 변화의 힘은 이야기를 통해서만 오는 것은 아니며, 그냥 보기에는 다른 사람에게 이야기하는 걸로 보일 만큼 간접적인 방법으로도 가능하다.

심신의 기적을 창출하는 이야기의 힘

　행동을 변화시키는 것만이 아니라, 이야기는 놀라운 물리적 재주를 이끌어 내게 하는 힘도 가지고 있다. 인류학자인 내 딸은 태평양에 있는 작은 섬나라 피지에서 3년 넘게 머물면서 증가하는 관광의 영향을 연구했다(Burns, 1996). 베콰(Beqa)는 진짜 파이어워커(firewalker, 숯불 위를 걷는 사람)의 고향인데, 그런 것에 내가 관심이 많다는 걸 알고, 고맙게도 내가 거기 갈 수 있을 때에 내 딸이 미리 숯불 걷기의 최고 달인과 인터뷰를 잡아 두었다. 피지에서는 그를 베티(beti)라 불렀는데, 숯불 걷기 의식을 준비하는 동안 내가 곁에 앉아 있도록 해 주었다. 눈앞에서 펼쳐질 의식을 본다는 생각으로 난 완전히 무아지경이 되어 가슴이 두방망이질 치고 있었다. 30년 동안 최면에 대한 연구와 작업을 해 왔기 때문에, 최면이나 명상처럼 무아지경 같은 의식(儀式, ritual)을 써서 고통을 다스리는 파이어워커들의 능력을 가능하게 만드는 최면 입문식을 볼 수 있다는 기대를 하고 있었다.

　숯불 걷기 준비에는 카바(kaba)라고 불리는 약간의 마취성이 있는 그 지방 특산 술을 마시는 것도 들어가 있었는데, 그 고수가 숯불 걷기를 하는 이유를 말해 주면서, 숯불 걷기라는 능력을 가진 이 특별한 종족에게 힘을 주는 이야기를 자세히 해 주었다. 그리고 나서 구멍 하나를 파서 커다란 돌로 꽉 채우고, 통나무로 구멍을 막았다. 그 통나무에 불을 붙이고 그 돌들이 하얗게 되도록 달궜다. 그다음에 통나무를 끌어내고 나니까 그 돌들 위로 길이 또렷이 나 있었다.

불 속에서 돌 하나가 터지면서 그 파편이 내 발에 날아왔는데 틀림없이 뜨거웠다. 이야기를 하던 중, 나도 모르게 허리를 굽히고 그 조각을 주워 불 속으로 다시 던져 넣었는데, 그 돌은 우리 집 벽난로에서 카펫에 떨어졌을 때 일어나는 불꽃이랑 똑같이 타올랐다. 순식간에 돌에 내 손가락을 데이고 말았다.

파이어워커는 바로 이런 돌을 천천히 가로질러 걸어가고, 멈춰 서기도 하고, 불을 넘어가기도 하는 자기의 힘에 신선한 기쁨을 느끼는 듯 싱긋 웃음까지 내비치는 것이었다. 고도로 숙련된 파이어워커는 돌마다 5~6초 정도 머물러 서 있을 수 있다. 발을 뗄 때마다 그들의 발을 살펴보았는데, 불에 데거나 물집이 생긴 자국 같은 건 하나도 보이지 않았고, 도리어 발에 냉기가 도는 듯했다.

베티가 숯불 걷기에 앞서 자기 제자들에게 들려준 이야기, 세대에서 세대로 전해지면서 심신을 다스릴 수 있는 그런 묘기를 할 수 있는 힘을 주는 그 이야기는 두 번째 이야기 '심신의 힘에 대한 전설'에서 다시 나온다.

치유하는 이야기의 힘

필리파는 내가 임상 심리학자로서 30년 동안 일하면서 만난 가장 심한 공포증 환자 중 한 명이었다. 그녀는 집에 혼자 있어도 두려움을 느꼈고, 심지어 사람, 시끄러운 소리, 열린 공간, 자기를 기다리는 낯선 경험들 등이 모두 두려워서 어디로 나갈 수조차 없었다. 남편이 일하러 나갈 때면, 마치 밀려오는 파도처럼 공황이 그녀를 엄습해 들어왔다. 지구상에서 그녀가 편안함을 느낄 수 있는 곳은 오로지 앞뜰 잔디밭뿐이었다. 길에서 자기 집을 막아 주는 높은 벽돌담과 자기 집을 외딴 곳으로 만들어 주는 나무 벽 사이 그늘진 그곳에 매일 몇 시간씩 서 있었다. 안으로 들어가기도 너무 무서웠고, 밖으로 나가기도 너무 두려웠다. 치료를 하던 중에 이야기를 하나 해 줬는데, 그 이야기는 필리파가 삶의 균형점을 바꾸고 삶을 지속할 수 있는 힘을 주었다.

처음에 그녀의 남편은 내가 자기네 집으로 방문해 줄 수 있는지를 물어보았다. "안 됩니다." 나는 딱 잘라 한마디로 거절했다. 필리파가 자기의 안전지대를 떠나려고 하지 않을 것이며 그녀의 불편하고 좁은 안전 경계 내에서는 그녀를 변화시키거나 움직일 수 있도록 하는 게 없을 거란 생각이 들었기 때문이다. "그걸 이겨 내기 위해 그녀가 뭔가 하려고 한다면," 나는 설명했다. "그녀가 나를 만나러 와야 합니다." 그녀의 남편은 필리파가 마지막으로 집을 나섰던 때를 기억조차 할 수 없다며 그럴 수 있을지 모르겠다고 했지만, 얼마 지나지 않아 필리파는 첫 번째 약속을 잡고 왔다.

처음에 필리파는 남편이 없는 자리에서 나에게 상담을 받는다는 사실로 인해 겁에 질려 있었기 때문에, 첫 회기에서는 그녀가 어땠는지, 심지어 그녀가 어떤 모습이었는지도 알기 힘들었다. 필리파는 고개를 푹 숙이고 밀대걸레 같은 긴 머리칼을 얼굴 위로 늘어뜨리고 있었는데, 그게 마치 베일처럼 얼굴을 기가 막히게 가려 주었다. 내가 질문을 하면 가능한 짧게 단답형으로만 답을 했다. 이는 화가 나서 저항을 하거나 우울로 인한 무관심이 아니라 공포로 생긴 불안 때문인 듯했다.

그녀는 거의 반응을 보이지 않았고, 내가 자신의 삶을 침해하려 하거나 자기에게 뭔가 모를 기대를 하는 생면부지의 타인처럼 낯설게만 여겨지는 듯했기 때문에, 이야기를 하나 해 주기로 했다. 내가 그렇게 한 데는 몇 가지 이유가 있었다. 첫째, 그녀가 원치 않는 상태에서 의사소통을 하려고 인지적 압력을 행사한다면, 우리 두 사람 모두가 편하지 않은 상황에 놓이게 되어 결국 그녀를 더 두렵게 할 것이다. 이야기하기는 그녀에게 어떤 방식으로든 말이나 겉으로 내보여야 하는 반응 같은 걸 요구하지 않는다. 필리파가 원치 않는다면 아무 말도 하지 않아도 된다.

둘째, 이야기하는 사람과 듣는 사람의 역할 속에서 우리는 관계를 형성한다.

이는 우리가 서로 나누고 함께 경험하는 행위가 된다. 이런 경험에 함께 참여하는 과정이 관계를 바꾸어 주고 일치된 결속을 만들어 주기 때문에 더 이상 서로 다른 목표를 가진 떨어진 개체가 될 수 없다.

셋째, 이야기가 그녀의 문제를 내가 이해하고 있음을 말해 주고 그 해결책을 위한 현실적인 목표를 드러내 주어야 한다는 게 나의 치료 목표다. 이런 과정은 뒤에 14장과 15장에서 설명할 것이다.

난 그녀에 대해 아는 게 거의 없는 상황이었다. 똑같은 사람인데도 두려워하고, 심지어는 질려 버리기도 하는데, 동물을 좋아할지는 모를 일이었다. 동물 이야기가 낯선 사람을 주인공으로 내세우는 이야기보다 그래도 덜 무서울 것 같았다. 더욱이 그 동물은 그녀가 앞뜰 잔디밭에 서 있을 때처럼 들어가지도 나가지도 못하고 겁에 질려 어쩔 줄 모르는 마음과 두려움을 모두 알아야 했다. 부적절하고 역기능적인 안전감을 주는 앞뜰 잔디밭 같은 데 착 달라붙어서 매달려 있어야 했다. 또 이야기의 주인공은 삶을 운영할 새롭고 더 적절한 방법을 찾아가면서 공포와 불안감에서 벗어날 수도 있어야 한다.

문어가 떠올랐다. 문어의 거대한 촉수들은 알맞지 않은 대상에게 딱 들러붙어 있을 수 있다. 그런 경험은 필리파의 경험과 거의 흡사하다. 그래서 이 등장인물을 둘러싸고 하나의 이야기가 몇 가지 상담 요소를 아우르며 모습을 나타냈다. 이야기를 천천히 진행시키는 것은 내가 그때 막 치료적 은유로 작업을 하기 시작한 초보라는 사실 때문이기도 했다. 이야깃거리가 바닥날 수도 있고, 상담 중에 다음에는 어떻게 이야기를 끌고 나갈지를 생각할 시간도 필요했다. 실제로 이것이 치료적 이점을 분명하게 해 주었고, 마법 같은 걸로는 멋진 결과를 만들 수 없다는 깨달음은 은유를 사용하는 것에 대한 자신감까지 주었다. 또한 창조적 이야기가 내가 해야 하는 바로 그 순간에 혀끝에서 툭 튀어나올 필요는 없다는 것까지 알게 했다. 그리고 내담자와 함께 은유를 만들어 나가는 것에 대해서도 배울 수 있었다. 이 과정이 치료의 결말을 더 쉽게 해 주었다는 것을 나중에서야 알게 되었다(Martin, Cummings, & Hallberg, 1992).

회기를 거듭해 이야기가 진행되면서, 필리파의 고개가 서서히 올라오기 시작했고 남편이 없는데도 나를 보는 걸 조금씩 더 편안하게 느끼게 되었다. 그녀는 마음이 들떠서 상담을 하러 오기 시작했으며 "다음에 문어한테 어떤 일이 일어날지 알아요."라고 말하면서 대화의 물꼬를 트기도 했다. 우리 두 사람의 친구가 겪는 모험에 대해 이야기하기를 열망하고 있었다. 그녀는 자신의 문제를 어떻게 풀어야 하는지를 말하지 않았지만 자신의 결말을 창조적으로 만들어 나가고 있었다. 아기 문어에 대한 이야기는 나의 이야기만이 아니라 우리의 이야기가 되었다.

이야기를 시작하고 나서 몇 주가 지나자, 그녀는 자연스럽게 우리 이야기의 주제를 묘사해 낸 펠트펜 그림들을 그려 숨겨진 예술적 재능을 유감없이 발휘했다. 나는 이 능력을 개발시키도록 그녀를 격려했고, 혼자서 뭔가 하는 것을 아직 두려워했지만, 그녀는 자기 딸과 함께 회화 수업에 참여하기로 했다. 그 강사는 그녀의 솜씨에 경탄했고, 그 수업을 듣던 어떤 학생들보다 탁월했던 필리파는 개인전을 열어 자기 작품을 전시할 수 있게 선발되었다.

필리파는 개막식에 나를 초대했고 남편이 전화를 걸어 내가 갈 거라고 안심시켜 주었다. 내가 들어서자 그녀는 내게로 달려와 내 손을 잡더니, 화실로 들어가 그림마다 돌아가며 열심히 설명을 해 주었다. 그녀는 고개를 들고 있었고, 그녀의 얼굴은 기쁨으로 빛이 났으며, 숙련된 전문가 같은 시선에서 약간의 불안한 느낌은(정상적이라고 볼 수 있는) 보였지만, 집에서 나와 수많은 사람들 가운데 있는데도 상당히 편안해 보였다.

필리파는 자신의 예술적 재능으로 너 큰 갈채를 받았다. 나는 그녀와 그녀의 작품이 신문에 실린 것을 보았으며 그녀가 아동협회에 지원을 얼마나 하는지에 대한 텔레비전 인터뷰도 보았다. 우리가 나누었던 이야기는 디딤돌이었다. 그것이 그녀 인생의 무게중심을 바로잡아 주었고 그녀에게 그만큼 강력한 치유를 시작할 수 있는 힘을 주었다. 하지만 그게 다는 아니었다. 필리파의 재능과 변화에 적용할 만한 게 없었더라도 결과는 달라질 수 있었을 것이다.

우리의 이야기, '높이 더 높이'는 그 과정의 일부였다. 4장에서 열한 번째 이야기로 다시 볼 수 있다. 필리파 사례의 좀 더 자세한 사항과 우리가 은유를 만들어 간 방법은 14장에 나온다.

연습문제

잠시 동안 가만히 있으면서 이야기가 여러분의 삶에 의미 있는 영향을 미치는 경우에 대해 떠올려 보라. 그 이야기는 무엇인가? 여러분은 어떤 영향을 받았는가? 그 이야기가 여러분에게 무엇을 가르쳐 주었는가?

· 여러분의 행동에 영향을 주었는가?
· 어떤 정서를 일으켰는가?
· 심신의 변화를 만들었는가?
· 치유적인 면에 힘을 부여했는가?
· 힘을 얻는 느낌을 일으켰는가?

여러분 자신에게 미친 이야기의 영향력을 이해해 보면 치료 중에 일어나는 이야기의 영향력을 이해하고 예측할 수 있게 될 것이다.

제2장
효과적인 이야기하기

　호텔에서 피닉스 공항으로 가는 셔틀버스에서, 바로 내 뒤에 앉은 두 사람의 대화가 들렸다. 우리는 모두 에릭슨(Erickson) 심리치료 및 최면치료 회의에 참석하고 집으로 돌아가던 중이었다. 내 뒷자리에 앉은 두 사람은 틀림없이 서로 모르는 사이였을 것이다. 25개국의 천 명이 넘는 사람이 그 회합에 참석했으니 당연한 일이다.

　여자가 남자에게 왜 회의에 참석했냐고 물었다. 남자의 대답은 내가 주최한 은유 워크숍에서 수도 없이 들었던 것 중에 하나였다. 그는 이렇게 대답했다. "전 은유로 말하는 것에 대해 좀 더 배우고 싶었어요. 전문가를 보면서 말입니다." 그는 말을 이어 갔다. "전문가들은 아주 효과적으로 말을 해요. 특정 내담자들에게 꼭 맞는 그런 이야기를 참 잘 고르는 것 같아요. 그 사람들 아이디어가 정말 대단해요. 그 사람들은 상상력이 풍부한 이야기 속으로 내담자를 쑥 스며들게 해서 빨려들게 하는 방법으로 말을 한다니까요. 그렇게 해 보려고 애는 쓰는데, 도대체 은유에 쓸 만한 소재를 어디서 가져오는지, 어떻게 해야 효과적으로 말을 할 수 있는 건지 도무지 알 수가 없어요."

앞 장에서 의사소통의 형태로서, 또 변화를 위한 도구로서 이야기의 힘을 살펴보았다. 이런 힘의 많은 부분이 이야기를 하는 것과 그 이야기가 지니고 있는 타당성 안에 담겨 있기 때문에, 이 장은 이야기를 효과적으로 하는 법에 초점을 맞춘다. 치료적 이야기에만 중점을 두는 것이 아니라 그냥 보통 하는 이야기에도 중점을 둔다. 이야기—하루 동안 일어났던 일, 파티에서의 농담들, 잠자리에서 들려 주는 이야기, 그 외에 무엇이든—로 뭔가 중요한 것을 전할 수 있다면, 여러분은 치료에서도 은유를 사용하는 이야기하기의 필수 기술을 가지고 있다는 말이다.

효과적인 이야기하기는 세 가지 변인, 즉 이야기꾼, 듣는 사람(혹은 듣는 사람들), 의사소통 과정을 가진다. 이 장에서는 첫 번째 변인인 이야기꾼과 그 이야기꾼이 효과적이면서도 은유적으로 이야기를 전하기 위해서 사용할 수 있는 도구에 초점을 둔다. 효과적으로 이야기를 하는 기초 단계와 주된 의사전달 수단(목소리)을 사용하는 법을 살펴본다. 여러분을 이런 과정으로 안내하면서 이 책을 시작하고자 한다. 피닉스 공항으로 가던 셔틀버스에서의 대화는 작업 중인 대가들을 관찰하는 것이 좋다는 걸 떠올리게 해 주지만, 그 치료를 그대로 하려면 그들이 해를 거듭하면서 해 온 임상에서의 기술을 개발해야 할 것이다. 이런 기술들이 설사 쉽게 배울 수 있는 것이라 해도, 그 대가들의 임상 기법에는 뭔가 특별한 것이 있는 것도 사실이다.

효과적으로 이야기하기 위한 지침

1. 우리는 모두 이야기꾼이다

우리 모두는 이야기를 한다. 우리는 다른 사람들에게 그날 있었던 일을 말하고 그 사람들에게 그들의 이야기를 해 달라고 한다. 우리는 "오늘 학교에서 뭐 했니?" "일은 어땠어?" "오늘 뭐하고 지냈니?"라고 묻는다. 우리의 이야기들은 지인들, 사랑하는 사람들과 우리를 다시 이어 주는 길이다. 이야기는 빈틈을 채워 주고 우리가 떨어져 있었던 시간을 연결하는 고리를 만들어 주는 길이다.

이야기가 지인들과의 관계를 다시 이어 주는 길인 것과 같이, 이야기는 또 새로운 사람과 이어 주는 길이 되기도 한다. 처음 사람을 대하면, 어떤 일을 하고 있는지, 관심거리가 뭔지를 묻게 된다. 그들이 하는 이야기를 듣고, 그 이야기들이 우리 것과 연결이 되는지, 관련이 있는지를 생각해 본다. 그들의 이야기가 우리를 매료시킨다면, 귀 기울여 듣고는 우리 자신의 이야기로 답을 한다. 이렇게 하는 목적은 우리를 함께 엮어 주는 이야기의 공통 주제를 찾는 것이다. 서로 통하는 관심이나 활동을 발견하려고 그런 이야기를 하고 듣는다. 이야기가 서로 통하지 않으면, 우리는 이어지지 않는다.

한번 사귀어 보려고 처음 만난 두 사람의 예를 들어 보자. 그 두 사람이 분위기 있는 소풍을 즐기고, 비슷한 영화를 좋아하고, 비슷한 활동을 공유한다는 등의 이야기를 한다면, 그 둘은 전화번호를 교환하고, 다시 만나 관계를 발전시켜 나갈 수 있을 것이다. 남자는 친구들과 술독에 빠졌던 주말을 이야기하는데 여자는 오페라에 갔던 이야기를 한다면, 서로 통하는 점을 만들 수 없을지도 모른다.

여기서 핵심은 우리는 모두 이야기하는 기술을 가지고 있다는 것이다. 다른 사람들과 의사소통을 하는 데 있어서, 끊임없이 이야기를 하는 사람과 이야기를 듣는 사람의 역할 사이를 오락가락하면서, 대인관계의 상호작용 과정이 일상의 한 부분이 된다. 분명히 어떤 사람들은 다른 사람보다 더 효과적으로 이야기를 하기도 한다. 어떤 이들은 타고난 이야기꾼이기도 하지만 우리는 모두 다른 사람들과 관계를 가지고, 또 새롭게 관계를 맺어 나가기 위해 이야기를 사용한다.

이야기하기는 여러 사회적 상호작용의 기반이 되기도 한다. 축구 경기를 보러 가고, 연주회에 가고, 파티에 초대를 받고, 영화를 보러 가는데, 그런 뒤에 그것에 대해 이야기를 나눈다. 나는 심리학자와 두 명의 만담가가 주관하는 유머 워크숍에 참석한 적이 있었다. 워크숍 중에 그 만담가 중에 한 사람이 이렇게 물었다. "사람들이 어디서 가장 크게 웃을까요?" 나는 그가 자기가 매일 진행하는 쇼를 들먹거리면서 입장권을 사라고 말하리라 생각했었다. 아니었다. 그는 사람들이 살면서 겪었던 이야기를 되풀이해서 말하는 저녁 식사 모임에서 가장 크게 웃는다고 했다.

그 말을 곱씹어 보니, 그가 말하는 의미가 뭔지 알 것 같았다. 그런 사교적인 일 중에서, 어떤 사람은 얼마 전에 있었던 놀랍고 뜻깊고 의미심장한 것에 대한 이야기로 대화를 시작하기도 할 것이다. 다른 사람들은 자신들의 이야기 처음을 살짝 귀띔해 주는 걸로 시작해서 끝에 가서는 눈덩이 같은 효과를 내기도 한다. 한 사람이 이야기를 하면, 어떤 사람이 "그 이야기를 들으니, 이게 생각나네요⋯⋯."라든가, "나는 이런 적이 있었는데요⋯⋯."라는 식의 말을 할 것이다.

우리는 이야기를 통해 삶의 기쁨과 애환을 함께한다. 우리의 성공과 실패에 대한 이야기를 한다. 우리는 다른 사람이 함께 고개를 끄덕일 수 있는 우리 삶의 여정과 그들의 여정에서 일어나는 경험담을 연결시킨다. 그들의 이야기를 들으면서 우리 자신의 여정에 도움을 얻게 된다.

이런 식으로 우리는 모두 끊임없이 이야기를 하고 있다. 이렇게든 저렇게든 우린 이미 이야기를 하고 있고, 대부분은 효과적으로 이야기를 한다. 우리는 메시지가 전해진다고 믿어도, 상대방은 단지 이야기의 일부만 들을 수도 있다. 우리는 또 우리 자신의 이야기에도 귀 기울인다. 우리의 경험을 재정의하는 방법으로 이야기를 사용하고 거기에 의미를 둔다. 이야기는 우리의 세계에 구조를 부여하고 가끔은 혼란스러운 상황일 수 있는 것도 이해할 수 있도록 해석과 정의를 내리는 도구가 된다.

우리는 모두 이야기꾼이므로, 은유로 의사소통을 하는 기술은 아무것도 모르는 상태에서 배워야 하는 게 아니다. 이미 하고 있고, 매일 하는 걸 바탕으로 나온 것이다. 그 사실을 알고 나면 치료에서 이야기하기를 도입할 때 필요한 자신감을 어느 정도는 가질 수 있을 것이다.

 연습문제 2.1

· 여러분의 일상을 친구나 가족에게 말해 보라. 여러분이 전하고자 하는 것이 무엇인지를 염두에 두고, 그게 여러분이 배운 유머나 경험 어느 쪽에 무게를 싣는지 살펴보라. 여러분의 경험에서 이야기를 하는 것이 얼마나 자연스러운지를 관찰하라.
· 다른 사람이 자신들의 일상 경험을 말하는 걸 잘 들어 보라. 사람들이 이야기를 어떻게 사용하고 얼마나 쉽고 자연스럽게 하는지를 관찰하라.
· 파티나 사교 모임에서 다른 사람들이 하는 이야기를 꼭 들어 보라. 그들이 아이디어나 이미지, 여러분의 이야기 등에서 어떻게 도화선을 찾는지 눈여겨 보라.

2. 테크닉에 너무 치우치지 말고 자신의 열정, 현실, 경험을 사용하라

이야기를 하는 사람이나 이야기를 듣는 사람 모두 즐거울 수 있는 과정이 되도록 하고, 자기가 하는 이야기를 자신이 즐길 수도 있어야 하겠지만 그런 이야기를 하면서 자기가 변화할 수 있다는 사실도 염두에 두자.

친구들이나 가족들에게 매일매일 하고 싶은 이야기를 하는 걸로 시작하라. 애써 은유적으로 만들려고 하지 마라(다음 장에는 이렇게 하는 보기들이 많이 나와 있다.). 기술이나 테크닉, 이야기하기를 좀 더 효과적으로 만들어 주는 전략 같은 게 있더라도, 가장 중요한 것은 여러분이 가지고 있는 열정이다. 그 열정이 이야기에 정서와 분위기를 더해 주고 이야기에 자연스러움과 생명력을 부여해 주는 것이다.

나에게는 유명한 화가 친구가 있다. 회화에서도 우리 직업에서의 원칙과 거의 같은 게 있다는 것이 내 마음에 깊게 와 닿았다. 그 친구는 회화에서 원근법, 색조, 명암 등과 같은 기본 테크닉도 중요하지만 그것들은 화가의 창조성을 실어 나르는 수단으로서 제공될 뿐이라고 말한다. 이야기하기도 창조성과 테크닉을 다 지니고 있지만, 결국엔 여러분이 무게중심을 어떻게 잡느냐 하는 것이 여러분만의 독특한 스타일이 된다. 내가 제시하는 단계들은 그런 스타일을 발전시킬 수 있도록 해 주는 길잡이가 될 것이다.

아흔두 번째 이야기, '밝혀질 수 없는 비밀'은 내가 치료적으로 쓴 이야기는 아니지만, 무척 자주 하는 이야기다. 이야기를 하는 과정의 여러 중요한 점들을 설명해 주고 있어서, 그 이야기를 워크숍에서 자주 사용했다. 우선, 이 이야기는 내가 열정과 즐거움을 가지고 말할 수 있게 해 준다. 나한테 재미있는 이야기이고, 그렇기 때문에 그 이야기로 듣는 사람의 주의를 끌어와 내 의사를 전달할 수 있게 된다. 둘째, 이 이야기는 이야기꾼이 감각을 사용하고 발달시킬 수 있도록 한다. 이야기 속으로 감각적 경험을 삽입하면(이에 대해서는 이 장

후반부에서 설명할 것이다.) 이야기는 훨씬 더 박진감 있고 매혹적이게 된다. 셋째, '밝혀질 수 없는 비밀'은 이야기하는 사람이 듣는 사람의 참여와 몰입 과정을 지켜볼 수 있게 한다.

연습문제 2.2

· 열정을 가지고 이야기하는 걸 연습하라. 테크닉에 너무 신경 쓰지 말고, 열정을 사용해서 여러분의 감정에 빠져들 수 있도록 하라.
· 재미도 없고 지겨운 이야기를 해 보면서, 비교를 한 번 해 보라. 그런 이야기를 하면 자신이 어떤지 스스로 관찰해 보라. 듣는 사람으로부터 나오는 언어적 및 비언어적 반응의 단서들도 살펴보라.

3. 자신의 지성과 성실함, 윤리를 사용하라

은유치료—뿐만 아니라 다른 모든 실제 치료들까지—가 그에 합당한 윤리적 지침 내에서 행해지는 것과 마찬가지로, 이야기하기도 책임감을 가지고 행해져야 한다.

이런 점에서 볼 때 나는 이야기가 진실을 말해야 하지만 있는 그대로의 사실이어야 할 필요는 없다고 본다. 내가 뜻하는 바는 이야기가 윤리적이고 도덕적이며 책임감이 있어야 한다는 것이다. 치료적 시각에서 보자면, 이야기는 듣는 사람에게 도움이 되고, 구체적이며 실용적인 것을 주어야 한다. 문제를 해결하고, 경험을 강화하고, 삶의 질을 높이는 타당한 방법을 보여 주어야 한다. 사례로 설명을 하려면, 내담자의 이름을 넣지 말고, 이름이 있어야 될 것 같으면, 3부에 나오는 이야기들에서 내가 한 것처럼 전혀 상관성이 없는 가짜 이름을 만들어 낸다. 성공적으로 공포증을 이겨 낸 내담자 사례의 이야기를 다른 공포

중 환자에게 해야 할 경우는, 성별이나 나이, 직업, 상황, 배경 등을 듣고 있는 사람에게 좀 더 잘 맞도록 설정하여 바꾸기도 한다. 달리 말하자면, 이야기는 실제 있었던 사실 그대로를 말하는 게 아니라, 누군가가 공포증을 어떻게 이겨 냈는가에 대한 진실을 말하는 것이다.

일단 이야기하기에 맞는 책임감을 갖추고 나면, 치료사는 어느 정도의 위험을 감수할 수도 있어야 한다. 그러니까 이야기를 대담하게 사용해야 한다는 것이다. 이야기를 치료적으로 사용한다는 것은 변화에 대한 것이며, 뭔가 달라지게 만든다는 것이다. 통상 내담자는 변화를 갈구하기 때문에 치료를 받으러 온다. 그들이 치료를 받기 전에 하던 것이나 그들이 그럴 때 해 봤던 것이 별로 효과가 없었던 것이다. 그러므로 치료는 내담자가 뭔가 달라지고 다른 결과를 얻을 수 있도록 하는 것이다. 이런 결론을 얻기 위해서는, 치료적 이야기가 도전적일 필요도 있다. 내담자의 신념체계나 인생에 대한 태도에 정면대결을 해야 할지도 모른다. 인지나 행동 양식에 도전을 해야 할 수도 있다. 어떤 정서적 반응이 일어날지 가정을 해 보는 질문도 할 수 있다. 내담자가 위험을 감수해야 할 수도 있고, 새롭고 낯선 곳으로 발을 내딛어야 할 수도 있고, 바람직한 결과를 얻기 위해 행동에 새로운 방식을 실험해 봐야 할지도 모른다. 치료적 은유는 내담자가 위험을 감수하고 한번 해 보려는 일이 좀 더 쉬운 도전이 될 수 있도록 도와줄 수도 있다.

몇 년 전에 한 내담자가 나에게 그런 치료적 위험을 감내해야 하는 것에 대한 중요한 가르침을 준 적이 있다. 그는 외딴 탄광촌 출신으로 딱 일주일 동안 도시에 머무르면서 세 가지만 상담을 해 달라고 했다. 그는 자리에 앉는 순간부터 첫 번째 상담을 주도해 나갔는데, 밑도 끝도 없는 강박적인 주절거림을 줄줄 풀어냈다. 나는 간접적인 입장이 되려고 애를 쓰기도 하고 직접적으로 접근하려고도 해 봤다. 인지적인 행동 전략, 은유, 최면 등을 제시해 보려고 했지만, 자기 문제에 푹 빠져서 시시콜콜 말하고 또 말하고, 계속 말만 해서 관심을 다른 데로 돌릴 수가 없었다.

두 번째 회기도 똑같은 방식으로 나갔다. 모든 치료적 활시위를 당겨 보았지만, 번번이 아무 소용이 없었다. 세 번째 회기에 들어서도, 그는 두 번의 회기 동안 충분히 늘어놓았던 걸 또 반복하려고 했다. 나는 더 이상 할 수 있는 게 없었다. 그가 똑같이 진저리나는 시시콜콜한 이야기를 줄줄 늘어놓는데, 한 번 더 나 자신에게 질문을 던져 보았다. 이런 행동 양식에 어떻게 개입해야 하나? 하지만 더 이상 아무 소용이 없었다. 이제 남은 게 무엇일까?

혼자서 생각을 해 보았다. "이 사람의 말은 오로지 반복과 지겹도록 쓸데없는 것들뿐이야." 나는 마음속으로 그 사람에게 이 말을 해 주는 게 맞지 않을까 곰곰이 생각해 보고, 마음을 먹었다. "해 보자." 위험할 수도 있었겠지만, 그것 말고는 할 수 있는 게 아무 것도 없었다. 그게 설사 위험한 순간이라 해도.

내가 그 사람에게 내가 관찰한 바를 가지고 정면으로 부딪치자, 그가 말을 중간에 뚝 끊더니, 울음을 터뜨리며 이렇게 말하는 것이었다. "모든 사람들이 나를 보면 그렇게 생각합니다." 바로 그때가 누군가 그에게 처음으로 솔직하게 말을 해 준 순간이었고, 그가 자신의 행동 양식을 시험해야 하는 도전을 받은 순간이었다. 그게 변화의 시점이었다.

연습문제 2.3

책임감을 가지면서도 대담하게 이야기하기를 한번 해 보라.

· 내 말을 잘 안 듣고, 내 이야기를 제대로 듣지도 않는 집단이나 개인 슈퍼비전에서 용기를 내어 이야기를 한번 해 보라.
· 여러분과 듣는 사람(듣는 사람들) 모두에게 미친 효과를 관찰하라.

4. 맞춤식 이야기를 만들어라

무엇보다, 이야기가 내담자나 듣는 사람에게 맞아야 한다. 다음 장에서 이야기를 은유적으로 만드는 방법과 내담자의 문제와 바람직한 결말에 가장 잘 맞도록 이야기를 짜는 방법에 대해 논의할 것이다. 하지만 가장 쉬운 방법은 듣는 사람의 목표나 목적을 기억해 두는 것이다.

내담자의 목표가 이야기 주제와 맞기만 하면, 이야기에 부수적으로 딸리는 세부 사항들은 별로 중요하지 않을 수도 있다. 어쨌든 내담자가 노력하고 갈등하고 경험하고 있는 문제들과 이야기가 맞아 들어가면 효과가 있다. 사실이 그대로 일치하진 않아도 되지만, 그 안에 담긴 원칙과 과정은 은유적으로 같아야 한다.

제프는 특별한 인도의 한 종파에 몸담은 내담자였다. 제프는 그의 세례명도 아니고, 원래 이름도 아니었다. 그는 예전에 자기와 친했던 사람을 선사께서 쫓아내 버린 이야기를 얼마 전에 했다. 그의 말대로라면 그 일이 그를 '흔들어' 우울증 상태에 빠지게 했으며, 몇 달 후에 그는 암 진단을 받았다(그는 이 일을 당연한 결과라 여겼다.). 다행히 수술은 성공적이었고 그는 완쾌되었다는 진단서를 받게 되었다. 하지만 그는 그 일 때문에 병이 났으니까, 그 일 때문에 '막히게 된 것'을 치워버려야 자기 에너지가 다시 흐르고 건강도 유지할 수 있을 거라고 걱정을 했다.

그는 거리마다 우기를 대비해서 길가에 넓게 열어 놓은 하수구가 있는 인도의 어느 마을을 걷고 있다는 은유를 사용했다. 어느 날 그가 마을을 걷고 있는데 문득 자기 발이 물과 진흙으로 범벅이 되어 있는 걸 보았다. 전에는 없던 일이라 무엇 때문에 그런 건지 알고 싶어졌다. 모퉁이를 돌아서는데 쓰레기더미로 막혀 있는 수로 하나를 보았다. 그 수로 제방이 터져서 댐 모양으로 거리에 물이 흘러넘치고 있던 것이다.

우리는 수로에 대한 것과 그 방해물을 치워 버려야 하는 것에 대해 이야기하는 걸로 대부분의 회기를 보냈다. 그렇게 하려면 누가 책임을 져야 하는지를 이야기했다. 에너지가 다시 흐르고 바람직한 방향으로 흘러갈 수 있으면 뭐가 달라지는지를 말했다. 막힌 도랑에 대해 말하면서 우리는 추방을 명한 그 선사에 대한 말은 한마디도 하지 않았다. 우리는 간단하게 내담자의 문제와 맞는 은유적 대화에 발을 들이고 내담자가 변하는 데 필요한 자원과 행동 과정들을 개발할 수 있도록 했다.

제프가 치료 속에 삽입한 이야기와 은유는 교훈적 이야기로 다시 만들어졌지만, 제프와 함께 만든 것과 똑같지는 않다. 그게 세 번째 이야기, '책임감을 가져라'다.

맞춤의 두 번째 단계는 이야기꾼에 관한 것이다. 여러분이 연루되지 않거나 여러분이 관련될 수 없는 채로 이야기를 하려고 하는 것은 아무 소용이 없다. 무슨 대본처럼 다른 사람의 이야기에만 의존하기보다는 한 사람으로서 또 치료사로서 자신의 경험을 설명하는 것이 유익할 수 있다. 나는 『에릭슨의 교육 이야기(The Teaching Tales of Milton H. Erickson)』(Rosen, 1982)를 무척 좋아한다. 나의 추억을 불러일으키고 나에게 아이디어를 제공해 주어 침대 곁에 두고 읽기에 딱 좋은 책이지만, 나의 이야기는 아니다. 에릭슨이 한 이야기들을 나는 할 수도 없고 하려고도 하지 않았으며, 그가 내가 하는 방식으로 내 얘기를 한 것도 아니었다. 두 번째 지침에서 언급했던 바와 같이, 효과적으로 이야기하기 위해서는 자신의 열정과 현실, 경험 등이 담겨 있어야 한다. 이를 위해서는 그것이 여러분의 이야기가 되게 해야 한다.

- 여러분이 보기에 듣는 사람에게 '잘 맞는다'는 생각이 드는 여러분 자신의 이야기를 해 보라. 이야기가 얼마나 잘 맞는지에 대한 신호로 듣는 사람의 언어적 및 비언어적 단서들을 관찰하라.
- 여러분의 이야기를 개작해 보라. 듣는 사람의 나이, 성별, 사회문화적 배경에 맞추기 위해 주인공을 바꾸어 보라. 듣는 사람이 가진 문제, 이를 해결하기 위해 필요한 수단이나 기술, 듣는 사람이 바라고 있을 결말 등에 맞춰 이야기를 개작해 보라.

5. 이야기를 실감나게 만들어라

이야기가 여러분에게 흥미롭게 느껴질수록, 듣는 사람들에게도 더 박진감 있게 될 것이다. 처음 시작할 때라도 너무 낱말에 초점을 맞추지 마라. 이런 점에서 보면 언어는 목소리나 분위기, 감정만큼 중요하지는 않다. 더 실감나게 하기 위해, 듣는 사람과 의사소통을 하면서 시각 인식을 분명히 해 주고 효과를 더 크게 해 주는 빛과 색깔, 음영, 형태 등 아주 작은 부분까지 관찰하면서 여러분의 감각을 사용하라. 귀로 들리는 온갖 경험과 소리들을 모두 그려 내라. 이야기 속에 들어 있는 냄새, 향기, 향취 등을 놓치지 말아야 한다. 피부에 닿는 감각을 느껴 보고 말해 보라. 이야기 등장인물이 만져 보는 것만이 아니라, 산들바람의 숨결과 태양의 따사로움 등이 등장인물들에게 닿을 때 어떤가 하는 것도 같이 느껴 보라. 어울린다 싶으면, 미각을 이야기 속에 넣어 보라. 이런 모든 감각들이 이야기의 박진감을 더해 주어 이야기의 시각화를 도와주기 때문에, 여러분이 그런 이미지들로 듣는 사람을 제대로 끌어당겨와 의사소통할 수 있는 능력을 가지게 해 준다.

한 동료의 슈퍼비전을 하던 중에, 그 동료는 결혼을 하고 발리로 신혼여행을 떠났다. 그가 돌아와서 이야기를 하나 해 주었는데, "산책을 하다가 가멜란[1] 오케스트라를 들었어요. 둘이서 걸어가면서 잠시 귀를 기울였는데, 참 멋진 시간이었죠."라고 하는 것이었다.

내가 그에게 잠시 눈을 감고 그때의 경험이 눈앞에 보이는 것처럼 떠올리고, 자기 눈앞에 그려지는 감각 지각까지 넣어서 이야기를 다시 해 보라고 했다.

"우리는 산책을 하고 있었어요." 그가 입을 뗐다. "하늘은 파랬고 따사로웠죠. 파릇파릇한 벼들이 한창인 논두렁을 따라 걷고 있는데 대나무관을 울리는 가멜란 오케스트라의 소리가 들리는 거예요. 음악에 이끌려 가 보았더니 열린 오두막 무대가 있었어요. 거기서 오케스트라가 연주를 하고 있었죠. 사람들은 전통의상을 입고 있었어요. 한 사람이 우릴 보고 안으로 들어오라고 손짓을 했어요. 우린 들어가 앉아 오케스트라에 귀를 기울였어요. 정말 아름다웠어요."

나는 그에게 자신의 감각에 좀 더 주의를 기울여, 다시 한 번 그 장면을 그려 보라고 했다. 이번에는 자기 감각 지각에다 자기가 느꼈던 정서나 감정까지 더했다.

그가 다시 말을 할 때는 이런 이야기가 되어 있었다. "아내와 내가 산책을 하고 있었죠. 둘이서 손을 꼭 잡고 둘이 하나란 느낌으로 구름 한 점 없이 푸른 열대의 하늘을 만끽하면서 말이에요. 파릇파릇한 풋벼들이 자라고 있는 논두렁을 따라 걷고 있는데, 보드라운 산들바람이 풍성하게 자라고 있는 초록의 풋벼 향을 싣고 왔어요. 들판 위로 물결치듯이 말이에요. 서로 사랑하고 있다는 온기가 가슴 깊은 곳에서부터 일렁이고 살갗을 스치는 상쾌함이 밀려왔어요.

---

1) 가멜란은 인도네시아 타악기 중심의 합주 형태 및 그 악기들을 말한다. 가멜란이란 악기의 이름이면서 연주되는 음악 자체를 가리키는 대명사이기도 하다. 가멜란은 '두드리다'란 뜻이다. 가멜란은 대나무, 철제 또는 청동으로 만든 것들이 있으며 마을마다 독특한 음색으로 연주된다. 대부분의 악기는 두 대가 한 조로 짝을 이루어 존재한다. 크기와 모양은 거의 동일하지만 기본이 되는 한 대에 비해 다른 한 대가 같은 소리를 내되 높게 조율되어 있어서 같은 음을 두 대로 동시에 두드릴 때 메아리 음이 생긴다 (역자 주).

마치 천국 같았죠. 아마 평생 이보다 더 좋은 날은 없을 거예요. 그 순간에 들판을 가로지르며 바람의 파도를 타고 가멜란 오케스트라의 청명한 선율이 들려오는 거예요. 우린 그 음악의 묘미에 이끌려 좀 더 잘 들으려고 그쪽으로 가 보기로 했어요. 아이들이 피리 부는 사나이에게 홀려서 따라가듯, 우리는 소리가 나는 쪽으로 발걸음을 옮겨 놓았죠."

"논 뒤쪽에 마치 높다란 담장처럼 짙은 초록의 숲이 있었어요. 보이진 않았지만, 우린 높이 자란 나뭇가지 위에서 조잘대는 원숭이들 소리를 들을 수 있었죠. 미풍의 산들바람이 논을 따라 불어왔고, 숲에서 원숭이들 재잘대는 소리, 대나무로 만든 악기의 소리들이 섞여 그 자체로 자연의 교향곡이었어요."

"옆면이 열린 오두막으로 만든 무대에 가멜란 오케스트라가 있었어요. 목관 악기들은 복잡하게 조각되어 밝은 색을 띠고 있었죠. 연주자들은 사롱[2]을 느슨히 묶고, 흰 셔츠를 입고, 반짝이는 금장 머리띠를 하고 있었어요. 먼저 한 사람이 우릴 부르더니 여러 사람이 우릴 환대해 주었죠. 귀빈 대접을 해 주었어요. 잔디밭에 아무것도 깔지 않고 앉았는데 풋풋한 풀내음이 올라왔어요. 현을 타고 나오는 음악의 리듬에 취해 버렸죠. 그 소리가 우리의 행복한 가슴 속으로 잦아들었어요. 음악에 푹 빠져 우린 연주가 다 끝날 때까지 앉아 있었죠. 오케스트라 연주가 다 끝났는데도 그 따사롭고 다정한 곳을 떠나고 싶지가 않았어요. 무심코 뗀 발걸음이 정말 멋진 경험을 하게 해 주었던 거죠."

그는 똑같은 주제로 세 가지의 이야기를 했다. 그와 그의 아내는 논 사이를 걷다가 오케스트라를 들었다. 하지만 각 이야기는 사뭇 다르다. 여러분도 스스로에게 질문을 넌져 볼 수 있을 것이다. 어느 이야기가 가장 현장감 있었는가? 제일 몰입한 건 어느 이야기인가? 여러분의 시선을 가장 사로잡은 건 어느 것인가? 여러분이 가장 동일시를 잘할 수 있게 한 것은? 마지막 이야기는 처음 했던 것과는 엄청난 차이가 있다. 사실만을 보여 주는 것이 아니라, 이야기를

• • •
_____
2) 말레이 반도 사람들이 허리에 감는 천(역자 주)

통해 경험한 것을 더 많이 전해 주고 있다. 눈으로 보듯 그려 내고 그걸 다시 한 번 경험하면서, 나의 동료는 듣고 있는 내가 그의 경험 속으로 훨씬 뜻깊게 참여할 수 있게 해 주었다.

연습문제 2.5

· 최근에 여러분이나 친구, 식구 등에게 일어난 일에 대한 이야기를 해 보라. '정확한' 말에 대해 생각하지 말고 경험에 집중해 보라.
· 똑같은 이야기지만 여러분의 감각과 경험을 넣어서 다시 해 보라.
· 세 번째로 이야기를 해 보라. 여러분이 어떻게 느꼈는지를 그려 낼 수 있는 정서나 감정을 넣어서 이야기를 넓혀 가 보라.
· 듣는 사람이 보이는 반응을 살펴보라. 여러분이 들려 준 세 가지 이야기에 대해 듣는 사람의 관심 정도가 어떻게 다른지 관찰해 보라.

6. 이야기의 개요를 잡아라

이야기를 글자 그대로 옮겨 쓰지 마라. 지금 중요한 건 아이디어, 주제, 이야기의 구조를 짜는 것에 관한 것이다.

이야기 개요를 짜는 데는 세 가지 단계가 있다. 첫째, 끝에서 시작하라. 이것이 실제로 일어난 것처럼 이야기하는 가장 좋은 방법이다. 이야기는 그 결론 때문에 이야기가 되는 것이다. 예를 들어 보면, 어느 주말 해변에 있는 마을을 방문한 적이 있었다. 식당에서 밥을 먹고 나오는데, 모텔 근처에서 두 사람이 손을 흔들어 차를 세우더니 시내로 가는 길이면 좀 태워 달라고 했다. 두 사람은 술을 한잔 했는지 약간 상기되어 보였고, 차에 올라 뒷자리에 앉았는데, 안전벨트를 하지 않는 것이었다. 그건 불법이었다. 어른들이니 알아서 할 거라고 생각했고, 잠깐만 갈 거니까, 운전을 하는 나로서는 마음에 좀 걸리긴 해도 별말을 하지 않았다. 차를 몰고 가면서 한 사람이 물었다. "이 차는 얼마나 빨리 달릴 수 있죠?" 나는 속도 제한이 마음에 걸려 우물쭈물했지만, 그가 자꾸 얼마나 빨리 달릴 수 있는지 알고 싶다고 채근했다. 사나이로서의 자존심이 꿈틀거려 금방 본 대로 막히지 않는 시골 길이라면 한 시간에 100마일은 갈 수 있다고 말해 버렸다. 여기서 끝났다면 별로 곱씹어 볼 필요가 없는 이야기인데, 차에 탔던 그 사람이 다음 순간 이런 말을 던졌다. "난 차들이 얼마나 빨리 달리는지에 대해 관심이 많죠." 그가 말했다. "우린 경찰이거든요." 그제야 난 속도 제한 표지판이 바로 그 자리에 놓여 있는 걸 보았다!

이야기는 끝에서 시작하는 게 자연스럽기 때문에, 거꾸로 짜 나가는 게 좋다. 전하고 싶은 메시지나 개요를 잡아 그 결말로 만들어 사용하고 싶은 요점을 찾아라. 이야기를 구상하는 데 첫 번째 물음은 대단원이나 중심 문장에 대한 것, 즉 "결말이 뭔가?" "교훈은 무엇인가?" "내가 전하고자 하는 핵심은 무엇인가?" 등이어야 한다. 이는 휴가 계획을 세우는 방식과 같다. 무엇보다 목적지에 대한 분명한 생각을 가지고 있는 게 좋다. 일단 알고 나면 거기까지 가는 건 쉽다. 예를 들어, 언제 휴가를 낼지 상사에게 의논을 해 보고, 돈을 모으고, 관련 사항을 예약하고, 가지고 갈 옷을 싸는 것이다. 이게 두 번째 단계이며 이야기의 가운데 부분이다. 이 단계를 대강 그리고 나면, 처음으로 돌아가는데, 이것이 세 번째 단계다.

이야기의 이런 면면을 세워 나가면서, 대본처럼 쓰지는 마라. 있는 그대로 기억하거나 있는 그대로 생각하지 마라. 이야기를 한다는 것은 역사 속에 변치 않게 새겨 세기를 거듭하는 동안 배우를 바꿔 가면서 똑같이 셰익스피어의 연극을 되풀이하는 것처럼 그대로 옮겨 놓는 게 아니다. 개요는 여러분이 자기 시쳇말을 그대로 쓸 수 있게 하고 듣는 사람의 언어와 몸짓을 이야기 속으로 스며들게 한다.

· 하고 싶은 이야기의 개요를 만들어라.
· 먼저, 바람직한 결말이나 이야기의 끝을 먼저 염두에 두라.
· 둘째, 등장인물이 목표를 이루기 전에 만나야 할 도전이나 이겨 내야 할 장애물에 유념하라.
· 셋째, 등장인물이 결말에 이르기 위해 거쳐야 하는 단계나 과정과 그 안에서 얻어 내야 하는 자원이나 기술 등에 대한 개요를 잡아라.

7. 마음속으로 이야기를 연습해 보라, 스스로에게 이야기를 해 보라, 이야기를 마음대로 해 보라, 개작해 보라, 다양하게 해 보라, 바꿔 보라

이 책 2부에 실린 대부분의 이야기는 원작과는 사뭇 다르다. 내 경험이나 사례에서 나온 것만이 아니라 다른 데서 인용한 것도 모두 처음 들었을 때와는 다르다. 이야기는 진화의 과정에 있는 것이다. 이 책의 인쇄된 면들은 이야기를 하고 있는 어떤 특정한 순간을 포착한 것이다. 이 책을 2년 전에 썼거나 앞으로 2년을 더 쓴다면, 이야기들은 아주 달라져 있을 것이다. 한 내담자가 이 중에 한 이야기를 들었어도 그다음 내담자가 다시 그 이야기를 들을 때는 다른 이야기가 되어 있을 것이다. 이야기는 (a) 내담자의 요구와 목표에 따라, (b) 나의 요구와 목표에 따라 달라질 것이다. 내가 어떤 이야기를 연습하고 반복하면서 이야기는 진화하고, 변화하고, 상황에 맞춰 가고, 개작된다.

고등학교 시절, 논술 선생님이 토론에 대비해 되풀이하면서 연습을 해 보라고 하셨다. "거울 앞에 서서," 선생님은 말씀하시곤 했다. "자기 모습을 보고, 자기 목소리를 듣고, 자기 몸짓과 자기만의 버릇 같은 걸 살펴보고, 청중이 어떻게 반응할지 생각도 해 보고, 자기가 하는 말을 들어 보고, 너무 많은 말을 하는 건 아닌지 귀 기울이고, 논리적으로 펼쳐 나가고 있는지 명확하게 설명하고 있는지를 들어 봐." 요즘에는 거울 앞에 서지는 않지만, 나는 지금도 그분의 충고를 따르고 있다. 회의에서 발표를 해야 할 때가 되거나, 라디오 방송에서 이야기를 해야 할 때는 연습을 한다. 내가 열중하고 있는 것이나 작업에서 전하고 싶은 것을 마음속으로 반복해서 연습을 한다. 방향을 바꿀 때도 들었던 새로운 이야기를 하나 골라서 치료적 상황에, 현재 내담자와 상관이 있다면 더욱, 어떻게 그 이야기를 적용시킬지를 구상한다. 이 뒤에 깔린 원칙은 이것뿐이다. 여러분들이 소재에 익숙해질수록 그 소재를 사용하는 것이 더 유연해지고 자연스러워지며, 적용도 더 쉬워진다.

연습문제 2.7

· 여러분이 좋아하는 새로운 이야기를 찾아라. 이 책에 있는 것 중 하나가 될 수도 있다. (그보다 더 많기를 바란다.) 자신의 경험이나 다른 사람이 들려 준 이야기도 된다.
· 마음속으로 이야기를 연습해 보라. 괜찮으면, 소리 내어 말해 보라. 운전 중이거나 일하는 중에, 혹은 혼자 걷고 있을 때라도 어느 순간이든 여러분이 조용하다고 여기는 한 순간을 골라라.
· 반복해서 연습을 하면서, 앞에 나오는 단계들에서 배운 걸 넣어 보라. 감각을 넣고, 정서를 삽입하고, 성공적 결말에 필수적인 기술과 자원을 개발해서 문제로부터 이야기를 찾아내라.

8. 다른 사람에게 이야기를 해 보라

이 지침의 목적은 듣는 사람 앞에서 직접 이야기를 하도록 돕는 것이다. 비평이 여러분이 이야기를 하는 양식에 유익한 대응이거나 듣는 사람의 참여 유무가 어느 정도 유익하다 하더라도, 여러분 이야기에 대한 비평은 하지 않게 하라. 가장 중요한 목적은 그냥 듣는 사람을 앞에 두고, 이야기하기 기술을 연습하고 듣는 사람에게 감동을 주고 있는지를 관찰하는 것이다. 혼자서 연습을 하던 앞 단계와 똑같은 과정을 따르지만, 이번에는 한 번이라도 청중을 두고 해 보는 것이다.

연습문제 2.8

· 누군가에게 이야기를 들어 달라고 하라. 사교적인 이야기거나 재미로 들을 이야기라면, 친구나 가족에게 부탁하라. 치료에서 은유적으로 사용하고 싶은 이야기라면, 동료에게 들어 달라고 하거나 슈퍼비전을 부탁하는 것이 좋을 것이다.

· 이야기에 대해서나 여러분이 이야기를 하는 것에 대한 비평은 하지 말아 달라고 하라. 하지만 듣는 사람이 이야기 듣기를 배우려고 한다면, 듣는 사람한테서 반응을 얻어 내는 것이 유익할 수도 있다.

9. 듣는 사람을 관찰하라

언어적 반응을 들어 보라. "맞아요. 당신이 뭘 말하는지 알아요."라는 짤막한 말은 이야기가 듣는 사람의 어떤 면에 연결된 게 있다는 뜻이다. 그렇다면 여러분이 하려는 대로 계속 이야기를 진행시킬 만하다는 것이다.

"글쎄요, 저는 잘 모르겠어요."라는 말은 이야기가 듣는 사람의 경험과 맞지 않거나 방향을 좀 틀거나 바꿀 필요가 있다는 분명한 표시다. 어떻게 해야 이야기가 좀 더 연관성 있게 혹은 상황에 맞게 될지를 자문해 보거나 듣는 사람에게 물어보라. 내담자와 협력해서 은유를 개발하는 것이 훨씬 더 치료적 감동을 주고 내담자들에게 기억도 더 잘 된다는 것을 보여 주는 자료(Martin, Cummings, & Hallberg, 1992 등)를 기억해 두라.

듣는 사람의 비언어적 반응도 주의 깊게 지켜보라. 듣는 과정에 참여한 사람은 몰입되는 걸 보여 주기도 한다. 그런 사람은 최면에서 경험하는 것과 비슷한 양상을 보인다. 시선이 한곳에 고정된 채 이야기꾼에게서 눈을 떼지 못한다. 호흡은 이야기와 정서에 따라 느려지기도 한다. 몸도 아마 굳은 채 움직이지 못할 것이다. 듣는 사람은 이야기를 하기 전보다 부산스러움이나 움직임이 훨씬 덜해질 것이다.

반대로, 이야기하기 과정에 빨려들어가지 않는다면, 주의가 산만해지고 시선도 흐트러진다. 그런 사람은 가만히 있지 못하고 훨씬 부산스러워진다. 진행 중인 것에 주의를 기울이지 못한다. 이런 비언어적 반응은 이야기꾼에게 몇 가지 골치 아픈 의문을 갖게 한다. 말을 너무 많이 하는 건가? 충분히 의미전달을 못하는 건가? 감각이나 정서적인 면을 더해야 하나, 빼야 하나? 듣는 사람과 가장 관련 있는 건 어떤 것인가? 어떤 걸 더하고 어떤 걸 빼지?

내가 여러분에게 보여 주는 101가지 이야기는 글로 쓰인 것이므로 내 이야기가 얼마나 적절한가, 그렇지 못한가를 보여 줄 수 있는 언어적 및 비언어적 단서가 될 만한 걸 얻어 낼 수가 없다. 여러분들의 말과 얼굴 표정, 몸짓 등을 볼 수가 없다. 이런 반응 없이 여러분과 함께 이야기를 개발할 수가 없으므로, 어떤 이야기들은 정말 그럴듯하다는 생각이 들지만, 아니다 싶은 것도 있을 것이다. 어떤 건 폐부를 찌르기도 하지만 어떤 건 무의미하게 보일 수도 있다. 이런 문제들은 일대일 상황에서 말로 이야기를 하면서 듣는 사람이 보여 주는 메시지를 예민하게 관찰하면 피해 갈 수 있다.

효과적인 이야기하기의 이런 단계들로 작업을 하면, 여러분의 기술이 발전하고 여러분 자신의 양식도 더 나아질 것이다. 효과적으로 이야기하는 걸 배운다는 것도 다른 배움의 과정과 비슷하다. 운전을 처음 배울 때는 페달을 밟고,

깜박이를 켜고, 핸들을 돌리는 등 여러 가지에 신경을 곤추 세워야 한다. 팔과 다리의 서로 다른 움직임을 잘 조합하는 기법이나 기술도 있어야 하지만 이런 기술을 한 번 얻고 나면, 대부분의 운전자들은 다른 생각을 하는 중에도 이 모든 걸 수행하며 멀쩡하게 운전을 하고 있다는 걸 알게 된다. 운전을 어떻게 하고 있는지는 염두에 두지도 않고, 직장 생각, 집이나 다른 일 등을 생각해 가면서 늘 집에서 직장으로 얼마든지 운전을 하며 다닐 수도 있다.

이야기하는 것에 좀 더 편안해지고 숙련되고 나면, 동시에 다른 일까지 더 쉽게 할 수 있게 된다. 곧 재미있고 의미 있는 이야기를 하는 동안에도 내담자를 관찰할 수도 있고, 듣는 사람을 위해 진행과정에 대해 질문을 할 수도 있고, 상황에 따라 이야기를 개작할 수도 있다.

연습문제 2.9

· 듣는 사람을 관찰하라. 결국 이야기는 듣는 사람을 위한 것이다. 듣는 사람의 반응이 중요하다.
· 듣는 사람의 행동, 자세, 주의 집중 정도, 호흡 속도, 근육 움직임의 양 등을 마음에 새겨 두라.
· 이런 것들이 여러분에게 뭘 말해 주는가? 이야기 내용이나 말하는 방식에 그것이 어떤 반응을 주는가?
· 괜찮겠다 싶으면, 이야기 내용이나 양식을 살짝 바꿔 보라. 그게 듣는 사람에게 어떤 차이를 만드는지 보라.

10. 융통성 있게 하라

이야기하기에 정도(正道)란 없다. 지침이란 게 있다 해도 지침일 뿐이다. 듣는 사람이나 내담자 각각에게 이야기는 달라져야 하고 각각의 양식으로 말해야 한다. 같은 이야기라도 듣는 사람이나 내담자는 다르니까.

또 이야기꾼마다 다르고 이야기를 하게 되는 상황도 저마다 다르다. 그러니까 모든 이야기하기는 융통성 있고, 적응 능력이 뛰어나야 한다. 그렇게 하는 것만이 의사소통을 하고 변화를 야기하는 이야기의 힘을 극대화할 수 있다.

이야기가 그걸로 끝이라는 생각은 하지 마라. 시간이 흐르면서 여러분과 내담자들이 이야기를 진화시켜 나가라. 지난주에 한 내담자에게 해 준 이야기를 이번 주 다른 내담자에게 해 줄 때 얼마나 다른지 스스로도 놀라게 될 것이다. 계속 시험해 나가면서 여러분과 내담자의 특별한 순간에 가장 효과가 좋은 게 어떤 것인지를 찾을 기회를 가지도록 하라.

제1장에서 필리파의 사례를 보여 주었다. 그 이야기는 이야기꾼이 듣는 사람의 반응을 듣고 이야기 속으로 그런 정보들을 녹여 들어가면서 상호적인 방법으로 이야기가 어떻게 진화해 나가는지를 보여 준다. 열한 번째 이야기, '높이 더 높이'는 필리파와 내가 나눈 이야기 그대로는 아니다. 내가 그걸 다른 내담자에게 들려 준다면 또 거기에 맞춰 바뀔 것이다. 은유로 의사소통을 하는 동안 이야기는 결코 끝날 수 없다는 게 맞는 말이다.

연습문제 2.10

· 이야기가 발전해 나가도록 하라. 이야기를 제한하거나 가두지 말라. 매번 같은 방식으로 반복되어야 한다는 생각을 버려라. 한 내담자에게 효과가 있있다고 다른 내담자에게도 효과가 있는 것은 아니다.
· 주제나 핵심 문장을 택하라. 사람마다 다르게 하라. 다른 방식으로 말하고, 다른 듣는 사람들을 살펴보고 거기에 맞춰라.

이야기꾼의 목소리 사용을 위한 여섯 가지 지침

이야기꾼의 목소리는 가장 주요한 전문가 도구로, 의사의 청진기, 배관공의 렌치와 같은 것이다. 목소리를 효과적으로 사용하는 걸 배워서 그 힘을 극대화시킬수록, 더 효과적인 변화를 전달할 수 있을 것이다.

이야기를 하는 능력을 강화시키고 듣는 사람을 끌려들게 만들 기술과 테크닉들이 있다. 하지만 테크닉이 이야기의 전부는 아니다. 여기에 더해, 여러분의 목소리를 효과적으로 사용하는 기법도 있다. 어느 정도는 타고나기도 하고, 이미 습득한 기술도 있고, 다음에 나오는 제안들을 더 심도 있게 개발해서 새로 한 번 해볼 만한 것도 있다. 내담자에게 치료적 이야기를 해 줄 때는 그 상황 속으로 여러분 자신의 성품과 여러분의 경험을 가져오는 게 중요하다. 앞에서 말했듯이, 이야기를 하는 데에 여러분의 성실함과 열정을 모두 사용하라. 어떤 역할을 하고, 대본을 기억하고, 책에서 배운 대로 꼭 맞는 억양을 더해서 표현하려고 하는 것—배우가 연극에서 대사를 하는 것과 똑같이—은 좋은 치료적 관계에서는 별로 필요한 것이 아니다.

그렇다면 이야기로 효과적인 의사소통을 더 잘하기 위해서 기억해 둘 만한 몇 가지 요점들이 있다.

1. 이야기하기 양식을 다양하게 하라

몇 가지의 변인들이 화법에 영향을 줄 수 있다. 첫 번째 변인은 이야기나 의사소통 주제가 어떤 식으로 드러나느냐 하는 것이다. 예를 들어, 생각이 많이 필요하고 진지한 문제라면, 말은 천천히 깊이 생각해 가면서 신중해야 할 것이다. 책이나 대본에서 나온 걸 읽는 거라면, 말은 규칙적으로 반복하듯이, 강세나 억양 없이 나와야 할 것이다. 기억 또는 최면 주문이나 은유적 이야기를 인용하는 거라면, 거기에 맞도록 말을 할 것이다.

자연스러운 말이라야 우리가 말하고 있는 정서나 경험에 발맞춰 자연스러운 강세와 억양을 두기가 더 쉬울 것이다. 이런 상이한 양식들이 이야기의 주제와 진행에 관한 무언가를(그리고 결국은 듣는 사람과 관련된 것들을) 듣는 사람에게 전해 준다.

두 번째, 말하는 양식은 우리 정서 상태에 따라 달라질 수 있다. 우리가 화나는 감정을 표현할 때와 사랑스런 마음을 느끼면서 감정을 표현할 때는 서로 다르게 말한다. 편안한 상태에서 천천히 말을 한다는 건 평온한 정서 상태를 반영하는 것이다. 반대로 화가 나면, 말이 빨라지고, 짧게 딱딱 끊어지고, 호흡이 가빠진다. 행복한 감정은 밝고 신나는 말과 함께한다. 풀이 죽으면 무미건조하고 단조로운 슬픈 목소리가 된다. 요컨대, 정서가 말을 하는 양식에 영향을 미치고, 듣는 사람들이 그 밑에 흐르는 정서를 간파해 내고 해석을 한다는 것이다.

세 번째, 듣는 사람이 누구냐에 따라 말하는 양식이 달라질 수 있다. 전화를 받는 상대방이 여잔지 남잔지, 어른인지 아이인지, 친구인지 장사꾼인지를 바로 알 수 있는가? 연인과 상사에게는 판이하게 다른 말투를 쓸 것이다. 의사와 가게 점원에게 하는 말도 다를 것이다. 말의 내용과 양식 모두 동성이나 이성이냐에 따라 바뀐다. 일 때문에 동료들과 하는 말씨와 친구들끼리 친목도모 야유회에서 하는 말씨에는 차이가 있다.

여러 가지 말하는 양식을 알고 그걸로 은유를 통한 치료적 메시지 전달을 극대화시키는 방법을 사용하고 탐색해 보라.

2. 말의 속도를 선택하라

말을 할 때 빠르기는 상황과 정서에 따라 변화한다. 이야기를 하는 경우, 이야기 내용을 반영하는 말의 빠르기를 적용해야 한다. 예를 들어, 이야기가 긴장을 늦추거나 최면 상태로 쉽게 들어가기 위한 은유로 만들어진 거라면, 내담자에게 보조를 맞춰 조금씩 천천히 좀 더 평온한 경험으로 이끄는 게 가장 효과적인 말의 빠르기일 것이다. 보통 그냥 말하는 속도로 시작해서, 내담자의 경험과 이야기로 표현된 평온함에 따라 점점 느려진다. 이야기가 분노와 흥분을 일으킬 만한 문제에 맞춰져 있으면, 말은 더 빨라지고 더 급해져서 내담자가 문제에 말려들게 하다가 속도가 느려지면서 내담자들이 결말에 이를 수 있도록 한다.

3. 억양을 조절하라

억양이란 목소리에 쓰이는 높낮이이며 낱말이나 문자에 두는 강세를 말한다. 억양은 평서문과 의문문을 구분한다. 특정 단어에 강세나 무게를 싣기도 한다. 높낮이의 이런 적용이나 다양성은 영어보다 다른 언어에 더 일반적이다.

중국어는 사성(四聲)이 있다. 내가 중국을 여행하기에 앞서 그 언어를 배워 보았는데, 적재적소에 억양을 두는 게 참 힘들다는 걸 알았다. 몇 년 뒤 베트남어를 배울 때도, 각 문자마다 서로 다른 여섯 개의 억양을 두고, 한 낱말에 여러 개의 억양을 주는 경우도 있었는데, 그게 더 어려웠다. 'ma' 같은 간단한 낱말이 억양에 따라서, 유령도 되고, 엄마도 되고, 쌀도 되고, 씨뿌리기도 되고, 무덤도 되고, 말(馬)도 된다. 아주 작은 변화에 당황이라도 하게 되면 여러분은 엄마를 무덤이나 말로 부를 수도 있다. 비슷한 차이로 'ga'는 기차역과 닭, 거기서 하나를 더 얻어 사물이라는 뜻도 가지고 있다. 억양 때문에 방향을 찾거나 식사를 주문하는 문제로 쩔쩔매게 될 수도 있다!

억양의 미세한 차이를 가지고 있지 않은 언어를 사용할지라도 말소리의 진폭과 진동, 높낮이를 바꿈으로써 표현에 강조를 더하고 의미를 더할 수 있도록 언어를 조율할 수는 있다. 억양을 제대로 사용하는 것은 의사소통의 효율성을 높여 준다.

4. 목소리 크기를 조절하라

목소리의 크기란 큰 소리를 내거나 소곤대는 등 소리를 내는 정도를 말한다. 속삭임은 뭔가 사적이고 비밀스런 의사소통 방식 같다. 부드러운 음조로 연인에게 말하는 건 친근하다. 조용하게 의사소통하는 것은 듣는 사람의 예민함을 자극하는 경향이 있다. 목소리를 높여 가며 큰 소리로 말하는 것은 분노나 권위를 드러내는 경향이 있다. 큰 소리나 시끄러운 소리로 말하는 것은 사람들이 뭔가 불편한 걸 발견한 것이거나 피하고 싶은 걸 본 것이다. 말하는 소리가 너무 높으면 듣는 사람은 말 그대로 '탁 꺼 버리고' 싶을지도 모른다.

이야기 메시지를 전달하는 목소리 크기에 귀를 기울여 보라. 그걸 듣고 있는 내담자가 적절한 반응을 하고 있는지 살펴보라.

연습문제 2.13

· 스스로 친구나 내담자에게 이야기하는 걸 녹음해 보라.
· 등장인물에 따라 달라지는 이야기꾼 목소리를 잘 들어 보라.
· 등장인물을 정의해 보고 여러분이 이야기하는 데서 그걸 어떻게 사용하는지를 관찰하라.

5. 감정을 넣어라

효과적인 이야기하기의 단계에서, 우리는 이야기에 정서를 삽입하는 것의 가치에 대해 말했다. 다섯 번째 지침에서 감정을 넣어 이야기를 했을 때 이야기가 어떻게 바뀌는지에 대한 예를 얼마 전에 발리에 신혼여행을 갔던 사람을 통해 이미 보여 주었다. 이야기 내용에 정서를 포함하는 것도 중요하지만 정서가 이야기꾼의 목소리에 들어가는 것도 중요하다. 이야기가 여름을 배경으로 하는 거라면, 스스로 열기를 느끼면서 그 열기를 목소리로 표현해야 한다. 애정과 열정을 느끼는 행동을 설명하는 중이라면, 그 열정을 목소리에 담아라. 이야기가 긴박함과 흥분으로 시작한다면, 여러분의 목소리에서 여러분 스스로가 그 흥분을 경험하고 있어야 한다. 편안한 상황으로 이야기 내용을 끌고 가고 있는 중이라면, 여러분이 그렇게 경험하고 그렇게 표현할수록 듣는 사람이 편안하게 듣고 편안하게 느낄 것이다.

연습문제 2.14

· 이야기 속에 오감을 담아라. 그것이 이야기를 온몸으로 느끼게 할 것이다.
목소리가 그런 감각적 경험을 반영하도록 하라.
· 여러분의 정서를 담고, 이야기에 대한 분위기나 느낌을 경험하고 나서, 그걸
목소리에 반영하라.
· 자기가 했던 이야기를 녹음해서 들어 보라. 이야기 속에서 여러분의 목소리
가 어떤지 평가해 보라.

6. 이야기의 정서에 감정을 맞추어라

감정을 맞춘다는 건 표현하는 정서가 이야기와 가장 잘 맞아떨어지는 정서
라는 것이다. 정서적으로 이야기를 하는 데 관련이 되어 있다 해도, 그 사람의
정서는 이야기와 합치되지 않을지도 모른다.

치료사는 정서와 제대로 맞지 않는 경우를 자주 보게 된다. 한 예로, 부부치
료를 받는 어떤 사람이 주먹을 꽉 쥐고, 목소리를 높여서 "도대체 몇 번이나
말했어요? 난 싸우기 싫단 말입니다."라고 말할 때는 자기가 하는 말이 몸짓이
나 정서와는 안 맞아 들어간다.

다시 말해서, 입술을 꽉 깨물고, 이를 앙다물고, 입언저리 근육을 실룩이면
서, "사랑해."라고 말한다고 해 보자. 그렇게 몸에 힘을 주고서 평온한 정서적
친밀감을 실은 사랑의 메시지를 전한다는 것이 가능할 수 있다 하더라도 분명
무척 힘들 것이다.

어떤 의사소통에서든 사람들은 몸짓을 보고 말이 귀에 들어오기도 전에 감

정을 먼저 읽는다. 감정이 너무 앞서다 보면, 말은 하나도 들리지 않을 수도 있다. 여러 가지 관계 문제의 밑바닥에 깔린 핵심적인 문제점 중 하나가 그것이다. 그러므로 이야기를 하는 데 있어서는 이야기에 감정적 연관성을 확실히 해야 할 뿐만 아니라 그 연관성이 적절해야 하고, 목소리가 이야기 내용과 잘 맞아야 한다.

 연습문제 2.15

· 자신이 한 이야기를 녹음해서 들어 보라.
· 감정적 연관성에 특히 주의해서 들어 보라.
· 얼마나 적절한지, 얼마나 그 정서와 보조를 맞추고 있는지를 평가해 보라.
· 여러분의 정서가 보조를 같이 하지 않는다면(예를 들어, 여러분은 편안한 이야기를 하는 중인데 여러분의 목소리는 긴장한 걸로 들릴 경우), 여러분의 감정을 좀 더 효과적으로 이야기의 느낌과 맞추려면 어떻게 해야 하는지를 생각해 보라.

제3장
치료 속의 이야기

효과적인 이야기의 지침들과 이야기꾼의 목소리 기술에 대한 걸 알고 나면, 여러분은 치료 목표 획득을 더 쉽게 해 줄 은유적 이야기를 만들고 쓸 수 있는 가장 좋은 방법을 알기 시작한 것이다. 인간이라는 종의 생존과 개인적 삶의 즐거움은 경험의 적용능력에 달려 있다. 경험은 배움을 용이하게 해 주는 것이며, 이해를 넓혀 주고, 지식을 깊이 있게 해 준다.

사람은 이야기하기를 통해서 자신이 배운 경험을 다른 사람과 나눌 수 있다. 이런 과정은 사람마다 새로운 무언가를 배워야 하는 힘들고 긴 기간의 활동들을 피해 갈 수 있게 한다. 그런 경험을 해 본 사람들은 이야기를 통해서 비슷한 위기에 대처하는 법과 그 상황을 처리할 때 필요한 도구, 성취 후의 보상을 즐길 수 있는 법을 다른 사람들에게 전해 줄 수 있다.

아버지가 17년 전 호주로 이민을 와서 농장노동자로 처음 직업을 가지게 된 이야기를 해 주었을 때, 아버지는 단지 지난날을 돌이켜 보는 행위만 한 것이 아니었다. 농장주는 아버지가 정직한지 열심히 일할 것인지를 살펴보려고 하루 종일 땡볕에 서서 대문을 열었다 닫았다를 하라고 했다. 아버지는 생각했다. '이런 일로 돈을 준다면, 얼마든지 받아 주지.' 그리고 아버지는 하루를 고스란히 대문을 열고 닫으면서 보냈다. 이 이야기를 하면서 아버지는 나에게 직업윤리 개발하기, 일에 전념하기, 원하는 것 얻어 내기, 긍정적인 태도 갖기 등을 가르쳤던 것이다. 그와 마찬가지로, 내가 아프리카의 킬리만자로 산을 오르고, 이란의 자야 지역을 걷고, 남극의 얼음으로 덮인 대륙을 정복한 모험 이야기를 내 손자에게 해 주면서, 나는 그 아이에게 목표를 정하고, 위기에 맞서고, 불의의 사건을 잘 넘기고, 즐길 수 있는 경험을 주고 있는 것이다.

따라서 이야기―그리고 은유―는 경험을 전해 주고 우리가 배운 것을 다른 이들과 함께 나누어 그네들의 여정을 좀 더 쉽고 더 즐길 만한 것이 될 수 있게 해 주는 효율적이고 뜻깊은 방법이 된다. 치료적 은유는 내담자가 가장 효과적이고 능률적인 방법으로 목표에 도달할 수 있도록 만들어진 이야기다. 이는 실제로 그런 것과 그럴 수 있는 것 사이의 경험적 틈을 메워 주는 것이다.

모든 문화는 역사 전반을 통해서 가치관, 도덕, 규범 등을 전해 주기 위해 이야기를 사용해 왔다. 부처, 예수, 마호메트, 노자 등은 가르치려 한 게 아니라 이야기를 했다. 그들은 사실이나 통계, 실제적 정보 같은 걸 인용한 게 아니라, 인생의 이야기를 해 주었다. 그들은 시간표에 맞춘 규칙적인 교육과정, 주기도문, 성가 등으로 가르친 게 아니라, 경험의 범주를 열어 놓고 신도들이 그 뜻을 살펴볼 수 있는 비유를 내놓았다.

그들의 이야기는 천 오백 년, 이천 년이 지나도록 살아 있고, 여전히 그 제자들이 반복하고 있으며, 그들 이야기의 주요 뼈대는 이 책 전반에 나타난 은유 속에서 찾아볼 수 있다. 이솝(Aesop) 우화처럼 시간을 초월한 고전적 이야기들은 집필된 후 15세기가 넘도록 단순하면서도 심오한 지혜를 밝히는 작품으로 평가받고 있다.

이런 교훈적 이야기들이 현대의 심리치료와 상담에서도 그 유용성을 입증하고 있다는 것은 놀라운 사실이지만, 그 이야기들이 담고 있는 것으로 볼 때 그 대중성은 전혀 놀랄 일이 아니다. 칼 융(Carl Jung)은 은유가 아니라 상징을 말했지만, 인류 역사의 가교가 되고 문화의 경계를 넘나드는 이야기들은 고대 동양의 사상가들과 그 당시의 심리학적 사고 간의 연결 고리를 형성한다고 그의 저서에서 밝히고 있다. 상징성에 대한 그의 정의는 치료적 은유를 정의하는 방법과 그 본질적인 요소가 아주 유사하다.

하나의 낱말이나 하나의 이미지가 그것의 현시적이고 즉각적인 의미를 넘어서는 어떤 것을 내포하고 있을 때 상징성을 갖게 된다. 절대로 정확하게 정의를 내릴 수도 없고 완전히 설명할 수도 없는 더 넓은 '무의식적' 부분을 가지고 있는 것이다. 뿐만 아니라 그걸 정의하거나 설명하려고 할 수도 없다. 정신이 상징을 탐색해 볼 때, 상징은 이성의 범주를 넘어선 사상으로 나아가게 된다(Jung, 1964, pp. 20-21).

이야기, 설화, 일화, 은유

나는 이야기, 설화, 일화, 은유 등의 말들을 일반적으로 명확한 정의 없이 어떤 차이가 있는지도 구분하지 않고 사용한다. 보통 그것들은 구전되는 것을 말하지만 문자로 된 것도 있으며, 사람들 간에 일어나는 의사소통이다. 한 사람의 경험에서 나오기도 하고, 현실 이해를 바탕으로 하는 것도 있고, 풍부한 상상력으로 만들어지는 것도 있다. 재미로 하거나 교육적일 수도 있지만, 확실한 건 메시지를 전하거나 도덕을 표현한다는 점이다.

이런 용어들 사이에 분명 차이는 있다. 이야기(story)는 직장에서 일어나는 유머러스하거나 당황스런 일에 대한 것을 동료나 가족에게 말하는 것처럼 어떤 사건에 대해 말하는 것이다. 이야기는 큰 틀로 보면 휴가 중에, 주말에, 저녁에 있었던 일을 말할 때 쓰이는 것이다.

이야기는 실제로 있었던 일만이 아니라 꾸며낸 일을 보여 줄 수도 있고 전설, 신화, 일화, 소설, 뉴스 기사 등의 형식이 될 수도 있다. 길건 짧건, 이야기는 말로나 글로 자세히 표현될 수 있다. 똑같은 등장인물로 가장 짧게는 사건의 줄거리를 만들 수 있고 가장 길게는 소설로 만들 수도 있다. 이야기를 시작할 때는 듣는 사람이나 독자의 시선을 사로잡도록 만들어야 한다. 그렇게 해서 소설 속에서는 정교하게, 시에서는 간결하게 사건을 그려 내면서 이야기를 엮어 간다. 그러다가 이야기는 즐기거나, 가르치거나, 교육하기 위해 고안된 결론에 이르게 된다.

설화(tale)는 대개 이야기와 같은 형식을 따르지만, 이야기가 진실성을 지니고 있다고 생각되는 반면, 설화는 허구성이 더 짙다. 상상적인 주제와 이야기를 연결시키고, 그 이야기들은 허구로 받아들여진다. "말도 안 되는 소리(이야기에서나 나올 말) 하지 마(don't tell tales)." 혹은 "그냥 이야기인 걸(that's just a tale)."이라고 말할 때는 전하고자 하는 것이 뭔가 의심스럽거나, 어쩌면 악의가 있는 것일지도 모른다.

설화는 별 제한 없이 상상이나 창작을 할 수 있는 형식을 제공한다. 현실이라는 경계를 깨고, 논리적 법칙을 무시하고, 하늘도 초록이 되고 보라색 나무에 완벽한 사람이 사는 세상 속으로 우릴 데려갈 수도 있는 이야기를 해 준다. 설화는 규칙을 위배하는 공상과학의 세상으로 우릴 날아들게 하거나 『이상한 나라의 앨리스』나 『걸리버 여행기』처럼 말도 안 되는 세상 속으로 데려갈 수도 있다.

일화(anecdote)라는 말은 그리스어 'anekdota'에서 나왔는데, 글자 그대로는 '인쇄되지 않은 것'이란 뜻이다. 과학계의 엄격한 법칙을 따르지 않고 기사처럼 재검토 과정을 가질 필요도 없다는 말이다. 이는 사적이면서도 실험적인 것이다. 주관성의 정수이며, 놀랍거나 재미있는 사건에 대해 이야기를 하는 것이다.

은유(metaphor)는 이야기 장르 중에서도 좀 다른 의사소통 형식이다. 은유는 하나의 경험의 장에서 표현을 취해 그걸로 다른 경험의 장에서 어떤 것을 말할 때 사용한다. 글자 그대로 전혀 다른 것들을 비유해서 묘사를 하기도 하고, 상상적인 것을 담고 있는 사물이나 행동 같은 것에 대한 문구나 이야기에 적용할 수도 있는데, 문자적으로나 외관상 비슷한 것은 아니다. 이러한 상상적이고 상징적인 연상 때문에 은유에 문학적이면서도 치료적인 가능성을 부여하는 것이다.

치료에서의 은유는 간접적이고 상상적인 형태로 만들어져, 내담자와 함께 그들의 진짜 문제를 해결할 수 있도록 하는 경험이나 과정, 결말 등에 관한 의사소통을 담고 있다. 치료적 은유는 이야기, 설화, 일화, 농담, 속담, 비유, 그외에 다른 의사소통까지를 포함할 수 있다. 치료적 은유를 다른 설화, 이야기, 일화 등과 구별하는 것은 (a) 목적적으로 만들어지고 상징적인 의사소통으로 만들어진 점, (b) 구체적 치유 혹은 치료적 의도를 함께 가지고 있다는 점이다.

이 책에서 나는 대부분 이 말들을 비슷한 의미로 사용한다. 특정 이야기가 단지 우연한 이야기인 것만이 아니며 파티에서 그냥 내뱉는 것 같은 의미 없는 이야기도 아니라는 것을 말하고 싶을 때도 은유나 치료적 이야기와 같은 용어를 사용한다. 은유나 치료적 이야기라는 용어를 나는 특별히 분명하고 합리적이며, 윤리적인 치료 목표를 수반하려고 할 때 의도적으로 사용하기도 한다. 즉, 이는 인류의 유구한 이야기하기 역사를 기저로 하고, 효과적인 의사소통 과학의 바탕이 되며, 내담자의 요구에 대한 구체적인 치료적 당위성을 가지고 있고, 훌륭한 이야기하기 기법으로 전해지는 이야기다.

치료 속의 은유

밀튼 에릭슨(Milton Erickson)은 치료적 이익을 위해 체계적이고 구조적이며 의도적인 은유 이야기를 처음으로 사용하였다. 그의 작업은 로젠(Rosen, 1982), 루시, 라이언과 샵(Rossi, Ryan, & Sharp, 1984), 자이크(Zeig, 1980) 등에 의해서 이미 광범위하게 증명되었다. 스티븐 랜크톤(Stephen Lankton)과 캐롤 랜크톤(Carol Lankton)은 복잡하지만 강력하고 복합적인 은유를 삽입하여 더 광범

위한 저술을 내기도 했다(Lankton & Lankton, 1983; 1986; 1989). 에릭슨과 같이 그들은 내담자에게 귀 기울이고, 그들의 언어를 들으며, 그들의 경험을 치료 속으로 함께 포함시키는 것에 대한 중요성을 강력하게 주장했다. 이런 기반 위에서, 치료사는 대개 바람직한 변화를 조장하기 위해 적절한 은유를 구축해 나간다. 밀스와 크로울리(Mills & Crowley, 1986)는 아동 치료 상황에서 아주 자연스럽고 창조적인 이야기 사용의 적용을 선보였고, 쿱(Kopp, 1995)은 내담자가 직접 조율하는 은유를 사용하는 데 초점을 맞추었다.

쿱은 은유가 가르치는 사람에게서만 나오는 것이 아니라 우리 모두가 우리 세계를 은유적으로 그리고 있다고 설명한다. 개인, 가족, 사회적 집단, 문화, 나아가 인류 전체까지 자신들의 현실을 설명하기 위해, 삶에 의미를 주기 위해, 우리 삶에 규범을 제공하기 위해 이야기를 사용한다. 어떤 은유는 유익하고 구체적이다. '인생은 연습이 없다' 라는 극적인 은유를 생각하면 매 순간에 최선을 다해 만끽하며 살 수도 있다. 반대로, 어떤 은유는 구체적이지도 않고 인생의 순기능적 시각에 도움이 안 될 수도 있다. 나의 것에 비해 우주의 힘을 생각하는 것은 우울과 망상의 경험으로 끌려가게 한다. 여기서 치료적 관점으로 꾀하고자 하는 것은, 내담자가 역기능적 은유를 바꾸도록 도와서 경험을 쌓아 온 방식을 바꾸고, 마침내 경험 그 자체까지 개선시켜 나가도록 돕는 것이다.

패트는 중년 여인인데, 일 년 전 작은 수술 때문에 병원에 입원했던 이후 생긴 불면증 때문에 주치의가 의뢰를 해 온 사람이었다. 그녀는 계속 상담을 받아 왔지만 별 소득이 없었다.

패트는 중국에서 태어나 말레이시아에서 중국인 가족들과 살다가 성인이 되자 곧 서구 사회로 옮겨 왔다. 잠이 들면 영혼이 몸을 떠난다는 중국 민간신앙이 있다고 그녀가 말했다. 잠이 든 상태에서 누군가가 잠을 깨우게 될 때, 특히 영혼이 늘 돌아오던 집에서 멀리 떨어진 곳에서라면 누군가 그 사람의 이름을 불러 주어야 영혼이 몸으로 다시 들어올 수 있다는 것이다. 이런 몸과 영혼의 재결합이 제대로 되지 않으면 불면증 같은 문제들이 일어나게 된다.

병원에서 그녀는 누구도 자기 이름을 불러 주지 않은 채 마취 상태로 깨어났다고 믿고 있었고, 그래서 자기 영혼이 완전히 돌아오지 못한 것이라고 생각했다. 그녀는 자신의 불면증을 치료할 수 있는 유일한 길은 바로 그 수술실에서 다시 마취를 하고 간호사가 자기 이름을 불러서 깨우는 것뿐이라고 믿었다.

내가 볼 때, 그녀의 해결책은 너무 복잡하고 심지어 황당하기까지 해서 어떻게 할 수가 없었다. 그녀의 믿음에 대한 내 서구적 회의론은 그녀가 하는 제안을 진지하게 받아들일 수 없게 했다. 대신 나는 그녀에게 자기최면을 가르쳤지만 잠자는 습관을 바꿔 줄 수는 없었다.

다시 패트는 자기 불면증의 원인과 그걸 해결하는 데 필요한 단계들을 아는 대로 되풀이해서 말했다. 이번에는 좀 더 내담자의 은유에 주의를 기울여 들어 보았다. 최면을 사용해서 나는 그녀를 병원으로 가게 했고, 마취를 시켰으며, 간호사가 자신의 중국 이름—그녀의 말대로라면 자기 영혼의 귀에 가장 익은 이름—을 불러 깨우는 단계들로 이끌었다. 잘난 척하며 자신했던 나는 내담자에게 귀를 기울여야 한다는 배움을 얻었지만, 그녀의 수면 습관이 여전히 그대로였을 때는 어찌할 바를 몰랐다.

세 번째 시간에 패트는 나에게 자신이 그 답을 알고 있다고 말했다. "병원으로 가야만 해요. 거기서 잠들고 수술대 위에서 이름을 불러서 깨어나야 한다고요." "내 영혼이 몸을 떠났던 그곳이요. 거기서 다시 만나야 돼요."

나는 중국인 친구와 그녀의 주치의에게 중국인에 대해 물어보았다. 누구도 그녀가 사로잡혀 있는 그 특별한 신앙에 대해 몰랐지만 문제는 그녀의 은유가 설명과 해결책을 모두 쥐고 있다는 것이었다. 결국, 그녀의 이야기는 받아들여졌고 나는 그녀를 데리고 병원으로 가 수술실로 다시 들어갔다.

내가 들어서자 패트는 이미 수술 가운을 입고 침대에 자리하고 있었다. 나는 그녀에게 이젠 그녀도 익숙해진 자기최면을 시작한다고 말했고 그녀가 수술실로 밀려들어갔다. 그런 다음 그녀의 중국 이름을 불렀고 그녀는 최면에서 깨어났다. 그녀는 회복실로 나왔고 나는 다시 그녀의 이름을 불렀으며 그녀가 눈을 떴을 때는 그녀가 원하는 경험을 모두 한 상태였다. 그녀는 자기가 어디 있는지 다시 신경을 써서 보더니, 평온과 만족의 미소를 띠었다. 일주일 후 그녀를 보았을 때, 그녀는 병원에 다시 갔다 온 뒤부터 매일 밤 잘 자고 있다고 말했다. 6개월 뒤 추후 상담에서도 그녀의 안정된 수면 습관은 계속되고 있었다.

다행히 대개는 내담자가 주도하는 은유에 귀를 기울인다고 해서 결말을 얻기 위해 그대로 실행해야 하는 과정까지 가지는 않는다. 하지만 패트는 내담자들이 자신들의 증상과 가능한 해결책을 담고 있을 법한 자기 나름의 이야기를 가지고 있다면 거기에 주의 깊게 귀를 기울여야 한다는 걸 상기시켜 주었다. 그녀는 나의 직업적이고 과학적이며 품위 있는 은유가 그녀의 것보다 더 효과가 있을 거라는 생각을 해서는 안 된다는 걸 가슴에 새기게 했다.

왜 은유로 말해야 하는가

치료에서 은유적으로 의사소통을 하면 여러 이점이 있다. 은유는 역사적으로 오랫동안 신속하고 효과적인 의사소통의 수단으로 활용되어 왔기 때문에, 이론을 넘어서는 면이 있다. 이론을 몰랐을 때도, 우리의 선조들은 저녁이면 모닥불가에 앉아서 그날 잡은 사냥감을 구우면서 자기들이 겪었던 것을 이야기했다. 마찬가지로 우리는 저녁 식탁에서나 직장 정수기 앞에 서서 사람들과 또 다른 관계를 만든다. 이런 의사소통은 우리를 한데 묶어 주고, 배운 것을 나누게 하며, 우리의 융화에 대한 결속을 굳혀 준다. 이런 역사적 근간으로 볼 때, 우리는 우리가 뭘 할지 설명하거나 본보기 같은 걸 특별히 보여 주지 않고도 치료에서 얼마든지 은유를 사용할 수 있다.

이야기가 우리를 다시 연결시켜 주는 것과 마찬가지로, 새로운 관계를 형성하기도 하고 새로운 결속을 만들어 주기도 한다. 이야기하기는 이야기의 언어적 내용에 관한 것만이 아니다. 더 중요한 것은 존재 결속을 하나로 만들어 새로운 상호작용을 창출하는 연결과정에 관한 것이다.

관계 강화만이 아니라, 교사와 학생은 이야기를 교육을 위한 매개체로 선호하기도 한다. 이야기는 사실에 관해서가 아니라 경험에 대한 정보를 말하는데, 그것은 주로 우리가 배운 경험과 통하는 것이다. 이야기가 교육에서 그만큼 훌륭한 매개체가 될 수 있는 것은 이야기에서 배울 수 있는 것을 우리 스스로 경험할 필요가 없다는 점 때문이다. 불에 덴 것, 뱀에게 물린 것, 낯선 사람에게 당한 것 등에 대해 부모한테서 들었던 이야기만으로도 그런 게 위험하다는 걸 알기에 충분하다. 우리가 들었던 이야기로 피해야 한다는 걸 알게 되니까 그런 걸 몸소 겪을 필요가 없는 것이다.

개인적 경험에서 얻는 배움이 생존과 성숙에 절대적이기도 하지만 이야기를 잘 듣는 것으로도 함정을 피할 수도 있고 기쁨을 증대시킬 수도 있다. 어린 시절 침대 머리맡에서 엄마가 읽어 주던 이야기는 단순한 오락이나 아이를 잠재우는 수단만이 아니다. 그 이야기들은 인간다워지는 것, 역경에 대처하는 것, 유머를 발견하는 것 등을 나에게 가르쳐 주었다. 친척들과 해변에서 야영을 하던 여름휴가 중에 스쳐 간 이야기들은 나에게 가족 관계와 가치관을 가르쳐 주었다. 마찬가지로 은유는 내담자들에게 문제로부터 배울 수 있는 필수적인 능력을 가르쳐 주고 자기 삶의 질을 높여 주는 수단을 제공할 수 있다.

실증 기반(evidenced-based) 연구는 은유의 실제적인 면과 은유가 치료적 가치관을 전달할 수 있다는 걸 증명했다. 이 책은 이야기하기 기법과 은유 아이디어를 찾는 공급원, 효과적인 치료적 이야기를 짜는 과정에 대한 것으로, 문학의 인지적 및 비평적 재고를 보여 주지는 않는다. 어쨌든, 우리가 사용하는 어떤 치료적 개입이든 경험적 지지의 건전한 근간을 가지고 있고 그 접근법에 관한 기법과 과학을 모두 인식하고 있다는 것이 요점이다. 끝부분에 가서 더 읽을거리와 은유에 관한 문학의 범위를 포괄하는 정보를 책 뒤의 '참고자료'에 상세한 목록으로 실어 놓았다. 언어 형식, 의사소통의 수단, 연구 주제, 치료적 수단으로서 은유에 대한 연구를 계속하기 위한 길잡이로, 제시된 읽을거리의 목록은 〈표 3-1〉에 나와 있다.

포스트모던적인 사고에 대한 관심의 증대와 배움의 방식의 변화에 따라, 과학계는 경험을 체계적으로 정리하고, 지식을 나누고, 지혜를 전하는 전통적 이야기에 대한 가치를 재발견하고 있다. 그런 이야기들이 도처에서 발견되고 있고, 그 이야기들은 우리의 것과는 상이한 문화, 종교, 전통을 담고 있다. 그로스-마냇(Groth-Marnat, 1992)은 원시 문화, 성경의 비유, 수피교도 이야기, 선(禪)의 가르침, 요정 이야기 등의 은유를 비교했다. 그는 "창조적 변화의 수단으로서 은유적 이야기를 사용하는 것은 역사 전반(선사시대에도)에 걸쳐 대부분의 문화권에서 일어났던 것으로 보이는 바, 거기에는 분명 어떤 이점이 있을 것이다."(p. 7)라고 주장한다. 그는 치료적 내용과 변화 전략의 다양성을 위해 치료 임상가들이 그런 전통적 이야기들을 찾아보아야 한다고 말한다.

이 책에서 나의 목표는 그런 오래된 전통과 현재의 개념화에 대한 보기들을 보여 주는 것이다. 티베트, 베트남, 동아프리카, 중국, 중동, 네팔, 북미, 그 외에 다른 지역들에서 따온 이야기 아이디어들을 발전시키고 포함시켰다. 수피교, 불교, 기독교, 선(禪), 유대교 등의 이야기에서 따온 이야기들도 있다. 내담자의 짧은 이야기나 실제 심리학적 연구를 바탕으로 한 자료에서 만들어 낸 것도 있는 반면, 일상적 삶의 경험에서 나온 것도 있다. 그러면서 나는 여러분들이 효과적으로 이런 다양한 자원들을 실용적이고 효과적인 치료적 개입에 잘 조합하는 방법도 보여 주고자 한다.

다음에 나올 이야기들 중에는 여러분들 모두의 가슴을 울리는 것, 개인적인 이해로 심장을 울리는 것, 유익한 메시지를 강조하는 것도 있겠지만, 어떤 것은 핵심도 없고 거부반응까지 일어나는 것도 있을 것이다. 이는 이야기가 하나의 치료과정에서 특정한 개인의 요구에 초점을 맞추는 개인적 수준에 머무는 것이 아니라 일반적인 계층을 위해 쓰인 것일 때 감수해야 하는 위험이다. 여러분에게 일어나는 그런 종류의 반응이 여러분의 내담자들에게도 일어날 수 있다는 사실을 주지해야 할 것이다.

여러분이 특정 이야기를 '좋아하지' 않는다면, 내담자에게 어떻게 들려 주고 인식시켜야 할지를 생각해 보라. 여러분을 내담자의 위치에 두고 의미나 어떤 논점에 사로잡혀 의기소침해지거나 불안해지고, 우울해지고, 몸부림치게 될 때 어떻게 해야 할지를 잘 생각해 보라. 이야기마다 마음속에 특정 치료적 결말을 만들어 놓았다 해도, 그 목표와 이야기가 보여 주고자 하는 문제가 치료사인 여러분이 볼 때는 적절하지 못하다 생각되어도 내담자에게는 가치가 있거나 취할 만한 게 될 수도 있다. 이야기들을 읽으면서, 여러분의 치료적 이야기를 내담자가 제시한 문제와 내담자가 개발해야 할 수단, 내담자들이 구가하는 결말 등에 맞춰야 한다는 걸 인식하라. 그렇게 하면 여러분의 이야기가 가장 직접적인 연관성과 가장 큰 변화 가능성을 담게 될 것이다.

▶ 은유 관련 참고문헌

1. 언어 형식으로서의 은유(Bettelheim, 1976; Black, 1962; Haskell, 1987; Honeck & Hoffman, 1980; Lakoff & Johnson, 1980; Ortony, 1979; Radman, 1995; Sommer & Weiss, 1996; Sternberg, 1990; Turbayne, 1991; White, 1996)
2. 은유에 대한 연구 자료(Angus & Rennie, 1988, 1989; Donnelly & Dumas, 1997; Evans, 1988; Harris, Lakely, & Marselek, 1980; Kingsbury, 1994; Kohen & Wynne, 1997; Martin, Cummings, & Hallberg, 1992)
3. 은유치료의 종류와 형태(Burns, 1998; Hammond, 1990; Hersley & Hersley, 1998; Kopp, 1995; Lankton & Lankton, 1983; 1986, 1989)
4. 은유 이야기의 공급원(Barker, 1985; Close, 1998; GrothMarnat, 1992; Lankton & Lankton, 1986; Mills & Crowley, 1986; Rosen, 1982)
5. 은유가 적용된 치료적 모델:
   - 인지치료(Gonclaves & Craine, 1990; Kopp & Craw, 1998; Muran & DiGiuseppi, 1990)
   - 상담(Matthews & Dardeck, 1985)
   - 부부치료(Hoffman, 1983)
   - 생태심리학(Burns, 1998)
   - 교육(Kohen & Wynne, 1997)

- 에릭슨 심리치료(Rosen, 1982; Zeig, 1980; Zeig & Gilligan, 1990)
- 가족치료(Combs & Freedman, 1991; Dolan, 1986; Lankton & Lankton, 1986)
- 최면치료(Hammond, 1990; Kuttner, 1988; Lankton & Lankton, 1983; Stevens-Guille & Boersma, 1992)
- 융 심리치료(Kopp, 1995; Siegelman, 1990)
- 정신분석 심리치료(Bettelheim, 1984; Kopp, 1995)
- 해결중심치료(McNeilly, 2000; O'Hanlon, 1986)
- 전략치료(Haley, 1973)
- 체계사고(Duhl, 1983)
- 교류분석(Campos, 1972)

6. 은유가 적용될 수 있는 임상 집단과 문제들:
- 천식 훈련(asthma education)(Kohen & Wynne, 1997)
- 폭식증(Thiessen, 1983)
- 암(Chelf, Dreschler, Hillman & Durazo-Arvisu, 2000; Remen, 1996)
- 아동(Ingal, 1997; Sommers-Flanagan & Sommers-Flanagan, 1996)
- 가족 관계(Combs & Freedman, 1990; Dolan, 1983; Hoffman, 1983)
- 고통 감소(Kuttner, 1988)
- 외상 후 스트레스장애(Burns, 1998; Kopp, 1995)
- 신체적 호소(O'Hanlon, 1986)
- 외상 기억(Grove & Panzer, 1989; Kopp, 1995)

제2부

치유적 이야기

제4장 힘 키우기

제5장 수용 익히기

제6장 부정적 자세 재구성하기

제7장 행동 양식 바꾸기

제8장 경험으로 배우기

제9장 목표 이루기

제10장 온정 키우기

제11장 지혜 계발하기

제12장 자기 돌보기

제13장 행복 키우기

제4장
힘 키우기

무력감, 무능감, 통제력 결여 등은 여러 심리 장애의 주요 특징으로 규정되기 때문에, 힘을 키우는 것이 어떤 형식의 심리치료에서든 일차적이고 중요한 치료적 개입이다. 예를 들어, 무능감과 절망감이 원인은 아니라 해도 우울의 주요 특성이 될 수 있다. 사람들은 삶 속에서 일어나는 일을 자신이 통제할 수 없거나 어떻게 해야 될지 모를 때, 불안이나 공포로 고통을 받는다. 힘 겨루기는 서로 관계를 허용하지 않고 개인의 권한만을 위해 싸울 때 관계 곤란의 근본적 원인이 될 수 있다. 대부분의 물질 남용 형태는 사람이 그 물질의 조절에 대한 통제력을 갖고 있는 것이 아니라 마약, 알코올, 음식, 담배 등이 사람을 지배한다는 내담자의 지각과 관련되어 있다. 만성 질병에 시달리고 있는 사람들의 경우, 자기 병에 대해 제대로 알고 자기 상황을 주도해 나간다고 생각하는 환자들이 그런 진단에도 더 건강하게 적응할 수 있고 치료에서도 훨씬 더 나은 위치를 점할 수 있다.

이 장에 나오는 이야기들은 질병 통제, 중압감과 불안, 상실 등의 정신 생물학적 문제들의 다양한 부분에 대응할 힘을 키우는 것에 관한 것들이다. 이 이

야기들은 스스로를 의지하는 법과 칭찬을 받아들이는 것의 중요성을 배우는
법 등에 대한 예들을 제시한다.

두 번째 이야기 **심신의 힘에 대한 전설**

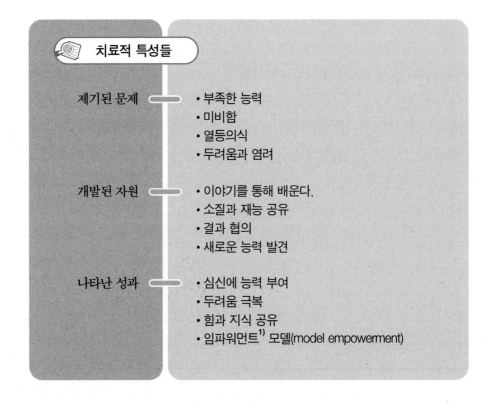

피지 부족은 오랜 세월에 걸쳐 전쟁을 자주 겪었기 때문에 적으로부터 마을

● ● ●
1) 개인적 강점과 유능감을 기반으로 할 수 있다는 신념을 강화하고 무력감에 대한 신념을 약화시
켜, 개인의 자기효능감을 증진시키는 것을 말한다(역자 주).

을 좀 더 쉽게 지켜내려고 요새 같은 산자락에 마을을 세웠다. 그들은 아주 인간적인 반응을 보여 주었다. 우리는 두려움이 몰려오면, 스스로를 보호할 방법을 찾아내고, 벽을 쌓아 적도 막고 우리 자신까지 가둬 버린다. 몸도 마음도.

그런 어느 산촌 마을에 유명한 이야기꾼이 한 사람 살았는데, 그는 이야기를 해 주는 시간에 대한 답례로 음식이나 선물을 받곤 했다. 이야기를 너무 좋아한 뱀장어잡이 한 사람이 있었는데 뱀장어를 잘 잡지를 못해서 더 이상 줄 게 없었다. 그는 다른 마을 사람들이 주는 것에 비하면 자기 것은 너무 초라해 보여서, 자기가 줄 수 있는 걸 찾으려고 길을 떠났다.

맑은 계곡 물을 따라 걷고, 짙게 어둠이 드리운 숲도 지나고, 벌레와 새들의 노랫소리를 들어가면서, 땅에서 깨끗한 물이 퐁퐁 솟는 그림 같은 샘물까지 갔다. 그는 두근대는 가슴을 안고, 여기가 바로 이야기꾼에게 줄 만한 걸 잡을 수 있는 곳이라는 생각을 했다.

여기다 싶은 구멍에 깊숙이 팔을 푹 꽂아 넣으면서, 입맛 당기게 포동포동 살 오른 놈 하나만 잡히기를 빌었다. 한두 번 해보는 일이 아니다. 손에 감이 딱 왔을 때, 보지도 않고 바로 이거야 하는 느낌이 들었다. 그런데 뱀장어잡이는 그만 뒤로 나자빠지고 말았다.

구멍에서 그가 잡아 올린 건 뱀장어가 아니라 자그만 사람의 모습을 한 정령이었다. '이야! 횡재했네.' 뱀장어잡이가 생각했다. '뱀장어 따위보다야 정령이 분명 훨씬 더 좋은 선물이지.' 이제 그는 선물 때문에 허둥댈 필요가 없어졌다. 이야기꾼은 분명히 기뻐하며 아름다운 이야기들을 끊임없이 들려줄 것이다.

하지만 작은 정령은 그렇게 기뻐할 수가 없었다. 그의 운명이 어떻게 될지 모르는 상황에서, 살아야 했기에 뱀장어잡이에게 자기를 놔주기만 하면 불을 다스리는 힘을 주겠다고 사정사정했다. "불의 힘을 가지면," 작은 정령이 말했다. "이야기꾼과 다른 마을 사람들에게 당신은 영원히 추앙받고 존경받을 수 있는, 다시없는 선물을 할 수 있을 거예요."

뱀장어잡이도 물론 불을 다스릴 힘은 없고 마을에서는 누구도 그런 힘이 없다는 걸 잘 알고 있었다. 이건 분명 이야기꾼에게 엄청난 힘이 솟아오르게 할 것이다. 그는 불의 힘을 잘 알고 있다. 요리도 하고, 집도 따뜻하게 하고, 곡식을 키울 수 있게 숲도 정리할 수 있고, 창끝을 단단하게 만들 수도 있다. 주변 이웃 마을에도 그런 힘은 없으니까, 불의 선물을 받는다면, 그와 마을 사람들은 더 이상 이웃 마을의 공격으로 벌벌 떨지 않아도 된다. 모두 평화롭게 살 수 있을 것이다—편안히 이야기나 들으면서.

뱀장어잡이는 그러겠다고 했고, 정령은 그가 얻게 될 새로운 힘을 보여 주겠다며 구덩이 하나를 파라고 했다. 그는 큰 돌들로 구덩이를 채우더니, 활활 타오르는 장작을 그 위에 올려 두었다. 뱀장어잡이는 칙칙한 회색 돌들이 불꽃처럼 발갛게 달아오르고 그 열 때문에 완전히 하얘지고 있는 걸 지켜보고 있었다. 이때 정령은 그 돌 위를 천천히 걷기 시작했다. "날 따라오세요."라고 손짓하며.

한 번도 해본 적 없는 일을 하라는데 그 앞에서 엉거주춤하고 있는 걸 상상해 보라. 새하얗게 달아오른 돌 위로 걸어 본 적은 당연히 없고, 아예 그런 걸 본 적도 없었으니 두려울 수밖에. 상식적으로 생각을 한다면, 바짝 타 버릴 게 분명하다. 뱀장어잡이는 믿어야 할지 말아야 할지 마음이 왔다 갔다 했다. 두려움에 발이 땅에 딱 붙어 옴짝달싹도 하지 않았다.

"이리 와요." 작은 정령이 재촉했다. "당신에게는 힘이 있어요. 당신은 능력보다 의심 때문에 주저하고 있군요. 당신은 당신이 생각하고 있는 것보다 더 큰 능력을 가지고 있어요. 두려움 때문에 주저하지 말아요. 눈으로 보이는 걸 뛰어넘어야 해요. 당신이 할 수 있다는 걸 스스로에게 보여 주세요."

숨을 깊게 한 번 쉬고 첫발을 내디뎠다. 주춤주춤 앞으로. 의심이 단번에 사라지진 않았지만, 한 번 해보자는 마음은 생겼다. 작은 정령의 발자국을 따라 불꽃으로 들어서는데 몸이 전혀 타 들어가지 않았다. 할 수 있었다! 그의 발에는 상처도 나지 않았다. 살도 타지 않았다. 자신이 불을 다스리는 힘을 얻게 되었다는 걸 알았다—동시에 두려움을 다스릴 수 있는 힘까지.

뱀장어잡이는 정령에게 받은 선물만이 아니라 자기가 발견한 것도 마음에 꼭 간직했다. 잊을 수도 없고, 잊어서도 안 되는 것이 있었다. 어떻게 해야 마을 사람들에게도 도움을 줄 수 있을지 생각했다. 그는 이렇게 생각했다. 할 수 있다는 걸 알고 나면 한 번 해봐야 한다고. 그렇게 할수록 더 나아지니까. 할 때마다 좀 더 자신감이 생기고 점점 덜 무서워질 테니까. 그렇게 기쁜데도 그는 자신의 새로운 발견을 혼자서만 가지려고 하지 않았다. 능력을 얻어서, 그런 능력을 이야기꾼과 다른 마을 사람들과 나누었고, 그로 인해 다른 사람들에게서 엄청난 답례를 받아 모두가 더욱 행복해졌다.

그리고 뱀장어잡이는 스스로 이야기꾼이 되었다─적어도 한 가지 특별한 이야기는 있으니까. 자기 경험 이야기로 그는 자기 아들에게 그 힘을 물려 주었고, 그 아들은 다시 자기 아들에게 물려 주었다. 그렇게 끊어지지 않고 맥을 이어와 오늘날까지 이어진 것이다.

세 번째 이야기 **책임감을 가져라**

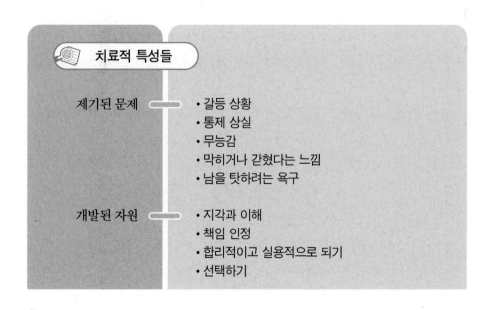

치료적 특성들

제기된 문제
- 갈등 상황
- 통제 상실
- 무능감
- 막히거나 갇혔다는 느낌
- 남을 탓하려는 욕구

개발된 자원
- 지각과 이해
- 책임 인정
- 합리적이고 실용적으로 되기
- 선택하기

나타난 성과	• 스스로에게 능력 부여
	• 개인적 책임감 사용
	• 실천 가능한 해결책 찾기

배리는 동양 종교의 신자였고 신앙 고백 성사를 할 때 입는 예복을 입고 있었다. 자신의 신앙에 성실히 귀의해서 세속적인 것은 포기하고 10년 동안이나 인도의 수행자 마을에서 자신의 종교 철학과 그와 관련된 헌신을 실천하며 살아왔다.

수행자 마을에서 지내는 동안 그의 몸과 마음에 엄청난 고통을 준 일이 일어났다. 그의 종교는 사랑과 동정과 무욕과 인내를 가르쳤는데, 이 사건은 그런 교리를 모두 저버리는 듯한 것이었다.

종파의 선사와 그 수제자의 반목으로 종파는 나누어지게 되었고 배리의 충성심도 양 갈래가 되었다. 그는 선사도 존경했지만 자신의 종파를 만들어 떠나는 그 수제자와도 개인적 친분이 있었다. 어떤 때는 종파를 떠나 마을 저편에서 설파하는 그의 가르침을 들으러 가려고도 했는데, 선사는 허락하지 않았으며, 배교자를 찾아가는 사람은 다시는 수행자 마을로 돌아오지 못할 것이라고 말했다. 배리는 그런 강압이 싫었고 동의할 수도 없었지만, 따를 수밖에 없었다.

10년이 지난 뒤, 그는 서구 사회로 터전을 옮겼고, 거기서 선사의 분파를 설립했는데도, 여전히 자신의 선사와 자신을 계속 괴롭히고 있는 그 수제자 사이에서 이러지도 저러지도 못하고 있었다. 그의 마음속에서는 그런 갈등이 끊임없이 일어났고, 그게 해결될 때까지는 평화를 얻지 못할 것 같았다. 해결책은 하나뿐이었다. 인도로 돌아가 떠난 수제자를 만나야 했다.

비록 몇 년이나 끙끙 앓았었지만, 그가 자기를 반갑게 맞아줄 것이라 믿었던 기대는 산산이 부서졌다. 그 수제자는 배리가 자기 설교를 듣지 못하게 했고 배리는 낙담한 채 집으로 돌아왔다. 그는 우울해졌고, 어떻게 해야 할지도 모르겠고, 힘이 하나도 없어졌고, 갈피를 못 잡게 되었다. 그로부터 여섯 달이 채 못 되어 그는 암 진단을 받게 되었고, 그 갈등도 해결하지 못하고 죽게 될까 봐 겁이 났다.

배리는 치료 중에 이런 답답함을 털어놓았다. 그는 하나의 은유를 들어 설명을 했다. 어느 날 수행자촌 근처 마을을 지나고 있는데, 자기 발목이 진흙탕에 푹 빠져 버렸다는 것이다. 샌들에서 발이 쭉 미끄러져 그만 흙범벅이 되어 버렸다.

길모퉁이를 돌아가니까 도랑 하나가 쓰레기들로 꽉 막혀 있었는데, 그것 때문에 물이 넘치고 도랑둑이 터져 거리까지 물이 흘러나오고 있었다. 물이 길에 넘쳐흐르고 집에까지 흘러들어가 그걸 바가지로 퍼내면서도 사람들은 쓰레기 더미를 그대로 두는 것이었다. 어떻게든 물을 치우려고 해 봐도, 다시 넘쳐 들어왔다. 그는 깨달았다. 모두가 결과만 두고 이러쿵저러쿵 하고 있지 원인에 대해서는 누구도 뭐라 하지 않는다는 것을.

그런데 어떻게 도랑을 청소하고 제대로 흘러갈 수 있게 한단 말인가? 처음에 배리는 누군가의 탓으로 돌릴 생각이었다. 분명히 도랑 관리를 책임지는 직원이 있을 것이다. 사람들은 그 책임자에게 왜 물어보지 않았을까?

그다음엔 책임감에 대해 생각했다. 자기 집에서 물이 넘치고 있는데 다른 사람이 책임지기만 기다리고 있는가? 자기에게 귀한 것들이 사라지고 부서지고 있는데 누군가의 잘못이라고 비난만 하고 있어야 하는가? 문제를 개선하려면, 남의 탓만 할 게 아니라 실천과 실행이 될 수 있는 물음을 던져야 하는 건 아닌가?

그렇게 만든 것을 찾아내는 것이 해결점을 찾기 위한 가장 중요하고 시급한 문제였다. 배리는 남의 탓만 하는 것으로는 문제를 해결할 수 없다는 걸 알았다. 남들이 우리 문제를 해결해 주기를 기다리는 것은 너무 오래 걸리는 데다 비생산적으로 시간만 버리는 것이었다. 그리고 그건 우리가 어떻게 할 수 있는 문제가 아니었다. "알고 있다면," 그는 결론을 내렸다. "막고 있는 것이 자신을 파괴하고 있고 자신이 그걸 뚫기 위해 무언가를 할 수 있다는 걸 알고 있다면 말입니다, 그렇게 하지 않는다면 바보지요."

그는 자기 집에 물이 넘쳐 들어와 자기 물건들을 부수고 있다면 자기가 해야 할 일이 무엇인지를 생각해 보았다. 막힌 걸 치워 버리려면 어떻게 해야 하는가? 막힌 걸 치우고 나면, 자기 인생은 얼마나 달라질까? 생각하고 느끼는 방법에 어떤 변화가 일어나길 기대해도 되지 않을까? 어떤 심정들이 느껴질까? 성취감, 자신감, 믿음, 강해진다는 느낌, 이런 것들일까?

결국 배리는 자기 이야기에서 자신의 현재 상황에 대한 교훈을 이끌어 냈다. 그가 책임감을 가지고 자기 인생의 막힘을 만들었던 쓰레기들을 치워 버릴 때, 그는 더 행복하고 더 건강해질 거라는 걸 알았다. 그는 자신의 운명을 다른 누군가가 쥐락펴락하고 있다는 생각에서 벗어나, 자신의 인생을 자기 손에 쥐기 시작했다.

네 번째 이야기 자신을 믿어라

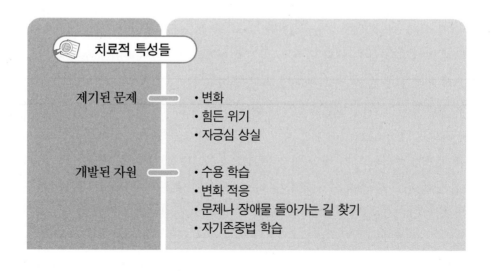

치료적 특성들

제기된 문제	• 변화
	• 힘든 위기
	• 자긍심 상실
개발된 자원	• 수용 학습
	• 변화 적응
	• 문제나 장애물 돌아가는 길 찾기
	• 자기존중법 학습

나타난 성과	• 해결은 가능하다.
	• 요인들을 살펴보라.
	• 자신을 존중하고 신뢰하라.

때로는 인생이 정해진 길로 평온하게 돌아가기도 한다. 친숙한 것에 더 익숙해지고, 거기서 안정감을 느낀다. 세대에 세대를 거듭하면서 작은 산촌에서 사람들이 살아올 수 있었던 것이 바로 이 때문이다. 그들은 자연의 규칙적인 순환에 삶을 적응시킨 전통을 따랐다. 감자 수확은 철마다 늘어난다. 가축 무리는 풀밭으로 나가 산을 어슬렁어슬렁 돌아다닌다. 모두 그저 세상은 이렇게 돌아가 줄 거라고 믿는다.

하지만 그런 순환이 몸에 익은 만큼, 변화도 당연한 것이다. 영원히 변하지 않는 것은 없다. 바로 여기 그것을 경험하고 있는 한 마을이 있다. 대부분이 어쩔 수 없는 일이라고 했다. 지난 몇 년 동안 기후는 척박해졌고, 이젠 입은 점점 늘어만 가는데 식량은 자꾸 줄어만 갔다.

그 마을의 어르신이 평의회를 소집했다. "지금 일어나고 있는 많은 일들은 우리가 어쩔 수 있는 게 아닙니다. 우리가 그에 맞출 수밖에 없습니다. 그것만이 살아남아 행복을 보장할 수 있는 길입니다." 평의회는 열 명의 젊은이를 뽑아서 큰 도시에 보내기로 결정했다. 거기서 일거리도 찾아보고, 가능하다면 마을을 도와줄 후원금도 받아올 궁리를 하면서.

선택된 열 명의 젊은이들은 길고 고된 여정을 시작했다. 그들은 여러 산을 넘고, 가파른 골짜기도 궁리 끝에 지나고, 굽이치는 강도 건넜다. 그들은 여행을 하면서 새로운 것들을 수도 없이 보고 역경과 부딪쳤지만, 그때마다 그걸 무너뜨릴 때까지 맞서서 이겨 냈다. 그러던 중 그들 앞에 도저히 어떻게 할 수 없을 것 같은 장애물이 나타났다. 급류가 굽이치는 커다란 강이 소용돌이치고 있었다. 잠시 커다란 돌들이 여기저기 널린 강바닥을 살피면서 강을 건너기에 제일 안전해 보이는 곳을 찾았다. 다른 길이 없었다. 띄엄띄엄 놓여 있는 물에 젖어 미끈거리는 돌을 밟고 지나가는 수밖에. 벼랑에 가려지고 나무에 가려져서 제대로 보이지도 않는데 둑까지 갈 수나 있을까. 서로에게 어떻게 의지를 할 수도 없었다. 그 순간 모두 혼자였다.

차례로 한 사람 한 사람 아슬아슬한 길을 건넜다. 이제 다 건너 왔구나 싶어, 전부 안전하게 도착했는지 한 번 세어 보자는 말이 나왔다. 한 젊은이가 헤아려 보았다. 아홉 명뿐이었다. 누가 빠진 거지? 무슨 일이 생긴 거야? 자기들 중 한 사람이 급류에 미끄러져 물살에 쓸려가 빠져 죽었을지도 모른다는 걱정이 물밀듯이 밀려왔다. 강둑을 살펴보았지만 물속에도 물결이 철썩대는 물가에도 아무도 보이지 않았다. 어떻게 해야 하지?

다시 모여 한 번 더 세어 보기로 했다. 결과는 같았다. 염려는 점점 더해지고 그들은 다시 수색을 시작했다. 강둑을 더 속속들이 살피며 찾아 헤맸지만 여전히 잃어버린 친구의 흔적은 어디에도 없었다.

또 한 번 헤아려 봐도 마찬가지였다. 돌아가며 다들 다시 세어 보았지만, 그때마다 결과는 같았다. 아홉 명만 안전하게 건너온 것이었다. 그들은 친구 하나가 사납게 일렁이는 급류의 어두컴컴한 물속으로 쓸려 들어가 죽은 게 틀림없다는 생각에 이르렀다. 슬픔과 비통함이 몰려왔고, 친구를 잃은 슬픔으로 모두 엉겨 붙어 앉아 울음을 터뜨렸다.

그때 그 곁을 지나던 나그네 한 사람이 걸음을 멈추고 그들이 슬퍼하는 까닭을 물었다. 젊은이들은 자신들 열 명이 마을에서부터 어떻게 여행을 시작했는지를 말해 주었다. 그들은 바보같이 이 위험한 강을 건너면서 친구 하나를 잃어 버렸고, 건너편에 와서야 아홉만 남아 있다는 걸 알았다고 했다. 그 친구는 빠져 죽은 게 틀림없었다. 아무리 생각해 봐도 다른 일이 있을 턱이 없었다. 그러니 슬퍼할 수밖에.

그 나그네는 문제가 뭔지를 알고, 잃어버린 친구의 이름을 물었다. 젊은이들은 어쩔 줄 몰라 했다. 서로 얼굴을 번갈아 훑어보았지만 잃어버린 친구의 이름이 없었다. 나그네는 다시 한 번 세어 보라고 했다. 한 번 더 젊은이가 세어 보았지만 또 같은 결과가 나왔다. 분명히 아홉이었다.

나그네가 웃음을 터뜨리더니 젊은이들을 다시 진정시켰다. "아무도 잃어버리지 않았어요." 그는 말했다. "서로를 위하고 존중하는 건 좋은 일이고, 정말 중요한 거예요. 하지만 스스로를 제대로 살피지 않을 때도 그만큼 골치 아파집니다. 문제는 이거예요. 여러분은 너무 신중하다 보니 자기는 빼놓고 센 겁니다."

다섯 번째 이야기 칭찬을 받아들일 줄도 알아야지

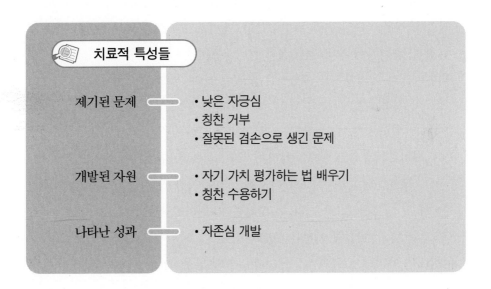

치료적 특성들

제기된 문제
- 낮은 자긍심
- 칭찬 거부
- 잘못된 겸손으로 생긴 문제

개발된 자원
- 자기 가치 평가하는 법 배우기
- 칭찬 수용하기

나타난 성과
- 자존심 개발

어느 날 예쁘고 어린 뱀 한 마리가 호숫가에서 목욕을 하고 있었다. 다 씻고는 몸을 말리려고 따뜻한 바위 위에 쭉 뻗어 누워 몸을 다듬고 있었다. 파리 한 마리가 그 위에서 윙윙 날아다니다가 뱀을 보고는 한마디 했다. "이야, 햇빛 아래 반짝거리는 비늘이 정말 매력적인데. 정말 매끄럽고 깨끗해. 정말 아름다운 뱀인걸."

뱀은 부끄럽고 당황스러워 주르륵 미끄러져 내려와 숨을 곳을 찾았다. 근처에 초가집 하나가 보이자, 지푸라기로 이어놓은 지붕 속으로 사라져 버렸다. 그게 그 마을 마법사의 집이라는 걸 뱀은 알 턱이 없었다. 마법사는 놀라서 요놈의 악마 같은 침입자를 쫓아버리려고 북을 잡고 둥둥 크게 울렸다.

마침 근처를 느릿느릿 지나던 거북이 한 마리가 신나는 북소리를 듣고 춤을 추기 시작했다. 그 점잖던 거북이가 생전에 하지 않던 짓을 하는 걸 보고는 코끼리가 거북이 등을 밟고 올라서 버렸다. 거북이가 불을 뿜었고, 그 불은 마법사네 바싹 마른 초가집으로 옮겨 붙었다. 먹구름이 하늘을 뒤덮어 어두컴컴해졌다. 하늘에서 억수 같은 비가 확 쏟아지더니 금세 그쳐 태양이 따스하게 빛을 내려 세상을 말려 주었다. 엄마 개미가 이때다 싶어 갑자기 쏟아진 비로 젖은 알을 말리려고 태양 아래 널어놓았다. 개미핥기가 그런 좋은 식사거릴 놓칠수야 없지. 순식간에 개미 알을 홀딱 삼켜 버렸다.

엄마 개미가 개미핥기를 재판장으로 끌고 갔다. 땅의 법으로 보상을 받으려고 정글의 심판자요, 야수의 왕인 사자에게 가서 자기 문제를 소상히 설명했다. 사자는 재판을 열고 관련자를 모두 불러들였다.

먼저 개미핥기를 심문했다. "개미핥기야, 너는 왜 개미 알을 먹었느냐?"

"아니, 글쎄," 개미핥기가 답했다. "난 개미핥기란 말입니다. 그게 제 일이고 운명이에요. 당연한 걸 한 거라 이 말입니다. 개미가 알을 코앞에다 죽 늘어놓는데, 그걸 보고 제가 뭘 어쩐단 말입니까?"

이번에는 개미에게 물었다. "개미야, 넌 왜 알을 늘어놓아 개미핥기를 유혹했느냐?"

"개미핥기를 유혹하려던 게 아닙니다. 아시다시피 저는 누구보다 좋은 어미입니다. 제가 어린 것들을 보살피지 않고 뭘 한단 말입니까?" 개미가 답했다. "비가 쏟아지는 바람에 알이 다 젖어 버렸어요. 말려야 하는데 때마침 햇살이 따스하게 비춰 주었다 이겁니다."

태양을 보고 심문을 계속해 나갔다. "태양아, 넌 왜 햇살을 비추었느냐?"

"그럼 저보고 어쩌라고요?" 태양이 말했다. "그게 제 일인 걸요. 다들 알다시피 비가 쏟아졌고, 비가 그치고 나면 해가 나오는 건 당연한 거잖아요."

"비야, 넌 왜 쏟아졌느냐?" 문제를 해결하기 위해 사자가 물었다.

"그럼 제가 뭘 해야 하죠?" 비가 대답했다. "마법사의 초가집에 불이 붙어서 마을 전체가 위험에 처해서 전 도우려고 했을 뿐이에요."

"초가집아, 넌 왜 불이 붙었느냐?"

"거북이가 저한테 불을 토해 내는데 어쩔 도리가 없었어요." 까맣게 재가 되어 버린 초가집이 답했다. "난 풀로 되어 있잖아요. 근데 몇 년 동안이나 거기 그대로 서 있었어요. 너무 바짝 말라 난 어쩔 수가 없었어요."

"거북이야," 야수의 왕이 물었다. "넌 왜 불을 토했느냐?"

"그럴 수밖에요. 코끼리가 제 위에 올라탄 걸요. 그 무게로 내 생명을 위태롭게 한 걸요. 어떻게든 벗어나야 하잖아요."

사자는 코끼리를 쳐다보았다. "말해 보거라, 코끼리야. 왜 거북이를 위협했느냐?"

"그럼 어떻게 해요?" 코끼리가 말했다. "거북이가 미친 듯이 춤을 추잖아요. 그런 건 거북이랑 어울리지 않아요. 거북이에게 맞지도 않아요. 분명히 미쳤거나 뭐 그런 거라고 생각했죠. 해칠 뜻은 없었어요. 그냥 들뜬 기분을 좀 가라앉혀 줄 작정이었죠."

다시 사자는 거북이에게 물었다. "넌 왜 그렇게 미친 듯 춤을 추었느냐?"

"도대체 날 보고 뭘 어쩌란 겁니까?" 거북이가 대답했다. "마법사가 그렇게 신나게 북을 두드리며 춤을 출 수밖에 없게 하는데. 선택의 여지가 없었단 말입니다. 춤을 출 수밖에 없었어요."

"마법사야, 넌 왜 북을 두드렸느냐?"

마법사가 대답했다. "뱀이 내 집으로 들어오는데 내가 어쩝니까? 그 악마 같은 놈을 집에서 쫓아내야지요."

"뱀아," 야수의 왕은 참을성 있게 증인들을 순서대로 심문하며 물었다. "넌 왜 마법사의 집으로 들어갔느냐?"

"어쩔 수가 없었어요." 뱀이 대답했다. "파리가 저한테 칭찬을 해서 당황스러웠거든요. 어떻게든, 어디든 얼굴을 숨겨야만 했어요. 마법사의 초가집이 가장 가까운 곳이었거든요."

마지막으로 사자는 파리에게 물었다. "파리야, 넌 왜 뱀을 칭찬했느냐?" 파리는 야수의 왕에게 대답은 하지 않고 뱀을 바라보더니 이렇게 물었다. "뭐야? 넌 칭찬을 어떻게 받아들여야 하는지도 모르니?"

여섯 번째 이야기 **짐과 유머집: 자기에게 힘을 주기 위한 이야기**

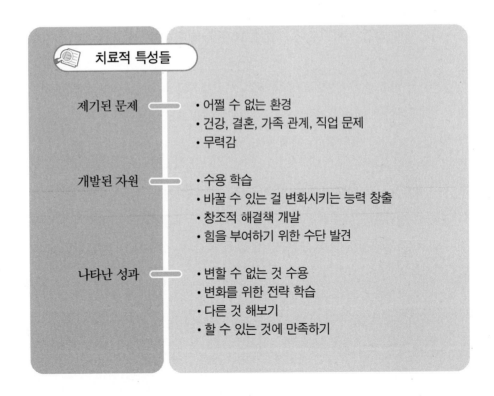

🔖 치료적 특성들	
제기된 문제	• 어쩔 수 없는 환경 • 건강, 결혼, 가족 관계, 직업 문제 • 무력감
개발된 자원	• 수용 학습 • 바꿀 수 있는 걸 변화시키는 능력 창출 • 창조적 해결책 개발 • 힘을 부여하기 위한 수단 발견
나타난 성과	• 변할 수 없는 것 수용 • 변화를 위한 전략 학습 • 다른 것 해보기 • 할 수 있는 것에 만족하기

짐은 학계에 등록되어 있는 대학 선임 강사다. 그는 회의 연사나, 초빙교수, 상담 전문가로 자주 초빙된다. 그는 대단한 업적을 가지고 있으면서도, 따뜻한 심성에서 나오는 친절함과 자기 직원들과 가족들에 대한 세심한 배려를 갖추고 있었다. 그렇게 많은 걸 가지고 있진 않았지만, 그의 선행은 그치지를 않았다. 그에게는 지식과 지혜, 삶의 위기에 봉착한 마음을 어루만져 주는 것까지 온몸에 하나로 녹아 있었다.

안타깝게도 지난 몇 년간 짐의 인생에서 점점 더 어쩔 수 없는 것들이 늘어간다는 걸 느껴야 하는 일들이 많았다―그게 현실이었다. 어렸을 때부터 지병을 앓고 있었는데, 늘 그만그만했지만, 한 번씩 갑자기 심해지곤 하면 심신이 완전히 녹초가 되어 버렸다. 그 상황을 바꿀 수 있는 건 아무것도 없었다.

그와 그의 아내는 오랫동안 행복하지 않았다. 날마다 싸움만 하는 집은 아니었지만, 떨어져 있는 경우가 점점 많아졌고, 기쁨도, 흥분도, 함께한다는 느낌도 거의 없어졌다. 짐은 대화를 시도해 보기도 했다. 통하는 관심거리를 찾으려고 이야기를 해 보기도 하고, 부부치료를 제안해 보기도 했지만 모두 잘 안되었다. 그는 달리 어쩔 수 없다는 무력감을 느꼈다.

그에게는 너무나 아끼는 딸이 하나 있었는데, 곧 다른 곳으로 전근을 가야 하는 젊은이와 사랑에 빠져 있었다. 짐은 다시 딸을 '잃어야' 한다는 무력감을 느꼈다.

직장에서의 일도 힘이 빠지게 했다. 새로운 경제 합리화 정책에 따라 전통 같은 건 비실용적이라는 이유로 무시된 채 평생 알고 지내던 사랑하는 사람들이 정리해고를 당했다.

짐의 인생 계획은 벽을 만나 버렸다. 수년간 함께 일한 동료들, 그의 지도력을 우러러 봐주던 그들이 정리해고를 당했다. 엔진을 뽑아 내버린 자동차처럼 무력감을 느끼면서, 우울해지고 아침에 일하러 가기도 싫어졌다.

치료를 하면서 우리는 작은 거라도 괜찮으니까, 잘 살기 위해서 통제감이나 능력이 주어진다는 느낌을 어떻게 다시 세울 수 있을지를 찾아보자고 했다. 그 물음을 가만히 생각해 보더니 그는 이렇게 말했다. "내 힘으로는 바꿀 수 없는 게 지금 당장 너무 많아요. 병도 그렇고, 결혼생활, 딸아이가 떠나는 것, 직장에서 시행되는 정책 같은 거 말입니다. 나야 바꾸고 싶고 그렇게 되기를 간절히 바라면서 발버둥도 쳐보지만, 현실은 아닌 걸요. 내가 할 수 있는 게 아무것도 없어요. 바꿀 수 없는 걸 바꾸려는 내 노력이 난 무능하고 자격 없다는 생각을 하게 만들어요. 지구를 다른 방향으로 돌게 하려는 것과 같다고요. 그렇게 안 되잖아요. 내가 선의를 가지고 혼신을 다해도 실패감만 남아요."

"나는," 그는 말을 이어 나갔다. "내가 하고 있는 것들이 아무 소용이 없다면, 방향을 바꿔야 한다는 건 압니다. 할 수 없는 걸로 전전긍긍할 게 아니라 바꿀 수 있는 걸 찾아야 하겠죠. 당분간 이 상태로 살아야 한다면, 어떻게 해야 좀 더 편안하고 즐거워질 수 있을지를 찾아야 해요."

어느 날 점심 무렵, 짐은 아무 생각 없이 학내 서점을 돌아다니다가, 보통 때라면 읽을 생각도 하지 않았을 책에 눈이 딱 꽂혔다. 짐은 농담에 관한 유머집을 뽑아서 샀다.

아침마다 식사를 마치고 몇 개의 농담을 읽었다. 그건 하루를 신나게 시작하는 하나의 방법이 되었고, 직장에 가면 또 어쩔 수 없는 일이 새로 생길 거라는 염려로 시작했던 과거의 행동 양식이 달라졌다. 좋아하는 농담을 하나 골라서 기억해 두었다. 마음속으로 몇 번씩 연습을 하면서 출근했다.

직장에 들어서면서 동료들에게 그 농담을 건넸다. 그러자 그들도 따라서 농담을 하면서 하루를 시작해 커피를 마시면서 힘든 일 대신 유머를 서로 나누었다.

그 작은 행동 하나가 직장에 대한 짐의 개인적 감정만 바꾼 게 아니라 사무실 분위기까지 바꾸게 되었다. 도저히 바꿀 수도 없고 피할 수도 없던 것으로 무력하고 끔찍하다는 생각을 했던 예전과는 달리, 사람들은 더 긍정적이 되고 더 기운차게 되었다. 농담을 하는 걸로 형성된 동지애는 행동으로 발전해 동료들은 자신들의 문제에 대해 미래지향적이 되었다. 이 모두는 짐이 절대 변할 수 없을 듯한 상황 속에서도 변할 수 있는 게 있다는 것을 발견한 덕분이었다.

일곱 번째 이야기 **자기주장으로 힘을 키우자**

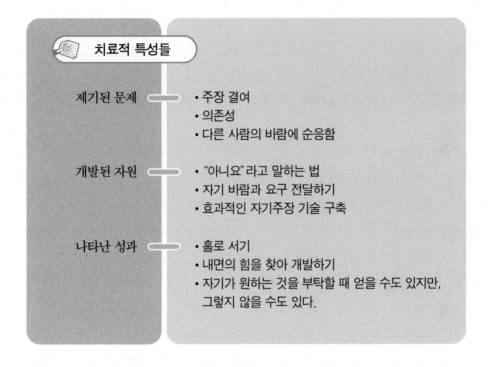

치료적 특성들

제기된 문제
- 주장 결여
- 의존성
- 다른 사람의 바람에 순응함

개발된 자원
- "아니요"라고 말하는 법
- 자기 바람과 요구 전달하기
- 효과적인 자기주장 기술 구축

나타난 성과
- 홀로 서기
- 내면의 힘을 찾아 개발하기
- 자기가 원하는 것을 부탁할 때 얻을 수도 있지만, 그렇지 않을 수도 있다.

 몇 년 전 어떤 여자를 만났는데, 그 사람은 자기가 정말 "아니요"라고 말해야 할 때도 "예"라고만 말했다. 그러다 보니 늘 다른 사람이 원하는 대로만 하고 있었다. 친구들이 영화 보러 가자고 하면, 자기는 음악회를 가고 싶으면서도 영화를 보러 가서는 음악회를 보러 갔어야 했는데 하는 생각을 하며 시간만 때우곤 했다. 자기를 위한 선택을 할 수 있는 방법을 배우고 싶은 때가 더 많아졌지만, 자기주장을 하는 데는 기술이 필요했다.

 첫 번째 상담에서 그녀는 담배를 피워도 되는지 물어봤다. 이때가 바로 그녀가 바라는 자기주장 기술을 배울 수 있는 기회다 싶은 생각이 들었다. 나는 설명이나 이유를 들어 주장을 내세우는 방법에 대한 예를 보여 주고 싶었다. 어쩌면 좀 거슬릴 수도 있겠지만 이해를 시키면서 "아니요"라고 말하는 본보기를 보여 주고 싶었다. 나는 흡연은 그녀가 논의하고 싶은 것에 집중할 수 없게 할 수 있다고 설명을 하고 한 시간 정도만 담배를 피우지 않는 게 좋을 거 같다고 말했다. 내 생각으로는 다른 사람이 담배를 피워서 간접흡연을 하게 된 불쾌한 경험이 생각나면 그쪽으로 정신이 팔려서 치료에 집중할 수 없을지도 모른다고 설명해 주었다. 그녀는 수긍을 한 듯 담배를 피우지 않았다.

우리는 "아니요"라고 말하는 게 주는 이점과 방법에 대해 논의했다. 다른 사람을 위압하지 않는 방법으로 자기를 주장하기 시작할 수 있는 전략을 탐색해 보았다. 자기가 원하는 것을 어떻게 부탁할 수 있을까? 그 말이 가장 효과적이려면 어떻게 해야 하는가? 제3차 세계 대전 같은 결과가 터지지 않으려면 어떤 걸 부탁해야 하는가? 자기를 주장할 때 가장 마음이 편한 사람은 누굴까?

안전한 상황에서 그렇게 해도 되는 사람에게 "아니요"라고 말해 보기로 했다. 우리는 함께 공손하게 커피를 사양하는 방법, 나가 달라는 말, 상사가 퇴근할 시간에 일을 하라고 할 때 확고하지만 예의바르게 거절하는 것 등에 대해 이야기했다.

어떤 목소리로 해야 다른 사람들이 그녀가 원하는 것을 분명하게 알 수 있을지에 대한 것도 이야기했다. 어떻게 해야 자기가 원하는 걸 자기 자신의 마음에서 분명하게 할 수 있는가? 언제, 어떻게 다른 사람이 알 수 있는 방법으로, 하지만 너무 공격적이지 않게, 사람들이 화를 내지 않는 방법으로 말할 수 있는가? 주상하는 것과 공격적인 것을 어떻게 가려 낼 수 있는가?

뭔가 부탁한다고 다 얻을 수는 없는 것처럼, 부탁하지 않는다고 얻을 가능성이 전혀 없지도 않다. 그러므로 그냥 부탁하지 않는 게 아니라, 거절에 대해 대비할 수 있는 기술을 살펴보았다. 다른 사람들이 그녀의 자기주장적 요구에 "아니요"라고 말할 상황에서 어떻게 할 것인가?

두 번째 상담에서 그녀는 자리에 앉아서 이렇게 말했다. "지난 시간에 권해 주신 방법으로 제 주장을 좀 더 할 수 있었어요."

"바로 그거예요." 그렇게 알아 나가면서 그런 행동들을 실천에 옮길 수 있는 일들이 더 많아지기를 기대하면서 내가 맞장구를 쳐 주었다.

"선생님께서 다른 사람의 요구에만 신경 쓰지 말고 제가 요구하는 기회도 갖고 제가 원하는 걸 하는 시간도 가지라고 하셨잖아요."

"그렇죠." 이토록 빨리 메시지를 이해한 것에 기뻐하며 나는 고개를 끄덕여 주었다. 그녀는 말을 이었다.

"선생님이 예의 바른 방법으로 주장을 내세울 수 있어야 하고 다른 사람들이 제가 보여 주는 변화를 늘 좋아하지 않을 수 있다고도 하셨죠."

난 또 고개를 끄덕였다. 그녀가 말했다.

"그래서 선생님께서 가르쳐 주신 대로 실천해 보려고 마음먹었답니다. 우리 오늘은 담배를 피우면서 이야기를 하자고 말하고 싶은데요."

여덟 번째 이야기 **증상에 감사하라**

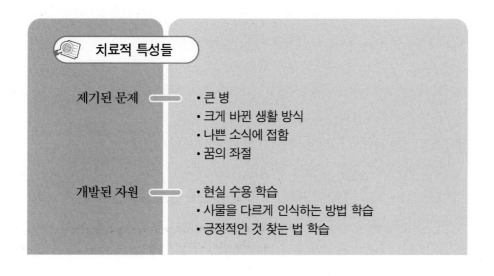

치료적 특성들

제기된 문제
- 큰 병
- 크게 바뀐 생활 방식
- 나쁜 소식에 접함
- 꿈의 좌절

개발된 자원
- 현실 수용 학습
- 사물을 다르게 인식하는 방법 학습
- 긍정적인 것 찾는 법 학습

나타난 성과	• 불행을 다른 각도로 보기
	• 증상이 득이 될 수 있는 점 탐색
	• 내적 강인함의 발견과 개발

데니스는 말린이 말했던 걸 나에게 다시 생각나게 했다. 그리고 말린이 말했던 것은 셀리나가 말했던 걸 내게 떠올리게 했다. 수년이나 지난 일인데도 여전히 또렷이 기억에 남아 있다.

데니스는 서른다섯 살의 대기업 선임 관리였다. 자신도 남편도 상류층 생활을 하면서 아이를 갖는 것보다는 자기 생활을 즐기고 있었다. 승진도 빨랐고, 고급 승용차도 몰고, '안성맞춤' 인 교외에 집도 가지고 있었다.

모든 게 자기들이 그려놓은 청사진에 따라 흘러가고 있었던 그때, 데니스에게 이상한 일이 일어났다. 왼쪽 다리에 통증이 일어나더니 타는 듯한 느낌이 드는 것이었다. 처음엔 주치의도 별로 대수롭지 않게 여겼지만, 몇 주가 지나도 증상이 나아지지 않았다. 데니스는 얼마 지나지 않아 자신이 다발성 경화증임을 알게 되었다.

증상은 몸의 다른 부위까지 퍼져 나갔다. 걷기도 힘들어졌고 더 이상 일을 할 수 없게 되었다. 일은 그녀의 존재와 정체성 그리고 삶에서도 큰 부분을 차지하고 있었기 때문에, 그녀는 비통함과 절망의 나락으로 빠져 버렸다. 그녀는 도전과 흥분, 한고비를 넘겼을 때의 그 쾌감, 이 모두를 즐겼다. 그녀의 병은 인생을 도산시켜 버렸다. 그녀는 더 이상 가고 싶은 곳으로 걸어갈 수도 없고 남다른 인생의 목표와 야망을 어쩔 수 없이 다시 세워야만 했다.

데니스와 이야기를 하고 있는데, 말린이 떠올랐다.

말린은 심리치료 전문가였는데, 늘 다른 사람에 대한 배려가 남다르게 깊었던 50대 여성이었다. 자신의 일이 삶 자체였던 데니스처럼, 말린은 타인이 자기 삶이었다. 그녀는 자신의 삶을 다른 사람을 돌보는 것에 다 쏟아 부었지만 얼마 전부터 상황이 바뀌었다.

말린은 유방암 판정을 받고 유방절제 수술을 받았다. 병과 계속되는 치료는 일을 할 수 없게 했는데도 데니스와는 달리 낙담하진 않았다. 그녀는 열심히, 거의 미친 듯이 재활과 암 재발 방지에 달려들었다. 치료 목표는 당연히 신체적 그리고 정서적으로 일어난 일을 이겨 낼 힘이 있다는 마음을 다시 일으키는 데 필요한 지원을 받기 위한 것이었다.

자기 삶에서 일어나 버린 변화에 대해 이야기를 할 때, 말린은 셀리나를 떠오르게 했다. 그녀는 은퇴 교사였다. 셀리나의 삶은 평탄치 못했다. 그녀는 제2차 세계 대전 당시 유태인으로 태어났다. 그녀와 남편은 상하이로 갔다가 나중에 호주로 이민을 와서 낯선 땅에서 어린아이가 있는 가족을 돌봐 주는 일을 해야 했다. 영어를 할 줄 몰라 그녀의 결혼 생활은 긴장의 연속이었고, 남편은 바람이 나서 떠나 버렸다.

나는 셀리나란 사람은 환경에 지배당하지 않고 문제를 해결할 수 있는 너무나 확고한 사람이라는 걸 알았다. 그녀는 끊임없이 어린아이가 있는 가족을 돌보는 일을 하면서 교육학으로 학위를 받았다. 그녀는 교사가 되었고, 결국 교장까지 올라갔다. 그녀는 일과 자기가 가르치는 아이들에게 인생을 바쳤다. 교육은 그녀의 연인이자 삶이었다. 자기 아이들이 자라서 집을 떠나자 더욱 일에 매진했다.

법적 정년의 나이가 되자, 그녀는 너무 안타까웠다. 그로부터 6개월이 안 되어 그녀는 복부 종양 진단을 받았고 국내 최고 종양 전문 의료 기관에 갔는데, 그녀의 말대로라면, 담당과장(leading specialist)이 앞으로 석 달밖에 살 수 없다고 말했다고 한다. 처음 의사 말을 들었을 때는 머릿속이 뒤죽박죽이 되어 기운이 다 빠져 버렸지만, 그대로 죽치고 앉아 죽을 날만 기다릴 순 없다는 마음이 들었다. 셀리나는 암 때문에 나한테 상담을 받으러 온 첫 번째 환자였고, 내 기억대로라면, 어쩌면 죽을지도 모를 병을 지닌 채 나를 찾은 첫 번째 환자였다. 결론적으로 보면, 그녀가 나에게서 배운 것보다 내가 그녀에게 배운 것이 더 많다고 생각한다.

　말린과 데니스를 치료하면서 난 셀리나를 떠올렸다. 데니스는 오래도록 글을 쓰고 싶다는 바람을 가지고 있었다. 그녀는 작가가 되는 과정을 몇 번 거쳤고 드러나지는 않았지만 창조적인 면이 있다고 생각했다. 하지만 너무 바쁜 탓에 글을 쓸 시간이 없었다.

　처음엔 일과 인생의 목표를 잃어버린 것에 대해 비탄과 공허감을 느꼈다. 그녀는 다시 일을 할 수 없었다. 인생이 끝장난 것이다. 그러나 한쪽 문이 닫히면, 다른 쪽 문이 열린다는 걸 그녀는 보았다. 그녀는 이렇게 말했다. "적어도 다발성 경화증에 감사해야 하는 것도 있어요. 지금 난 하던 일은 못하지만 대신 글을 쓸 시간이 생겼거든요. 내 창조성을 표현할 시간을 얻은 거예요. 전에는 할 수 없던 걸 할 수 있는 시간이 생긴 거죠."

　마찬가지로, 말린도 이렇게 말했다. "암이란 게 내 인생을 완전히 바꿔 버렸죠. 예전 같았으면, 매일 아침 알람에 맞춰 일어나고, 후다닥 아침을 먹고, 일터로 나갈 준비를 했겠죠. 허둥지둥 화분에 물을 주고, 시간에 쫓기며 차를 몰고 출근길 전쟁 속으로 나갔겠죠. 이젠 화분에 물도 찬찬히 주고…… 고것들 자라는 것도 볼 수 있어요."

　말린과 데니스는 병 덕분에 생긴 새롭고 좋은 점도 있다는 걸 알았고, 이 사실이 셀리나가 치료 중에 말했던 걸 떠올리게 했다. "내가 죽어 가고 있다는 걸 알고 있는 지금, 난 삶이 자유로워요." 그리고 그녀는 삶을 마감했다.

아홉 번째 이야기 능력에 대한 본보기

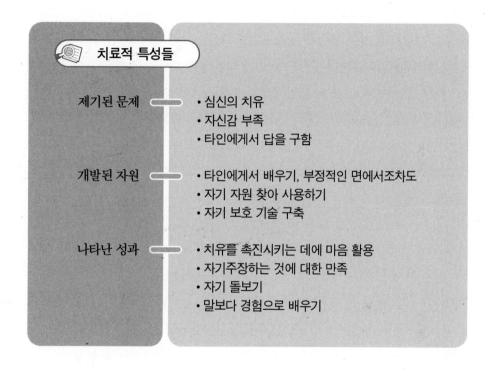

치료적 특성들

제기된 문제
- 심신의 치유
- 자신감 부족
- 타인에게서 답을 구함

개발된 자원
- 타인에게서 배우기, 부정적인 면에서조차도
- 자기 자원 찾아 사용하기
- 자기 보호 기술 구축

나타난 성과
- 치유를 촉진시키는 데에 마음 활용
- 자기주장하는 것에 대한 만족
- 자기 돌보기
- 말보다 경험으로 배우기

이 마을 저 마을로 떠돌면서 제자를 키우던 치료사가 살고 있었다. 그 치료사의 도움을 받으려고 여러 먼 곳에서도 많은 사람들이 찾아왔다. 치료사가 정수리에 손을 얹기만 해도 영적인 힘을 얻게 된다는 소문이 돌았다. 이런 종교의식 같은 행동으로 영혼은 강해지고, 병에 걸리더라도 더 잘 낫게 되고, 악과 병마를 피할 수 있는 강건함을 얻을 수 있다는 것이다.

어떤 사람들은 그게 바깥에서 오는 어떤 영적인 힘인지, 아니면 이미 사람이 지니고 있는 내적 치유 능력에 불을 당기는 영적이고 의식적인 상황을 만드는 건지 궁금해 하기도 했다. 어느 쪽이든, 사람들은 그 치료사의 손길이 닿고 나면 뭔가 달라지는 느낌이었다.

이 치료사는 돈을 받지 않았다. 대신 치료가 끝나고 나면 사람들이 뭔가를 주곤 했다. 이 사실을 알고 한 가난하고 병든 노파가 신유(神癒) 집회를 찾아왔다. 그녀는 많은 것을 얻어 가려고 (치료사를 위해서) 큰 것을 내 놓았다. 그것은 그녀가 가지고 있던 마지막 빵이었다.

많은 사람들이 신유 집회에 모여들었다. 치료사는 사람들을 모두 살펴봐 주었다. 힘이 들었다. 지난 며칠 동안 여러 마을에서 수많은 집회를 가지다 보니 좀 나태해질 수밖에 없었다. 그렇게 많은 사람들 모두의 머리에 손을 얹어 주는 일을 하고 싶지는 않았다. 그 대신 뭔가 창조적인 해결책을 생각해 보았다. 치료사는 자기를 따르던 사람들에게 눈을 감고 고요한 마음이 되도록 하고, 자신이 그들 모두의 머리에 손을 얹는다고 상상해 보라고 했다. 치료사는 그 경험이 실제로 그렇게 한 것처럼 생생하고 진짜 같아야 한다고 했다.

노파는 치료사가 말한 대로 해 보았다. 그녀는 영혼의 힘을 느꼈다. 삶에 새로운 자신감이 생기기 시작했다. 분명히 그 경험에는 치유적인 무언가가 있었다. 몸도 더 좋아졌다—힘도 더 생기고 아픈 것도 줄었다. 치료사가 직접 행동으로 하지 않았는데도, 심신에 힘이 생긴다는 걸 경험한 것이다.

치료사 또한 기뻤다. 치료사는 오후 일을 일찍 마칠 수 있었다. 사람들은 만족했고 헤어지면서 늘 하던 대로 줄을 서서 선물을 주고는 지나갔다.

자신의 차례가 되자, 그 노파는 스승 앞에 겸손히 무릎을 꿇고, 빵 한 덩어리를 드리며, 이렇게 말했다. "진심으로 감사드립니다. 오늘 당신은 저에게 더할 나위 없는 도움을 주셨습니다. 저는 제 머리 위 당신의 손을 느끼고 제 몸속에서 치유의 힘을 느낄 수 있었습니다. 건강해시는 걸 느낄 수 있었습니다. 이제, 당신도 눈을 감고 잠시 마음을 진정시키기만 한다면, 이 빵을 받는 느낌이 드실 겁니다. 제가 드리는 저의 마지막 한 덩어리의 빵 말입니다. 볼 수도 있고 냄새도 맡을 수 있으며, 상상 속에서 실제로 먹는 것처럼 생생하게 맛까지 느끼실 수 있을 겁니다."

그러고는 빵을 도로 자기 바구니 속으로 집어넣더니, 이렇게 말하는 것이었다. "그러므로, 감사드립니다." 노파는 서둘러 집으로 갔다. 좀 더 새롭고, 행복하고, 건강해지는 걸 느끼면서.

열 번째 이야기 **조에게 힘을!**

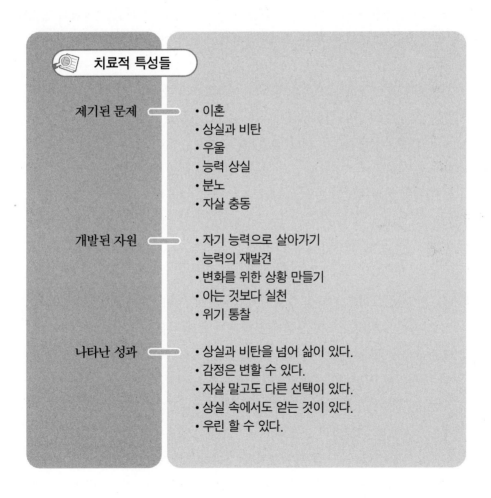

치료적 특성들

제기된 문제
- 이혼
- 상실과 비탄
- 우울
- 능력 상실
- 분노
- 자살 충동

개발된 자원
- 자기 능력으로 살아가기
- 능력의 재발견
- 변화를 위한 상황 만들기
- 아는 것보다 실천
- 위기 통찰

나타난 성과
- 상실과 비탄을 넘어 삶이 있다.
- 감정은 변할 수 있다.
- 자살 말고도 다른 선택이 있다.
- 상실 속에서도 얻는 것이 있다.
- 우린 할 수 있다.

제프는 조의 치료사다. "당신은 무기력함을 느끼고 있네요." 제프가 말했다. "당신은 힘을 잃어 버렸어요. 당신에게 필요한 건 당신 스스로 힘이 생기는 느낌을 다시 얻는 것입니다."

피트는 조의 가장 친한 친구다. 피트도 제프와 비슷한 마음이었겠지만 그런 말을 하지는 않았다. 피트는 생각이나 말이 그리 많지는 않았지만, 중요한 걸 할 수 있게 도와주었다.

조는 자기 평생 가장 크고 가장 깊은 수렁 끝까지 빠져 버렸단 느낌이 들었다. 앞이 캄캄했다. 모든 계획, 희망, 꿈이 깡그리 망가져 버렸다. 골리앗이 다윗의 돌팔매로 쿵 쓰러지듯이.

조는 이혼한 가정의 가장으로 가족의 생계를 위해 오랜 시간 일을 해야 하는 사람이었다. 그는 빚도 갚아야 했고, 아이들 수업료도 내야 했고, 스포츠 장비도 사야 했고, 차 할부금도 내야 했고, 새 냉장고도 사야 했다. 죽어라 일을 할 수밖에 없었다.

그의 꿈을 산산이 흩어놓은 다윗의 돌은 아닌 밤중에 홍두깨 식으로 아내가 이혼을 해 달라고 한 말이었다. 그는 아내와 대책을 강구해 보려고 했지만, 어느 날 밤 집으로 돌아와 보니 문은 잠겨 있고 그는 다시 집으로 들어갈 수가 없었다.

제프는 조와 그의 모친과의 관계에 대해 물었다. 과거에 대한 이야기를 하면서 조는 자신이 여성과 어떻게 관계를 맺는지 그 양식을 살펴보았다.

그와 달리, 피트는 매일 아침 여섯 시에 일어나 조와 같이 조깅을 하도록 시간을 맞춰 두었다. 피트는 조를 깨우려고 문을 두드렸고, 필요하다면, 매일 아침 조가 세들어 살고 있는 아파트 주변을 뛰면서 한 시간 정도 함께하려고 했다.

제프의 지도와 피트와의 조깅에도 불구하고, 조는 여전히 힘들어하고 있었다. 그는 아내와 아이들, 행복한 가정을 꾸리려던 꿈을 잃어버렸다. 아이들을 보려면 법정 싸움을 계속하면서 엄청난 법정 수수료를 감당해야 했고, 골치를 썩여야 했다. 더 이상 아무것도 가치 있어 보이지 않았다. 죽어 버리고 싶었지만 자기가 약해지고 있고 자기가 어떻게 할 수 없게 되어 간다는 사실에 당황스러워서 제프에게도 피트에게도 그런 말은 하지 않았다.

제프가 말했다. "당신이 아무것도 할 수 없다는 생각을 하게 된 건 여성과 관련이 있어요. 여자 치료사를 만나 보는 건 어떨까요?" 조는 또 한 번 거부감을 느꼈다. 치료사조차 자기를 버리는 듯했다.

조깅을 하면서, 피트는 조에게 히말라야 여행을 같이 가자고 했다. 조는 그렇게 할 수 없는 이유란 이유는 모두 갖다 댔다. 그럴 여유도 없고, 직장에서 휴가도 못 내고, 아이들을 자주 볼 수도 없는데 그렇게 멀리 떨어지고 싶지 않다고도 했다.

기대할 수 있는 것이 아무것도 없게 되자 어느 날 커다란 나무에 차를 콱 박아서 죽어 버릴까 하는 생각을 하게 되었다. 하지만 부딪치려는 순간 핸들을 획 꺾었다. 두 가지 생각이 그를 멈추게 했다. 무엇보다 아이들을 다시 볼 수 없고 아이들이 아버지가 자살을 했다는 생각으로 평생을 살게 할 수는 없었다. 또 하나는 자기 인생이 지나온 길이었다. 자살이 시도로만 끝날 것 같았다. 잘못하면 평생 휠체어 신세를 져야 하는데, 그건 더 나쁜 상황이었다.

새로운 치료사는 그에게 과거 가장 자신 있고 힘 있다고 느낀 게 언제였는지 물었다. 그는 자기 운명을 손에 쥐고 있다고 느낀 적이 있었다는 걸 알지만, 그걸 안다고 해서 자기의 비참한 운명을 바꿀 수 있는 동기를 주지는 않았다.

피트는 계속 조에게 네팔에 같이 가자고 졸랐다. 여행 계획을 다 짜놓고 일정을 맞추고 주말에 조에게 배낭을 짊어지게 하고 억지로 숲으로 데려갔다. 함께 카트만두로 날아가 산행 이틀만에 뜻밖의 일이 일어났다. 피트가 병이 나 돌아와야 했던 것이다. 조는 다 이해하고, 피트를 안전하게 진정시켜 카트만두로 돌아왔지만, 마음속으로는 상처를 입었고 화도 났다. 누군가 자기 길을 여전히 막고 있는 듯 그건 또 하나의 거부로 보였다.

여행, 결혼, 제프와의 치료 중 어느 것도 그가 벗어날 수 있도록 해 주지 못했다. 그는 자기를 돌봐 줄 만한 사람과 여행도 해 보려고 했지만, 그때마다 그들은 모두 등을 돌렸다. 조는 선택을 했다. 그는 방향을 돌려 피트와 돌아오거나, 아니면 혼자서 여행을 계속해야 했다.

조를 아는 사람이라면, 그가 짠돌이에 옹고집이라는 걸 알 것이다. 조는 네팔로 오려고 돈도 많이 썼고, 몇 달이나 여행을 준비한다고 보냈는데, 그 모든 걸 허사로 돌릴 수는 없었다. 선택은 분명했다. 그는 혼자서 가야 했다.

여행은 쉽지 않았다. 그는 새로운 곳을 탐험하면서, 전에는 가 본 적 없는 곳을 보았고, 예상치 못한 위기를 만나기도 했다. 자기 한계를 넘어서는 때도 있었지만, 자기 발은 분명 땅을 딛고 있음을 느낄 수 있었다. 그는 혼자선 할 수 없다고 생각했던 것을 성취하고 있었다. 집으로 돌아오기까지 그 많은 시간 동안, 그는 다른 사람이 된 듯했다. 자기 능력을 다시 발견했지만, 그걸 입으로 말하지는 않았고, 자신만의 능력을 경험했다. 그는 치료사를 다시 찾을 필요가 없었다.

그는 자기를 네팔로 데려갔을 뿐 아니라, 자기를 거기 혼자 내버려둔 피트에게 감사했다. 혼자 두었기 때문에 조가 자기 힘으로 다시 설 수 있는 기회를 얻은 것이다. 그것도 세상 꼭대기에서 말이다. 그건 달리 경험해 보지 못했던 경험을 창조한 것이다.

조는 생각해 보았다. 한 번 혼자서 할 수 있었다면, 다른 데서도 그럴 수 있는 가능성이 있을 것이다. 가장 충격적인 상실과 모든 걸 끝장내어 버린 재앙조차도 새로운 발견의 기회가 될 수 있다. 그건 능력을 발견하고 신장시킬 수 있는 사건이기 때문이다. 삶에 위기가 없다면, 우리가 우리 능력을 개발할 이유도 없는 것이다. 가장 큰 위기는 성장을 위한 가장 큰 기회를 준다.

조는 비극이 기막힌 보물을 간직하고 있다는 걸 발견했다. 상실에서 얻는 것도 있다. 안다는 것이 도움이 될 수도 있지만, 결국엔 내면의 강인함과 능력을 발견하는 경험이 능력을 부여받는다는 느낌을 갖게 하는 것이다.

열한 번째 이야기 **높이 더 높이**

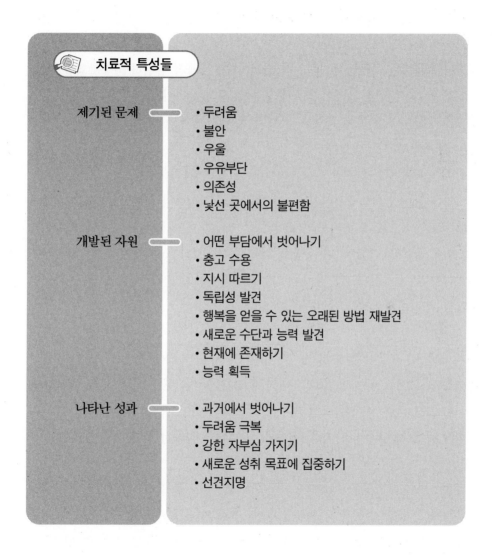

치료적 특성들

제기된 문제
- 두려움
- 불안
- 우울
- 우유부단
- 의존성
- 낯선 곳에서의 불편함

개발된 자원
- 어떤 부담에서 벗어나기
- 충고 수용
- 지시 따르기
- 독립성 발견
- 행복을 얻을 수 있는 오래된 방법 재발견
- 새로운 수단과 능력 발견
- 현재에 존재하기
- 능력 획득

나타난 성과
- 과거에서 벗어나기
- 두려움 극복
- 강한 자부심 가지기
- 새로운 성취 목표에 집중하기
- 선견지명

옛날 옛날에 따뜻하고 맑은 물이 찰랑찰랑 어리는 모래 해변에 어린 문어 한 마리가 아무런 걱정도 없이 살고 있었다. 어린 문어는 모래톱 위를 헤엄쳐 다

제4장 힘 키우기 · 121

니고, 형형색색의 물고기들과 어울려 다니고, 잔잔한 파도에 씻겨 가며 편안히 지내고 있었다. 그런데 이 문어에게는 좀 다른 점이 있었다. 어디 매달리는 걸 참 좋아했던 것이다. 가끔 스릴을 맛보기 위해 촉수를 물고기에게 붙여 신나게 달리기도 했다. 어떤 때는 단단하고 딱딱한 바위를 촉수로 꼭 끌어안아 안전하고 편안함을 느끼기도 했다.

어린 문어는 자라면서, 멀리 더 멀리 더 깊은 물을 탐험하면서 모험을 했다. 어느 날 낯선 곳을 지나며 조금씩 앞으로 헤엄쳐 나가고 있었다. 문어는 낯설고 이상한 물건을 보게 되었다. 대형 선박의 선체가 음침한 그림자를 드리우며 물 위에서 뭔가를 던졌다. 뱃머리에 매달려 있는 것은 강하고 억센 닻이었다. 어린 문어는 뭔가 안전한 걸 찾았다 싶어서 촉수를 착 붙였다.

닻에 문어가 달라붙자마자, 그게 떨어지기 시작하더니 점점 더 어둡고 차가워지는 물속으로 확 빠져드는 것이었다. 어린 문어는 물의 압력에 꽉 죄어오는 느낌이 들자 덜컥 겁이 나 울음을 터뜨리고 싶었다. 문어는 놓아야 할지 잡고 있어야 할지 몰랐다. 닻 자체는 안전하고 강해 보였지만 어둠과 넓은 바다의 압력 속으로 떨어지는 건 너무 끔찍했다.

문어는 전혀 생각지도 못한 일이 생긴 상태에서 무서워 도저히 닻을 놓을 수가 없을 것 같았지만, 또 빠질수록 물이 자꾸 깊어지는 것에도 겁을 잔뜩 집어먹었다. 드디어 닻이 쿵 바다 밑바닥에 떨어졌다. 어린 문어는 더 꽉 매달렸다. 처음 보는 깊은 바다 속에서 닻을 그러쥐고 있어야 할지 어쩔지도 모르는 채. 어찌 보면 잘못된 것 같지만, 이 어둡고 침침한 곳에서 뭐가 어떻게 될지도 모르는데, 어린 문어는 닻을 놓을 수가 없었다.

놀라기도 하고, 잔뜩 겁까지 집어먹은 채, 어쩔 줄 몰라 하고 있는데 물고기 한 마리가 어둠 속에서 나타나자 안심도 되었지만 염려가 되기도 했다. 문어는 도와달라고 했다. 물고기가 그 소리를 듣고 이렇게 말했다. "미안해, 난 널 도와줄 수가 없어. 하지만 내 뒤에 더 큰 물고기가 오고 있거든. 그 친구는 널 도울 수 있을지도 모르겠다."

얼마 지나지 않아 더 큰 물고기가 헤엄을 치며 점잖고 편안한 모습을 드러냈다. 그 눈은 친절하고 상냥해 보였다. "도와줄게." 도와달라는 문어의 말에 그 물고기가 이렇게 답했다. "하지만 우선 네가 너 자신을 위해 뭔가를 해야 해. 네가 잡고 있는 그 닻을 놓아야 해. 그래야, 내가 너한테 길을 가르쳐 줄 수 있어."

그 어린 문어가 어떻게 닻을 놓았는지는 모르겠다. 천천히 할까 말까 망설이면서 한 번에 촉수 하나씩 겨우겨우 떼 내었는지, 단번에 쥐고 있던 걸 탁 놔버렸는지 알 수 없다. 촉수 한둘쯤은 그대로 둔 채, 다른 다리들이 자유로워지는 걸 느끼면서 결국 자유를 만끽하는 모험을 선택했을 수도 있다. 완전히 벗어날 만한 용기를 가지기 전에 좀 더 매달려 있어야 했는지도 모르겠다.

그 친절한 물고기는 기다렸다. 문어가 한 발 한 발 내밀 때마다 격려하고 축하해 주면서. 그러고 나서 어린 문어가 꽉 붙여 놓았던 걸 다 떼어 내자 친절하게 이렇게 말했다. "날 따라오렴."

그 물고기는 이리저리 헤엄을 치면서 점점 위로 위로 길을 터 갔다. 올라가는 게 문어가 생각한 것만큼 급하거나 빠르지는 않았는데, 그 물고기는 자기가 어떻게 하는지도 알고, 너무 빨리 올라갈 때 생기는 문제도 알고 있는 것 같았다. 그 물고기는 어린 문어가 자기 능력을 벗어났을 때 혼자서 어떻게 해야 하는지를 배울 수 있도록 잘 이끌어 주었다. 어린 문어는 더 강해지고 힘이 생기는 걸 느끼기 시작했다. 낯선 환경이 더 이상 두렵지 않았다. 이런 여행이야말로 진짜 모험을 하는 것처럼 느껴졌다.

위로 계속 올라갈수록 물이 점점 더 따뜻해지고 밝아지기 시작했다. 어린 문어는 마음도 더 가벼워지고 더 행복해지는 기분이 들기 시작했다. 그 낯설고 깊은 곳의 어둠 속에 있었던 압박감과 절망감에서 벗어나 어린 문어는 다시 얻은 자유로 기쁨을 만끽했다. 그 물고기를 따라 가다가 얼마 동안은 나란히 헤엄을 치기도 했다. 문어는 더 이상 따라가지 않아도 되었다. 앞서서 자기가 가야 할 길로 서서히 나아가면서 어떤 때는 앞서 헤엄을 치기도 했다. 조금 더 지나고 나서 그 물고기가 말했다. "여기서부터는 혼자 갈 수 있겠는 걸. 더 이상 나랑 같이 가지 않아도 되겠어. 네가 원하는 곳으로 갈 수 있는 방법을 알았으니까."

어린 문어는 그 물고기에게 고맙다고 하고는 그 물고기가 친절하게 가르쳐 준 대로 위로 헤엄을 쳐 나갔다. 물은 더 환해지고 따뜻해졌다. 빛이 수면에서 반짝이고 있었고, 바다 속으로 햇살이 번져 작은 물고기들을 더욱 노랗고, 빨갛고 그리고 푸르게 비추었으며, 자연스럽게 산호초에 그 빛깔이 새겨졌다.

뭔가가 변했다. 단지 어떤 일이 있었던 것만이 아니라 문어의 내면에서 변화가 일어났다. 문어는 더 이상 예전에 그랬던 것에서 만족하지 않았다. 달라진 것이다. 문어는 물을 벗어나는 자기 나름의 방법을 찾았고, 해변으로 기어 올라가 모래밭에 몸을 뻗어 누웠다. 잠시 따사로운 모래 위에서 몸을 간질이는 햇빛의 나른한 평온을 누리고, 머리 위에서 바닷새들의 노랫소리, 야자수를 훑어 가며 잔잔히 스치는 바람 소리도 들었다. 다시 돌아왔다는 걸 즐기는 멋진 시간이었다.

문어의 휴식은 더 강해지고 확신이 차오르는 시간이 되기도 했다. 하루의 기쁨이 주는 따사로움 속에서 편히 쉬면서, 어린 문어는 일어났던 일을 다시 돌아보고 자기가 배웠던 것, 그 경험으로 얻은 메시지를 마음에 새겨 두었다. 붙었다 하면 떨어질 줄 몰랐던 어린 문어에게는 꿈결 같기만 하고 미지의 상상 같기만 했던 아득한 대양이었다. 새로이 강해졌다는 느낌으로 문어는 이제 움직여야 할 때라는 생각이 들었다.

따스하고, 편안하고, 자신만만해진 마음으로 문어는 몸을 일으켜 촉수를 들어올렸다. 문어는 해변과 그 뒤를 에두른 하늘을 향해 떡 버티고 선 석회암 절벽을 살펴보았다. 모래밭을 가로질러 길을 내면서 문어는 그 절벽을 향해 갔다. 문어는 지혜로우면서도 조심스럽게 촉수를 사용해서 그 절벽 꼭대기를 향해 오르기 시작했다. 그 길이 결코 평탄하진 않았지만, 문어는 낯설음이 도전이 되는 걸 느꼈다. 힘겨움에 몸부림을 쳐야 할 때도 있었지만, 문어는 오르고자 한 곳에서 눈을 떼지 않았다. 끝까지 올라가 드디어 성공했다는 승리감을 만끽할 수 있었다.

절벽 꼭대기에서는 시원하면서도 온몸에 새로운 기운을 불어넣어 주는 바닷바람이 불어오고 있었다. 문어는 촉수를 날개처럼 쫙 펼치고 마치 자기가 늘 그래 왔다는 듯 바람을 타기 시작했다. 문어는 독수리같이 공중으로 솟아올라 바람의 흐름을 타고 기류를 타면서 새로운 고도에서 나는 오롯한 기쁨을 맛보고 있었다.

아래를 내려보니, 자기가 여행을 한 곳부터 파도치는 드넓은 대양까지 볼 수 있었다. 고개를 들어 보니, 깨끗하고 푸른 하늘이 넓게 펼쳐져 있었고, 그 넓은 하늘은 새로운 앞날을 이야기해 주는 듯했으며, 새로운 열망이 자리 잡는다는 걸 느꼈다. 이제 문어는 자기가 날 수 있다는 새로운 사실을 알았고, 과거에서 벗어났으며, 이 순간을 누리고 있고, 앞에 놓인 것에 대한 기쁨을 내다본다는 걸 알 수 있었다.

연습문제

- 이제 자기만이 이야기 아이디어를 기록해 보라. 이야기를 듣다 보면 우리 자신의 경험이 떠오르기도 하고, 예전에 들었던 비슷한 이야기의 기억이 나기도 하고, 특정 내담자에게 딱 맞는 은유적 이야기에 대한 창조적 아이디어가 나오기도 한다.
- 임파워먼트에 대한 이야기 아이디어를 기록하라. 전체 이야기를 다 쓸 필요는 없다. 주제가 어떻게 되는지 간단한 메모만 해 둔다. 다른 생각들로 이어져서 더 큰 결과를 얻고 싶다면, 생각이 흐르는 대로 둬본다. 임파워먼트에 대한 이야기 아이디어를 나중에 찾게 될 때 그런 것들로 도움을 받을 수도 있다.

제5장
수용 익히기

　인생에서 바꿀 수 없는 것도 있다는 사실을 받아들일 수 없어서 찾아오는 내 담자들이 많다. "난 학대당했던 어린 시절이 없었으면 좋겠어요." "남편이(아내가) 달라졌으면 좋겠어요." "이런 일이 나한테 일어나지 않았으면 좋았을 텐데." 어떻게 할 수 없는 걸 손 안에 넣고 싶어 할 때 우리는 실망하고 우울해질 수 있다. 할 수 없는 일을 할 수 있다는 환상은(치료가 개인적 힘을 과장하거나 모든 삶의 상황을 통제할 수 있다는 식으로 이런 환상을 부추길 수도 있다.) 틀림없이 불행으로 가는 공식이 되고 결함 있는 결과에 이르게 한다. 그러므로 수용의 기법은 정서적 생존을 위해 필수적일 뿐만 아니라 행복을 위해서도 바람직한 것이다.

　이미 벌어진 일을 바꿀 수는 없지만, 어떻게 보느냐는 선택할 수 있다. 수용 은 그런 선택 중의 하나다. 어찌할 수 없는 걸 어떻게든 해보려고 고군분투하고 있는 사람에게, 수용은 변화다. 삶이 제대로 되지 않을 때, 바꿀 수 없는 것을 알고 할 수 있는 것을 바꿀 수 있는 방법을 찾아야 한다. 이 두 가지가 모두 합리적이고 본질적인 치료 목표다. 다음에 나올 이야기들은 우리가 누구이고,

우리가 가진 것은 무엇이며, 어떤 인생을 살고, 어떤 것을 바꿀 수 없는 건가를 수용하는 것에 대한 것들이다.

열두 번째 이야기 **인생을 그대로 받아들이는 거야**

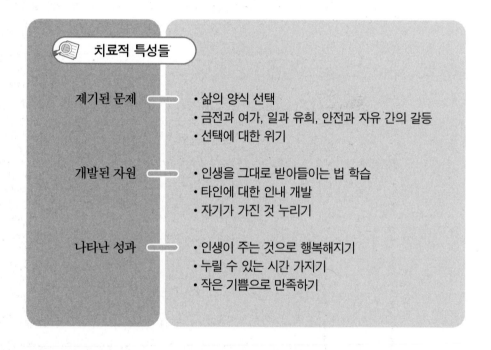

치료적 특성들

제기된 문제 ── • 삶의 양식 선택
• 금전과 여가, 일과 유희, 안전과 자유 간의 갈등
• 선택에 대한 위기

개발된 자원 ── • 인생을 그대로 받아들이는 법 학습
• 타인에 대한 인내 개발
• 자기가 가진 것 누리기

나타난 성과 ── • 인생이 주는 것으로 행복해지기
• 누릴 수 있는 시간 가지기
• 작은 기쁨으로 만족하기

낚시꾼 한 사람이 울퉁불퉁한 바닷가 방파제에 앉아 야자수에 등을 기댄 채 물속으로 낚싯줄을 던지고 있다. 산들바람에 잎들이 하늘거리며 감미로운 자장가를 부른다. 늦은 오후 햇살은 물결치는 바다 위에서 잔잔한 금빛을 일렁이며 춤을 춘다. 애써 '이게 바로 낙원이지.'라는 생각을 할 필요가 없었다. 그냥 그대로 그는 이 시간을 제일 좋은 시간으로 여기고 있었다.

어느 날 아침, 그는 늘 그랬듯이, 자리에서 일어나 아담한 자기 집 문 앞에서 있는 나무에서 신선한 망고를 땄다. 그는 코코넛이랑 열대 과일을 좀 따오려고 숲에 갔다 왔다. 고구마를 기르고 있는 밭도 잠시 김을 매주었다. 잠깐 산책을 하다 보니 배 속에서 꼬르륵 소리가 나서 가족들과 점심 먹을 시간이라는 걸 알았다. 식사를 마치고 흔들 그네에 온몸을 편안히 늘어뜨린 채 평소처럼 오후 낮잠을 즐겼다.

재산이나 아이들에 대해서도 전혀 걱정할 게 없었다. 이 마을에서는 누구도 부자가 아니고, 대부분 문을 열어놓고 누구라도 환영하니까 경보시스템 같은 건 없었다. 아이들은 이웃집을 마음대로 드나들었고, 섬에는 경찰관이 찾아오는 일도 없었다.

그는 자기 선조 때부터 조금씩 쌓아 온 방파제 위에 앉아 고요하게 수평선을 물들이며 해가 지고 낮의 따스함을 품은 바닷바람이 그를 어루만지며 지나가는 것을 느끼고 있었다.

부자 외국 관광객을 끌어들이는 휴양지가 얼마 전에 만들어졌는데, 예로부터 내려오던 낚시질 같은 것과는 완전히 달랐다. 거기에 한 사업가가 휴가차 온 모양인데, 그는 수영장 옆에 앉아 있는 것 말고는 하는 것도 없고 쉬지도 못하고 있었다. 그는 해변을 따라 저녁 산책을 하다가 휴양지를 벗어나서 방파제에 앉아 있는 낚시꾼을 만났다.

그에게 다가가 그 사업가가 물었다. "뭐하세요?"

"저녁거리로 물고기나 한두 마리 잡으려고요." 대답이 들렸다.

"왜 한두 마리만 잡아요?" 사업가는 그 낚시꾼이 게으를 거라는 선입견을 가지고 물었다. "바다 속에 얼마나 물고기가 많은데요. 여기서 조금만 더 있으면, 서너 마리 잡을 수 있을 텐데요."

약간 당황한 듯 낚시꾼이 되물었다. "왜 그래야 되는데요?"

"아니," 그 여행객이 물었다. "돈이 좀 남으면 그물도 살 수 있을 거 아닙니까? 그러려면 물고기를 몇 마리 더 잡아서 돈을 더 벌어야지요."

"그럴 만한 가치가 있나요?" 그 소박한 낚시꾼은 낯선 이가 자기 낚시질을 가지고 뭐라 그러는 것보다 혼자 있고 싶은 마음이 앞서 무심하게 답을 했다.

"그러면," 그 부자 여행객은 낚시꾼의 순진한 한마디에 좀 놀라서 이렇게 말했다. "배도 살 수 있잖아요. 돈을 조금 빌릴 수 있으면 배 몇 척 사서 선단을 만들고 회사도 차리고, 번 걸 국제 증권 시장에 투자하고, 그러면 부자가 될 수 있잖아요."

그 순박한 낚시꾼이 황당하다는 얼굴로 기가 막힌다는 듯 여행객을 쳐다보았다. 바다와 땅이 자기를 위해 풍족하게 다 주는데, 뭐 하러 그걸 갚아먹어야 하는가? 단지 되팔아서 이윤을 남기겠다고 가족과 친구들에게 신세를 져야 할 이유가 무엇인가?

"당신이 내 말대로만 하면," 여행객은 말을 계속했다. "부자가 되어서 원하는 걸 얻을 수 있을 걸요."

"내가 그렇게 해서 그 돈을 어디다 쓰죠?' 낚시꾼이 물었다.

"나처럼 할 수 있죠." 사업가는 으스대며 대답했다. "해마다 원하기만 하면 2주쯤 휴가도 즐길 수 있어요. 나처럼 열대의 섬으로 여행을 할 수도 있고, 방파제에 앉아 심심풀이 삼아 물고기를 잡을 수도 있겠죠."

열세 번째 이야기 **환경 받아들이는 법**

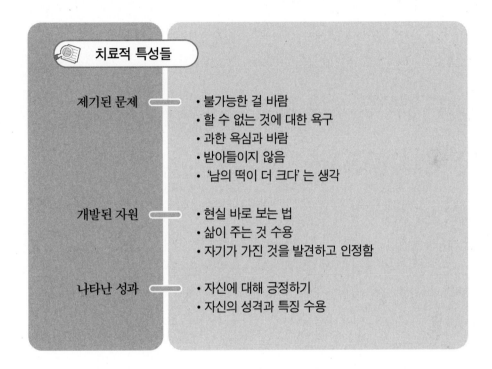

치료적 특성들

제기된 문제
- 불가능한 걸 바람
- 할 수 없는 것에 대한 욕구
- 과한 욕심과 바람
- 받아들이지 않음
- '남의 떡이 더 크다' 는 생각

개발된 자원
- 현실 바로 보는 법
- 삶이 주는 것 수용
- 자기가 가진 것을 발견하고 인정함

나타난 성과
- 자신에 대해 긍정하기
- 자신의 성격과 특징 수용

한 석수장이가 채석장에서 단단한 바위를 탁탁 두드리며 거친 면을 다듬고 있었다. 망치와 끌 소리가 쉬지 않고 그의 귀를 울렸다. 탁, 탁, 탁.

그가 하는 일은 별로 표시도 안 나고 힘만 드는 것이었다. 여름이면, 태양의 열기가 바위에서 반사되어, 일터는 용광로처럼 끓어올랐다. 겨울이면, 채석장을 냉장고처럼 얼려 버리는 비나 추위를 피할 곳 하나 없었다. 망치질만 해대면서, 좀 더 나은 삶을 바라며 시간을 보내면서, 언젠가는 그곳에서 벗어날 수 있기를 바랐다. 그는 꿈에서나 있을 법한 그런 곳을 그려 보곤 했다. 그런 환상이 현실이 될 수 없다는 걸 알면서.

어느 날 오후, 지친 몸을 끌고, 집으로 돌아오면서, 귀족이 살고 있는 으리으리한 저택을 지나가게 되었다. 슬쩍 그 안을 엿보다가, 그는 부티가 줄줄 흐르는 남자와 아름다운 그의 부인, 상다리가 부러질 것 같은 음식들을 보았다. 그는 혼자서 이렇게 생각했다. '내가 저 귀족만 될 수 있다면, 부자도 되고 권력도 쥘 수 있을 텐데. 문제투성이에 안락함이란 건 눈을 씻고 봐도 찾을 수 없는 석수장이 생활에서 벗어나고 싶어.'

석수장이가 기절초풍할 일이 일어났다. 그런 생각을 하기가 무섭게 자신이 그 식탁 머리에 앉아 있는 것이었다. 자기가 바라보고 있었던 바로 그 귀족이 자기가 되어 있었다. 부티 나는 옷에, 곁에는 아름다운 부인, 그리고 식탁엔 상상 속에서나 봤음직한 음식들이 차려져 있었다. 석수장이는 새로운 자기 삶과 부, 권력을 누렸다. 시종과 직원들, 아내에게도 명령을 할 수 있었다. 그는 자신의 힘을 맛보고 그 위엄으로 거들먹거렸지만, 모든 건 변하기 마련이다.

어느 날 왕이 그 귀족의 도시를 순방했다. 귀족이라는 신분 때문에, 석수장이는 왕을 맞는 행렬에 참여해야 했다. 통치자 앞에서는 그도 고개를 숙여야 했다. 허리를 숙여 비위를 맞추면서, 더 큰 것에 대한 욕망이 다시 일어나기 시작했다. 그는 속으로 생각했다. '왕이 더 큰 영향력을 행사하고 귀족보다 권력도 더 큰 거야. 왕이 되고 싶어.'

미처 생각이 끝나기도 전에 그는 왕의 말에 올라타고, 제왕의 옷을 입고 그 옆으로 국왕 사열대가 늘어서 있는 자신을 발견했다. 그가 가는 길마다 사람들은 엎드려 절했다. 바로 전에 자신이었던 그 귀족까지.

왕궁으로 돌아와, 저 높이 절대 권력의 권좌에 앉았다. 자기 영토 안에 있는 백성들이 머리를 조아리며 선물을 바쳤다. 이게 사는 거지. 통치자가 된다는 건 정말 대단해. 그는 정말 이런 인생이야말로 제대로라고 생각했다. 이번에야 말로 석수장이였던 걸 깡그리 지워 버렸다.

그는 최고의 자리에 올랐다. 그는 자기 영토 끝까지 여행을 했다. 그는 자기 앞에서 모든 사람들—농부, 사제, 학자, 귀족—의 고개를 숙이게 하는 그 권력이 너무 좋았다. 그러던 어느 여름날 여행을 하는 중에, 강렬한 태양이 왕을 따라다니며 내리비추었다. 그가 입고 있던 제왕의 옷은 땀에 절어 버렸다. 왕의 자태로도 흐르는 땀을 막을 수는 없었다. 어떻게 할 수가 없어서 권력이고 뭐고 다 던져 버리고 그늘만 찾았다. 그늘에 앉아 있는데 그의 시샘이 다시 일어나기 시작했다. '태양은,' 그는 생각에 잠겼다. '왕보다 더 강한 힘을 가지고 있잖아. 태양이 되고 싶어.'

여태껏 그를 변하게 해 주었던 그 마법이 이번에도 바로 발휘되었다. 어느새 그는 하늘 높이 떠 세상에 빛을 비추며, 왕과 황제들에게까지 빛을 쏘고 있었다. 일광욕을 하는 사람들의 피부를 태워 암까지 생기게 하면서. 그는 사람들이 자기 열기 때문에 숨을 데를 찾게 하고, 들판에서는 빛을 거두어 버리고, 오후의 낮잠을 방해했다. 이건 정말 대단한 것이었다. 그는 힘을 만끽했다. 어느 날 구름이 하늘을 가리며 자기 빛을 막아 버리기 전까진 말이다. 처음엔 짜증이 났는데, 가만히 생각해 보니, '구름은 태양의 열과 빛을 가려 버릴 만큼 강하잖아. 그러니까 구름이 태양보다 강한 거야. 구름이 되고 싶어.' 하는 마음이 들었다.

그 순간 바로 또 바뀌었다. 그는 높이 떠서 뭉게뭉게 피어오르는 구름이 되어 떠다녔다. 땅에 비도 뿌리면서 사람들이 우산이나 뭐라도 덮어쓸 걸 찾아다니는 꼴을 보고 있었다. 태양한테서 열을 빼앗아 싸늘한 냉기를 만들기도 했다. 강을 넘치게 해 둑이나 댐을 터지게도 했다. 홍수를 일으켜 집도 파괴하고 사람들의 삶을 엉망으로 만들기도 했다. '맞아, 구름은 엄청난 힘을 가지고 있어, 그렇고말고.' 이게 바로 그가 늘 원하던 삶이었다. 갑자기 휘이잉 바람이 불어와 구름을 확 불어 버리기 전까지는 그랬다. 구름은 힘을 잃어버렸다. 힘도 잃고 방향도 잃어버렸다. '바람 속에,' 구름은 생각했다. '힘이 들어 있어. 바람이 구름보다 힘이 더 세잖아. 바람이 되고 싶어.'

또 한 번의 마법으로 구름은 그 자리에서 바람이 되었다. 나무 사이로 휘이잉 바람을 불고, 땅을 훑고 지나가고, 표토(表土)를 찢고, 우산을 뒤집어 버리고, 지붕을 날리고, 건초더미를 흩어 버리면서, 석수장이는 바람이 되어 너무 재미있었다. '이게 인생이지.' 그는 생각했다. '바람이 되어서 헤아릴 수 없는 힘을 가지게 된 거야.' 그는 지구를 돌며 광포하게 불어댔다. 바다에 파도를 일으켰다. 배를 침몰시켰다. 커다란 해일을 일으켜 작은 섬 하나쯤은 부서 버렸다. 이보다 더 즐거울 수는 없었다. 그날이 올 때까지는. 질풍으로 전능한 힘을 과시하고 있는데 갑자기 딱 멈춰 버리게 되었다. 자기 앞에 커다란 암벽이 꼼짝도 않고 서 있는 것이었다. 다시 한 번 불어봤지만, 그 거대한 암벽은 구부러지지도 흔들리지도 않았다. '암벽이,' 그는 생각했다. '가장 사나운 바람도 막을 수 있잖아. 틀림없이 바람보다 암벽이 힘이 더 센 거야. 암벽이 되고 싶어.'

바로 또 암벽이 되었다. 워낙 크고 강해서 최악의 허리케인이 몰려와도 버틸 수 있었다. 사람들은 그의 웅대함과 자연이 주는 아름다움에 경의를 표했다. 자기 아래로 소풍도 오고, 자기 벽면을 타고 오르면서 자기 힘에 어울려 보려고도 했다. 그는 이제 그 어디에서도 가장 강력한 존재였다. "그래! 이거야." 그는 생각했다. "드디어 찾은 거야. 드디어 난 힘을 갖게 된 거야. 난 암벽이라구."

하지만 자기 아래서 "탁, 탁, 탁" 하며 그치지 않고 나는 소리를 들었을 때, 그 생각은 그만 사라져 버렸다.

열네 번째 이야기 **잊을 수 없는 건 기억하자**

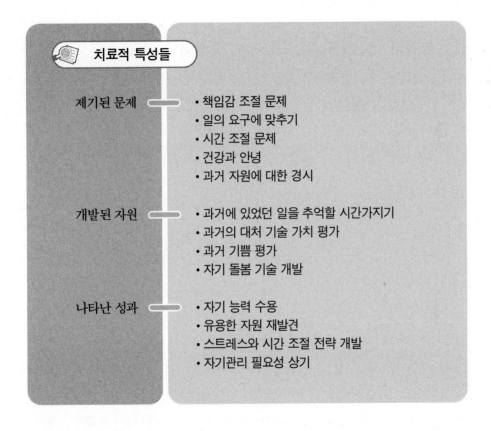

언젠가 한 여인이 잊었던 것에서 생각지도 못한 아주 중요한 것을 다시 발견할 수도 있다는 걸 나에게 말해 주었다. 안타깝게도 우리는 살면서 작은 진실을 그냥 지나쳐 버리는 경우도 많고, 꼭 거머쥔 지혜가 아무 짝에도 쓸모없게 되는 경우도 있다. 그게 바로 사만다에게 일어난 일이다.

그녀는 작은 바닷가 마을에서 살고 있었다. 나한테 그곳에 대한 이야기를 해 주었는데, 그녀가 어린 시절을 보낸 그곳은 정말 아름다운 곳이었다. 학교에서 돌아오는 길은 해변을 따라 나 있고, 그 길을 걸으며 조개껍질도 줍고, 새장 속에 넣어 줄 보드라운 오징어 등뼈도 줍고, 그것 말고도 망망대해를 떠다니다 밀려온 희한한 것들을 주우면서 집으로 돌아왔다.

사만다는 상큼하고 시원한 바닷바람이 긴 머리칼을 날릴 때 느끼는 자유로움이 정말 좋았다. 그녀는 모래 속으로 발을 폭폭 빠뜨리고 차가운 물에 발가락을 간질이며 세상을 다 얻은 듯한 기쁨을 안고 달렸다. 갈매기는 저 하늘 위에서 노래하고, 제비갈매기는 숨은 먹이를 향해 화살처럼 내리꽂는다. 조그만만에서 돌고래가 뛰어놀 때면 사만다도 신이 나서 팔딱팔딱 뛰었다. 그중에서도 가장 좋아하던 건 울퉁불퉁한 곳에 있는 자기가 제일 좋아하는 바위 위에 앉아 바다의 품속으로 따스한 빛 덩어리가 풍덩 빠지는 것 같은 일몰의 노을을 바라보는 것이었다.

나이가 들어가면서 사만다는 해변을 거니는 시간이 조금씩 줄어들었다. 시간은 어릴 때처럼 그렇게 허비할 수 있는 게 아니었다. 그녀는 다 자랐다. 그녀는 곧 어른이 되니까 책임감을 가져야 했다. 어른이 된다는 건, 어릴 때 재밌게 놀았던 건 잊어버릴 시간이 되었다는 뜻도 된다. 이젠 미래를 위해 자신을 준비하고 재미 같은 건 잊어야 할 때다. 해야 할 숙제가 있고, 시험공부도 해야 하고, 직업에 대해 생각도 해 봐야 한다.

사만다는 적응을 잘해 나갔다. 뛰어난 성적으로 시험을 통과해 일류 법대에도 들어가고, 도시에 직장을 얻어 바닷가 마을을 떠났다. 처음 몇 년은 휴가 때면 고향으로 돌아올 시간을 늘 마련하곤 했는데, 날이 갈수록 그 횟수가 눈에 띄게 줄어갔다. 새로운 삶으로 나아가야 한다는 압박감은 고향에 들릴 시간을 점점 갉아먹었다─예전에는 그렇게나 좋아하던 해변을 걸을 시간도 점점 없어진다는 뜻이다.

성공해서 부자도 되고 살기에 쾌적한 고급 아파트도 가질 수 있게 되었는데, 안타깝게도 그게 행복은 아니었다. 사만다는 자꾸만 기운이 빠지는 걸 느꼈다. 자유와 어린 시절의 그 기쁨이 그리웠다. 그걸 다시 찾아보려고, 사만다는 화가에게 고향의 만에 지는 노을을 크게 그려 달라고 부탁했다. 그녀는 그 그림을 앞에 걸어놓고 그때 기억을 다시 찾고 싶었다.

멋진 그림이었지만, 그때로 돌아갈 수는 없었다. 점점 더 기운이 빠져 갔고, 건강도 안 좋아지기 시작했다. 사만다는 자신이 자꾸만 감기와 독감에 쉽게 걸린다는 생각이 들었다—알다시피 그런 성가신 병들은 자신이 약하다는 생각을 하게 만들고 뭔가 잘못 되고 있다는 걸 알려 준다.

사만다는 뉴에이지 음악[1]을 찾아다녔다. 파도, 갈매기, 고래들이 노니는 소리를 자기 거실에서도 들을 수 있기를 바라면서. 일부러 그림 앞에 서 보기도 하고, 기계로 만든 바다의 소리를 들어 보려고도 했다. 하지만 그녀의 마음은 거기 있을 수 없었다. 회의 시간이 다 되었고, 달성해야 할 재정적인 목표가 있고, 당면한 사업 문제들이 놓여 있었다.

어느 날 바다 근처에 살고 있는 고객 한 사람을 찾아갈 일이 있었다. 저녁 늦게 해질 무렵 사무실을 나왔다. 머릿속에서 지시하는 것을 따르지 않고 (하지만 다음 날까지 끝내야 하는 보고서를 기억해 두면서) 마음이 시키는 대로 차를 해변 공원으로 몰아갔다. 사만다는 신발을 벗어던지고, 스타킹도 벗어 버리고, 해변에서 물속에 발을 담그며 걸어 다녔다. 서늘하고 촉촉한 모래가 발바닥을 쓸어 주었고 상쾌한 바닷바람이 그녀의 영혼을 달래 주었으며, 갈매기 날개 위로 몸이 떠오르는 듯한 느낌마저 들었다.

그때로 돌아가는 듯했다. 그 시절은 기운을 북돋워 주고 즐거웠었다. 심장이 들뜨고 몸이 다 풀어졌다. 그녀의 마음이 현재에 모아졌다. 어릴 적 그녀는 건강과 행복이 어디서 오는지를 배웠었다. 그녀 마음 한편에서는 늘 어떻게 그 기억을 꺼낼 수 있는지를 알고 있었다. 그녀는 생각했다. 그렇게 중요한 걸 어떻게 잊어버릴 수 있었을까? 어떻게 해야 다시는 잊어버리지 않을까?

● ● ●

1) 고전음악의 난해함과 대중음악의 기계음을 탈피하며 자연의 소리를 표현하기 위해 만들어진 음악(역자 주).

열다섯 번째 이야기 **우린 모두 달라**

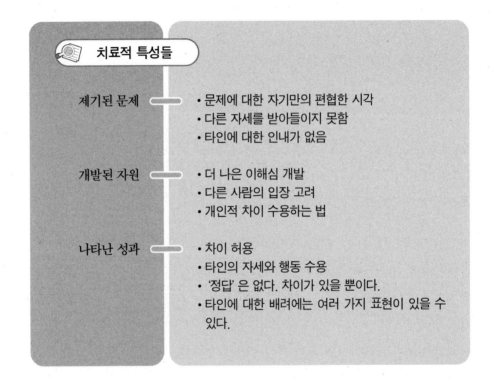

🔍 **치료적 특성들**

제기된 문제
- 문제에 대한 자기만의 편협한 시각
- 다른 자세를 받아들이지 못함
- 타인에 대한 인내가 없음

개발된 자원
- 더 나은 이해심 개발
- 다른 사람의 입장 고려
- 개인적 차이 수용하는 법

나타난 성과
- 차이 허용
- 타인의 자세와 행동 수용
- '정답'은 없다. 차이가 있을 뿐이다.
- 타인에 대한 배려에는 여러 가지 표현이 있을 수 있다.

한 기수가 말을 타고 벌목지를 지나면서 말을 매 둘 곳이 어디 없나 살펴보고 있었다. 주변을 둘러보니, 통나무가 하나 보여 땅에 구멍을 파고 쾅쾅 박았다. 그리고 나서 근처 강으로 내려가 물을 마시고, 다시 출발하려다가 이런 생각을 했다. "땅에 통나무를 그대로 두고 가면, 다른 기수가 이 길을 지날 때 말 맬 곳으로 쓰겠지."

다음으로 온 사람은 기수가 아니었다. 나그네는 나무가 지나는 길 한가운데를 막고 있는 걸 보고 이렇게 생각했다. "사람들이 밤에 이리 지나가다가 이 나무에 걸려 다칠 수도 있겠는걸." 다른 사람들을 염려해 주는 마음으로, 그 사람은 통나무를 땅에서 뽑아 옆으로 던져 버렸다.

하루 이틀이 지나고, 낚시꾼이 낚시를 놓으려고 강으로 내려가다가 벌목지 옆에 있는 통나무를 봤다. 그걸 주워 들고 강둑으로 내려갔다. 그 사람은 질퍽한 땅에서 자기 몸을 기댈 수 있는 자리로 그걸 사용했다. 그 자리를 떠나면서, 그도 사려 깊은 생각을 했다. "여기다 통나무를 두고 가면, 다른 낚시꾼이 둑으로 내려와 낚시질을 할 때 앉을 마른자리를 하나 얻게 될 거야."

잠시 후 뱃사공이 노를 저어 강으로 내려오면서 배를 매어 둘 곳을 찾고 있었다. 그는 둑에서 통나무를 발견하고 뱃머리를 강가로 돌려 저어 와 기수처럼 구멍을 파고 그 통나무를 박아 넣고는 자기 배를 탄탄하게 묶어 두었다. 다시 출발하면서, 그도 다른 뱃사공을 위한 배려로 그걸 그대로 두었다. "둑에 통나무를 그대로 박아 두면, 다른 뱃사공이 와서 편리하게 배를 묶어 둘 곳이 될 거야."

다음에 그곳을 지나간 사람은 벌목을 하는 사람이었다. 온종일 나무를 베어 쓰러뜨리다가, 둑에 박혀 있는 통나무를 보았다. 그는 이런 생각을 했다. "잘 마른 목재네. 잘 타겠어. 다가올 겨울에 우리 어머니를 따뜻하게 지내시게 해 드릴 수 있겠다." 그는 그걸 어깨에 메고 어머니의 집으로 가지고 가, 패서 장작으로 만들었다.

거길 지나는 사람마다 좋은 의도를 가지고 다른 사람을 배려하기 위해 그 통나무를 썼다. 모두 합리적이고 실용적인 방법이었다. 모두 통나무를 잘 사용했다.

하지만 각자 서로 달랐다. 사람마다 통나무를 다르게 인식했고, 그런 인식 때문에 각자 다른 과정의 행동을 취했다.

어느 사람이 옳고, 어떤 방법이 옳다고 누가 말할 수 있는가?

열여섯 번째 이야기 **정말 바라는 것**

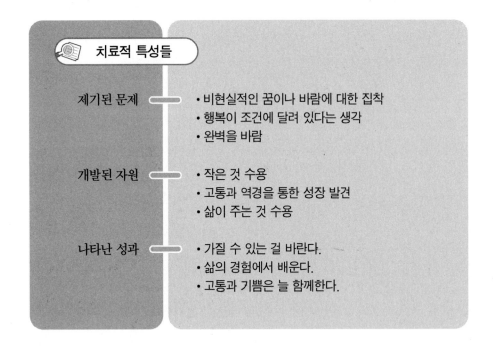

치료적 특성들

제기된 문제 —
- 비현실적인 꿈이나 바람에 대한 집착
- 행복이 조건에 달려 있다는 생각
- 완벽을 바람

개발된 자원 —
- 작은 것 수용
- 고통과 역경을 통한 성장 발견
- 삶이 주는 것 수용

나타난 성과 —
- 가질 수 있는 걸 바란다.
- 삶의 경험에서 배운다.
- 고통과 기쁨은 늘 함께한다.

한 대학교수가 있었는데, 그에게는 꿈이 하나 있었다. 인생의 궁극적 목표를 찾아 자기 손에 넣고 싶은 열망에 사로잡혀 있었던 것이다. 마야 문화에 대한 고고학 연구로 이미 세계적인 명성을 얻었고, 책도 몇 권이나 썼고, 최고의 저널에 자기 연구를 발표하기도 했고, 국제회의에서 주요 연설자로 강의도 자주 했다. 하지만 이걸로는 부족했다. 그녀는 많은 귀중한 유물을 발견했고, 그것들은 박물관에 안전하게 보관되어 있다. 마야 문화에 관한 여러 가지 자료를 발굴하기도 했지만, 이걸로도 부족했다. 동료의 말에 따르면, 그녀가 애타게 바라는 것은 신화나 소문, 혹은 뭔가 그럴 수도 있고 아닐 수도 있는 아주 작은 단서 같은 것들이었다.

연구를 거듭하면서 그녀는 설형문자인 마야 언어에 능통하게 되었고, 그 말들이 새겨진 돌처럼 이제는 생명을 잃고 사어가 된 과거 한때의 언어의 의미를 파고들었다. 수년이 지난 뒤, 그녀의 넋을 잃게 하고 강렬한 사명의식이 일어나도록 하는 것이 생겼다. 어느 석판에 새겨진 설형문자는 특별한 그릇을 가진 자가 궁극적으로 바라는 걸 얻게 될 것이라는 걸 알려 주었다. 이게 바로 그녀가 그렇게 애를 태우며 바라던 것이었다. 이 메시지가 '사람의 궁극적 소망을 가져다주는 신성한 그릇을 찾을 때까지 난 절대로 행복해질 수가 없어.' 라는 생각을 굳어지게 만들어 버렸다.

그녀는 혼자서 이러고 앉아 중얼거리면서 있을 사람이 아니었다. 그녀는 오로지 저 먼 곳의 행복을 좌지우지하는 무언가가 어떻게 자신을 이 미망의 삶에서 깨어날 수 있게 해 줄 수 있을지에 대한 생각에만 빠져 있었다. 있는지 없는지도 모르는 하나의 대상만을 찾는 것에 인생의 기쁨이 달려 있다면, 행복을 잡을 수 있는 기회는 이번뿐일지도 모른다. 만일 절대로 찾을 수 없는 것이라면? 아예 있지도 않은 거라면? 있다 해도 궁극적 소망을 줄 힘 같은 건 가지고 있지 않다면? 절대로 행복해질 수 없는 건가?

지금 당장은 행복하지 않았다. 마야의 석판에는 그저 어느 특별하고 알려지지 않은 사원에 그것이 보관되어 있다고 할 뿐, 도대체 어디에 있는지에 대한 말은 한마디도 없었다. 그러던 어느 날 그녀의 인생길 그리고 삶 그 자체를 바꿀 만한 어떤 일이 일어났다. 경비행기로 중앙아메리카 상공을 지나가던 중에, 강풍이 불어와 비행기가 항로를 벗어나 버렸다. 착륙할 만한 곳이 어디 있나 살펴보는데, 고고학으로 숙련된 그녀의 눈이 밀림에서 원뿔 모양으로 우뚝 솟은 언덕을 찾아냈다. 가슴이 쿵쾅거렸다. 다른 사람들에게는 그냥 아름답게 대칭을 이루고 있는 작은 언덕일 뿐이었는데, 그 교수에게 그것은 특이하게 외딴 곳에 있는, 앞서 말한 그 알려지지 않은 사원으로 여겨졌다.

기대에 가득 차 그녀는 얼른 원정대를 조직했다. 늘 함께 일한 그 지역 원주민을 다시 조수로 고용했다. 믿을 만한 사람이었는데, 일도 열심히 하고 성실

했지만, 알코올 중독이라는 문제가 있었다. 그의 충직함과 우직함을 믿고, 술이란 술은 모두 없애 버린 것을 몇 번이나 확인한 후, 탐험의 길을 찾아 나섰다. 빽빽한 밀림을 헤치고 길을 내면서, 수세기 동안 모른 채 지나쳐 왔던 사원을 발굴한다는 것은 힘든 일이었다. 기온은 뜨거웠다. 습도까지 높았으니, 그녀의 조수는 딱 한 모금만이라도 술을 마시고 싶다는 생각이 들었다. 고된 하루의 일과를 마칠 때쯤엔 딴 생각은 거의 할 수 없는 지경에 이르렀다.

아마 그가 사원 내실에 맨 먼저 들어간 사람이었을 것이다. 어디선가 너무나 달콤한 위스키 냄새가 났다. 그 냄새를 좇아 방을 지나 제단까지 갔는데 거기에 병이 하나 놓여 있었다. 그는 마개를 뽑아내고 단숨에 쭉 들이켰다. 지금까지 맛본 중에 최고의 위스키였다.

그의 뒤로 그리 멀리 떨어지지 않은 곳에 그 교수가 서 있었다. 그가 숨을 쉬는데 술 냄새가 나서, 그녀는 그가 몰래 술을 가져온 거라고 생각하고는 출발 전에 더 자세히 확인하지 않은 자신의 잘못이라고 여겼다. 그래서 다른 생각은 하지 못했다. 그녀의 시선이 제단 위에 놓인 병에 닿았다. 그 병은 조수가 정확하게 다시 제자리에 놓은 것이었다.

여타의 마야 유물과 다름이 없었다. 크림색으로 된 병에 신성한 재규어가 그려져 있고, 태양과 달의 신이 함께 그려져 있었다. 어쨌든 그녀는 바로 이것이 그 병이라고 생각했다.

자신의 조수가 그랬던 것처럼 그녀도 마개를 뽑았지만, 조수와는 달리 위스키 냄새를 맡지 못했다. 병을 흔들어 보았더니, 그 병은 비어 있었다.

그녀는 조심스레 병을 싸서 들고 돌아온 뒤, 울창한 숲을 지나 집으로 돌아오는 힘든 여정길에 올랐다. 그녀는 자기를 의심하던 동료들에게 말을 해 줄 때까지 기다릴 수가 없었다. 이제야 자기가 분명하게 행복감을 느낄 수 있는 그것을 찾은 것이다.

그 교수가 자기 등 뒤에서 어떤 일이 일어나고 있는지를 알고 있었다면 그리 의기양양하지는 못했을 것이다. 그 조수가 한 잔하고 싶다는 생각이 들기만 하면, 몰래 그 병을 열고는 아무리 마셔도 마르지 않는 술을 마시고 있었던 것이다. 그러고 나서 그는 조심조심 병을 닫아 상자 속에 다시 넣어두었다. 이번에야말로 그 교수가 쓸 만한 걸 발견한 거라고 생각하면서 말이다.

이삼 일쯤 걸으면서 생각을 하던 끝에 그 교수의 궁금증은 참을 수 있는 수준을 넘어 버렸다. 이 병이 그녀에게 궁극적 소망을 이뤄 줄 수 있을까? 자기가 가장 원하는 걸 줄 수 있을까? 정말 그 석판에 적힌 힘과 마법을 가지고 있을까?

어느 날 밤 둥근 보름달이 비치는데, 그녀는 상자를 가지고 와서 나무에 기대앉았다. 그녀는 자신의 귀중한 보물을 열고 궁극적 소망을 이뤄 준다는 그 신성한 병의 전설적인 능력을 시험해 보려고 마음먹었다. 그녀는 빈 병의 코르크 마개를 뽑았다. 아무 냄새도 나지 않았다. 달빛 아래서 그 병을 쥐고, 그녀는 자신의 궁극적 소원을 빌었다. "상처와 고통, 비극, 슬픔이 나를 괴롭힐 수 없게 하소서. 행복만이 있게 하소서."

다시 자기가 말한 것에 대해 생각하고 또 생각해 보았다. 고통과 상처와 불행은 모든 사람이 겪는 것이다. 그것들이 설사 좋지 않더라도, 모든 이의 삶의 여정을 이루는 기본 요소들이다. 거기에서 우리는 생존에 대한 배움을 얻는 것이다. 그것들은 우리 경험과 성장을 돕는다. 완전한 행복이란 건 있지도 않다. 고통, 비극, 상처, 슬픔이 없는 삶이란 없다.

소원을 빌자마자 바라던 것을 얻었다. 그녀는 병 옆에 정신을 잃고 쓰러졌다. 상처와 고통, 슬픔에서 벗어난 것이다. 다음 날 아침 조수가 자기 숙소에서 일어났다. 그는 아침을 만들어서 숙소로 들고 갔다. 그녀가 없다는 걸 알고는 놀라서, 찾아다니기 시작했다. 곧 그는 나무 아래서 곁에 신성한 병을 두고 숨을 거둔 자기 주인을 발견했다. "술을 한잔 해야 할 때가 있다면," 그가 소리를 쳤다. "바로 지금이군." 그는 병을 주워 들고, 마개를 뽑아, 그 마르지 않는 술을 한잔 쭉 들이켰다.

열일곱 번째 이야기 **삶이 주는 걸 받아들이자**

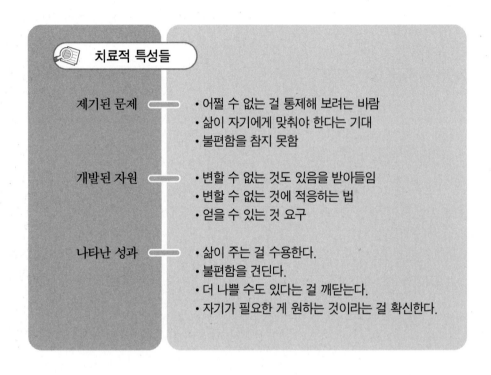

치료적 특성들

제기된 문제
- 어쩔 수 없는 걸 통제해 보려는 바람
- 삶이 자기에게 맞춰야 한다는 기대
- 불편함을 참지 못함

개발된 자원
- 변할 수 없는 것도 있음을 받아들임
- 변할 수 없는 것에 적응하는 법
- 얻을 수 있는 것 요구

나타난 성과
- 삶이 주는 걸 수용한다.
- 불편함을 견딘다.
- 더 나쁠 수도 있다는 걸 깨닫는다.
- 자기가 필요한 게 원하는 것이라는 걸 확신한다.

어렸을 때 파머라는 이름의 선생님이 계셨다. 내가 그분을 또렷이 기억하는 이유 중 하나는 그분이 수업을 하던 방식이었다. 그분은 이야기, 비유, 속담 같은 걸로 가르치셨다. "모든 특권에는 그 책임이 따르는 법이다."라는 식으로 말씀하시곤 했다. 어렸을 때는 그게 별로 크게 와 닿지 않았지만, 지금 어른이 되고 보니 그분이 하신 말씀의 진의를 제대로 알 수 있게 되었다. 이야기와 속담들은 기억 속에 콕 박히는 성질이 있어서 한참이 지나도 다시 떠올릴 수 있다.

파머 선생님이 한번은 바로 옆 동네에서 얼마 떨어지지 않은 오두막에 혼자 살고 있는 비쩍 마르고 나이 든 과부에 대한 이야기를 해 준 적이 있다. 매주 금요일이면 그 과부는 일주일 지낼 것들을 사려고 동네 시장으로 몸이 천 근이나 되는 양 힘겹게 나선다. 일주일에 한 번만 나오기 위해서 신중하게 계획을 세웠다. 그런 생각 때문에 다른 생각은 전혀 하지도 못했다. 일주일에 두세 번 나와서 좀 더 가벼운 장을 볼까 하는 생각도 해 봤지만, 그건 더 자주 나와야 한다는 뜻이 된다. 그럴 순 없다. 일주일에 한 번이면 족하다.

수년이 지나면서 그 과부의 외출은 점점 더 힘에 부치게 되었다. 특히 장 본 물건을 잔뜩 싣고 오르막길을 오를 때면 더 그랬다. 버스가 다니는 길도 아니다. 그녀는 태워 달라고 할 친구도 없는 외딴 곳에 살았다. 택시는 너무 비쌌다. 안 되지. 아무리 힘들어도 오로지 자기 힘으로만 해야 했다.

어느 금요일, 늘 그랬듯이, 그 과부는 사야 할 것들을 쫙 적고, 외출복으로 갈아입고, 장바구니 두 개를 들었다. 한 손에 하나씩 똑같이 짐을 담아 들면, 균형이 맞아서 쉽게 움직일 수 있었다.

시내로 들어가고 있는데 살을 에는 듯한 강풍이 얼굴을 때렸다. 그 비쩍 마른 몸으로 그 바람을 맞으며 나아가야 했다. 신앙심이 깊은 과부라 기도를 하기 시작했다. 신에게 바람의 방향을 바꿔 달라고 빌었다. 시내로 들어서는 내내 차가운 강풍을 안고 걸어가면서 죽어라 기도를 했는데도 바람은 계속 불어왔고, 이건 과부의 기도가 응답받지 못했다는 뜻이다. 바람은 약해지지도 않았고, 방향을 바꾸지도 않았다.

마을로 들어서서 그 과부는 늘 하던 대로 했다. 빵집 가서 빵 사고, 우유 파는 데서 우유 사고, 채소 가게에서 채소 사고, 정육점에서 고기 사고. 두 개의 바구니가 점점 차오르자, 양쪽 무게가 비슷한가 가늠해 보았다. 적은 걸 다 사고 나서, 돌아서서 오르막길을 걸어 집으로 갈 채비를 했다. 나서자마자 바람이 그대로 얼굴을 갈겼다. 신은 그 과부의 기도를 들어주어 바람의 방향을 바꿔 주었던 것이다!

열여덟 번째 이야기 **잃어버린 건 잃어버린 것일 뿐**

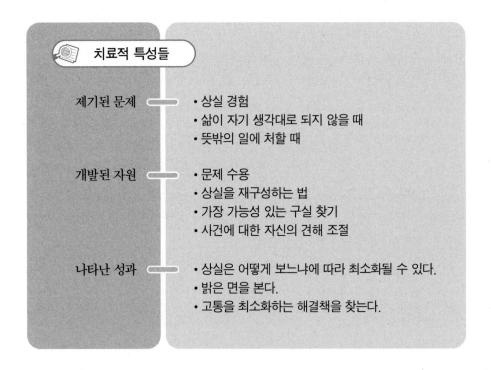

치료적 특성들

제기된 문제 — • 상실 경험
• 삶이 자기 생각대로 되지 않을 때
• 뜻밖의 일에 처할 때

개발된 자원 — • 문제 수용
• 상실을 재구성하는 법
• 가장 가능성 있는 구실 찾기
• 사건에 대한 자신의 견해 조절

나타난 성과 — • 상실은 어떻게 보느냐에 따라 최소화될 수 있다.
• 밝은 면을 본다.
• 고통을 최소화하는 해결책을 찾는다.

네 번이나 직장을 잃은 한 가장이 아무 희망도 없이 터덜터덜 외롭게 길을 걷고 있었다. 그는 해가 뜨기도 전에 집을 나섰다. 벌써 몇 달째 매일 그러고 있다. 힘겹게 떼는 걸음걸이만 봐도 그가 절망에 빠졌음을 알 수 있다. 그는 이 도시 근처에서는 다시 직업을 얻을 수 없을 거라고 생각했다.

가족도 힘들어하고 있었다. 청구서는 쌓여만 가고, 아이들은 허기에 찬 배를 쥐고 잠자리에 들기 일쑤고, 아내는 자꾸만 기운을 잃어 갔다. 먼지가 풀풀 일어나는 길을 따라 발을 끌며 걷고 있는데 발가락에 뭔가가 걸렸다. 몸을 숙여 그걸 주웠다. 오래 되고 낡아빠진 처음 보는 동전이었다. 충분하진 않아도, 가족들 허기는 면할 수 있겠다는 생각이 들었다.

어쨌든, 그걸 들고 은행으로 갔다. "그건 쓸 수 있는 돈이 아니네요." 출납계원이 그에게 말했다. 그 사람은 어깨를 으쓱했다. 늘 그런 식이다. 그 출납계원은 그걸 들고 저 아래 길에 있는 동전 수집가에게 가 보라고 했다. 그 수집가는 그 동전이 오래 된 게 틀림없다며 30달러를 주었다.

어쩔 줄 몰라 하며 그 가난한 남자는 이 굴러온 복을 어떻게 해야 할까 하는 생각에 골몰했다. 철물점 옆을 지나가다가 멋지게 칠해 놓은 나무를 보았다. 아내에게 선반을 만들어 줄 수 있겠다. 아내는 몇 번이나 좁아터진 부엌이라 냄비도 병도 놓을 데가 없다고 말한 적이 있었다.

30달러를 주고 나무를 사서 어깨에 메고 집으로 향했다. 길을 걷다가 가구 만드는 곳을 지나가게 되었다. 가구 기술자의 직업적 안목이 남자가 어깨에 메고 오는 목재가 칠이 잘 빠지고 색상이 풍부하며 질이 좋다는 걸 바로 알아보았다. 가난한 남자는 기술자에게 진열장을 하나 만들어 달라고 했는데, 기술자가 그런 목재라면 값을 더 받을 수 있다고 하면서 100달러를 주면서 팔라고 했다. 그 가난한 사람이 망설이고 있으니까, 그는 어떤 것이든 다 만들어 놓은 가구를 하나 가져가도 된다고 하면서 자꾸 마음을 흔들어 댔다.

찬장이 하나 있었는데 그거면 아내가 좋아할 만했다. 그는 목재를 주고 가구 기술자에게 수레를 빌려 찬장을 싣고는 집으로 향했다. 가던 길에 새 집을 짓고 있는 땅을 지나게 되었다. 새 집을 꾸미고 있던 한 여자가 창문으로 그 남자가 끌고 가는 찬장을 보고는, 자기 세탁장에 두면 참 좋겠다는 생각이 들었다. 그녀는 그에게 200달러를 주겠다고 했다. 그가 어쩔 줄 몰라 주저주저하니까, 그녀는 값을 더 올려 250달러를 주겠다고 했다. 거래를 성사시키고, 수레를 가구 기술자에게 돌려 주고 다시 집으로 향했다.

그는 대문 앞에 잠시 멈춰 섰다. 자기의 횡재에 기뻐하면서, 주머니에 손을 넣어 그날 들고 온 돈을 꺼내 보았다. 마지막으로 그걸 한 번 세어 보고 싶었고 얼른 아내에게 보여 주고 싶었다.

바로 그 순간 풀숲에서 숨어 있던 강도가 튀어나오더니 목에 칼을 들이대고 250달러를 훔쳐 달아나 버렸다. 그의 아내가 부엌 창으로 그걸 보았다. 아내가 집에서 달려 나왔다. "무슨 일이에요?" 그녀는 울부짖었다. "괜찮아요? 뭘 잃어버린 거예요?"

그는 어깨를 으쓱하고는 이렇게 말했다. "응, 그냥 오늘 아침에 걷다가 주운 낡아빠진 동전 하나."

열아홉 번째 이야기 **좋을지 나쁠지 누가 알아**

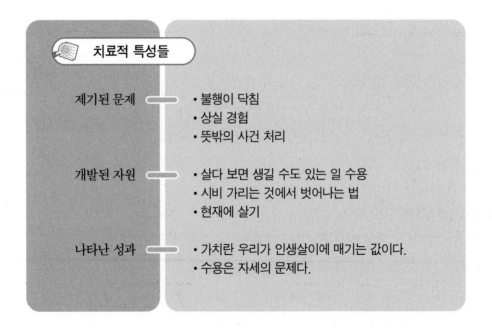

치료적 특성들

제기된 문제
• 불행이 닥침
• 상실 경험
• 뜻밖의 사건 처리

개발된 자원
• 살다 보면 생길 수도 있는 일 수용
• 시비 가리는 것에서 벗어나는 법
• 현재에 살기

나타난 성과
• 가치란 우리가 인생살이에 매기는 값이다.
• 수용은 자세의 문제다.

한 가난한 농부가 살았는데, 그에게는 말이 딱 한 마리 있었다. 어느 날 그 말이 마구간을 뛰쳐나가 언덕으로 달아나 버렸다. 이웃들이 그 소식을 듣고, 어떻게 된 일인지 보러 왔다. 말도 없이 농부가 어떻게 땅을 일굴 수 있단 말인가? 밭을 갈지 못해 농사를 못 지으면, 가족을 어떻게 먹여 살린단 말인가? 모두들 도와 말을 찾아 나섰지만, 아무 소용이 없어서 다들 안됐다고 할 뿐이었다. "운도 없지." 이웃들이 말했다.

"그게 좋은 일일지, 나쁜 일일지 어떻게 알겠습니까?" 농부가 대답했다.

그 일이 있은 지 며칠이 지나고 그의 말이 돌아왔다. 이웃들은 그것만으로도 기뻐해 주었는데 그 말이 잘 빠진 젊은 야생마 한 무리를 끌고 온 소식에 기절 초풍할 뻔했다. "이런 일도 다 있네." 이웃들이 말했다. "이 말들을 길들여서 내다 팔면 좋은 값을 받을 수 있을 거야. 정말 운이 좋아."

그 농부는 침착했다. "좋을지 나쁠지 두고 봐야지요."

그래도 그 농부는 이웃들이 하라는 대로 하기는 했다. 그는 아들과 함께 새 말들을 길들였다. 쉬운 일이 아니었다. 그러다가 말 한 마리가 사납게 날뛰더니, 농부의 아들이 말안장에서 떨어져 버렸다. 아들은 떨어지면서 다리가 부러졌다. 병원으로 가서 치료를 받아야 했다. 아들은 깁스를 해서 말 길들이는 일을 더 도울 수 없게 되었고, 농장에서 해야 할 많은 일들이 제대로 되지 않았다.

그 이야기는 곧 이웃들에게 전해졌다. 그 가난한 농부네는 정말 우여곡절이 많았다. 다시 한 번 이웃들이 모여 안타까운 마음을 표했다. "이런 일이 생기 다니요." 그 농부에게 말했다.

농부는 그저 어깨만 한번 들썩 하고 "좋을지 나쁠지 알 수 없지요."라는 말만 던질 따름이었다.

한편, 이런 일들은 다 지나가고, 그 나라에 전쟁이 일어났는데 그 아들은 그때까지도 깁스를 하고 있었다. 군인들이 마을로 와서 건강한 젊은이들은 모조리 징발해 갔다. 그들은 침대에 누운 채 깁스를 한 다리를 보더니, 농부의 아들은 군역에서 면제해 주었다.

다시 한 번 이웃들이 모여 "우리 아들들은 다 징집되었는데," 하며 불평을 늘어놓았다. "전부 전쟁에 끌려 나가야 할 거야. 다치거나 죽을지도 모르는데.

당신 아들은 그걸 피했군요. 정말 운이 좋은 사람이우."

농부는 그 말에 좋고 나쁘다는 건 살면서 일어나는 일에 대한 판단일 뿐이라고 말해 주었다. 인생은 경험이고, 그 경험이 바로 인생이다. 자연의 법칙은 누구에겐 좋은 걸 주고, 누구에겐 나쁜 걸 주려는 게 아니다. 서로 인접한 두 땅에 비가 쏟아지고 있다고 하자. 한 논에서는 곡식이 잘 자란다 해도, 다른 편에서는 댐이 터져서 곡식이 다 쓸려 갈 수도 있을 것이다. 비 자체는 좋은 것도 아니고 나쁜 것도 아닌데, 두 지역의 농부들은 저마다의 판단으로 그걸 보게 되는 것이다. 예를 들어, 다음 계절이 돌아왔는데, 지난 계절 폭우 덕에 풍작이 되었다 해도, 그 풍작으로 이번 계절에는 흙의 양분이 다 말라 버렸다고 불평을 하게 될지도 모른다. 그렇다면 지난 수확은 더 이상 좋은 일일 수가 없다. 후자의 농부는 이제 기쁨에 넘친다. 터진 댐이 토양을 촉촉하게 해 주었고 흙에 양분이 풍부하도록 해 주었기 때문이다. 지난 계절에는 곡식을 다 잃어야 했지만, 이번에는 풍작이다. 사건 그 자체는 변한 것이 없는데 그에 대한 농부들의 태도는 변한 것이다. 그 가난하고 근면한 농부는 이렇게 설명해 주었다. 그러므로 무슨 일이 일어났느냐 하는 것보다는 그걸 어떻게 해석하느냐에 달린 것이다. 좋고 나쁜 것은 그 일 자체에 있는 가치가 아니라 경험한 것에 우리가 부여하는 가치인 것이다.

"그게 바로 여러분이 내게 애도나 축하를 보낼 때, 내가 '좋을지 나쁠지 어떻게 압니까?' 하고 되물었던 이유라오." 하고 그가 말했다.

스무 번째 이야기 **완벽함을 찾아서**

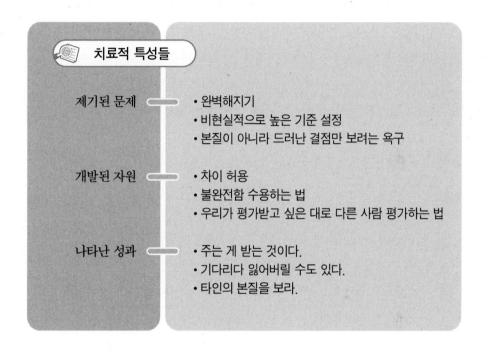

여자들 몇 명이 한 데 모여 곧 결혼할 친구를 축하해 주고 있었다. 저녁이 되면서, 신부가 될 사람이 나이는 좀 더 들어 보이지만 아직 결혼을 하지 않은 한 친구에게 물었다. "어떻게 결혼을 지금까지 하지 않았니? 너한테 맞는 남자를 아직 찾지 못한 거야?"

"아니, 찾았어." 그녀가 말했다. "바로 이 남자다 싶은 사람을 찾았지."

"그래서 어떻게 됐는데? 왜 그 사람과 결혼 안 했어?" 예비 신부가 물었다.

"그게 말이야." 그 친구가 말했다. "내가 찾는 사람이 어떤 사람인지를 난 정확하게 알고 있었어. 바로 완벽한 사람이었지. 난 남자라면 모름지기 이래야 한다는 조건들을 가지고 그런 사람을 찾으려고 세상을 전부 돌아다녔지. 꼭 거기에 맞아야 했는데, 그 사람이 그랬어."

"그다음 얘기해 봐." 궁금해 못 견디겠다는 듯 신부가 될 여자가 물었다. "어떻게 됐는데?"

"그러니까, 내가 뉴욕부터 뒤지고 다녔지." 그 친구가 말했다. "거기서 난 정말 돈이 많은 사람을 찾았어. 그 사람 돈은 정말 많았는데, 좀 수줍어하는 성격에, 내향적이라 별로 사교적이질 못했어. 그래서 바로 제외되었지."

"로스앤젤레스 쪽으로 여행을 계속했는데, 뉴욕과 서부 해안을 모조리 다 헤집고 다녔지. 로스앤젤레스에서 한 사람을 찾았는데, 그 사람은 부자인데다 장난도 좋아하는, 쾌활하고 외향적인 성격이었어. 부유함과 사교적인 성격까지 내가 남자한테 기대하는 걸 다 갖췄더라구. 그런데 그 사람은 외모가 아닌 거야. 심각하게 고민을 했지. '결혼을 하게 되면 잠에서 깨어 저런 얼굴 곁에서 아침을 맞아야 하게 될 거야.' 그건 아니야. 그 사람도 역시 내 이상형은 아니었어."

"시드니에서 뭔가 다가오고 있다는 걸 느꼈어. 거기서 자영업을 하는 부자를 만났어. 그는 친절하고 외향적인데다 기막힌 외모까지 겸비한 거야. 키도 크고, 금발에다 몸도 탄탄하더라구. 그 사람 서퍼였는데, 체육관에서 규칙적으로 운동도 하고, 사진 속의 모델 같은 몸을 가졌다는 거 아냐. 그런데 내가 만난 모든 남자들은 항상 잘 안 맞는 부분이 꼭 있다니까. 그 사람한테는 거드름 떠는 나쁜 버릇이 있는 거야. 게다가 거의 미치광이 수준의 애국주의자였다니까."

"그래서 유럽으로 여행을 계속 했어. 런던에서 또 한 사람을 만났는데 부자인데다 성격도 좋고, 잘 생기고, 여성에 대한 사고도 열려 있는 사람이었지. 이번에는 징말 다 됐다 싶었어. 처음엔 결국 내가 바로 그 시람을 찾은 거라고 생각했는데, 그 사람은 내가 찾고 있는 로맨스와 센스가 부족한 거야. 요리도 하고 설거지도 해 주는 멋진 남자였지만, 난 빨간 장미도 받고 싶고 달밤에 분위기도 즐기고 싶거든."

"나의 여행은 바다 건너 파리까지 계속되었고, 드디어 그 사람을 찾았지. 프랑스 사람들 어떤지 알지? 있잖아, 그 모든 걸 다 가진 사람이 있었어. 부자고,

친절하고, 잘 생기고, 개방적인 사고에, 정말 분위기도 잘 아는 거야. 내가 말한 조건을 다 갖춘 최고의 사람이었어. 아무 문제가 없었지. 그 사람이 바로 나의 완벽남이었어."

"그래서?" 궁금증에 못 견딘 신부가 될 여자가 큰 소리로 물었다. "왜 그 사람이랑 결혼 안 했는데?"

"응." 그 친구가 대답했다. "이유는 간단해. 그 사람도 완벽한 여자를 찾고 있었던 거야."

스물한 번째 이야기 **인생에 왕도는 없어**

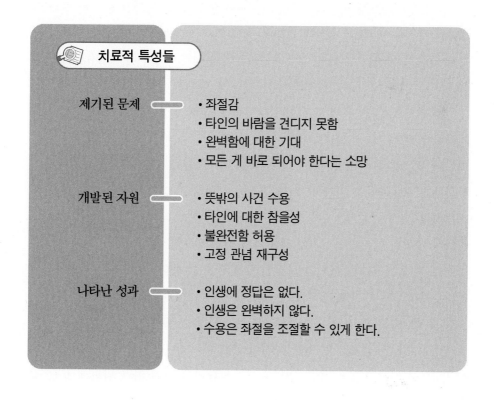

📖 **치료적 특성들**

제기된 문제
- 좌절감
- 타인의 바람을 견디지 못함
- 완벽함에 대한 기대
- 모든 게 바로 되어야 한다는 소망

개발된 자원
- 뜻밖의 사건 수용
- 타인에 대한 참을성
- 불완전함 허용
- 고정 관념 재구성

나타난 성과
- 인생에 정답은 없다.
- 인생은 완벽하지 않다.
- 수용은 좌절을 조절할 수 있게 한다.

얼마 전, 내가 살고 있는 도시에서 회의를 주관한 적이 있다. 여러분이 이런 걸 해 본 적이 있다면, 분명히 머리를 쥐어뜯고, 손톱을 물어뜯는 기분을 알 거다. 모든 걸 제대로 하려는 압박이 클수록 스트레스도 더 많아질 것이다. 나의 여러 친구들은 나를 탐험가로 여긴다. 분명 나는 많은 타국의 땅을 돌아다녔지만, 제대로 준비를 하지 않고 여행을 떠난 적은 없다. 여행 계획서를 가지고 가서, 내가 여행해야 할 먼 지역에 대해서 가능한 광범위하게 살펴본다. 건강도 제대로 챙겨서 보는 산마다 올라가고, 시골 벽지에 있는 산길까지 배낭을 메고 다니고, 수영도 할 수 있도록 한다. 잘못될지도 모를 모든 가능성까지 따져보고 그렇게 될지도 모를 때를 준비하려고 한다. 전쟁터의 군인처럼 보일 정도로 의료 장비도 충분히 갖춘다.

뜻밖의 상황이 두려운 것은 아니다. 사실, 난 그걸 즐긴다. 뜻밖의 상황과 만나고, 새로운 장소를 발견하고, 새로운 사람을 만나고, 독특한 문화를 접하고, 색다른 음식을 맛보고, 낯선 환경의 도전에 맞서 싸우는 것들이야말로 낯선 곳으로 떠나는 여행의 묘미다. 그렇다. 난 뜻밖의 상황을 즐긴다. 그러나 그런 일이 일어날 때를 대비해서 준비를 하는 것도 좋아한다.

나는 인생의 다른 면에서도 그런 준비성을 갖추고 싶어 한다. 예를 들어, 회의를 주관하는 것과 같은 일이다. 바로 이거다 싶을 때까지 회의에 대한 아이디어에 골몰하여 1~2년 정도를 보냈다. 가능성 있는 주요 인사들과 교섭하여 참석하겠다는 확답을 받았다. 회의 장소를 예약하고 몇 달 전에 프로그램을 확정해 놓았다.

회의 일주일 전, 한 참석사가 갑자기 자신의 워크숍 때문이니까 회의 내용을 녹화할 수 있는 비디오카메라를 급히 구해 달라고 했다. 40마일이나 날아가서 비디오카메라를 가지고 왔더니 그 사람이 벌써 하나를 빌려 놓았다는 것이다! 순간 아차 했다. 그 사람이 녹화를 하려면, 시청각 프리젠테이션 장치도 필요로 할 것이다. 사전에 그런 말을 하지 않았기 때문에, 그 사람이 발표하기로 되어 있는 곳에는 그걸 쓸 수가 없었다. 그 사람의 요청에 따라 막판에 모든 걸 다시 바꿔야 했다. 죽어라 모든 걸 제대로 하고 나니까, 참 정해진 대로 되는 게 없구나 싶었다.

회의 전날 밤, 지시에 맞게 모든 게 제대로 됐나 확인하려고 비서와 함께 회의장을 가 봤다. 엄청난 착오를 발견했다. 회의실 두 개가 바뀐 것이다. 비서와 둘이서 몇 시간이나 걸려 회의실 하나를 정리하고 다른 하나도 다시 꾸며야 했다. 한 번 더 이런 생각이 들었다. 정말 생각대로 되는 일이 없구나.

다 늦어서 집으로 돌아오니까 전화벨이 울렸다. 다음날 아침까지 회의에 참석하겠다던 주 연설자가 집안에 우환이 생겨서 자기 연설을 취소해야겠다는 연락이었다. 프로그램에 교수대 밑 받침대가 열리는 것 같은 구멍이 생겨 버렸다.[2] 그 짧은 시간 동안 그 구멍을 메울 방법이 없다. 그 사람 사정도 충분히 이해할 수 있는 일이고, 나 또한 거기에 진심 어린 애도를 표했다. 하여튼 다시 한 번 정말 생각대로 되는 게 없구나 하는 생각에서 벗어날 수가 없었다.

다음날 아침, 다른 참석자에게서 연락이 왔는데 자기는 안락의자에서만 마음 놓고 일을 할 수 있기 때문에 자기가 발표를 할 때 등받이가 바로 선 의자는 불편하다고 했다. 속으로는 볼멘소리가 나왔다. 미리 이야기를 했어야지, 좀 일찍 말해 주면 어디가 덧나나? 내가 왜 이런 일까지 책임을 져야 하지? 다시 한 번 정말 생각대로 안 되네라는 생각이 뇌리를 스쳐갔다.

그날 일을 마치고, 회의장에서 나와 내 상담실로 걸어가던 중이었다. 한 길 모퉁이에서 언제나 화이트보드에 뭔가를 적어 세워 두는 작은 상점 앞을 지나가게 되었다. 그날 따라 그 화이트보드가 내 눈길을 사로잡았는데, 자기한테 딱 맞는 말인 것처럼 느껴질 때면 원래 그런 법이다. 이런 말이 적혀 있었다. "인생에는 왕도가 없다. 주어지는 대로 가는 것이다."

---

2) A hole gaped in the program like a trapdoor opening up beneath the gallows. 이 번역문의 원문이다. 이는 '프로그램 진행에 엄청난 차질이 빚어진 것이다.'로 의역할 수 있는데, 바로 뒤의 문장에서 '구멍을 메운다(it could be filled)'라는 표현이 나오기 때문에 의미 파악에 큰 무리가 없어 직역을 해 둔다 (역자 주).

연습문제

수용의 은유라는 목표로 자기 이야기와 아이디어들을 공책에 써 보라. 자기 경험과 자기한테 있었던 일에서 사례를 찾아보라. 그런 뒤, 그 아이디어를 한 번 적어 보라.

1. 이야기를 다시 할 때 어떻게 꾸밀지 생각해 보라.
2. 2장에서 설명한 효과적으로 이야기하기 위한 열 가지 지침을 기억하라.
3. 이야기 아이디어만이 아니라 그와 관련된 분위기나 감각적 경험까지 섞어 넣어라.
4. 기꺼이 들어 주기만 할 사람에게 연습 삼아 이야기를 해 보라.

제6장
부정적 자세 재구성하기

경험은 주로 그걸 지각하고 이해하는 방법에 따라 결정된다는 점에서 볼 때, 삶이 모호한 자극—3차원, 입체 음향, 복합적 감각의 로샤(Rorschach) 잉크 반점—이라는 말은 내가 처음 하는 게 아니다. 삶과 어떤 사건, 다른 사람들을 대하는 우리의 태도는 그 일이나 사람들 자체에서라기보다는 자신이 어떻게 느끼는가에 더 영향을 받는다.

우리는 그런 인식을 근간에 두고 행동하고 그로 인해 우리 자세는 더 강화된다. 세상은 살기 끔찍한 곳이라고 치부하고, 다른 사람은 불공정하다고 비난하며, 우리에게 불리한 패만 쌓여 가는 게 인생이라는 식으로 본다면, 우리는 불행의 공식을 만들어 낼 것이다. 세상에서 아름다움을 찾고, 다른 사람의 긍정적인 성품을 보고, 인생의 굴곡을 받아들일 수 있으면, 더 건강하게 적응해 가면서 더 행복해질 것이다.

다른 책에서 나는 궂은 날씨에 비까지 추적대는 어느 겨울 아침, 손자와 함께 차를 타고 있었던 이야기를 한 적이 있었다(Bruns, 1998). 빗줄기가 차에 내리치고, 차 앞유리에서는 개울물처럼 비가 흘러내리고, 와이퍼가 샥샥 왔다 갔다 하니까 손자는 신이 나서 앉은 채로 몸을 들썩들썩하고 있었다. 라디오에서 그날 날씨가 '끔찍하다'는 아나운서의 말이 흘러 나왔다. 나는 라디오를 끄고 내 손자 쪽으로 귀를 기울여, 똑같은 일인데도 전혀 다른 방식으로 받아들이는 걸 보았고, 들었던 것에 대해 내가 선택을 하는 것도 느낄 수 있었다. 나도 내 방식대로 받아들이고 있었다.

　이 장은 결과 지향적인 이야기들이 뜻밖의 사건과 그에 대한 우리의 태도, 과거의 논점과 현재의 위기 등을 재구성하는 것을 보여 준다.

스물두 번째 이야기　**위를 보라**

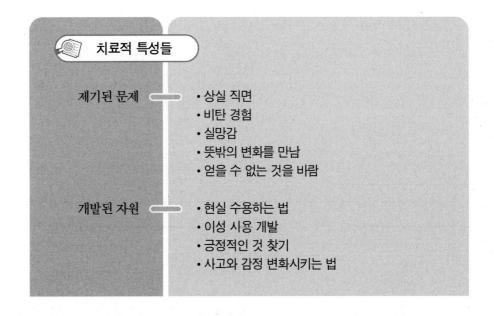

치료적 특성들

제기된 문제
- 상실 직면
- 비탄 경험
- 실망감
- 뜻밖의 변화를 만남
- 얻을 수 없는 것을 바람

개발된 자원
- 현실 수용하는 법
- 이성 사용 개발
- 긍정적인 것 찾기
- 사고와 감정 변화시키는 법

나타난 성과	• 적당하게 슬퍼한다.
	• 삶이 주는 것을 받아들인다.
	• 생각을 재구성한다.
	• 부정적인 데서 긍정적인 것을 창출한다.
	• 새로운 선택을 찾는다.

한 선사가 며칠 동안 집을 떠나 있었다. 여행이 그리 즐겁지는 않았다. 그가 들린 수도원은 자신의 작은 집(그럭저럭 살아가는 데 최소한만 갖추고 있는)보다 훨씬 좋았다. 그래도 그는 자기가 살던 곳의 익숙함이 그리웠다.

침대도 자기 것처럼 느껴지지 않았다. 자신의 통나무 집 처마 밑으로 불어오는 기도 같은 산들바람의 속삭임이 간절했다. 아침 명상 때도 다른 새소리가 들렸다. 드디어 집으로 가는 날, 그의 마음은 한껏 들떴다.

이를 어쩌나, 그가 없는 새에 큰 일이 닥쳤던 것이다. 그 선사가 거기 도착했을 때 집은 홀랑 타 버리고 터만 남아 있었다. 다 타 버린 집터, 까맣게 재가 되어 버린 것들, 사라져 버린 집에서는 매캐한 냄새만 남아 있을 뿐이었다.

그는 새까맣게 타 버린 잔재들을 바라보며 멀뚱히 서 있었다. "왜 하필 나야?" 그는 입을 뗐다. "난 배움의 길을 떠났고, 선(善)을 행하고, 모든 사람들의 행복을 빌었는데. 이런 일이 왜 나한테 일어나야 하는 거야?" 그는 우주의 힘이 그에게만 특별한 대접을 해 주는 건 아니란 걸 실감했다. 이 일은 불행한 인생사 중의 하나일 뿐이다. 이런 생각들은 고통과 우울함만 가져다줄 뿐이었다. 그런 생각들은 잃어버린 것들을 어떻게 해 줄 수도 없고, 미래를 위해 목적이 분명한 방향을 찾을 수 있게 하지도 않을 것이며, 당장 오늘 밤 자야 할 곳을 찾는 데도 별 도움이 되지 못하였다.

슬픔의 파도가 그를 덮쳤다. 정말로 자신의 작은 집이 좋았고 그 안락함과 친근함이 좋았다. 요 몇 년 동안 집으로 돌아오는 건 가장 사랑하는 친구의 품에 돌아오는 것과 같은 것이었다. 그때 문득 이런 생각이 들었다. '나는 도를 닦는 사람이니, 물질적 소유에 집착해서는 안 된다.' 뭐 약간은 슬퍼할 수밖에 없겠지만. 그렇게 이해를 하고 보니 잃어버린 것에 대해 슬퍼하는 건 당연한 것이니까, 이젠 거둘 때가 되었다 싶을 때까지 슬픔을 품은 채 거기 그대로 있었다. 자신을 추스르면서.

그러고 나니까 그런 일이 없었다면 좋았을 텐데 하는 마음이 들었다. 그는 자기 집에서 살 수 있기를 원했다. 자기가 불을 껐는지 확인해 볼 걸 하는 생각도 들었다. 그렇게만 했더라도, 자신의 그 작은 집은 그대로 있었을지도 모르는데. "그렇지만," 그는 스스로를 이해시켰다. "이미 없어진 거야. 그게 현실인 거야. 내가 아무리 애써 봐야, 바꿀 수 없는 거야. 바꿀 수 없는 걸 바래 봐야 더 불행하고 고통받는 기분만 더해지는 거야."

잿더미로 변한 자기 집의 잔해만 바라보게 되면, 의문과 회의만 생겨 괴롭기만 할 것이다. 그렇게 생각하고 나서 그는 눈을 들어 하늘을 쳐다보았다. 반짝이는 별들이 까만 하늘에 콕콕 박혀 있었다. 보름달도 자애로운 미소를 띤 채 빛을 나리고 있었다. 순간 불현듯 뇌리를 스치는 생각에 그는 웃음을 머금었다. "그래, 집을 잃어버리긴 했어도 밤하늘을 훤히 볼 수 있게 되었군."

스물세 번째 이야기 **자연의 법칙**

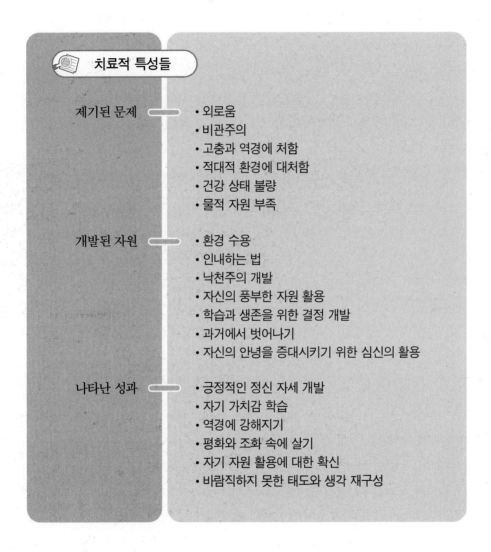

치료적 특성들

제기된 문제
- 외로움
- 비관주의
- 고충과 역경에 처함
- 적대적 환경에 대처함
- 건강 상태 불량
- 물적 자원 부족

개발된 자원
- 환경 수용
- 인내하는 법
- 낙천주의 개발
- 자신의 풍부한 자원 활용
- 학습과 생존을 위한 결정 개발
- 과거에서 벗어나기
- 자신의 안녕을 증대시키기 위한 심신의 활용

나타난 성과
- 긍정적인 정신 자세 개발
- 자기 가치감 학습
- 역경에 강해지기
- 평화와 조화 속에 살기
- 자기 자원 활용에 대한 확신
- 바람직하지 못한 태도와 생각 재구성

베트남에 있는 린선(Linh Son) 사원을 가 보면, 밖에 나와 있는 큰 탑만 둘러봐서는 안 된다. 이곳의 진면목은 문화재나 건물 같은 데 있지 않다. 사원을 벗어나 천천히 돌아다니면서 깨달음을 얻어 보는 시간을 가지는 것이 진짜 값진 일이다.

걷다 보면, 커다랗고 멋진 소리를 가진 종을 지나치게 된다. 그 종은 금으로 (전부 금은 아니지만) 칠해졌으며, 깊이 울리는 소리를 낸다. 하지만 그 종도 그 사원의 진면목은 아니다.

사원 한쪽 옆에 그냥 평범한 커피 재배지가 있다. 나지막한 커피나무들 사이에 작고 노란 오두막이 하나 있는데, 거긴 수행자, 레트룽 트랑(Letrung Trang)의 집이다. "아마 세상에서 사람이 살 수 있는 가장 작은 집일 것이오."라고 그는 말한다. 그의 오두막을 보니까 그 말이 맞는 것 같다. 우리 집 뒤에 있는 잡동사니 창고보다 더 작은 집이라, 침대 하나, 책 몇 권 조그만 냄비 하나로 꽉 찼다.

"난 참 운이 좋아요." 그가 자기를 둘러싸고 있는 재배지를 가리키면서 말한다. "전 세계 많은 이들이 커피를 마시고, 많은 이들이 그 맛을 알고, 많은 이들이 그 맛을 즐기지요. 하지만 여기 가만히 앉아 저것들이 크는 것을 보는 기쁨을 아는 사람은 얼마나 될까요? 난 계절이 가고 오는 것을 지켜보지요. 난 생명의 순환을 본다오. 머물러 있는 시간과 자라는 시간도 보지요. 봄이 다가오면 새로 트는 싹눈도 보고, 피어나는 꽃의 향기도 맡고, 과일이 익어가는 걸 봐요."

트랑의 삶은 그리 순탄치 않았다. 그가 언제나 고요하게 이런 평화로운 상태로 앉아 있을 수 있었던 건 아니었다. 일본계 아버지와 베트남계 어머니 사이에서 태어난 그는 여러 언어에 능통했다. 그래서 제2차 세계 대전 당시 일본 점령군이 강제로 그에게 통역사 역할을 하라고 했다.

고난도 그를 막지는 못했다. 그는 30대가 되어서 프랑스 수도원에 있는 학교에 들어가 프랑스 언어로 2차 연수를 받게 되었다. 공산주의 통치에 반하는 발언을 했다는 이유로 체포되어 감금되기도 했지만, 그가 미국 문학에 대해 탐구하여 낸 출판물은 전문가 수준이었다. 그가 매일 보는 커피나무처럼, 그는 선과 악의 시절을 모두 알았다. 소중한 나무처럼, 그는 참으로 성숙한 사람이 되었다.

그와 이야기를 해 보니까, 그의 육신은 깡마른 뼈다귀 같으면서도, 유연하고 부드러웠다. 그는 기운차게 몸짓을 섞어 가며 이야기했다. 그의 이는 썩어 가고 있고, 책을 읽으려면 돋보기가 필요했지만, 몸은 건강하고 마음은 기민하기 이를 데 없었다. "당신이 보기에 내가 몇 살처럼 보이는가요?" 그가 물었다. "내가 68살이나 됐는데 이렇게 건강하다면 믿을 수 있겠소? 난 하루에 한 끼만 먹는다오. 약도 먹지 않지요. 마음이 선하면, 육신은 따라서 건강해지는 법. 좋은 생각만 하면, 아플 일이 없는 것이지요. 병은 나쁜 생각에서 오는 것이니까요."

우리는 베트남 전쟁에 대해서도 이야기했다. 그와 그의 민족은 나는 도저히 이해할 수 없는 방식으로 고통을 겪었다. 그러나 그는 속에 분을 품지 않았고, 적들에 대해 꼬인 마음이라곤 찾아볼 수 없었다. 그는 이렇게 말했다. "비가 온 뒤에는 햇살이 빛나는 법이지요. 폭풍우가 지나고 나면 평화가 오지요. 그게 자연의 법칙이라오."

스물네 번째 이야기 **호사다마(好事多魔)**

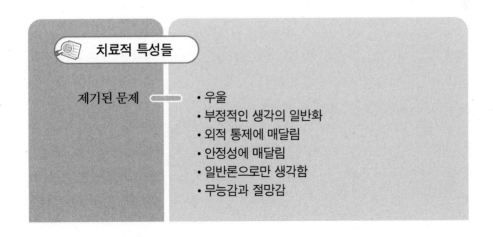

치료적 특성들

제기된 문제
- 우울
- 부정적인 생각의 일반화
- 외적 통제에 매달림
- 안정성에 매달림
- 일반론으로만 생각함
- 무능감과 절망감

개발된 자원	• 인식 변화 능력 개발
	• 자기 가설에 대해 의문을 가져 보는 법
	• 뭐든지 우울하게만 생각하는 데서 예외 발견
	• 작은 기쁨을 누리는 능력 개발
나타난 성과	• 긍정적 감정 개발
	• 변화를 향한 자신의 힘
	• 삶의 다양성 수용
	• 경우마다 다른 사건으로 받아들임
	• 자기에게 더 나은 개념 선택

우리가 처음 만났을 때 마리아는 "전 우울해요."라고 말했다. 그녀는 자신의 정서 상태를 그 말보다 몸으로 더 많이 보여 주었다. 몸을 의자 속으로 푹 집어 넣고, 얼굴은 절망적이었고, 기쁨이라곤 어느 구석에서도 찾아볼 수 없었다. 마치 화성에서 온 사람같은 그녀에게 행복이라는 건 너무나 낯선 것처럼 보였다. "좋은 일이 있다 싶으면," 그녀는 말을 이어 갔다. "어김없이 나쁜 일이 생겨요."

실제로 수많은 '나쁜' 일이 계속해서 그녀에게 일어나고 있었다. 그녀가 계획한 것도 아니고, 그녀가 예상한 것도 아니고, 그녀가 선택한 것도 아니었다. 환경이 좋아져서 희망이 생길 만하면, 꼭 사건이 터진다. 해변에 밀려오는 파도처럼, 생활환경은 늘 황폐한 해변으로 그녀를 숨 쉴 틈도 없이 밀어 넣을 태세다. 적어도 그녀한테는 말이다. 마리아는 자기가 하는 말의 요지를 증명하고 그런 결과를 입증이라도 하듯 몇 가지 예를 보여 주었다.

결혼생활에서도 몇 번 힘든 때를 지났는데, 그건 시작에 불과했다. 빚도 갚았고, 아이들도 감사하게 별 문제 없이 잘 자라 청소년으로 독립하고 있었다. 돈도 예전처럼 그렇게 부족하진 않았고, 가족끼리 긴 여행도 할 수 있으리란 야무진 꿈도 가질 수 있었다. 그러던 차에 남편한테 여자가 생겼다. 나쁜 놈.

있을 수 없는 일이었다.

　마리아는 대학으로 돌아가 일을 하게 되었다. 다들 그녀의 직업 능력을 높이 평가했다. 그녀는 일한 만큼 벌어 자긍심을 어느 정도 회복하고 있었다. 남편이 없어도 괜찮았다. 사실, 혼자가 된 기쁨까지 맛보게 되었다. 그런데 경기가 안 좋아졌다. 상사가 그녀를 해고해 버렸다. 나쁜 놈들. 인생은 공평처가 않았다.

　마리아는 친절하고 따스해 보이는 남자를 만난 적이 있었다. 그는 번쩍이는 갑옷을 입고 마리아를 절망에서 구해 줄 기사처럼 그녀 삶 속에 등장했다. 마리아의 자기 가치감은 다시 한 번 꽃을 피웠다. 그녀는 감정의 파도 끝에 올라타 있는 듯해서 무너져 버릴지도 모른다는 생각에 망설였지만 인생사나 환경은 변하는 게 당연하다는 사실 따윈 알고 싶지 않았다. 어떤 감정도, 어떤 경험도, 아무리 꼭 움켜쥐고 싶어도 영원한 것은 없다. 정말 영원한 건 없었다. 그도 사람관계 때문에 그녀를 떠났다. 나쁜 놈들뿐이다. 인생은 그녀에게 단 한 번도 공평한 적이 없었다.

　인생은 뻔할 거라는 생각에도 불구하고, 그녀는 치료를 받으러 왔고, 상황을 개선하고 싶어 했기 때문에 그녀는 나아졌다. 변화를 일으킬 수 있는 여러 가지를 해 봤는데, 무엇보다도 남자와 인생에 대해 자기 나름의 결론을 내려 보려고 수도 없이 생각을 해 봤다. 세 사람의 남자에게서 받은 대접으로 모든 남자들을 나쁜 놈으로 봐도 되는가? 세상 인구 반이 이런 범주에 맞아떨어진다면 분명 세상은 살 만한 곳이 못 된다. 딱 한 사람 예외가 있다면? 그래, 마리아의 동생은 분명히 그녀가 지금까지 만난 남자들과는 다르다. 예외를 찾았다는 건, '규칙'이라는 게 모두 그런 것만은 아니라는 얘기다. 나름대로의 장점을 바탕으로 한 사람 한 사람, 각각의 인생사들을 살펴보면서, 마리아는 과거 경험의 보따리로 생긴 자신의 인식 때문에 모두 다 똑같다는 식으로 보지는 않게 되었다.

　나무는 다 초록색이라는 태도를 형성하게 되면, 떠오르는 아침 햇살에, 대낮의 찬란함에, 황혼을 사르는 빛에 따라 형형색색으로 바뀌는 아름다운 잎들은 절대로 볼 수 없을 것이다. 계속 이런 신념에 붙들려 있게 된다면, 또 다른 아름다움을 볼 기회를 놓치고, 석양의 색을 제대로 볼 수 없을 것이다.

마리아에게 그렇게 나쁜 일들만 일어났는데, 그녀가 기쁨을 느낀 적이 있거나 한번이라도 제대로 대접받은 적이 있었는가? 무엇이 그녀를 행복하게 했을까? 여름 바다에서 헤엄을 치고, 금빛으로 빛나면서 새로운 계절을 알리는 전령인 봄의 싹을 보고, 막 알에서 깬 새가 자기 정원에 내려앉아 그녀가 뿌려 놓은 모이를 쪼아 먹는 걸 보면서 느끼는 기쁨에 대해 우리는 함께 이야기했다.

이런 삶의 기쁨에 대한 대화는 마리아의 표정을 바꾸고, 그녀의 눈을 즐거움으로 빛나게 하고, 스스로 창조할 수 있는 새로운 가능성의 희망을 향해 문을 활짝 열어 놓기에 충분했다. 마리아의 관심을 주변에서 일어나는 삶의 기쁨으로 옮겨 놓고 그녀의 사고를 지배하던 부정적인 문제들에서 좀 멀어지게 함으로써 그녀는 마음이 훨씬 가벼워졌다.

마리아는 인생사와 환경을 바라보는 방식을 바꿨다. 그녀는 자기가 할 수 있는 것들이 있는지 보고, 아무 힘없는 불가사리처럼 인생의 물결에 밀려 이리저리 쓸려 다니지 않아도 되었다. 좋은 일이 계속될 수 없는 것만큼이나 나쁜 일도 계속되지 않는다는 걸 알게 되었다. "어쩌면," 한번은 그녀가 이렇게 말했다. "좋으냐 나쁘냐는 우문(愚問)일지도 모르겠어요. 그저 경험하는 것일 뿐이니까요. 좋다 나쁘다는 일어나는 일에 대한 해석일 뿐이에요."

그녀 태도가 변하는 걸 보고는 계속 박차를 가해 이렇게 물었다. "우리가 처음 만났을 때 당신이 뭐라고 했는지 기억나요?"

"아뇨." 그녀가 대답했다.

"그러니까, 우리가 처음 만났을 때, 당신은 좋은 일이 있다 싶으면 꼭 나쁜 일이 따라온다고 그랬어요. 그런데 지금은 말이 바뀌었네요."

그녀는 미소를 띠었다. 이렇게 말하면서. "그게 인생이잖아요. 안 그래요?" 그녀는 슬쩍 돌려서 대답했다. "호사다마(好事多魔)죠. 하지만 나쁜 일 다음엔 좋은 일도 생기는 법이죠. 그게 이치인 거 같아요. 어떻게 보느냐에 달린 게 맞네요."

스물다섯 번째 이야기 **돛을 올려라**

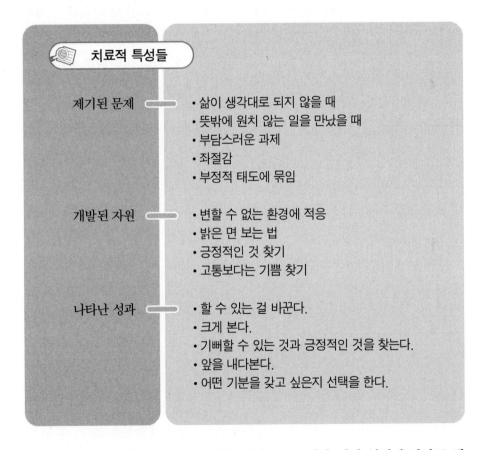

치료적 특성들

제기된 문제
- 삶이 생각대로 되지 않을 때
- 뜻밖에 원치 않는 일을 만났을 때
- 부담스러운 과제
- 좌절감
- 부정적 태도에 묶임

개발된 자원
- 변할 수 없는 환경에 적응
- 밝은 면 보는 법
- 긍정적인 것 찾기
- 고통보다는 기쁨 찾기

나타난 성과
- 할 수 있는 걸 바꾼다.
- 크게 본다.
- 기뻐할 수 있는 것과 긍정적인 것을 찾는다.
- 앞을 내다본다.
- 어떤 기분을 갖고 싶은지 선택을 한다.

내게는 훌륭한 뱃사람 친구가 하나 있다. 그는 입만 떼면 이렇게 말하곤 했다. "방향을 바꿀 수도 없고, 바람의 힘도 어쩔 수 없지만, 돛은 조정할 수 있는 거야."

나도 작은 돛단배를 하나 갖고 있기 때문에, 선원들이 하는 말이나 선원들이 현장에서 더 많이 쓰는 요령 같은 것에 신경을 쓰는 편이다. 겨울 몇 달 동안 갖가지 해초와 따개비들이 더덕더덕 집을 지어놓은 강어귀에 배를 정박시켜 놓았더니, 내 배 여기저기가 손상이 생겨서 바다로 나가기 힘들게 되었다. 항해 계절이 다가올 때마다, 배를 물 밖으로 끌어내 깨끗이 닦고, 새로운 항해철 맞을 준비를 해야 한다.

돛대를 손 봐야 할 때도 있지만, 배 수리공은 언제나 그건 당장 급한 문제가 아니라고 말하고, 나중으로 미룬다. 한 번도 그렇게 한 적이 없기 때문에, 결국 내가 다른 것들까지 다 해보기로 마음먹었다. 새벽 다섯 시만 되면 일어나서, 대낮의 열기가 느껴질 때까지 잠깐 쉬고는 계속 일을 하다가 저녁이 되어서야 집으로 돌아왔다.

용골에 페인트 벗겨진 곳을 박박 긁어 내고, 녹슨 곳도 닦아 내고, 녹 제거하는 사람과 방수제 처리하는 사람이 시키는 대로 했는데, 잘 안 되어서 마법사의 가마솥처럼 뽀글뽀글 기포가 일어났다. 더운데다 눅눅하기까지 한 날씨에 죽어라 일한 며칠이 그냥 날아가 버렸다. 싹 벗겨 내고 다시 시작해야지 별다른 수가 없었다.

어느 날 저녁 해가 진 뒤까지 이제는 어쩔 수 없이 해야 하는 잡일이 되어 버린 일을 하고 있는데, 땅거미가 내려앉기 시작하자 펄럭이는 돛을 내리고 막 돌아온 듯한 20대 중반쯤으로 보이는 한 남자가 내 곁을 지나갔다. 나와 잠시 몇 마디를 나누고는 그는 가던 길을 계속 갔다.

그리고 나서 나는 돛대를 돌렸다. 부속품을 전부 빼 버리고, 최선을 다해 광고성 그림은 물을 뿌려 없애고, 그러고도 남은 데는 페인트 제거제를 붙이고, 완전히 알루미늄이 나올 때까지 사포질을 하고, 동판 애벌칠을 했다. 그 날씨에 그러고 있는 건 지쳐 픽 쓰러져 낮잠을 잘 수 있다는 것 말고는 아무 짝에도 쓸모없는 지루하고 힘든 작업이었다. 나는 날씨, 배 수리공, 끝도 없이 긴 돛대를 원망했다.

"아직도 여기 있어요?" 며칠이 지난 뒤 쾌활한 목소리로 누군가 물어왔다. 며칠 전 밤에 나랑 인사를 나누었던 그 청년이었다. 그는 오후 항해를 막 끝냈는지 하얀 제복을 입고 있었다. 그는 편안한 걸음걸이에 즐거운 미소를 머금고 있었다.

"예." 나는 퉁명스럽게 대답했다. 온종일 쌓여 온 좌절감, 괴로움, 견딜 수 없음 같은 걸 그대로 드러내 버렸다. "배에 대해 이런 말이 있지요. 당신은 편안히 쉬는 기쁨을 누리면서 아름다운 바다를 항해하며 주말을 보내는 것을 그리면서 배를 사리라. 그러나 누구도 당신에게 겨울이면 먼저 배에 붙어 있는 것들을 모조리 제거하기 위해 인생을 허비해야 한다는 말은 해 주지 않으리라."

"야! 정말 재밌는 말이네요." 그가 신이 나서 말했다.

"이런 일이 좋을 리는 없지요." 내가 투덜거리며 한마디 했다.

내가 뻬딱하게 대꾸를 하니까 좀 놀란 듯 바라보았다. "이런 모든 일을 하지 않고 항해를 할 수 있나요?"라고 그가 물었다.

"그럼요." 내가 대답했다. 여전히 이 상태로 항해를 할 수 있다고 생각하면서. 분명히 수리를 해 두면 몇 년 동안은 괜찮을 것이고 내가 애쓴 보람이야 있겠지만, 이렇게 한 번에 싹 다 할 필요는 없었는데.

"그렇다면," 그가 함박웃음을 머금고 돌아서서 석양을 향해 발걸음을 옮기며 이렇게 말했다. "정말 즐기기만 할 수 있겠네요, 그렇죠?"

스물여섯 번째 이야기　**모델을 찾아라**

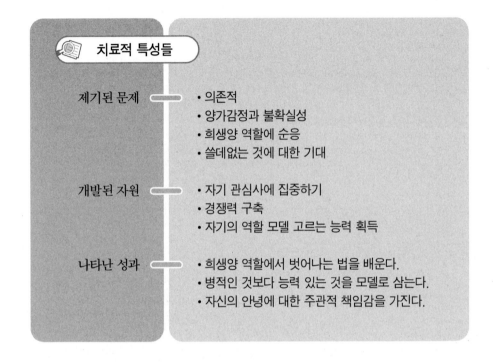

치료적 특성들

제기된 문제

- 의존적
- 양가감정과 불확실성
- 희생양 역할에 순응
- 쓸데없는 것에 대한 기대

개발된 자원

- 자기 관심사에 집중하기
- 경쟁력 구축
- 자기의 역할 모델 고르는 능력 획득

나타난 성과

- 희생양 역할에서 벗어나는 법을 배운다.
- 병적인 것보다 능력 있는 것을 모델로 삼는다.
- 자신의 안녕에 대한 주관적 책임감을 가진다.

한 사냥꾼이 하루 종일 허탕만 치면서 숲을 누비며 돌아다니고 있었다. 아무 것도 못 잡고 풀이 죽은 채 빈손으로 마을에 들어설 생각을 하니 어찌할 바를 몰랐다. 숲을 다 벗어날 때쯤에, 다리를 다친 멧돼지 한 마리가 있었다.

"드디어!" 사냥꾼은 생각했다. "저건 누워서 떡먹기야." 하지만 마음에 좀 걸려서 주저했다. 한편으로는 넝쿨째 굴러들어 온 호박이란 생각도 들었다. 저 놈만 잡아가면 큰 상이라도 탄 것처럼 마을이 떠들썩할 것이다. 하지만 다른 한편에서는 멧돼지에게 미안한 마음이 들기도 했다.

숲 어귀에서 그렇게 우물쭈물하고 있는데, 사자가 나타났다. 처음엔 그 놈도 돼지를 노린 것이라고 생각했다. 그러자 다시 양 갈래 마음이 일어났다. 사자가 자기가 거기 있다는 낌새를 채고 확 덤벼들면? 사냥꾼은 사자를 향해 활을 쏘겠지만, 화살이 제대로 안 맞아서 사자를 죽이지 못하면? 그래서 더 사납게 덤벼들면? 가만히 생각해 보니 꼼짝도 않고 가만히 있으면서 사자가 멧돼지한 테만 정신이 팔려 있기를 바랄 수밖에 없었다.

숨을 죽이고 가만히 보니까 사자는 금방 잡은 먹이를 입에 물고 있었다. 그 다음에 일어난 일에 사냥꾼은 아연실색했다. 사자가 자기 먹이를 멧돼지 앞에 내려놓는 것이었다. 우선 자기 배를 채우더니 남은 것을 끙끙대고 있는 멧돼지 앞에 밀어 주고는 돼지가 먹기 시작하니까, 그냥 가 버렸다.

이 광경을 보고 넋이 빠져 버린 사냥꾼은 멧돼지를 죽이지 못하고 빈손으로 마을로 돌아왔다. 다음날 어떻게 됐나 궁금해서 다시 그 자리에 가 보았다. 사 냥꾼은 사자가 먹이를 가져다주며 멧돼지를 돌보는 도저히 믿을 수 없는 광경 을 다시 목격했다.

자연은 스스로를 보호한다는 생각이 들었다. 자기가 왜 그렇게 죽어라고 자 기와 식구들 입에 풀칠을 하려고 아등바등 애를 쓰는 건가? 우주의 섭리는 늘 필요하면 다 주는데. 그는 자기 사냥감이 될 뻔했던 생물로 본보기를 삼았다.

숲 어귀에 사냥꾼은 혼자 앉았다. 여러 날들이 그냥 지나갔다. 사자도, 다른 동물들도 식량이 될 만한 건 아무것도 나타나지 않았다. 점점 더 배가 고파졌 지만, 그냥 기다렸다. 우주의 섭리가 멧돼지한테 그랬던 것처럼 자기에게도 먹 을 걸 줄 거라고 굳게 믿으면서.

기다리면 기다릴수록 점점 더 야위어 갔다. 결국엔 움직일 수도 없게 되었 다. 거의 굶어죽을 지경까지 갔을 때, 어디선가 무슨 소리가 들려왔고, 드디어 구세주가 나타난 거라고 생각했다. 숲 쪽으로 절름발이 멧돼지 한 마리가 다리 를 절뚝거리며 걸어오고 있었다. 사냥꾼은 자기가 보았던, 사자가 먹이를 먹여 주던 바로 그 멧돼지라는 걸 알아봤다.

"비쩍 말라 죽어 넘어가게 될 지경으로 여기 앉아서 도대체 뭘 하는 거요?" 그 멧돼지가 물었다.

사냥꾼은 이렇게 대답했다. "네가 힘을 잃고 앓고 있을 때 사자가 너한테 먹을 걸 갖다 주는 걸 봤어. 너처럼, 나도 우주의 섭리가 나에게 그냥 먹을 걸 주기를 기다리고 있는 거야."

"이런 바보 같은 놈을 봤나." 멧돼지는 웃음을 터뜨렸다. "왜 하필 앓고 있는 걸 따라 하는 거요? 세상이 당신한테 오기를 기다리지 마시오. 하려면 사자가 했던 것처럼 해야지."

스물일곱 번째 이야기 **지난 일은 툴툴 털어 버려**

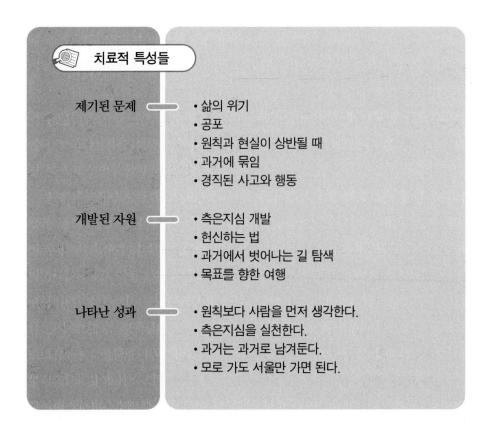

치료적 특성들

제기된 문제
- 삶의 위기
- 공포
- 원칙과 현실이 상반될 때
- 과거에 묶임
- 경직된 사고와 행동

개발된 자원
- 측은지심 개발
- 헌신하는 법
- 과거에서 벗어나는 길 탐색
- 목표를 향한 여행

나타난 성과
- 원칙보다 사람을 먼저 생각한다.
- 측은지심을 실천한다.
- 과거는 과거로 남겨둔다.
- 모로 가도 서울만 가면 된다.

수도사 둘이서 산을 넘어 수도 여행을 떠났다. 그들은 자신에 대해서 또 세상과 자신들의 관계에 대해서 더 많은 걸 알고 싶었다. 이런 목표를 지니고 유명한 스승이 영성 개발에 대한 가르침을 설파하고 있다는 먼 수도원을 찾아 떠난 것이다.

모름지기 여행이란 것이 쉽기만 한 것도 아니고, 앞으로 어떤 일이 일어날지도 모르지만, 어떤 위기가 닥쳐도 해 보리라는 신념으로 두 수도사는 길을 떠났다. 뜻밖의 일들이 생길지도 모른다는 두려움이 엄습하거나, 무시무시한 것들이 덮칠 것 같은 생각에 눌렸더라면, 자기네 수도원 밖으로 나올 생각 따윈 아예 하지 않았을 것이다. 오로지 목표에 대한 생각만으로 위기에 맞서 가며 깨달음의 여행을 할 채비를 갖추었다.

얼마 가지 않아서 첫 번째 고난이 닥쳤다. 성난 물결로 굽이치는 강이 그들의 길을 가로막았다. 어떻게 해야 제일 잘 건너갈 수 있을까 곰곰이 생각하고 서 있는데, 문득 생각을 방해하는 소리가 들렸다. 사납게 흘러가는 물소리 너머로 애달프고 절망적인 흐느낌이 들렸다. 어디서 나는 소리인지는 곧 알 수 있었다. 어떤 여자가 바위 뒤에 숨어서 슬피 흐느끼고 있었던 것이다.

"강도를 만났어요." 그녀가 울음 섞인 목소리로 말했다. "장을 보러 갔다가 식구들이 일주일 먹을거리를 사서 집으로 오던 중이었는데, 도둑들이 나를 덮치는 거예요. 음식도 다 훔쳐 가고, 칼을 들이대고 손을 들라더니 옷까지 빼앗아, 이 추운 데 날 내동댕이치고 가 버렸어요."

한 수도사가 여자를 측은히 여겨 조금도 망설이지 않고, 자기 외투를 벗어 주었다. "여기, 이거라도 입으시죠." 그는 그 옷으로 그녀의 어깨를 살포시 감싸주었다. 그러고 나서는 그녀의 마을이 어디 있는지 물었다.

"강을 건너 둑 위로 좀 가다 보면 오른쪽에 있어요." 그녀가 말했다.

그 수도사는 여자를 안전하고 물에 젖지 않게 건네주겠노라고 말했다. 그녀가 고개를 끄덕이자, 그 수도사는 그녀를 안고 강을 건너 반대편 둑으로 친절하게 그녀를 데려다 주었다. 그러고는 그 젊은 여자가 자기네 마을에 갈 때까지 함께해 주었다. 그녀에게 또 다른 나쁜 일이 일어나지 않도록. 마을 어귀에 다다르자, 그는 여행 식량으로 준비해 뒀던 것 중에 제일 먹기 좋은 음식을 골라 그녀에게 주었다. 그가 다시 가던 길을 가려고 돌아서면서도 그녀가 별 탈 없이 행복하기를 빌었다.

다른 수도사는 더 이상 불편한 속을 감출 수가 없었다. "도대체 뭐하는 짓이요?" 그는 의심의 눈초리로 물었다. "우린 금욕을 맹세했소이다. 여자의 몸에 손도 대지 않는 것은 물론이거니와, 아예 근처에도 가지 않겠다고 서약을 하지 않았소이까? 그런데 거의 벗다시피 한 여자를 들어서 안고, 강까지 건네주다니. 당신은 수도사로서 절대로 하면 안 되는 여자와의 접촉을 한 것이오."

첫 번째 수도사가 뭐라 답을 하려고 입을 떼려 했지만 그 수도사는 그럴 기회조차 주지 않았다. "게다가 당신은 그 여자를 마을까지 데려다 주었소. 그 때문에 나도 어쩔 수 없이 따라 가야 했단 말이오. 당신은 우리 여행길을 훨씬 더 돌아가게 만들었소. 그러는 동안 스승의 가르침을 얼마나 못 듣게 될지 모르오."

"무엇보다 제일 큰 잘못은 식량과 옷을 준 것이오. 여행을 하는 데 그게 얼마나 중요한 건지 모르오? 식량과 외투 없이 어떻게 수도원까지 간단 말이오? 우리 여행은 완전히 망친 거요. 이젠 영성을 개발하는 가르침을 얻을 기회는 다 놓쳐 버린 건지도 모른단 말이오."

그 수도사는 돌아오는 길 내내 쉬지 않고 자기 동료를 나무랐다. 결국 여자를 건네준 수도사가 걸음을 멈추었다. 그가 동료를 지긋한 눈으로 바라보더니 이렇게 말하는 것이었다. "적어도 나는 강을 건넜을 때, 그 여자 생각은 잊었소이다."

스물여덟 번째 이야기 **이럴 수도 있구나!**

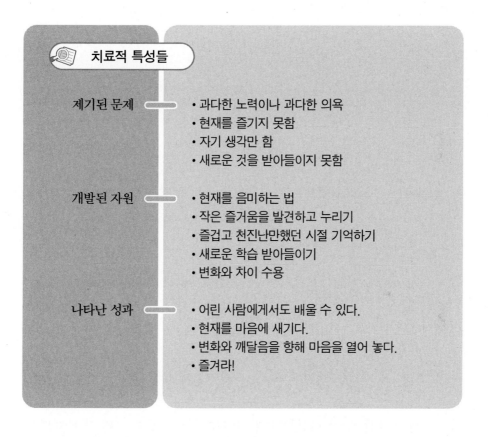

치료적 특성들

제기된 문제
- 과다한 노력이나 과다한 의욕
- 현재를 즐기지 못함
- 자기 생각만 함
- 새로운 것을 받아들이지 못함

개발된 자원
- 현재를 음미하는 법
- 작은 즐거움을 발견하고 누리기
- 즐겁고 천진난만했던 시절 기억하기
- 새로운 학습 받아들이기
- 변화와 차이 수용

나타난 성과
- 어린 사람에게서도 배울 수 있다.
- 현재를 마음에 새기다.
- 변화와 깨달음을 향해 마음을 열어 놓다.
- 즐겨라!

나의 손자 토머스가 찾아왔기에 더 좋았던, 내 생애 정말 아름다웠던 날을 떠올려 본다. 토머스가 아마 두 살쯤 되던 해 봄이었나? 하늘은 새파란 물빛으로 푸르고, 흰 구름이 둥실둥실 떠 있었다. 정원의 아름다운 꽃향기가 허공을 가르며 공기를 타고 실려 왔다. 내 손자에게서 소중한 걸 배웠던 그날이 지금도 생생하다.

나는 우리 둘이서 보낼 계획을 완벽하게 짜놓았다. 토머스를 데리고 이웃 공원으로 갈 것이다. 거기는 잔디로 싹 정돈된 깔끔한 곳이었다. 놀이터의 기구들은 알록달록하고 쇠로 되어 있는데, 거의 새 것이었다. 곧장 공원으로 가서 함께 시간을 보내고 집으로 돌아오는 게 내 생각이었다. 나한테는 모든 게 선명했다. 손자 녀석이 나에게 중요한 가르침을 줄 거라는 생각 같은 건 하지도 못한 채.

그런데 토머스는 생각이 달랐다. 토머스는 그냥 그 순간에 어떤 일이 일어나든 그걸 있는 그대로 즐기고 있었다. 공원으로 갈 이유나 목적 따윈 없었다. 미리 기대하는 것도 이뤄야 할 목표 같은 것도 없었다.

현관문을 나서 얼마 가지도 않고 토머스가 걸음을 멈췄다. 길 옆에 난 야생 데이지를 하나 꺾었다. 토머스는 색깔도 보고, 한가운데에 있는 짙은 검은 부분, 연노란색 꽃잎도 살펴보았다. 토머스는 가만히 꽃잎 하나를 똑 뗐는데 손가락에 노란 꽃가루가 묻으니까 그걸 정신없이 보고 있었다. 관심이 시들해져서야 또 발걸음을 옮겼다.

나는 얼른 손자 녀석을 공원으로 데려가고 싶어서 고 작은 손을 잡고 재촉했다. 서두르지 않으면 오후 시간은 어느새 지나가 버려 그네나 미끄럼틀을 타고 놀 새도 없을 것이다. 하지만 얼마 안 가서 토머스는 또 걸음을 멈추었다. 이번엔 민들레를 봤다. 토머스는 그걸 훅 불어 솜털 같은 씨앗이 춤을 추며 공중으로 날아가는 걸 쳐다보았다. 씨앗들은 경쾌하게 산들바람을 타고 공중으로 떠올라 날아가면서 천천히 아치를 그리고 토머스는 그걸 쫓아갔다. 한 번 더 불어 보더니 가만히 쳐다보고만 있었다. 서두르는 것도 없고 바쁜 낌새 같은 것도 없었다. 씨앗을 불 때마다 새로운 걸 느끼면서, 그러고 있느라 시간을 다 쓰고 있었다. 씨앗들이 다 날아가서 싹을 틔울 새로운 땅을 찾을 때까지 불고 또 불었다.

"자, 공원으로 그만 가자꾸나." 하고 재촉을 했지만, 이번에는 두 집 사이에 있는 공터에서 또 멈추게 되었다. 한 2, 3년 전인가, 어떤 사람이 그 땅에 잡석 같은 걸 갖다 부어 놓았었다. 오래된 벽돌들과 콘크리트 조각 같은 것들 사이로 풀들이 막 자라고 있었다. 건축물 파편들 사이에서 꽃들이 고개를 쏙쏙 내밀고 있었다.

토머스는 그걸 보더니 곧장 그리로 갔다. 뭐든 다 넘어갈 기세였다. 이제 공원 가기는 글렀다. 나는 우리가 이 오후에 뭘 해야 하는지 의문이 생겼다. 적어도 내가 생각하고 있었던 목적 말이다. 그게 토머스가 즐거운 것인지, 아니면 내가 생각하기에 토머스가 즐거울 거라고 생각한 것이었는지.

토머스는 돌더미를 기어오르기 시작했다. 이제 막 할아버지가 된 나로서는 염려스런 마음으로 그걸 지켜보고 있었다. 토머스는 반짝이는 두 눈으로 첫 번째 무더기를 응시하면서 기어올랐다. 토머스는 자기 키만큼 자란 야생 귀리 앞에서 멈췄다. 그것 한 줄기를 뽑아 들더니 껍질을 벗겨 내고는 손가락으로 씨앗을 돌돌 굴리며 그때 느낌, 모양, 딱딱함 같은 걸 느껴 보았다. 거기에 폭 빠져서 얼마 동안은 그것 말고는 아무것도 보이지 않는 모양이었다.

그러더니 다시 기어오르기 시작했다. 어떤 막대기 위에 올라섰는데 몸무게 때문에 밑으로 쑥 떨어져 다리가 돌더미 사이 틈으로 빠졌다. 당장 달려가 손자 녀석을 구해야 한다는 성급한 마음을 꾹 눌러야 했다. 뜻밖의 일이 중요한 걸 가르쳐 줄 수 있다는 걸 떠올리며 나 자신을 진정시켜야 했다. 이건 토머스가 배워 가는 과정일 뿐이다.

돌무더기를 다 올라가서 토머스는 식충 식물(trigger plant)을 보았다. 토머스는 그걸 살펴보려고 조심조심 작고 통통한 손가락을 갖다 댔다. 식물이 움직였다. 숨어 있던 수술이 토머스 손톱을 벌이 날아든 걸로 알고 나꿔채려 했던 것이다. 토머스는 깜짝 놀라 깔깔대며 웃더니 주위를 둘러보며 내가 보고 있는지 확인했다. 토머스는 꽃마다 건드려 보면서 즐거움에 겨워 미소를 지었다.

시간도, 뭔가를 해야 한다는 것도 중요하지 않았다. 드라이브도 못하고 할 일도 못한 채, 그러나 결국 토머스는 자기만의 정상에 서 있었다―거의 자기 키 두 배쯤 되는 잡석 무더기들의 산 위에. 천사 같은 얼굴에 승리감과 기쁨을 띠고, 토머스는 마치 에베레스트라도 정복한 듯했다.

처음 집을 나설 때 내게는 해야 할 일이 있었다. 난 목적을 두고 여행을 계획했었다. 내가 볼 때, 산책이라는 건 목표―공원에 있는 놀이터―에 도달하기 위한 수단일 뿐이었다. 하지만 토머스는 발견의 여행을 하고 있었다. 토머스 입장에서 볼 때 길을 걸으면서 경험하는 것을 그대로 즐기는 과정에 비하면 목적이라는 건 아무 짝에도 쓸모없는 것이었다.

부모 입장에서 생각해 보면, 아이들에게 많은 것을 가르쳐야 한다. 사실, 나는 아이들에게 선생님이 되어 주는 것이 의무이며 책임이라고 생각했다. 그 책임감이 어깨를 짓눌렀다. 할아버지의 눈으로 보면, 오히려 아이들에게서 배워야 할 게 참 많다. 여러 면에서 토머스는 내 스승이다.

우리는 공원으로 갈 필요가 없었다.

스물아홉 번째 이야기 **줄 끝에 매달렸을 때**

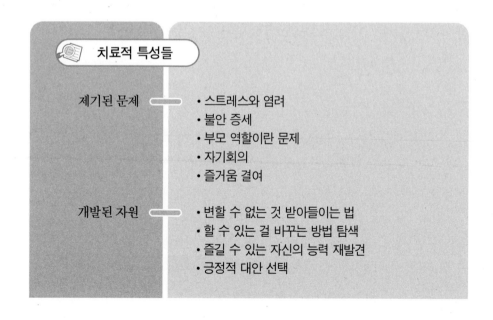

치료적 특성들

제기된 문제
- 스트레스와 염려
- 불안 증세
- 부모 역할이란 문제
- 자기회의
- 즐거움 결여

개발된 자원
- 변할 수 없는 것 받아들이는 법
- 할 수 있는 걸 바꾸는 방법 탐색
- 즐길 수 있는 자신의 능력 재발견
- 긍정적 대안 선택

나타난 성과	• 인식을 바꿀 수 있다. • 기쁨을 느껴 볼 수 있다. • 자기를 살찌우는 방법이 있다. • 스트레스는 조절된다.

처음 만났을 때, 브렌다는 이렇게 말했다. "난 줄 끝에 매달려 있어요."

홀어머니로서의 삶은 험난하다. 전남편이 해외로 가 버려 아이들과 연락도 안 되는 상태에서 재정적 지원조차 전혀 받지 못할 때는 더욱 그렇다. 브렌다는 몸이 으스러지도록 일했다. 일을 즐기기도 했지만, 한편으로는 돈도 필요했다. 말단 비서직에서 대기업 중역 개인비서까지 승승장구했다지만, 그러는 동안 얼마나 힘이 들었겠는가?

이제 십대 후반에 접어든 두 아이들도 문제였다. 아들은 자동차 사고에 벌금까지 체납해 구치소에 들어가 있었다. 딸은 약물 중독에다 대학마저도 도중에 그만 두었다. 브렌다 자신도 이해할 수 없었지만, 브렌다를 아는 사람들도 이해가 되지 않았다. 분명히 브렌다는 마음을 다해 아이들을 사랑하고 뭐가 옳고 그른지를 제대로 가르치려고 애쓰는 훌륭한 엄마였으니까. 어디서 잘못된 걸까? 뭘 더 할 수 있지? 그런 물음들로 브렌다는 자기가 잘못해서 그렇다는 느낌만 키워 가고 있었다.

스트레스와 걱정이 밖으로 드러나기 시작하더니 브렌다의 오른손에 떨림이 생겼다. 이상하게 그녀가 뭔가 쓰고 있는 걸 다른 사람들이 볼 때만 오른손에 떨림이 생겼다. 어떤 때는 쥐구멍이라도 찾고 싶은 심정이었다. 주치의도 떨림에 대한 의학적 근거는 아무것도 찾지 못했고, 그게 불안만 더 증폭시켰다. 왜 아무도 문제를 찾지 못하는 거지? 어떻게 할 수 없는 걸 알려고 하면 할수록, 염려는 더해졌고 의심과 의존감도 점점 더 커져만 갔다.

브렌다는 일도 엄마 역할도 정말 진지하게 임했는데(이 두 가지 역할은 그녀 인생의 전부라고 할 수 있었다.), 그게 스트레스를 가중시키기도 했다. 재미삼아 하는 건 없냐고 물어보았더니, 한마디로 말했다. "없어요." 재미삼아 해 보았던 건 없었냐고 다시 물었더니, 너무 오랫동안 자신만을 위한 시간을 가져 본 적이 없다고 말했다. 어렸을 때 행복하거나, 기뻤던 순간을 떠올려 보라고 했지만, 뭐 특별한 게 없었다.

브렌다는 공원에서 그네 타던 걸 기억해 냈다. 눈을 감고 가능한 또렷하게 그때 일을 떠올려 보라고 했다. 브렌다는 풀 냄새, 그네를 타고 왔다 갔다 하면서 얼굴에 스치는 바람의 느낌 같은 걸 말했다. 그녀는 그네를 누군가 밀어 주는 느낌이 정말 좋다고 말했다. 누군가 자기를 지지해 주고, 안전하게 해 주고, 기쁘게 해 주는 것처럼 특별한 뭔가를 느꼈다.

나는 브렌다에게 멈춰 있는 그네에 줄무늬 고양이가 혼자 앉아서 "누가 살짝 밀어 주는 게 필요한 때도 있지."라고 혼잣말로 중얼거리는 장면이 나오는 "가필드(Garfield)"라는 코믹 영화를 보여 주었다. 인생처럼 그네도 오를 때가 있으면, 내려올 때도 있고, 앞으로 갈 때가 있으면, 뒤로 갈 때도 있는 것이다. 그네가 가만히 있을 수도 있고, 줄이 꼬일 수도 있고, 우리 마음처럼 한결같이 움직여 주지 않을 수도 있다. 그네의 줄 길이나 바람의 세기, 뒤에서 밀어 주는 힘까지, 우리가 어쩔 수 없는 부분들이 있기 때문에 원하는 그대로 되지 않을 수도 있다. 보통은 우리가 잘 타면 탈수록 그런 것도 더 다루기 쉬워지지만, 그네가 움직이지 않으려 하기도 하고, 방향을 잃고 이리저리 흔들릴 수도 있고, 다시 제자리로 돌아올 수도 있다. 우리는 손도 까딱 안 하는데 말이다.

브렌다의 인생에서 그녀가 어찌할 수 없는 것도 있지만 어떻게 해 볼 수 있는 것도 있다. 자기 감정을 바꿔서 예전에 편안하고 아무 걱정 없던 때를 다시 돌이켜 보는 건 할 수 있는 일이니까, 근처에 그네 있는 공원을 찾아보고 매일 거기 가서 그네 타는 시간을 가져 보라고 했다.

다음 약속 시간에 와서 그녀는 이렇게 말했다. "선생님께서 왜 저에게 그렇게 하라고 하셨는지 알았어요. 누군가 이렇게 말하는 걸 들은 적이 있어요. 당신이 줄 끝에 매달리게 되면, 매듭을 짓고 그네를 만들 때가 된 것이다."

서른 번째 이야기　믿는 대로 된다

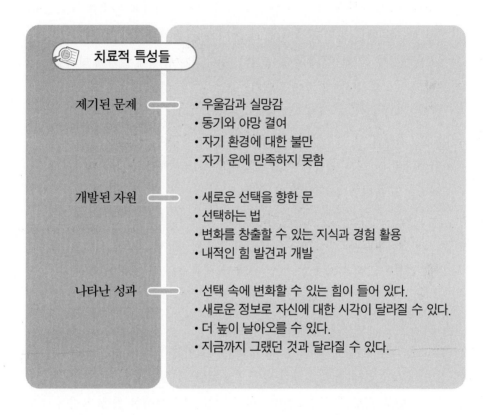

치료적 특성들

제기된 문제
- 우울감과 실망감
- 동기와 야망 결여
- 자기 환경에 대한 불만
- 자기 운에 만족하지 못함

개발된 자원
- 새로운 선택을 향한 문
- 선택하는 법
- 변화를 창출할 수 있는 지식과 경험 활용
- 내적인 힘 발견과 개발

나타난 성과
- 선택 속에 변화할 수 있는 힘이 들어 있다.
- 새로운 정보로 자신에 대한 시각이 달라질 수 있다.
- 더 높이 날아오를 수 있다.
- 지금까지 그랬던 것과 달라질 수 있다.

한 농부가 자기 재산을 낱낱이 살펴보았다. 알다시피, 꼼꼼히 살펴두고 나면 요긴하게 쓰일 때가 있다. 어느 정도인지 가늠해 보고, 계절에 따라 수확이 어느 정도가 될지 알아보고, 제대로 정돈도 해 두고. 조금만 신경 써서 그렇게 해 두고 나면 나중에 큰일이 일어나도 막을 수 있다. 주의가 필요한 것들을 잘 살펴 두면 인생도 그럭저럭 잘 굴러가게 되는 것이다. 그렇게 되면 당연히 더 행복해질 거니까, 농부는 시간만 나면 그렇게 하곤 했다.

　그러던 어느 날 하던 일을 잠시 멈추고 저 높은 나무 위에 있는 독수리 둥지를 쳐다보게 되었다. 농부는 얼마 전부터 관심을 가지고 그걸 지켜보고 있었다. 처음 본 게 몇 달 전인데 그 거대한 새가 집을 지을 곳에 잔가지들을 물어 나르고 있었다. 가끔씩 위로 올라가 어느 만큼 지었는지 살펴보기도 했다. 물론 집 짓는 데 방해가 되지 않을 만큼만. 독수리가 안전하게 둥지를 틀고 들어 앉는 걸 보았을 때는 농부도 신이 났고, 언제쯤 알이 깰까 학수고대했다.

　어느 날이었다. 기가 막힌 일이 생겼다. 독수리가 둥지에 없기에 찾아보았더니 근처에서 총에 맞은 채 죽어 있었다. 궁금하기도 하고 염려도 되고 해서 나무 위로 올라가 봤다. 둥지에 알이 하나 있었다. 농부는 조심스레 알을 들고 나무 아래로 내려와 헛간에 있는 암탉의 품속에 몰래 밀어 넣었다.

　암탉이 품었던 다른 알들과 함께 드디어 독수리새끼도 알에서 깨어났다. 독수리새끼는 닭들이랑 같이 자라면서 그냥 자기가 좀 이상한 닭이라고만 여겼다. 모이를 주워 먹으려고 땅바닥이나 긁고, 벌레나 찾아다니고, 아무 생각 없이 꼬꼬댁거리기나 하면서 시간만 죽이고 있었다. 어제 그랬던 것처럼 오늘도 똑같이 그러면서, 독수리는 늘 그렇고 그런 세월들을 몇 년이나 보냈다. 자기가 누군지, 뭔지에 대한 개념조차 없었다. 거기 그렇게 있는 한, 자신을 발견한다는 건 있을 수 없는 일이었다.

　어느 날 으스스한 검은 그림자 하나가 헛간 앞마당에 드리웠다. 독수리는 겁에 질려 닭들이 있는 곳으로 풀쩍 날아 들어갔다. 위를 올려다 보니 커다란 새한 마리가 별로 힘도 안 들인 채 따스한 공기를 타고 우아한 원을 그리며 날개를 쫘악 펼치고 미끄러지듯 날고 있었다. 그 거대하고 힘찬 새의 모습에 넋이 빠져 닭들에게 물어보았다. "저게 뭐니?"

　닭들이 말했다. "저게 바로 새들의 왕이잖아. 하늘을 다스리는 독수리야. 우린 닭이고. 우린 땅에서나 살지 뭐."

　독수리는 고개를 들어 그 새를 보고는 자기와 비슷하다는 걸 알았다. 닭들을 봤다. 생전 처음으로 자기와 닭들이 얼마나 다른지 보았다. 독수리를 보고 나서야 새로운 걸 알았다. 여태껏 해 왔던 게 바뀌었다. 새로운 걸 알게 되니까 새로운 기회도 열렸다.

독수리는 이제 선택을 할 수 있다. 그냥 닭으로 앞마당 닭장에서 살다가 죽을 수도 있고, 날개를 펼치고 비행기술과 힘을 가지고 새들의 머리 위에서 당당하게 날 수도 있다.

서른한 번째 이야기 **나의 아버지: 문제에서 해결까지**

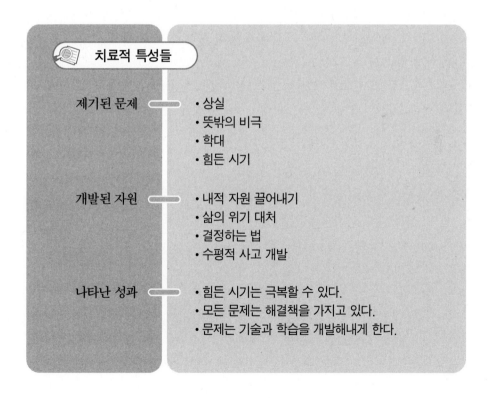

치료적 특성들

제기된 문제
- 상실
- 뜻밖의 비극
- 학대
- 힘든 시기

개발된 자원
- 내적 자원 끌어내기
- 삶의 위기 대처
- 결정하는 법
- 수평적 사고 개발

나타난 성과
- 힘든 시기는 극복할 수 있다.
- 모든 문제는 해결책을 가지고 있다.
- 문제는 기술과 학습을 개발해내게 한다.

아버지는 자기 자신을 두고 "팔방미인이면 제대로 하는 게 하나도 없다."는 식으로 말하곤 한다. 아버지는 졸업장도 없고 변변한 자격증도 하나 없다. 아버지는 현장에서 인생을 배운 산 경험으로 대학을 나온 것(University of Hard Knocks)[1]이라고 말씀하신다.

아버지는 20세기 초에 태어났고, 식구가 열셋이나 되는 대가족 중의 한 사람이었다. 이 정도 대식구면 먹고 사는 것만도 보통 문제가 아니니 교육 문제는 자기가 알아서 해야 했다. 그래서 어린 시절 아버지는 학교 책상에 앉아 있는 것보다 석탄 탄광에서 일하는 시간이 더 많았다.

열일곱 살이 되자, 증기선을 타고 영국에서 호주로 건너왔다. 쉽지 않은 삶이었다. 농장 일꾼으로 일을 시작했는데, 거의 노예 같은 대접을 받았다. 그때는 학대라는 말도 별로 쓰이지 않을 때여서 아버지가 받았던 대우를 표현할 말은 없었지만, 아버지의 정신력은 끄떡도 하지 않았고 한 발 한 발 혼자 서는 법을 배워 가고 있었다.

아버지는 얼마 안 되는 품삯을 모아서 작지만 그림 같이 예쁜 땅을 사서 밭으로 개간할 수 있었다. 돌도 치우고, 땅을 갈아서 곡식도 심고, 밭을 일구었다. 아버지의 모든 노력이 보상받는 듯했다.

드디어 무지개를 거의 다 잡았다 싶었을 바로 그때, 그 지역에 불이 나 버렸다. 불은 아버지의 곡식을 다 태우고 아버지의 집을 무너뜨려 버렸다. 아버지는 죽을 힘을 다해 일해서 힘겹게 얻은 모든 걸 잃어버렸다. 빚더미와 슬픔만 안고 아버지는 그 땅을 떠나 도로 보수반에서 일을 하게 되었는데 깎아지른 듯한 연안 절벽을 뚫어 고속도로를 건설하는 일이었다. 그 일을 하다가 아버지 친구 분이 몇 명이나 죽었다. 일에 비해서는 턱도 안 되는 보수라, 아버지는 뱀을 잡아 꼬리를 움켜쥐고는 등을 갈라서 채찍 같은 껍질을 벗겨 멋진 뱀가죽

---

1) 미국에서는 정규교육을 많이 받지 못하고 오히려 삶의 현장에서 실패와 인생경험을 통해서 배운 사람을 Hard Knocks 대학 출신이라고 떳떳하게 말한다(역자 주).

허리띠를 만들어 팔았다.

　이런 식의 무궁무진한 이야기들 중에서 아버지는 신혼여행 중에 일어난 일을 이야기해 줄 때 가장 신나했다. 아버지와 엄마는 언덕의 휴양지에서 결혼식을 올렸다. 길에서 지칠 대로 지친 몸으로 아버지가 손수 지으신 집으로 돌아가려고 차로 돌아왔는데, 타이어에 펑크가 났다. 아버지는 이미 돈을 몽땅 다 써 버렸다. 오던 길로 다시 몇 마일이나 돌아간다 해도, 새 타이어를 살 돈은 고사하고, 펑크난 곳을 떼울 돈도 없었다. 게다가 신사 체면에 엄마를 혼자 이런 외진 길에 두고 갈 수도 없는 노릇이었다.

　그 대신, 아버지는 펑크 난 타이어를 빼고 갓길 보호대 너머로 가서 농장에서 자라고 있는 밀 줄기를 한 아름 모아 왔다. 그걸 차로 들고 와서, 타이어 속에 단단하게 싸매고, 차에 다시 바퀴를 끼웠다. 결국 차는 천천히 움직여 아무 탈 없이 집으로 올 수 있었다. 아버지는 이렇게 말씀하시곤 한다. "문제는 해결책을 찾을 수 있도록 돕는 방편이 되는 거란다."

 연습문제

　　공책에다 자기 생각을 은유로 재구성한 것들을 기록해 두라. 그런 아이디어 자원들을 찾아보라. 어디에서 찾을 수 있는가? 내담자가 해 준 이야기 속에 있는가? 내담자들이 이룬 결말에 들어 있는가? 자기 경험 속에, 아니면 자기가 살면서 배운 것 속에 있는가?

　　이런 이야기를 통해, 아래와 같은 것을 넣어서 재구성한 은유를 여러분의 것으로 구조화해 보라.

1. 문제나 위기를 만난 주인공
2. 주인공이 가지고 있거나, 개발해야 하거나, 위기를 극복하는 데 필요한 자원들
3. 위기를 인식하고 거기에 대처할 새로운 가능성을 향해 열린 결말

제7장
행동 양식 바꾸기

치료의 일반적인 목표는 문제가 있는 특정 행동 양식을 바꾸는 것이다. 두려운 대상과 만났을 때 당황스러워하거나, 타인을 만나면 위축되거나, 교육상 또는 사업상 모임에서 이야기를 할 때 너무 불안해지는 등의 회피형 행동을 보이는 사람이 있고, 담배나 음식, 약물, 도박 같은 바람직하지 못한 약물이나 대상에 강박적으로 중독되는 식의 접근형 행동을 나타내는 사람이 있다. 배우자나 아이, 상사 등과의 관계에서도 다양한 행동 양식이 있을 수 있다.

내담자들이 바람직한 행동 변화를 획득할 수 있도록 해 주는 여러 행동적, 전략적 접근법들이 개발되면서 행동을 바꾸는 것이 제대로 연구된 핵심적인 심리치료 개입의 목표로 오래도록 자리 잡아 오고 있다. 그 덕분에 치료사들이 변화를 위한 은유에 손쉽게 적용할 수 있도록 해 주는 실증 기반의 자료들이 많다.

이 장에 나오는 결과 지향적 이야기들은 내담자가 개선하고, 변화 과정의 본보기로 삼을 수 있는 수단을 제공하기 위한 것이다. 이 장에서는 또한 내담자가 현실적인 결과를 달성하기 위해 시도하는 행동을 밝히려고 한다.

서른두 번째 이야기 **오직 최고만을**

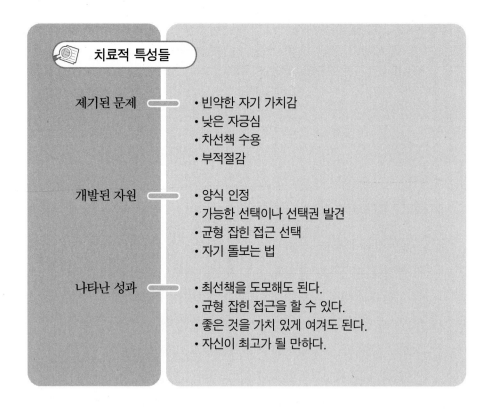

치료적 특성들

제기된 문제
- 빈약한 자기 가치감
- 낮은 자긍심
- 차선책 수용
- 부적절감

개발된 자원
- 양식 인정
- 가능한 선택이나 선택권 발견
- 균형 잡힌 접근 선택
- 자기 돌보는 법

나타난 성과
- 최선책을 도모해도 된다.
- 균형 잡힌 접근을 할 수 있다.
- 좋은 것을 가치 있게 여겨도 된다.
- 자신이 최고가 될 만하다.

몇 년 전 유명한 와인 감식가의 인터뷰를 읽은 적이 있다. 그 사람은 별로 좋지 않은 와인을 마서 봐야 한다는 생각을 가진 적이 있었다고 말했다. 그는 이류라도 맛보라고 한다. 때로는 싸구려도 맛보라. 그러면 진짜 좋은 와인을 맛보았을 때 그 차이를 제대로 알 수 있을 거라고 했다.

나는 치료사들이 '태운 고기 증후군(burned-chop syndrome)'이라는 말을 하는 걸 들은 적이 있는데, 늘 차선의 것만 맛보고 타의 추종을 불허하는 진짜 좋은 와인은 절대 먹어 보지 못하는 사람들을 두고 하는 말이다. 이 말은 요리사가 요리를 하다가 자기가 먹으려고 고기 한 덩이를 태운다는 이야기에서 나왔다.

태운 고기 증후군으로 보이는 사람들은 절대로 스스로를 위해서는 최고의 고기를 취하지 않고, 다른 사람들과 그걸 나누려고 하지 않는 경우도 허다하다. 그들은 '누군가 이걸 먹어야 한다면, 내가 먹는 게 나아.'라는 생각을 한다.

태운 고기 증후군은 어떤 면으로 보면, 자신을 일단 제쳐두고 하찮게 취급하는 사람들의 행위를 정의하는 명쾌한 방식이 되기도 한다. 어쨌든, 이는 자신을 돌보는 방식에 대한 중요한 뭔가를 표현하고 있다.

한번은 와인 양조장에 간 적이 있었는데 사람들마다 와인을 다루는 방식이 서로 다르다는 것이 상당히 흥미로웠다. 와인 저장실 한쪽에 있는 탁자에 몇 명이 앉아 있는데 그 사람들은 죽치고 앉아서 몇 시간 동안이나 도수가 제법 높은 술을 마시고 있는 것 같았다. 탁자 위에는 병들이 줄 지어 놓여 있었는데, 벌써 몇 개는 비어 있었고, 반쯤 빈 것도 있었다. 그 사람들은 즐겁게 떠들어대고 소리도 높여 가면서, 시험을 다 끝내고 맥주를 들이키는 학생들처럼 와인을 마시고 있었다.

그걸 보고 있는 동안 작은 버스 한 대가 와인 클럽에서 오는 사람들을 태우고 왔다. 그 사람들은 스테인리스 스틸 바구니 두 개와 차가운 물이 담긴 병을 몇 개 들고 왔다. 그 사람들은 잔도 양조장에 있는 플라스틱 잔을 쓰는 게 아니라 자기네 것을 들고 왔다. 와인 저장실 직원이 종류대로 시식을 할 수 있도록 해 주고 와인 특징에 대해서 늘 하는 말을 장황하게 늘어놓는 동안, 그 사람들은 불빛이 희미하게 비쳐 나오는 저장실에서 나왔다. 그 사람들은 불빛에 잔을 갖다 대보고 와인 빛깔이나 점도 같은 깊이 있는 이야기들을 나눴다. 이런 감각적 경험을 완전히 다하고 나서야 자리를 옮겨 향도 맡아 보고 좀 더 긴 이야기를 나누려고 자리를 잡고 앉는 것이었다. 드디어 와인이 입 속으로 들어가니까, 그대로 머금었다가 꼴깍 삼키는가 싶더니 스테인리스 스틸 바구니 안에 뱉어 버렸다. 그 사람들은 그리고 나서 다시 잔을 씻어 내고 다른 와인을 맛보기 전에 입도 헹구어 냈다.

그 바(bar)에는 이 두 무리의 사람들 사이에 앉아 있는 한 쌍이 있었다. 그 사람들도 자기들 잔을 들고 와인 빛깔도 살펴보았지만, 밖으로 나가지는 않았다. 그들은 몇 마디 분위기 있는 말로 와인의 감미로움을 음미하고 있었고, 입 속에 와인을 잠시 머금고 있다가 삼키기도 했다.

내가 흥미를 느낀 것은 이 세 무리의 사람들이 하나의 사물과 하나의 상황에서 너무나 다르게 접근하고 있는 것이었다. 고기 덩어리처럼 와인도 똑같다. 그 사람들이 그걸 다루고 자신을 어떻게 대접하느냐 하는 것에 차이가 있는 것이다. 첫 번째 사람들은 맛도 보지 않고 그냥 마셔대기만 하고 있었다. 두 번째 사람들은 마시지는 않고 맛만 보았는데, 그 반면 세 번째 사람들은 맛도 보고 적당히 마시기도 했다.

와인을 마시거나 고기를 고르는 방법을 선택하는 것에 정도는 없을 것이다. 서로 다른 선택을 하는 것은 개인적인 흥미와 특성 때문이니까. 하지만 고르는 방법에도, 다른 사람들을 불쾌하게 하거나 상처 입히지 않으면서 자신을 좀 더 보살피고 자기를 좀 더 교육시키는 더 나은 방법은 있을 것이다.

가끔은 안 좋은 와인도 마셔 봐야 정말 좋은 걸 마셨을 때 그 가치를 제대로 알 수 있다고 했던 와인 감식가의 인터뷰는 그걸로 끝나는 게 아니었다. 그다음에 그는 자신의 수명이 정해져 있다는 생각을 하니까 계산을 하게 되더라고 했다. 기껏 마셔 봐야 앞으로 와인 8,000병, 기껏 먹어도 스테이크 2,500개, 아무리 열정적이라 해도 5,000번 정도 사랑을 나눌 수 있다는 계산이 나왔다. 그렇다면 말이 달라진다. "지금부터," 그는 말했다. "매 순간 최고를 누릴 겁니다."

서른세 번째 이야기 **앎의 시작**

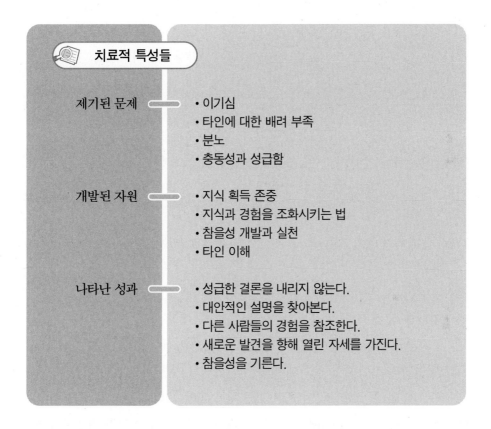

치료적 특성들

제기된 문제
- 이기심
- 타인에 대한 배려 부족
- 분노
- 충동성과 성급함

개발된 자원
- 지식 획득 존중
- 지식과 경험을 조화시키는 법
- 참을성 개발과 실천
- 타인 이해

나타난 성과
- 성급한 결론을 내리지 않는다.
- 대안적인 설명을 찾아본다.
- 다른 사람들의 경험을 참조한다.
- 새로운 발견을 향해 열린 자세를 가진다.
- 참을성을 기른다.

네 명의 철학도들이 조그만 시골 마을에서 하룻밤을 지내게 되었다. 먼 도시로 차를 타고 가고 있는데, 차가 그만 고장이 났다. 그 마을에는 정비공이 한 사람밖에 없었는데, 그마저도 다음 날 결혼식이라 이틀 동안 일을 할 수가 없었다. 학생들이 너무 풀이 죽어 있으니까, 그 정비공이 학생들을 결혼식에 초대했다. 그래서 마을 사람들 모두 결혼식에 참석하게 되었다.

그 마을 토박이인 정비공은 어렸을 적부터 마음에 두고 있었던 사람과 결혼을 했다. 두 사람은 이 외진 작은 마을에서 태어나고 자라서 한 번도 다른 곳에 가 본 적이 없었다. 결혼 축하연에서 신랑은 네 학생들이 하는 이야기를 듣게 되었다. 그 학생들이 자기는 한 번도 들어 본 적 없는 권위와 지식에 대해 이야기를 하고 있었다. "그런 걸 어디서 배웠어요?"라고 물었다.

"우린 도시에 있는 대학에 몇 년이나 다닌 걸요." 학생들이 대답했다. "몇 년 동안이나 공부도 했어요. 혼자서 연구도 하고, 학생들도 가르쳐요. 지금도 우리 연구와 아이디어에 대한 논문 발표 때문에 회의에 참석하려고 가던 중이었어요."

신랑은 귀가 솔깃했다. 학생들과 학생들이 알고 있는 것에 대해 생각하다가 첫날밤이 지나가 버렸다. 아침이 되어, 그는 신부에게 도시로 가야겠다고 했다. 그는 지식이라는 게 빵 한 덩어리 사는 것처럼 간단한 거라고 생각하고는 얼른 돌아올 거라고 했다.

몇 주가 지나면서 그는 자기 공부에 푹 빠지게 되었다. 몇 주가 몇 달이 되고, 몇 달이 몇 년이 되었다. 지식에 대한 욕구에 사로잡혀, 아내와 시골 마을 같은 건 완전히 잊어버린 채 20여 년이 그냥 흘러가 버렸다.

그러다가 집 생각이 자꾸 나기 시작하더니 더 이상 참을 수 없을 정도가 되었다. 그는 결심했다. 자기의 지식을 가지고 마을로 돌아갈 때가 되었다고. 집으로 돌아가던 길에 어느 농가에서 하룻밤 신세를 지게 되었다. 나이가 지긋한 농부가 그 사람의 짐보따리에 들어 있는 많은 책을 보더니 이렇게 물었다. "당신은 많이 배운 사람이군요?" 학위도 몇 개나 있고, 논문도 여러 개 출판을 했고, 대학교수 자리도 이미 잡아 놓은 터라 자신에 차서 고개를 끄덕거렸다.

"거 참 잘 됐군요." 농부가 말했다. "나는 오래도록 앎의 시작이 뭔지를 말해 줄 사람을 찾고 있었다오."

학식 높은 학자가 된 정비공이 배운 밑천을 다 드러냈지만 결국엔 모른다는 대답을 해야 했다. 농부는 그를 빤히 쳐다보더니 이렇게 말했다. "그 답을 내가 줄 수 있을 것 같구려."

"제발 말씀해 주십시오." 안달이 난 남자가 말했다.

"쉬운 일은 아니지요." 농부가 답했다. "그 물음의 답을 이해하려면, 식견과 경험을 두루 갖추고 있어야 한다오. 필요한 걸 얻으려면 우리 농장에서 한 해 일을 해야 할 것 같은데, 그렇게 한다면 내 답을 일러 주리다."

학자는 알고 싶다는 생각에 사로잡혀 버렸다. 다음 해 열두 달을 꼬박 열심히 보수도 한 푼 받지 않은 채 일했다. 드디어 그 모든 시간을 다 보내고 마음에 품고 있었던 물음을 농부에게 던졌다. "제가 열두 달 동안 일을 하면 앎의 시작이 뭔지 말씀해 주신다고 하셨지요? 약속한 걸 다 했습니다. 이제 답을 말해 주시지요."

"간단한 거라오." 늙은 농부가 말했다. "앎의 시작은 바로 인내요."

학자는 화가 치밀어 올랐다. "나는 일 년을 아무 조건도 없이 당신 밭에서 일만 했는데." 그는 고래고래 소리를 질렀다. "그런 답은 나도 할 수 있겠소."

농부는 그를 만류하고 하던 말을 이어 나갔다. "그렇소. 그러나 당신은 몸으로 그걸 알아야 했소. 배운 걸 기억하시오. 앎의 시작은 인내라는 것을."

그런 말에 속아서 일 년이란 시간 동안 돈 한 푼 받지 않고 일을 해 준 것에 화가 치민 학자는 미친 듯 날뛰다가 자기 마을로 돌아왔다. 그 농부가 자기를 속였다는 것에 분이 터져 올랐고, 거기에 속은 자기한테도 화가 났다.

집이 가까워지면서 그는 열린 창문 사이로 기막힌 장면을 보게 되었다. 어느 잘 생긴 남자가 자기 아내를 안고 있는 게 아닌가! 순간 치밀어오르는 화를 참지 못해 그는 발을 돌려 뒷마당 창고로 갔다. 그는 선반에서 낡은 총을 꺼내 장전을 시키고 아내와 아내의 정부로 보이는 그 남자를 쏠 준비를 했다.

집 쪽으로 몸을 확 돌리는데, 늙은 농부의 말이 생각났다. "앎의 시작은 인내라는 걸 잊지 마시오." 인내, 그는 생각했다. 그래, 참자. 우선 그렇게 생각을 하자. 그는 다시 몸을 돌려 선반에 총을 올려놓고 맥이 풀려 터덜터덜 동네 선술집으로 내려갔다. 생각할 시간이 필요했다.

이미 20년이 넘는 세월이 지났으니 그를 알아보는 사람은 아무도 없었다. 옳다구나 싶어서, 그는 옛 친구들에게 모른 척하고 자기 아내에 대한 걸 물어보았다.

"그 여자 말이오? 결혼 바로 다음날에 남편한테서 버려진 여자라오. 얼마나 힘들게 살았는지 몰라요. 아, 그런데도 글쎄 정절을 지키면서 첫날밤에 생긴 아들을 얼마나 잘 키워 놓았는지. 아들이 잘돼서 지금은 우리 마을에서 존경을 한 몸에 받는 선생이 되었다오."

"호랑이도 제 말하면 온다더니." 한 사람이 말했다. "저기 오네요!"

잘 생긴 젊은이가 술집으로 들어섰다. 학자는 다시 한 번 뒤통수를 얻어맞은 듯했다. 그 젊은이는 바로 자기 아내를 안고 있던 바로 그 남자였다. 홧김에 일을 저질렀다면, 자기는 아들과 아내를 죽일 뻔했던 것이다. 그들을 향했던 분노가 사그라졌다. 늙은 농부에게 향했던 분노도 사라졌다. 그 농부는 정말로 귀중한 가르침을 주었던 것이다. 인내가 앎의 시작인 것이다.

서른네 번째 이야기　　**모순을 알고 활용하라**

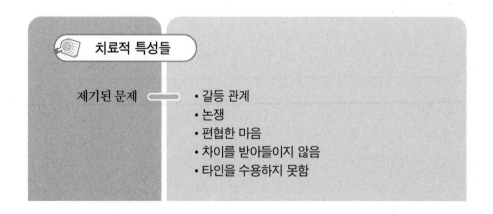

개발된 자원	• 차이 수용
	• 경청
	• 불합리 인정
	• 웃어넘김
나타난 성과	• 우리는 저마다 다르다.
	• 차이를 감내한다.
	• 차이를 즐긴다.
	• 문제를 재미나 자원으로 돌릴 수도 있다.
	• 견해 차이가 있을 수도 있다.
	• 반목하지 말고 함께 웃는다.

내게는 자기 결혼생활도 기꺼이 이야기해 줄 수 있다는 친구가 있다. 그 친구는 유능한 부부상담가인데, 이 이야기를 들으면 왜 그런지를 알 수 있을 것이다. 이 이야기는 누구라도 다른 사람과의 관계에서 위기를 겪을 수 있다는 걸 보여 줄 수 있을 것이다. 결혼이란 서로 다른 두 사람이 만나는 것이다. 서로 비슷하니까 끌리는 것만큼 서로 다른 점에서 끌리기도 마련이니, 같은 것에 대해 서로 다른 태도를 가지게 되는 경우도 종종 있을 수 있다.

칼 로저스(Carl Rogers)가 관계에 몰입해 있을 때, 우리가 인간으로서 누릴 수 있는 엄청난 다양성은 무척 흥미롭다는 말을 한 적이 있다. 우리는 발걸음을 멈추고 석양을 바라본다. 매일 밤 다르니까. 구름 낀 하늘부터 맑은 하늘까지 하늘의 다양한 모습을 사랑한다. 시시각각 변하는 색조에 우리는 위압당한다. 그런데 관계에 있어서는, 상대가 늘 똑같기만 바랄 때가 너무 많다. 어떤 때는 늘 한결같기를 원하기도 한다. 그러니까 관계라는 건 살면서 만나게 되는 가장 큰 위기 상황 중의 하나인 것 같은데, 내 동료가 바로 그런 상황에 처하게 된 것이다.

그는 아내와 말다툼이 잦았다. 서로가 얼마나 사랑하는가, 서로에게 얼마나 헌신적인가 하는 것은 의심할 여지가 없는 사람들이었다. 두 사람은 그냥 생각 차이가 있었을 뿐인데 상대방의 입장을 받아들일 수도, 그리고 싶지도 않았던 것이다. 아무것도 아닌, 어쩌면 말도 안 되는 것일지도 모르는 문제인데도 두 사람은 한 시간 넘게 고함을 질러대며 팽팽한 대립 속으로 빠져들었다.

내 친구와 아내는 낡은 철사 옷걸이 두 개 때문에 이러쿵저러쿵 토닥대고 있었다. 내 친구는 그걸 버리지 않으려고 했다. 언젠가 쓰일 날이 있을 테니까. 아내는 버리고 싶어 했다. 아내 입장에서는 집을 깨끗이 하는 게 더 중요한 일이었다. 한 시간이나 화를 버럭버럭 내다가 두 사람은 문득 자기들이 말도 안 되는 걸로 언쟁을 벌이고 있다는 걸 깨닫게 되었다. 그러고 나서 중요한 변화가 생겼다.

이건 부부가 서로 다른 생각을 가지고 있느냐 아니냐 하는 그렇게 큰 문제가 아니다. 이런 문제들은 어쩌면 당연히 생길 수밖에 없을지도 모른다. 더 큰 문제가 되는 것은 그런 일이 일어났을 때 그 생각의 차이를 가지고 무언가를 하느냐 하지 않느냐 하는 것이다.

내 동료와 그의 아내는 그 말다툼을 가지고 두고두고 서로 타박하지는 않았다. 다른 싸움에서 그 말다툼을 또 끄집어내서 무기로 쓰지도 않았다. 두 사람은 그 말다툼을 마음에 꽁 하니 담아 두고 상대가 자기를 제대로 이해해 주지 않는 거라는 생각을 하지는 않았다. 그렇다고 아무 일도 없었던 것처럼 잊으려고 하지도 않았다. 일이 생긴 건 사실이니까. 그 대신 두 사람이 좀 삐걱거린다 싶을 때면 그 말다툼을 떠올려 그쯤에서 그만두게 만드는 아주 훌륭한 타산지석으로 삼았다.

"지금도 말다툼이 생긴다 싶으면, 우린 둘 다 '옷걸이'라고 말하면 돼." 내 친구가 말했다. "그러면 둘이서 막 웃게 된다니까. 웃는 얼굴에야 어떻게 침을 뱉어?"

서른다섯 번째 이야기 **마을 전체를 변화시킨 작은 행동**

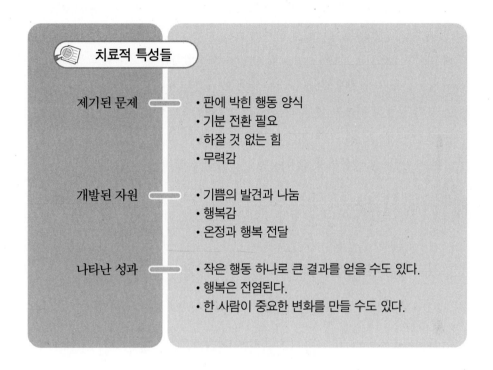

치료적 특성들

제기된 문제	• 판에 박힌 행동 양식 • 기분 전환 필요 • 하잘 것 없는 힘 • 무력감
개발된 자원	• 기쁨의 발견과 나눔 • 행복감 • 온정과 행복 전달
나타난 성과	• 작은 행동 하나로 큰 결과를 얻을 수도 있다. • 행복은 전염된다. • 한 사람이 중요한 변화를 만들 수도 있다.

나는 아이를 학교에 태워 주면서, 작은 행동 하나로 마을 전체를 완전히 바꾸어 놓은 사람을 만났다.

나이가 지긋한 이 신사는 새로 온 교통안전요원이었다. 차를 몰고 그 옆으로 지나가는데, 그 사람이 마치 잘 아는 친구처럼 나에게 손을 흔들었다. 입가에 함박 미소를 머금고. 이틀 동안이나 혹시 아는 사람인가 싶어서 곰곰이 생각해 보았다. 아무리 생각해 봐도 아니었다. 그 사람이 나를 다른 사람으로 착각한 거라고 생각했다. 분명히 그 사람과는 모르는 사이라는 걸 알고 나서도, 우리는 매일 아침 서로 따스하게 웃으며 손을 흔들었다.

그러던 어느 날 수수께끼가 풀렸다. 횡단보도로 다가가다가 학생들이 길을 건너는 동안 줄지어 기다리던 차들 뒤에 나도 멈췄다. 학생들이 반대편 인도로 안전하게 다 건너가자, 그 사람이 깃발을 내리고 차들에게 지나가라는 수신호를 했다. 그때 그가 맨 앞 차를 보고 나에게 그랬던 것처럼 웃으며 손 흔드는 걸 보았다. 첫 번째 차에 탄 아이들이 그 사람과 푸근한 아침 인사를 나누었다. 아이들은 벌써 차창을 내리고 몸을 내밀고 자기들에게 손을 흔들어 답하는 걸 기다리고 있었다. 두번째 차도 똑같은 인사를 받았다. 그 사람은 지나가는 차마다 똑같이 인사를 했다.

나는 이 사람의 행동이 아침에 출근하는 사람들에게 어떤 영향을 미치게 되는지를 보았다. 한 사람도 빠짐없이 그에게 답을 했다. 그 사람들은 어떤 기분일까 궁금했다. 한 낯선 사람의 온정어린 친절이 아침을 어떻게 다르게 했나? 내 경우에는 일면식도 없는 친구의 인사로 생기는 그 기쁨을 아침마다 기대하게 되었다. 그 사람의 명랑함이 내 하루의 시작을 따스하게 해 주었다. 작은 행동 하나로—따스하게 손을 흔들며 웃는 얼굴로—그 사람은 타인의 행동을 변화시켰을 뿐만 아니라, 내 생각에는 기분도 바꿔 주고, 마을 전체를 다 바꾼 것 같다.

서른여섯 번째 이야기 **늘 그랬던 대로 그렇게만 한다면**

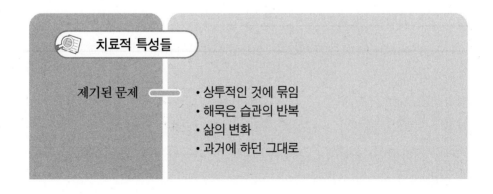

치료적 특성들

제기된 문제 ── • 상투적인 것에 묶임
• 해묵은 습관의 반복
• 삶의 변화
• 과거에 하던 그대로

개발된 자원	• 해묵은 습관에 대해 의문을 가지는 법
	• 할 수 있는 선택 찾기
	• 과거와 이별하기
	• 변화 창출
나타난 성과	• 변할 수 있다.
	• 과거에서 벗어난다는 건 새로운 미래를 구축하는 것이다.
	• 변화에 대비한다.
	• 선택할 수 있는 전혀 새로운 세상이 우리 앞에 놓여 있다.

늘 하던 대로만 한다면, 늘 얻던 그만큼밖에 얻을 수 없을 것이다. 데이브는 그 말 속에 있는 진리를 나에게 남겨 주었다. 평일이면 늘 그랬듯이, 데이브는 아침 6시 30분에 알람을 끄고, 찻물을 끓이고, 식탁에 앉아 차와 함께 아침을 준비한다. 그는 아내에게 차를 가져다주고 아내가 일어나는 동안 면도하고 샤워를 한다. 어릴 때부터 좋아해서 매일 먹는 시리얼을 아침으로 먹고 7시 53분에 버스를 타고 다른 직원들이 오기 전에 회사로 가는 모범 사원이다.

25년이 넘도록 그는 똑같이 출근했고, 맡은 일은 더 늘어나고 월급도 올랐지만, 여전히 똑같은 일, '책상 위로 서류를 내미는 것'을 한다고 말했다. 점심시간이면 정확하게 오후 1시에 회사를 나서서 늘 가는 카페에 1시 7분에 들어서면 미리 주문해 놓은 치킨 샐러드와 커피가 늘 앉던 자리에 놓여 있다.

주말에 하는 일에 대해서도 이야기를 하는데, 알람을 토요일 아침 7시 30분에 맞춰 놓고 잠자리에 든다고 했다. 찻물 끓이고 면도하고 샤워하고 나서, 부부는 쇼핑을 갔다 오고, 그다음부터 남는 시간은 집 주변을 그냥 오락가락하며 보낸다.

"일요일에는 뭐하세요?" 내가 물었다.

"아, 예. 늘 외출합니다." 그가 대답했다.

터널 저 끝에 보이는 불빛처럼 이거다 싶어서 내가 물었다. "어디로 가죠?"

"아, 예. 제가 제일 좋아하는 카페로요." 그가 대답했다. "치킨 샐러드 샌드위치랑 커피 마신다는 거기요."

내가 보기에 데이브가 우울한 기분을 느끼는 건 당연한 거였다. 하던 대로만 하면, 늘 얻었던 대로만 얻을 것이라는 원칙을 데이브는 여실히 보여 주는 듯했다. 우리가 어떻게 하면 그가 경험하고 느끼는 방식을 바꿀 수 있을까 탐색하는데, 데이브는 주저하기도 하고, 불안정해하고, 두려움까지 약간 느꼈다. 지금까지 해 오던 게 익숙하기도 하고 삶을 안정감 있게 별 요동 없이 해 주었기 때문에 그것은 당연한 결과다. 지금까지 해 오던 대로 하면, 전혀 생각지도 못한 일로 생길 위험을 감수하지 않아도 되지만, 다른 한편으로는 기쁨을 만끽할 수는 없다.

이런 변화의 과정에 돌입하기 위해 그가 내디딜 작은 단계들을 이야기하면서, 데이브는 몇 가지 안을 내놓았다. 하지만 변화는 자기 나름의 보조에 맞아야 한다는 걸 알고 있었다. 버스를 좀 더 일찍 타고, 카페에서 다른 자리에 앉는 등 아침에 하던 일들을 얼마든지 바꿀 수는 있어도, 회사에 튀는 색깔 양말을 신고 가고, 어떤 날은 좀 늦게 출근도 하고, 다른 카페에도 가 보라는 내 생각에는 정색을 하고 거절했다. 적어도 처음에는 그랬다.

자기가 정말로 하고 있는 일을 즐기고 있는 건지, 아니라면 그걸 어떻게 달리 할 수 있는지를 검토해 보면서, 데이브는 좀 더 긍정적인 감정을 느끼기 시작했다. 얼마 지나지 않아 데이브와 이내는 새로운 찻집을 찾았고, 다른 음식도 먹어 보고, 일요일 낮에는 교외로 드라이브도 나갔다. 어느 날 내게 온 편지들을 훑어보고 있는데 데이브와 아내가 해변의 어느 작은 마을에서 너무나 즐겁게 보낸 주말에 대한 이야기를 담은 엽서가 날아와 얼마나 기쁘던지. 데이브는 기왕이면 더 많은 시간을 갖기 위해 휴가까지 하루 냈다고 했다.

때로는 변화가 힘들어 보이고, 불안해 보이기도 하고, 두렵게 느껴질 수도 있지만, 데이브는 자기 속도에 맞춰 조금씩 변화를 만들어 나가면 새로운 경험과 새로운 가능성들에 대한 기회를 열어놓을 수 있다는 걸 알았다.

이 이야기의 처음에 썼던 격언 한마디는 내 동료가 정성스럽게 인쇄해서 자기 내담자에게 준 것인데 이제 데이브는 그 말을 이해할 수 있었다. 그 말은 이것이다.

늘 하던 대로만 하면,
앞으로도 늘 그랬던 대로 살 수밖에 없다.
변화는 뭔가 달라지게 하는 것이므로,
변화를 위해서는 뭔가 다른 걸 해야 한다.

서른일곱 번째 이야기 **순간에 충실하자**

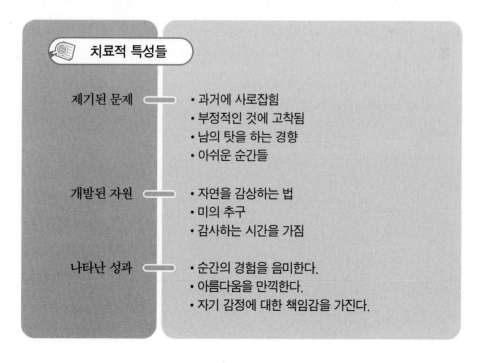

🔖 치료적 특성들

제기된 문제
- 과거에 사로잡힘
- 부정적인 것에 고착됨
- 남의 탓을 하는 경향
- 아쉬운 순간들

개발된 자원
- 자연을 감상하는 법
- 미의 추구
- 감사하는 시간을 가짐

나타난 성과
- 순간의 경험을 음미한다.
- 아름다움을 만끽한다.
- 자기 감정에 대한 책임감을 가진다.

여행을 하던 두 사람이 동부 아프리카의 세렌게티(Serengeti) 초원이 굽어보이는 높은 바위 위에 앉아 있었다. 한 사람은 불타는 듯한 붉은 빛의 덩어리를 보고 있었는데, 자기가 보기에 그건 햇볕으로 다 타 버린 나라를 상징하는 듯했다. 가만히 보고 있으니까, 해가 지평선 너머로 슬슬 미끄러져 내려가면서 긴 그림자를 드리우고, 열기도 서서히 식어 갔다. 맑던 하늘은 파스텔조의 수채화 물감빛으로 물들었다.

그녀와 동행한 사람은 노을을 등지고 앉아서 말을 하고 있었다. 자기가 얼마나 아프리카에 오고 싶었는지에 대해 말하던 중이었다. 어렸을 때부터 아프리카에 대한 책을 얼마나 많이 읽었고 텔레비전에서 보여 주는 아프리카 다큐멘터리에 얼마나 빠져 있었는지를. 그런 것들이 그녀 마음에 열망을 품게 했다.

첫 번째 여자는 동행하는 여자의 말을 듣는 게 아니라 저 아래서 일어나고 있는 광경을 눈여겨보면서 거기에 주의를 기울이고 있었다. 그 여자는 망원경을 들고 죽은 누(아프리카산 큰 영양의 일종)로 여보란 듯 잔치를 벌이고 있는 사자들을 관찰하고 있었다. 그녀는 사자들이 먹을 순서를 정해 놓고 모두 참을성 있게 제 차례가 오기를 기다리며 앉아 있는 걸 보면서 넋이 빠져 있었다. 사자 뒤에서는 하이에나들이 안달이 나서 오락가락하며 어서 자기네 차례가 오기만 기다리고 있었다.

두 번째 여자는 아프리카로 오기 위해 자기가 얼마나 열심히 일해서 돈을 모았는지를 말했다. 두 가지 일을 한 적도 있었다. 그녀는 목표를 위해 아무것도 가리지 않았다. 거친 일도 힘든 일도 마다하지 않았다. 목표가 있었고 그걸 향해 가고 있었으니까.

첫 번째 여자는 꼼짝도 않고 서서 사자들이 자리를 떠나고 하이에나가 슬슬 움직이는 것을 가만히 보고 있었다. 그 머리 위로는 독수리들이 타들어 가는 초원 위로 열기를 타고 오르면서 유유히 날고 있었다. 어떤 놈들은 하늘에서 쏴악 미끄러져 내려오면서도 하이에나들과 거리를 유지하려고 조심하면서 남은 뼈에 맨 먼저 달려들어 쪼아 먹을 태세를 갖추었다.

자기 등 뒤로 이 모든 것들이 지나가고 있는데도 젊은 여자는 계속 말만 했다. 여기까지 오는 과정은 그야말로 악몽이었다. 비행기에 기계 결함이 생겨 그걸 고치는 동안 북아프리카 공항에서 며칠씩 기다려야 했다. 버스를 타고 동아프리카로 여행하는 동안은 누가 배낭을 슬쩍해서 여행자 수표를 훔쳐 가기도 했다. 그녀는 항공회사 욕을 하고, 아프리카 사람을 욕했다. 나라를 가난하고 퇴폐하게 만든 정부를 욕했다.

첫 번째 여자는 듣고는 있었지만 한 귀로 듣고 한 귀로 흘려 버렸다. 그녀는 초원의 생태를 관찰하는 게 더 재미있었다. 석양이 지자 한 무리의 기린이 북쪽으로 이동을 했다. 기다란 실루엣이 하늘을 덮었다. 기린의 목이 바람에 나부끼는 갈대처럼 물결쳤고, 호리호리하게 쭉 빠진 다리들이 만든 작은 먼지 구름은 햇볕에 물들면서 땅 위에 몽실몽실 피어올랐다. 지는 해는 낮 동안 몸에 닿은 열기만큼 생생하게 가슴을 파고들었다.

그녀와 동행한 사람은 여전히 그 자세로 자기가 겪은 역경들을 말하고 있었다. 결국 첫 번째 여자가 물었다. "당신은 지금도 뭔가를 잃어버리고 있다는 거 모르겠어요? 당신은 아프리카에 대해서 말하고 있지만 여기 있는 것들은 놓치고 있다구요. 지나간 것과 이미 엎질러진 일에만 매달려서 현재의 감동까지 잃어버리고 있잖아요. 여기 얼마나 오고 싶었는지 말을 하지만 그래서 오긴 했는데, 어때요? 그걸 누리고 있진 못하잖아요!"

이 말을 듣고 그 여자는 자기가 어떻게 지나간 것에서 벗어날 수 있는지, 어떻게 현재를 즐길 수 있는지가 궁금해졌다.

서른여덟 번째 이야기 **뿌린 대로**

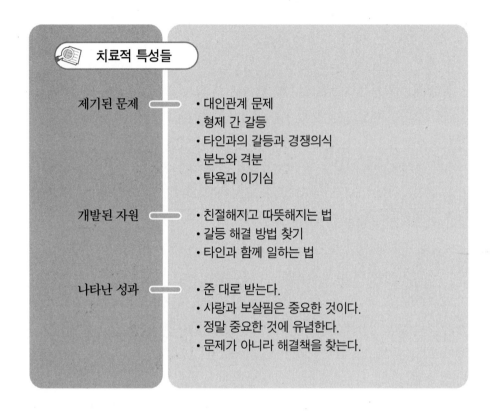

치료적 특성들

제기된 문제
- 대인관계 문제
- 형제 간 갈등
- 타인과의 갈등과 경쟁의식
- 분노와 격분
- 탐욕과 이기심

개발된 자원
- 친절해지고 따뜻해지는 법
- 갈등 해결 방법 찾기
- 타인과 함께 일하는 법

나타난 성과
- 준 대로 받는다.
- 사랑과 보살핌은 중요한 것이다.
- 정말 중요한 것에 유념한다.
- 문제가 아니라 해결책을 찾는다.

한 농부가 작은 밭 하나로 평생을 열심히 일해서 식구들 입에 겨우 풀칠하며 살고 있었다. 일하고 애쓴 만큼 거뒀다. 그래도 작황이 좋은 때는 할 수 있는 만큼 저축을 해 두었다가, 조금씩 땅을 넓혀 나갔다.

풍습대로라면 장남이 땅을 물려받아야 했지만, 농부는 전통에 끌려 다니는 사람이 아니었다. 공정함과 평등이 전통보다 더 큰 원칙이었다. 결국 그는 세 아들에게 똑같이 땅을 물려주기로 했다.

농부가 죽자, 장남은 자기가 당연히 가져야 하는 권리를 빼앗겼다는 것 때문에 분통이 터졌다. 자기는 분명히 적법한 상속자였다. 모두들 땅이 자기 거라는 걸 안다.

세 아들은 모두 자기 아버지가 그랬던 것처럼 볼품없고, 얼마 되지도 않고 척박한 땅을 똑같이 물려받았다. 가족은 모두 뿔뿔이 흩어졌다. 장남은 다른 형제들과는 말도 하지 않았다. 동생들은 형이 너무 화를 내니까 불똥이 튈까봐 슬금슬금 피해 다녔다. 안타깝게도 아들들이 모두가 행복해 하는 모습을 보고 싶었던 아버지의 소망은 물거품이 되었다. 추수할 때가 되면, 서로 자기 땅만 신경 쓰고 울타리 너머 형제들 땅에는 아예 눈길조차 주질 않았다.

막내가 땅에 씨를 뿌리고 있는데, 한 나그네가 그 옆으로 말을 타고 지나가고 있었다. "목도 마르고 배도 고파보이시네요." 막내는 그렇게 말을 하고 우물로 가서 물을 떠오더니 나그네에게 마시라고 주었다. 도시락도 열어서 자기 샌드위치를 나그네에게 먹으라고 주었다.

나그네가 다시 말에 올라타면서 고맙단 인사를 하더니 이렇게 물었다. "뭘 심고 있는 건가요?"

"밀입니다." 막내가 공손히 대답했다.

"흠," 나그네가 말했다. "당신은 밀을 거두게 될 것이오."

조금 아래로 내려가다가 그 나그네는 둘째를 만나는데, 둘째도 역시 자기 땅에 씨를 뿌리고 있었다. "피곤하고 지쳐 보이시네요." 둘째가 말했다. "이리 오셔서 저희 집에서 하루 밤 묵고 가시지요."

둘째는 자기 땅에 말쑥하게 지어 놓은 집을 내주었다. 둘째는 나그네에게 따스한 식사도 내주고 잠자리도 내주었다. 아침이 되자 나그네는 둘째에게도 고맙다는 말을 하면서 이렇게 물었다. "뭘 심는 건가요?"

"귀리를 심습니다." 둘째가 대답했다.

"흠," 나그네가 말했다. "당신은 귀리를 거두게 될 것이오."

나그네는 말을 타고 갔다. 장남의 땅을 지나는데, 장남은 아무 인사도 하지 않았다. 장남은 안 그래도 바쁜데 나그네가 성가셔서 괭이로 땅을 쿡쿡 쑤셔 댔다. 그래도 나그네는 예의를 갖추고 물었다. "젊은이, 뭘 심고 있는 거요?"

"당신 눈 멀었어? 에이 늙어 빠진 얼간이야." 장남은 화가 나서 고래고래 고함을 질러 댔다. "돌덩어리 심고 있다, 왜?" "흠," 나그네가 조용히 마음을 가다듬고 말했다. "당신은 바위를 거두게 될 것이오."

계절이 바뀌고, 나그네는 잊혀지고, 추수할 때가 다가왔다. 동생들은 풍작을 이뤄 기뻐 어쩔 줄을 몰랐다. 자기네 노력이 그대로 돌아와 상당한 이윤을 남길 수 있었다. 그 덕에 자기들에게 땅을 준 아버지께도 감사를 드리게 되었다.

그런데 장남은 기뻐할 수 없었다. 그는 아무것도 거둬들일 수 없었다. 장남은 돌덩어리들로 뒤덮인 황폐한 땅을 물끄러미 바라보고만 있었다. 그는 활활 타오르는 불꽃처럼 화부터 먼저 냈다. 아버지와 동생들을 원망했다. 돌덩어리 말고는 아무것도 거두지 못할 것이라고 예언한 나그네를 원망했다.

그러나 계절이 바뀌듯 분노도 변해 갔다. 동생들은 모든 걸 잃어버린 형을 위로하면서 거둔 것을 나눠 주었다. 동생들은 형이 가난하게 살도록 하진 않겠다고 약속했다. 결국 동생들을 향했던 분노와 나쁜 생각들은 동생들의 아량과 보살핌으로 누그러지기 시작했다.

"나를 용서해 다오." 장남이 동생들에게 말했다. 동생들은 용서랄 게 있으냐며 도리어 위로했다. 이게 바로 형제 아닌가? "너희들의 따스한 마음이 나를 가르쳤구나." 장남이 말했다. "나의 시기와 분노는 아무 이유도 없었던 거야. 그게 나뿐만 아니라 너희까지 다치게 했구나. 내가 땅이나 재산을 먼저 받아야 할 이유는 없어. 중요한 건 그걸 쓸 줄 아는 사랑과 아량이야."

"나는 돌덩어리나 돌을 볼 때마다," 그는 말을 이어 갔다. "내가 배운 걸 기억할 거다. 뿌린 대로 거두리라."

서른아홉 번째 이야기 행동이 웅변보다 강하다

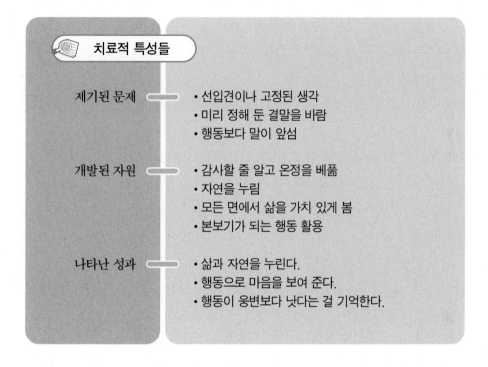

치료적 특성들

제기된 문제
- 선입견이나 고정된 생각
- 미리 정해 둔 결말을 바람
- 행동보다 말이 앞섬

개발된 자원
- 감사할 줄 알고 온정을 베풂
- 자연을 누림
- 모든 면에서 삶을 가치 있게 봄
- 본보기가 되는 행동 활용

나타난 성과
- 삶과 자연을 누린다.
- 행동으로 마음을 보여 준다.
- 행동이 웅변보다 낫다는 걸 기억한다.

오래된 이야기이지만 아주 아름다운 이탈리아 중세 성자 이야기 중에서 가장 호소력 짙고 매력적인 이야기가 하나 있다. 아시시(Assisi)의 성 프란시스는 여러 방면에서 보여 준 그의 따스한 마음 때문에 세월이 흘러도 온몸을 바쳐 그를 따르는 무리들이 있었다. 동물에 대한 그의 사랑과 병들고 불운한 사람들에 대한 그의 보살핌을 사람들은 가슴깊이 간직하고 있다.

언덕에 있는 수도원에서의 은둔 생활로 그의 이야기는 시작된다. 성 프란시스는 이웃 마을 젊은 수련수사를 불러 설교를 함께 하자고 했다. 그 수련수사는 그런 유명한 선배한테서 부탁을 받은 것이 기뻤다. 그의 훌륭한 설교를 보고 듣는 것만으로도 분명히 배울 게 있을 터였다.

두 사람은 함께 언덕을 내려와 농장에 인접한 시골길을 걸어가고 있었다. 성 프란시스는 길을 따라 가면서 만나는 사람마다 웃음 띤 얼굴로 인사를 했다. 그는 동물들을 쓰다듬어 주려고 걸음을 멈추었고, 새들의 아침 노래를 들으려고 걸음을 멈추면서, 수도원의 어둠침침한 복도를 벗어난 바깥 생활의 아름다움을 유유히 만끽하는 듯했다. 그러나 수련수사는 어서 마을로 가서 그분의 설교를 듣고 싶어 안달이 나 있었다.

드디어 마을에 도착했는데, 두 사람은 자갈이 죽 깔려 있는 큰 길을 걸어가고 있었다. 건물들이 해를 가리고 있었다. 길은 지저분하고 어질러져 있었다. 동물들이 먹을 걸 찾아 헤매고 있었다. 사람들은 물건을 사고팔고 있었다. 성 프란시스는 거리를 이리저리 돌아다니며 사람들과 편안히 웃으며 인사를 나누고 다녔다. 수련수사는 성 프란시스가 설교를 할 수 있을지 슬며시 불안해지기 시작했다.

잠시 뒤에 수도사가 돌아오더니, 마을을 지나서 오던 길을 그대로 돌아가 시골길이 다시 나오고, 수도원으로 다시 올라갔다. 젊은 수련수사는 자신을 진정시키려고 애를 썼지만, 수도원으로 가는 길로 들어서자 더 이상 입을 다물고 있을 수가 없었다. "저, 신부님." 그가 물었다. "저는 마을에 설교를 하시러 가는 줄 알았는데요."

"하고 오지 않았소?" 성 프란시스의 입에서 온화한 대답이 흘러나왔다. "걷는 동안, 설교를 하고 있었던 것이오. 때로는 말이 필요 없을 때가 있는 것이지요. 우리가 거기 있다는 것만으로도 우리가 하고 싶은 말을 사람들에게 떠올리게 할 수도 있는 것이요. 우리는 행동으로 아침 설교를 하고 있었던 것이라오."

수련수사의 멍한 눈을 바라보면서, 그는 이렇게 말을 맺었다. "걸으면서 설교를 할 수 없다면 설교를 하기 위해서 가야 할 곳도 없는 것이지요."

마흔 번째 이야기 **인생이 그리 나쁜 것만은 아니지**

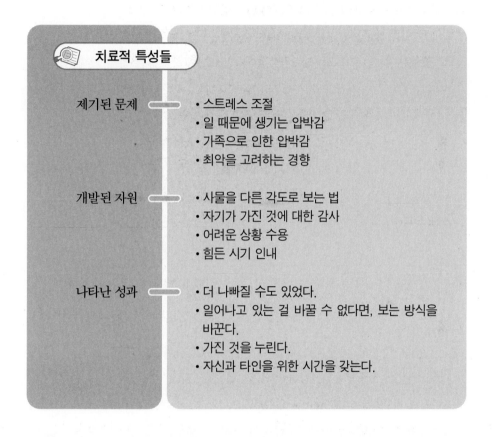

치료적 특성들

제기된 문제	• 스트레스 조절 • 일 때문에 생기는 압박감 • 가족으로 인한 압박감 • 최악을 고려하는 경향
개발된 자원	• 사물을 다른 각도로 보는 법 • 자기가 가진 것에 대한 감사 • 어려운 상황 수용 • 힘든 시기 인내
나타난 성과	• 더 나빠질 수도 있었다. • 일어나고 있는 걸 바꿀 수 없다면, 보는 방식을 바꾼다. • 가진 것을 누린다. • 자신과 타인을 위한 시간을 갖는다.

　에마는 일하는 엄마다. 낮에는 종일 아이들을 가르치고 밤에는 집으로 돌아와 자신의 세 아이들과 또 아등바등해야 한다. 첫째 아이는 오디오 소리를 있는 대로 높여 놓고 자기가 제일 좋아하는 노래를 듣고 또 듣고 한다. 둘째는 텔레비전만 보고 앉아서 언니가 시끄럽다고 투덜대면서 음악 소리가 안 들릴 때까지 소리를 높인다. 셋째는 컴퓨터 게임만 하는데 다른 사람이 할 차례가 되어도 절대로 안 비켜 주려고 한다.

아이들은 에마한테 판사와 배심원 역할을 다 하라는 듯 사태를 해결해 달라고 에마를 부른다. 에마가 자기네들한테 별로 달갑지 않은 결정을 내리기 전까지는 말이다. 결정을 해 주고 나면 그게 또 문제가 되어서 실랑이가 다시 벌어진다.

에마는 하루 종일 애들을 가르치다가 녹초가 되어서 집으로 돌아와 좀 쉬고 싶다. 이제는 더 이상 어쩔 수 없다 싶어서 그녀는 치료사를 찾아 왔다.

"이제는 더 이상 어떻게 할 수가 없어요." 치료사에게 말을 건넸다. "어쩔 수 없는 상태에까지 왔다구요. 제가 뭘 할 수 있겠어요?"

"제가 하고 싶은 말은," 치료사가 대답했다. "흥분을 좀 가라앉히시고, 그러고 싶지 않을 수도 있지만, 상황을 좀 바꾸길 원하신다면, 이렇게 하셔야 한다는 겁니다. 다음번 학교 쉬는 날까지 기다렸다가 쉬는 날 같이 놀 수 있겠다 싶은 사람들을 모조리 부르는 겁니다. 아이들이랑 애완동물들도 다 데리고 오라고 하세요. 그냥 소파에, 마룻바닥에 아무데나 다 비집고 들어와 자라고 하는 겁니다."

여러분도 짐작했겠지만, 휴가를 낸 주 중간쯤에, 에마가 치료사에게 급히 좀 보자고 했다. "나한테 어떻게 하라고 하셨죠?" 그녀의 목소리에는 비난이 가득했다. "집이 엉망이 되어 버렸다구요. 전보다 더 나빠졌단 말이에요. 이젠 애들 셋과 싸워야 하는 게 아니라 거의 한 다스나 되는 사람들이 서로 뒤섞여서 아웅다웅한단 말입니다. 뭐 하나도 의견이 맞지를 않아요. 발 디딜 틈도 없다구요. 집이 완전 엉망이에요. 시끄럽기는 또 어떻구요. 전쟁터도 이보다는 나을 겁니다. 게다가 동물들까지! 끝장이에요. 견딜 수가 없어요."

"죄송합니다." 치료사가 차분히 대답했다. "당신 말이 옳아요. 동물은 너무 심했네요. 남은 휴가 동안 동물 돌봐 줄 사람을 찾아보세요."

에마는 마음이 좀 가라앉아서 집으로 돌아갔지만 다음 주에 또 치료사의 사무실로 찾아왔다. "저를 돌아버리게 만들 심산이시지요?" 그녀가 물었다. "동물을 다 치웠지만, 집은 그대로 지옥구덩이라구요. 사람들, 시끄러운 소리, 고함치는 소리, 치고받고 싸우고. 끝도 없어요. 해 뜰 때부터 시작해서 밤이 될 때까지라구요. 잠시도 그치질 않아요. 견딜 수가 없어요. 몸을 돌릴 때마다 애들한테 걸려서 넘어진단 말입니다. 온 식구들 때문에 주방으로 들어갈 틈도 없어요. 모조리 서로 다른 프로그램을 보겠다고 텔레비전 앞에서 난리예요. 감당 못할 일은 이제 그만하고 싶어요."[1]

"죄송합니다." 치료사가 다시 말했다. "그렇네요. 집으로 가서 사람들을 모두 돌려 보내세요."

여자는 다음 회기가 되기도 전에 다시 왔다. 그녀는 치료사의 사무실로 불쑥 들어오더니 "바로 이거예요!"라고 소리를 쳤다. "선생님께서 제 가족과 제 결혼 생활의 구세주세요. 사는 게 이렇게 평화롭고 조용할 수가 없어요. 친척들이랑 동물들이 이제 다 갔다구요. 집이 얼마나 더 넓고 여유 있어 보이는지 몰라요. 아이들이 움직이는 소리를 듣는 게 얼마나 좋은지. 혼자만의 시간도 가질 수 있구요, 남편이랑 이제 이야기할 시간도 가질 수 있어요. 감사합니다."

• • •

1) 원문은 'It's enough to make someone look for a short rope and a tall building.' 이다. 직역하면 '짧은 줄로 높은 빌딩을 오르려고 하는 건 그만 하겠다.' 다. 의미를 파악해 볼 때 위와 같이 의역할 수 있을 것 같다(역자 주).

마흔한 번째 이야기 **예전보다 나은가요**

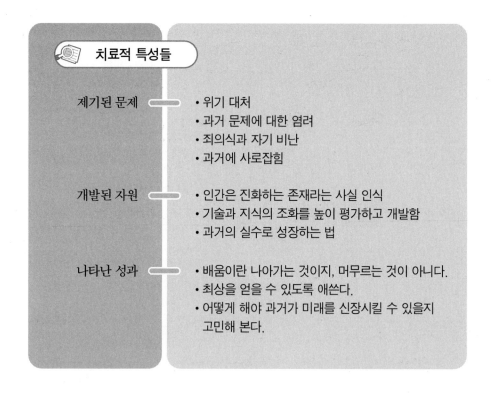

심리학자라는 건 재미있는 직업이다. 내가 뭘 하는 사람인지 말을 하면, 사람들 반응이 좀 달라진다. 어떤 사람들은 내가 자기들 속 깊은 비밀을 들춰낼까 봐 겁을 집어먹고 꽁무니를 빼기도 하고, 어떤 사람은 치료비 없이 상담을 받아 보려고 하는데 내가 마치 마술지팡이라도 들고 고민을 싹 없어지게 해 줄 수 있을 거라는 생각을 하기도 한다.

어느 날 밤 파티가 있었는데 한 남자가 나에게 오더니 이렇게 말했다. "심리학자시라구요?"

에릭 번(Eric Burne)은 그의 저서 『심리 게임(*Games People Play*)』에서 '잡았

다, 요놈아.' 라는 게임에 대해 말하는데, 이는 게임을 하는 사람이 상대방에게 덫을 놓아 함정에 빠뜨려서 자기가 우세를 점하려고 하는 방법이다. 처음엔 그게 무슨 말인지 몰랐는데, 그런 게임하는 사람을 막 만난 것이다.

그 사람이 물었다. "10년 전보다 당신이 더 나은 심리학자가 된 것 같습니까?"

10여 년 전이면, 내 직업적 기술을 가능한 한 완벽하고 제대로 개발하려고 죽을 힘을 다하고 있을 때였다. 온 세상을 떠돌며 회의에 참석하고 있었다. 내 기술 향상 훈련을 위한 임상가를 찾아다니고 있었다. 워크숍도 참여했다. 책이나 저널도 이것저것 읽어 댔다. 선배들에게 슈퍼비전도 받았다. 내 생각엔 내 경험이나 지식, 기술이 나아졌다는 건 당연한 일이었다.

"예. 저도 그렇다고 생각합니다." 내가 답을 했다.

그가 바로 말을 받았다. "그럼 10년 전에 당신이 치료했던 사람들한테 죄의식을 느끼진 않나요?"

그 질문에 처음에는 적잖이 놀랐다. 이제와 돌이켜 보건대, 내 사고에 도전장을 내민 그에게 감사한다. 지나고 나서야 제대로 알 수 있다는 건 누구나 아는 사실이다. 돌이켜 보면 더 잘할 수 있었던 일이 많을 것이다. 직업에 상관없이 사람이니까 실수를 할 수도 있다. 문제는 그런 일이 일어났다는 것이 아니라, 실수를 통해서 더 많은 것을 이해하고 더 많은 지식을 얻게 되었다는 것이다.

실수가 나쁘다고 생각할 수도 있지만, 다음번에 그와 비슷한 일이 있을 때 더 잘할 수 있게 해 줄 수도 있지 않은가? 과거를 돌이켜 보면서 실수를 통해서 더 나아질 수 있다면, 직업적으로나 오락적 목적으로나, 관계나 삶 속에서 점진적으로 기술 개발을 구축할 수 있는 귀중한 근간으로 삼을 수도 있을 것이다.

그 사람의 질문을 곰곰이 생각하면서, 나는 내담자를 대할 때마다, 내가 알고 있는 한, 내가 경험한 모든 것을 사용해서 최선을 다했다는 걸 깨달았다. 내 일과 내 삶이 과정 중에 있기를 바란다. 지금 내가 있는 자리가 아니라 10년 전 그대로라면 그게 더 비극적인 일임에는 틀림없는 사실이다.

생각을 계속해 보면, 앞으로 10년 뒤에도 내가 이렇게 말할 수 있기를 바란다. "네, 저는 나아지고 있습니다. 지금이 더 나아요. 10년 전보다 발전하고 있습니다." 그게 아니라면, 나는 더 배운 것도 나아진 것도 없다는 것이다. 그게 아니라면, 내 일뿐만이 아니라 내 삶도 그냥 허비되었다는 것이다.

누군가 "매일 나는 새로운 걸 배우고 싶어요."라고 말한다면, 나는 심신을 다해 감복할 것이다. 삶은 고정된 것이 아니다. 할 수 있는 만큼 크고 다양하게 성장하고 진화하는 것이다. 삶은 배워 가는 것이고, 배움이 바로 살아가는 것이다.

연습문제

변화에 대한 자신의 이야기 아이디어를 기록할 수 있는 기회가 여기에 있다. 그게 행동 양식을 바꾸는 것일 수도 있고, 사고를 바꾸는 것일 수도 있고, 감정 스타일을 바꾸는 것일 수도 있다. 기록해 두면 아래와 같은 경우 도움을 받을 것이다.

1. 첫 번째 할 일은 변화에 대한 바람직한 치료적 결말을 생각해 보고 써 두는 것이다.
2. 그러고 나면, 내담자가 그런 변화를 얻을 때 필요한 자원이나 능력 형태를 만들어 낸다.
3. 내담자가 그런 능력을 가지고 있다면, 그것이 어떻게 바람직한 변화에 이를 수 있게 하는가?
4. 그렇지 않다면, 은유가 어떻게 적절한 자원을 개발하고 쓸 수 있게 하는가?

제8장
경험으로 배우기

경험이 가장 좋은 스승이라는 말은 자주 듣지만, 어떤 스승을 두더라도 그런 것처럼(얼마나 좋건 간에), 많이 배우는 사람도 있지만 조금밖에 못 배우는 사람도 있다. 경험을 한다는 것만으로는 경험을 통해서 얼마나 혹은 어떻게 배울 수 있다고는 말할 수 없다.

앨더스 헉슬리(Aldous Huxley)는 이렇게 말한 적이 있다. "경험은 사람에게 일어난 일이 아니다. 경험이란 사람이 자기에게 일어난 일로 말미암아 무언가를 행하는 것이다." 은유는 내담자가 해 보지 못했던 학습 경험을 창출해 내는 수단이며, 과거 경험을 반복하여 그 경험에서 얻은 배움을 개선하도록 도와주는 것이기도 하다. 이런 영역에서 치료의 목표는 일어난 사건을 만들고 사용하는 것만이 아니라, 내담자가 일련의 사건을 통해 좀 더 철저히 준비할 수 있도록 학습을 극대화하도록 도와주는 것이다.

경험이 최고의 스승이라면, 경험을 많이 할수록 더 많은 걸 배운다는 말이 된다. 역사 전반을 통해서 볼 때, 이야기는 삶의 근원적인 경험을 나누며 전하는 방식이었고 미래의 건강과 안녕을 위해 이런 경험을 사용하는 방법이 되어

왔다.

　다음에 나올 은유들은 우리가 접하게 되는 경험에서 배울 수 있는 방법에 초점을 맞춘다. 이 이야기들은 뜻밖의 가슴 아픈 일 혹은 고난처럼 보이는 사건에서 어떻게 성장하고 발전할 수 있는지를 보여 준다. 예를 들어, 상실은 가슴 아픈 일이지만, 그보다 더 안타까운 것은 그런 경험을 통해서 배울 수 있는 걸 놓치는 것이다. 새로운 배움, 새로운 가능성, 새로운 인식에 대한 이야기가 여기에 있다.

마흔두 번째 이야기　**가진 것을 사용하라**

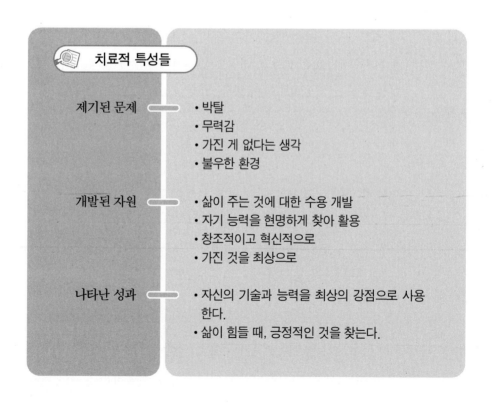

치료적 특성들

제기된 문제
- 박탈
- 무력감
- 가진 게 없다는 생각
- 불우한 환경

개발된 자원
- 삶이 주는 것에 대한 수용 개발
- 자기 능력을 현명하게 찾아 활용
- 창조적이고 혁신적으로
- 가진 것을 최상으로

나타난 성과
- 자신의 기술과 능력을 최상의 강점으로 사용한다.
- 삶이 힘들 때, 긍정적인 것을 찾는다.

틴그리(Tingri)라는 티베트의 작은 마을에서, 톰과 나는 에베레스트 산을 여행하려고 야크 몇 마리와 야크 조련사 몇 명을 고용했다. 초몰룽마(Chomolongma: 티베트 사람들은 이 산을 세상에서 가장 높은 산으로 알고 있다.) 또는 마더 가디스는 돌로 덮인 황폐한 티베트 고원을 가로질러 며칠씩 가야 한다. 남쪽으로는 눈 덮인 히말라야의 하얀 봉우리가 투명하고 깊은 푸른빛 하늘 위로 쭉 뻗어 있다. 높은 장벽처럼 고원과 접하고 있는 이런 산들은 습기를 머금은 인도 계절풍의 구름을 막아 세계 최고(最高)의 사막을 만들어 준다. 나무는 고사하고 관목 하나도 보이지 않는다. 바위투성이 지대에서 어떻게 살아남아 드문드문 난 덤불들만 있을 뿐이다. 여기서 살아갈 수 있는 동물이라곤 야크뿐인 것 같은데, 야크가 이런 황량한 고지에서 견뎌 낼 수 있기 때문에 그들과 함께 사람도 살아갈 수 있는 것이다.

티베트 사람들에게 야크는 운송 수단이고, 의복도 되고, 음식도 되고, 연료도 된다. 말 그대로 삶 그 자체인 것이다. 야크의 털은 추위를 막아 주는 옷과 텐트의 재료가 된다. 야크의 가죽은 자켓, 부츠, 잠옷 등을 만드는 데 쓰인다. 야크의 고기를 갈아서 거의 날것처럼 살짝 구워 '짬파(tsampa)'라는 티베트 사람들의 주식을 만들기도 한다. 야크의 우유는 불쾌한 맛이 나는 버터에 넣고 휘저어 차와 소금을 타면, 영양가 만점으로 추운 지방에 알맞은 음료수가 된다. 야크는 그냥 버리는 게 아무것도 없다. 똥까지 쓰인다. 나무라곤 눈을 씻고 찾아봐도 없는 고원에서 불을 피우고, 음식을 만든다는 것은 불가능했다. 이렇게 추운 고도에서는 이 두 가지가 제일 큰 문제다. 티베트 사람들은 혁신적인 해결책을 찾았다. 그들은 야크의 똥을 모아서 물을 적당히 섞어 돌로 된 집 벽에 그걸 던져 붙여놓고 마를 때까지 내버려두었다. 이 똥 덩어리들은 지붕 위에 계속 쌓여 가면서 집을 데우고 요리를 할 연료로 쓰일 날을 기다리고 있다.

톰과 나는 어느 저녁 고원에서 야크 목동의 환대를 받으며, 야크털 텐트 안에서 야크버터 차를 마시면서 야크똥으로 피운 불에서 나는 연기에 숨이 막혀 가면서 앉아 있었다. 그 연기에도 불구하고 우리는 온기 때문에 서로 몸을 부대껴 가며 불에 더 가까이 다가갔다. 불이 없는 것보다는 훨씬 나으니까. 거기 앉아 있으면서, 감동으로 가슴이 벅차오르기도 했다. '얼마나 대단한 민족인가!' 혼자서 이런 생각을 했다. '다른 아무것도 없을 때, 이 사람들은 야크의 똥까지 쓸 수 있었다!'

마흔세 번째 이야기 **괴물과 마주해 친구가 되는 거야**

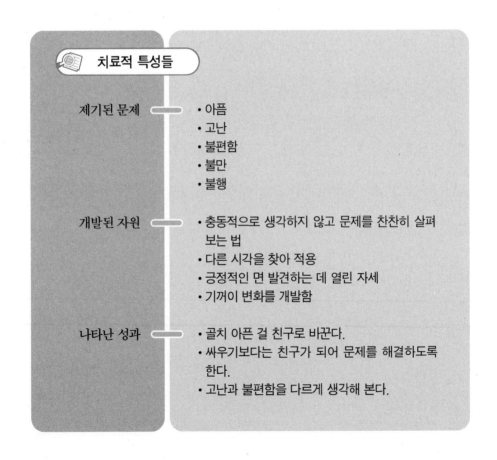

치료적 특성들

제기된 문제
- 아픔
- 고난
- 불편함
- 불만
- 불행

개발된 자원
- 충동적으로 생각하지 않고 문제를 찬찬히 살펴 보는 법
- 다른 시각을 찾아 적용
- 긍정적인 면 발견하는 데 열린 자세
- 기꺼이 변화를 개발함

나타난 성과
- 골치 아픈 걸 친구로 바꾼다.
- 싸우기보다는 친구가 되어 문제를 해결하도록 한다.
- 고난과 불편함을 다르게 생각해 본다.

살다 보면 별별 희한한 괴물들과 만날 때가 많다. 그게 사람이 될 수도 있고, 환경이 될 수도 있고, 생기지 말았으면 싶은 일이 될 수도 있다. 그게 우리를 늘 따라다녀 다시 과거로 돌아가게 만드는 원인이 되기도 한다. 이는 환경이 될 수도 있고, 우리가 어찌할 수 없는 압박이 될 수도 있다. 우리가 어떤 괴물과 마주치느냐가 문제가 아니라 그것들과 부딪쳤을 때 그걸 어떻게 요리하느냐가 문제다.

오래전 어느 괴물 퇴치사가 그런 강력한 힘을 다룰 수 있는 법을 배웠다. 그의 아버지는 괴물에게서 세상을 해방시키길 원했던 신과 같은 존재여서, 이런 임무를 맡을 만큼 용감한 젊은 전사가 필요하다는 걸 알았다. 그는 땅으로 내려와 젊은 여인과 결혼을 하고, 그 여자가 아기를 갖게 되자 떠나 버렸다. 아이는 태어나 혼자서 살 수 있을 만한 젊은이로 자랐다. 그의 어머니는 아이가 아무리 물어도 아버지의 존재에 대해 입을 다물고 있었다. 세월이 흘러 아들은 아버지를 찾겠다고 결심했다.

아버지를 찾으러 가는 길에는 수많은 위험이 도사리고 있었다. 그는 수많은 위기와 위험에 처하면서 길을 계속 갔고, 그때마다 자기 용기를 시험했고, 문제를 해결할 때마다 강해졌으며, 그러면서 능력과 힘이 점점 커져 갔다. 시간과 결단력과 요행까지 따라 주면서, 그는 결국 아버지의 궁전까지 가게 되었다.

그의 아버지는 그 젊은이가 자기 아들임을 알고 매우 기뻐하며 마법의 활과 화살을 주면서 괴물로부터 세계를 해방시킬 임무를 주었다. 무장을 한 후, 젊은 전사는 사람들을 위협하고 있는 괴물들을 찾아 쳐부수기 위해 길을 떠났다.

얼마 가지 않아 그는 '기아(飢餓)'라는 괴물을 만났다. 그는 활에 화살을 재어, 괴물의 심장을 겨누며 용감하게 소리쳤다. "죽을 각오를 해라. 네가 사람들을 굶주림에 허덕이게 했겠다. 사람들은 너로 인해 고통 속에서 허덕였다. 너를 없애 사람들을 굶주림에서 벗어나게 해 줄 것이다."

괴물이 그의 눈을 똑바로 보더니 이렇게 물었다. "네가 정말로 그걸 원하느냐? 내가 사람들을 힘들게 했다는 건 나도 잘 알지. 허나 내가 그들에게 좋은 것도 주었다는 걸 생각해 본 적 있느냐? 굶주림이 없다면, 사람들은 먹고 살 음식을 찾으러 다니지도 않을 것이다. 나를 없애려고 하기 전에, 나를 잘 쓸 방법을 찾아보시지. 나를 괴물로만 보지 말고 사람들을 건강하게 하고 만족시켜 주고 행복하게 할 수 있는 수단으로 쓸 생각을 해 보란 말이다."

젊은 전사는 그 괴물이 말하는 것에서 진실을 보았다. 어쩌면 이 놈은 그렇게 끔직한 괴물이 아닐지도 모른다. 또 이 괴물 때문에 생기는 불편함이라는 것은 오히려 정말 중요한 걸 주고 있는 것 같다. 그래서 젊은 전사는 그 괴물의 목숨을 살려 주고, 이렇게 강력한 힘을 없애기보다는 친구가 되는 게 더 나을지도 모른다는 생각을 했다.

좀 더 가다가, 그는 '겨울'이라는 괴물을 만났다. 이거야말로 쳐부수어야 할 괴물이다. 그는 활에 화살을 재었다. "네 이놈, 사람들에게 추위와 어둠을 가져왔겠다." 그는 겨울에게 도전장을 내밀었다. "네 놈이 우릴 추위로 떨게 만들고, 추위로 떨다가 사람들이 죽기도 했단 말이지. 내 너를 없애 버리고 말 것이다."

"그래." 겨울이란 괴물이 응수했다. "네 말이 옳다. 나는 너 같은 인간들에게 추위와 어둠을 가져왔지. 그런데 너에게 내가 필요할지도 모른다는 생각은 안 해 보았느냐? 나는 비를 몰고 와 강에 물을 채우고, 그 물로 곡식을 자라게 했으며, 너희들이 사냥하는 동물들을 먹여 살렸느니라. 나 때문에 봄의 온기와 아름다움을 누릴 수 있지 않았느냐? 내가 없으면, 봄도 없는 것이야. 봄이 없으면 너희들의 식량과 의복이 되는 동물들은 짝짓기도 못하고 번식할 수도 없을 걸."

젊은 전사는 겨울이란 괴물이 말하는 깃에서도 진실을 깨달았다. 이 놈도 완전히 끔직한 악마는 아니군. 요놈도 실제로는 사람에게 필요한 걸 많이 주고 있는 거라는 생각이 들었다. 사람들이 추위와 곤궁함만을 생각할 게 아니라 이런 이점도 누릴 수 있다면, 삶은 더 풍요로워질 것이다. 그래서 겨울이란 괴물의 목숨도 살려 주고 친구가 되었다.

여행을 계속하면서, 이번엔 '고난'이라는 괴물을 만났다. "아하!" 젊은 전사는 무릎을 탁 쳤다. "드디어 인간에게 없어도 되는 괴물을 만났구나. 누구도 고난을 원치는 않아. 죽을 준비를 하렷다."

"네가 무슨 생각을 하는지 안다." 괴물이 말했다. "너는 내가 사람들에게 필요 없는 고통과 불편함과 불행을 안겨 준다고 생각하고 있겠지. 너는 내가 없어야 더 나아질 거라고 생각할 거야. 하지만 내가 사람들에게 주는 좋은 점에 대해서는 생각조차 해 보지 않았지? 나 때문에 사람들은 배우고, 성장하고, 발전하고 있단 말이다. 생각해 보거라. 아이가 불에 너무 가까이 다가가다가 뜨거워서 혼쭐이 나고 나면 어쩌지? 약간의 고통이 있더라도 그걸로 배울 수 있는 것이야. 배움은 인간을 보호해 주고, 생명을 구해 주기도 하지. 사람들은 고통을 통해서 성장하는 것이다. 사람들은 고통을 겪으면서 배워 나가는 것이란 말이다. 나를 좋아하든 싫어하든, 인간은 나를 필요로 하는 거야."

젊은 전사는 활시위를 풀었다. 또 하나의 진실을 발견했으니까. 고난을 겪고 고통스런 경험하기를 좋아할 사람은 아무도 없지만, 거기에는 모순되는 어떤 것이 있다. 고통을 통해서 우리는 고통을 피하는 법을 배우고 그 경험을 통해 성장한다. 고난을 통해서 그 고난을 피하는 걸 배우고 행복을 얻는 것을 발견한다. 고난에서도 이로운 점을 얻는 방법을 배울 수 있었다.

젊은 전사는 처음 부여받았던 임무의 목표를 바꾸었다. 이제 자기가 괴물이라고 생각했던 것과 친구가 되어서 그로부터 배울 것을 많이 찾는 것이 그의 목표가 되었다.

마흔네 번째 이야기 **자신의 불편함을 사랑하는 법**

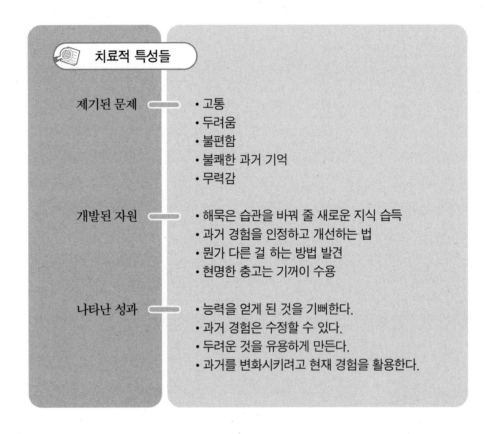

치료적 특성들

제기된 문제
- 고통
- 두려움
- 불편함
- 불쾌한 과거 기억
- 무력감

개발된 자원
- 해묵은 습관을 바꿔 줄 새로운 지식 습득
- 과거 경험을 인정하고 개선하는 법
- 뭔가 다른 걸 하는 방법 발견
- 현명한 충고는 기꺼이 수용

나타난 성과
- 능력을 얻게 된 것을 기뻐한다.
- 과거 경험은 수정할 수 있다.
- 두려운 것을 유용하게 만든다.
- 과거를 변화시키려고 현재 경험을 활용한다.

　클레어는 공동생활제에서 살면서 일하고 있었다. 그녀는 정원 돌보는 일을 참 좋아하기 때문에 야채밭 돌보는 일을 맡게 된 게 기뻤다. 쐐기풀 한 가지만 빼고. 어쨌든 안 찔리려고 옷을 두둑두둑 껴입어 보지만, 빛을 보면 불쑥 달려드는 나방 같은 쐐기풀은 늘 뭔가 거슬리기라도 하는 날엔 두고 보자는 식으로 조그만 살집이라도 어디 없나 호시탐탐하는 듯하다. 쐐기풀에 알레르기가 있어서 클레어의 피부는 금세 부풀어 오르고 근질근질해졌다. 그러니 정원 근처에 가기만 해도 가슴이 설레거나 즐겁기는커녕 무섭고 두렵기만 했다.

약간 진정이 되는가 싶으면, 쐐기풀은 예전에 있었던 기분 나쁜 일을 떠올리게 만들었다. 인간의 마음이란 지난 고통을 바로 떠올리게 할 수 있는 법. 안 좋았던 만큼 그런 기억들은 자기 방어적으로 만든다. 그런 기억들은 저기 뭔가 있다는 경보를 울리고 위험 신호가 되기도 하니까, 다시 나쁜 기억을 만들지 않게 해 주기도 한다.

어렸을 적에 취미로, 클레어의 오빠는 닭 같은 걸 길렀는데, 아주 사나운 수탉도 한 마리 있었다. 한번은 그놈이 어린 클레어한테 확 달려들었다. 클레어는 막 달아났다. 수탉이 뒤를 쫓고 있었지만, 곧 따돌릴 수 있을 것 같았다. 바로 코앞 곧장 뒷문으로 난 길에 숨을 곳이 있었다. 그런데 쐐기풀밭을 지나가야 했다. 쐐기풀들이 클레어의 머리끝에서 발끝까지 콕콕 찔렀고, 클레어는 수탉 때문에 겁에 질리고 쐐기풀 때문에 아파서 죽어라고 울어 댔다.

하루하루 지나면서 붓기는 가라앉았지만, 그 일에 대한 가족들의 이야기는 그치지 않았고, 그 때문에 그 일이 계속 기억 속에 머물러 있었다. 몇 년이 흐른 뒤에도 이런 이야기를 들은 적이 있었다. "너 수탉한테서 도망치느라 쐐기풀 사이로 달려갔던 거 기억 나?" 클레어와 쐐기풀은 늘 붙어 다녔다. 그 식물에 대한 한마디 말 속에는 아픔과 두려움과 창피함이 뒤섞여 있었다.

공동체 정원에서 이런 기억들과 두려움이 모두 물밀 듯 몰려와 클레어는 쐐기풀 앞에 서자 아무것도 할 수 없을 것 같았다. 공동체에서 스프레이나 화학 제초제 같은 건 금지되어 있어서, 클레어가 손으로 쐐기풀을 다 뽑아야 하는데, 그럼 찔릴 위험을 감수해야 한다. 또 손으로 뽑아 봐야 아무 소용이 없다. 쐐기풀은 뽑는 대로 다시 쑥쑥 자랄 테니까.

클레어는 이 문제를 공동체 회의 때 상정했다. 그녀는 정원에서 일을 하고 싶었지만, 쐐기풀에 대한 문제는 어떻게든 해결되어야만 했다. 다른 공동체 거주자 중에 한 사람이 쐐기풀에 관한 책을 한 권 주면서 정곡을 찌르는 말을 한 마디 던졌다. 클레어는 그 책 때문인지, 그 말 때문인지 몰라도 달라졌다.

기가 막히게도, 그 책은 쐐기풀과 그 유용성을 늘어놓고 있었다. 몇몇 병에 약으로 쓰이기도 한다고 했다. 쐐기풀로 만든 차를 마시면 관절염에도 좋다고 했다. 클레어는 조심조심 쐐기풀을 모아 공동체 아침상에 놓을 차를 만들었다. '쐐기풀차'라는 이름을 말하자 사람들은 마시려고 하지를 않았다. 다음날, 다시 만들었지만 이번에는 '정원에서 갓 딴 허브 차'라고 했다. 함께 사는 사람들이 좋아라 하며 오랜 사막 여행 중에 오아시스를 만난 낙타처럼 기분 좋게 그걸 마셨다.

정원으로 돌아오면서, 그 일을 떠올리다가 이런 생각을 하게 되었다. 대상이 무엇인지보다는 그걸 보고 거기에 어떤 이름을 붙이느냐 하는 것이 뭔가를 다르게 한다. 차는 똑같았다. 공동체 사람들은 그냥 클레어가 붙인 이름 때문에 혐오감으로 차를 마시지 않기도 하고, 기분 좋게 마시기도 했다.

두 번째로 그녀가 깨달은 것은 뭔가를 달리하면 결과가 달라질 수 있다는 것이다. 아무리 그녀가 쐐기풀에 대한 좋은 점을 말하고 건강에 좋다고 사람들에게 주려고 해도, 다른 거주자들은 여전히 마시고 싶지 않았을지도 모른다. 이름을 바꾸니까 달라졌다. 변화가 일어나려면 뭔가 달리해야 한다.

그녀는 이런 생각이 들었다. 어쩌면 과거의 경험이라는 건 변할 수 있을지도 모른다. 어제는 못 먹는다고 생각했던 음료수를 오늘은 마실 수도 있다. 어렸을 때는 나를 위협했던 것의 좋은 점을 이제는 누릴 수도 있는 것이다. 과거 경험이라는 건 지금 어떻게 하느냐로 바뀔 수도 있다.

그녀에게 책을 준 친구가 가슴에 남도록 던져 준 말은 "쐐기풀이 나는 정원이나 땅을 없앨 수는 없어. 그곳이 그것들한테는 집이기든. 우리처럼 말이야. 쐐기풀 때문에 생기는 피부 반응은 어쩔 수가 없는 거겠지. 현실적으로 네 능력으로 어떻게 할 수 있는 게 아니라면, 사랑하는 방법을 배우는 것도 괜찮지 않을까?"였다.

마흔다섯 번째 이야기 **문제가 새로운 가능성을 열어 줄지도 모르지**

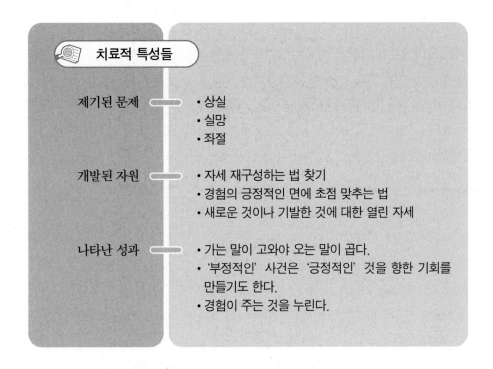

치료적 특성들

제기된 문제
- 상실
- 실망
- 좌절

개발된 자원
- 자세 재구성하는 법 찾기
- 경험의 긍정적인 면에 초점 맞추는 법
- 새로운 것이나 기발한 것에 대한 열린 자세

나타난 성과
- 가는 말이 고와야 오는 말이 곱다.
- '부정적인' 사건은 '긍정적인' 것을 향한 기회를 만들기도 한다.
- 경험이 주는 것을 누린다.

나는 두 가지 이유로 호주 서부에 있는 퍼스에서 미국 애리조나의 피닉스까지 지구를 반 바퀴나 도는 여행을 한 적이 있다. 첫 번째 이유는 내가 워크숍에서 발표를 해야 하는 회의에 참석하기 위함이었고, 두 번째 이유는 미국 남서부 내셔널 파크에 가보기 위함이었다.

18년 전에 한 번 간 적이 있었는데, 그때는 그랜드캐니언이 눈으로 덮여 있어서 콜로라도 강까지 걸어가기에는 길이 너무 미끄러웠다. 이번에는 그랜드캐니언부터 시작해서 세계적 명소의 자연 경관을 꼭 사진으로 찍어 오리라고 마음먹었다.

그랜드캐니언 언저리를 걸어다니면서 첫 번째 사진을 찍으려는데, 카메라의 필름 감기 장치(winding)가 엉켜 버렸다. 빌어먹을! 기운이 쫙 빠져 버렸다. 흔들어 보고, 비틀어 보고, 이것저것 당겨도 보았지만, 꿈쩍도 하지 않았다.

이틀이나 더 그랜드캐니언 아래를 돌아다니면서, 눈으로야 열두 번도 더 구도를 잡아서 그 장관을 찍어 댔지만, 실제로는 사진 한 장도 찍을 수가 없었다. 머리 꼭대기까지 실망감으로 차올라, 아무짝에도 쓸모없이 무겁기만 한 카메라를 들고 다니며 그랜드캐니언의 깎아지른 듯한 벽에 고정했다가 풀었다가 했다. 며칠 뒤 캐넙(Kanab)의 작은 마을까지 가는 동안에도 카메라 고칠 곳은 한군데도 없었다. 절망감은 자꾸만 커져 갔다. 테리가 내 카메라를 고쳐 주었을 때, 얼마나 기뻤던지 존 웨인(John Wayne)이나 클린트 이스트우드(Clint Eastwood) 같은 대형 스크린 스타들이나 돌아다녔을 법한 이 희한하고 영화 세트 같은 마을 거리를 마구 돌아다녔다. 포근한 어머니 같은 자연이 온기가 선연한 팔로 주변을 마치 보호해 주는 것처럼 둘러싸고 있었는데, 진짜 이름 그대로 '주홍빛 절벽(Vermilion Cliffs)'이었다. 그곳은 늘 그랬고, 앞으로도 자급자족으로 생존해 나갈 것 같은 안분자족(安分自足)적인 느낌이 있었다.

테리는 내 카메라를 고쳐 준 것만 아니라 황량한 사막의 빛 아래에서, 협곡의 어둡고 얼룩지고 움푹 들어간 곳 등지에서 사진을 찍는 방법도 알려 주었다. 암면조각(petroglyph)에 대해서도 이야기를 해 주었는데, 우리는 그런 암면조각을 찾아다니며 얼마나 멋진 사진을 찍었는지 모른다. 그는 몇 군데 여정에서 좀 벗어난 정말 멋진, 나 혼자서는 알지도 못했을 아름다운 곳에도 데려가 주었다. 카메라가 고장이 나지 않았다면 난 테리를 만나지 못했을 것이고, 캐넙만의 인상 깊은 거리를 돌아다니지도 못했을 것이고, 사람들에게 잘 알려지지 않은 협곡의 움푹 들어간 곳 같은 장관은 전혀 몰랐을 것이다.

또 원치 않았던 일이 생기고 말았다. 내 열쇠를 차 안에 두고 렌터카 문을 잠가 버린 것이다. 어쩔 줄 모른 채 눈앞에 버젓이 놓인 열쇠를 보면서 아무것도 할 수 없는 상태로 밖에 그냥 서 있었다.

호텔 직원에게 가서 정비 직원이 나를 도와줄 수 있는지 물어보았다. "다른 사람 차는 손대지 못하도록 되어 있습니다." 호텔 직원이 말했다. "잘못하면 저희가 고소당할 수도 있어서 말입니다. 호텔 규칙이 그렇습니다."

나는 주차관리인에게 전화를 했다. "죄송합니다." 관리인이 말했다. "얼마 전에 그런 일로 도와드린 일이 있었고, 그러는 중에 차에 살짝 흠집이 났는데, 고소를 당했습니다. 정책이 그렇습니다. 다른 사람 차는 손댈 수 없습니다."

나는 길에서 주유소를 보았다. 그래서 좀 도와달라고 전화를 걸었다. "어쩌죠?" 직원이 대답했다. "그게 당신 차라는 걸 저희가 알 수 없지 않습니까? 손님께서 하라는 대로 도와드렸는데, 그게 도난 차량이라면 저는 고소를 당하지 않겠습니까? 관리 규칙 때문에 안 되겠는데요."

내가 호텔 직원한테서 얻은 철사 옷걸이로 어떻게 해 보려고 아등바등하고 있는데 나바호 인디언 둘이서 내가 어려움에 처한 걸 보고는 도와주러 왔다. 힘을 모아 문을 열려고 하면서 그 사람들이 나바호 말로 이야기하는 걸 들었다.

차 안에 열쇠를 두고 문을 잠가 버렸던 끔찍한 일은 그 부드럽고 단아한 언어를 생전 처음 들을 수 있는 기회를 주었다. 나는 너무 어려워서 원주민이 아니고서는 도저히 쓸 수 없는 그들의 언어를 조금 배웠다. 나바호 인디언의 언어는 그 난해함 때문에 제2차 세계 대전에서 미국 군대 무전 암호 시스템의 기초가 되기도 했고 그 암호는 적군이 해독할 수 없었다.

그 사람들은 나한테 자기네 문화와 주술 의식, 오랜 세월 동안 이어져 내려온 전통에 대해서 이야기해 주었다. 그들은 나바호를 '나라 안의 나라'로 설명하면서 자기네 정부 체계에 대해 이야기했다. 자기네 협곡에 대해서도 말하고 상승기류를 타고 오르는 한 쌍의 검독수리를 가리키기도 했다. 드디어 옷걸이가 딸깍 소리를 내면서 문 여는 소리가 들렸고, 나바호 사람들과 나는 잊지 못할 경험을 함께했다.

뜻밖에 일어난 황당한 사건 하나가 전혀 기대치 못한 새로운 아름다운 경험을 할 수 있게 해 주었다는 것을 누가 알겠는가? 상실과 실망, 좌절 같은 건 일어날 수 있다. 문제는 그걸 어떻게 보느냐 하는 것이다. 이런 말을 들은 적이 있다. "상실을 경험한다면, 그 경험을 잃어버릴 리는 없다."

마흔여섯 번째 이야기 **비극 속에서 보물을 찾아라**

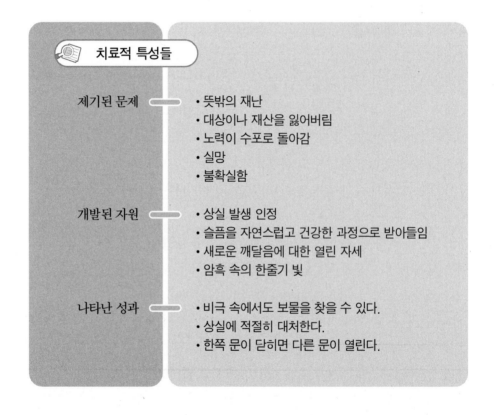

치료적 특성들

제기된 문제
- 뜻밖의 재난
- 대상이나 재산을 잃어버림
- 노력이 수포로 돌아감
- 실망
- 불확실함

개발된 자원
- 상실 발생 인정
- 슬픔을 자연스럽고 건강한 과정으로 받아들임
- 새로운 깨달음에 대한 열린 자세
- 암흑 속의 한줄기 빛

나타난 성과
- 비극 속에서도 보물을 찾을 수 있다.
- 상실에 적절히 대처한다.
- 한쪽 문이 닫히면 다른 문이 열린다.

메사 베르데(Mesa Verde)는 타의 추종을 불허하는 장관이며 신비로운 경이마저 담고 있다. 이 고고학적인 곳을 가 보면, 현대의 문명을 토대로 이룩한 모든 업적에도 불구하고 삶에 대한 얼마나 많은 의문들이 여전히 풀리지 않고 있는지를, 그리고 여전히 우리는 많은 것을 모르고 있다는 걸 알게 된다.

이런 풀리지 않는 수수께끼들 중에 하나가 기원 후 700년경부터 1200년경까지 이 지역에 살았던 아나사지 인디언들이 왜 평평한 탁자 모양의 산지인 살기 좋은 자기네 고향을 떠나 절벽면이 툭 튀어나와 살기에 적합하지 않은 이 곳으로 이주를 했는가 하는 것이다. 그곳에 집을 지을 때는, 어떤 알 수 없는 이유로 자기들이 어쩔 수 없이 떠나게 될 거라는 것을 그들은 전혀 몰랐을 것이다. 공원 관리인들이 1996년에 일어난 사건을 예측할 수 없었던 것처럼.

국립공원이 열린 지 90번째 생일을 기념하던 그 해, 고고학자들은 자신들이 발견할 수 있는 모든 면면들을 조사했었다. 그러나 그 여름에, 소다캐니언에 번개가 떨어져 들불이 일어났다. 나흘 동안이나 파괴의 불길이 너울대며 5,000에이커에 달하는 땅을 집어삼켜 버렸다. 숯과 그을음이 역사적 건축물들의 벽을 뒤덮고, 목조건물들은 다 타서 재가 되었고, 석조건물들은 강한 불길을 못 이겨 벗겨지고 부서졌다.

수천 년이나 된 여러 건축물의 소실이 수십 년간의 과학적 연구를 의미 없는 것으로 만들어 버리지는 못했다 하더라도, 단 하나의 사건이 이 아름다운 광경을 눈물바다로 만들기에는 부족함이 없었다. 전함 바위라는 곳에서, 독특한 문양이 새겨진 높이 4피트의 거대한 암반 조각 벽면이 부서져 떼어지더니 바위에서 툭 떨어져 버렸다. 고고학자들 입장에서 보면 정말 안타까운 손실이었다. 그들이 느꼈을 안타까움은 분명 당연한 것이다.

그런 고고학자 중에 한 사람이라고 상상해 보라. 상실감을 느끼고, 시간이 지나면 감정이라는 건 모두 지나가는 거라는 걸 알아도, 머릿속에선 잃어버린 것이 영원히 사라져 버린 거라는 절망이 남아 있을 것이다. 그런데 거기서 새로운 집터를 찾았던 것이다. 여러 개의 방으로 된 부락이 나오고, 그 아래는 지하의 키바[1]가 있었다. 불길이 나무와 풀숲을 모두 태워 버렸는데, 그 안에 그대로 숨어 있던 지금까지 발견되지 않은 기막힌 곳이 있었다.

----

1) 북미 푸에블로(Pueblo) 인디언의 지하실 큰 방. 종교 의식이나 회의에 쓰인다(역자 주).

잃어버린 걸 다른 걸로 바꿀 수는 없는 노릇이지만, 그 새로운 곳은 세상에 하나뿐인 곳이었고 신비로운 사회에 대한 새로운 지식까지 제공해 주었다. 400여 곳의 자료를 없애 버릴 만큼 모든 걸 파괴해 버린 것 같았던 그 불길로 슬픔에 잠겼어도, 새로운 보물을 발견하는 일이 일어날 수도 있는 것이다.

마흔일곱 번째 이야기 **평화를 찾아서**

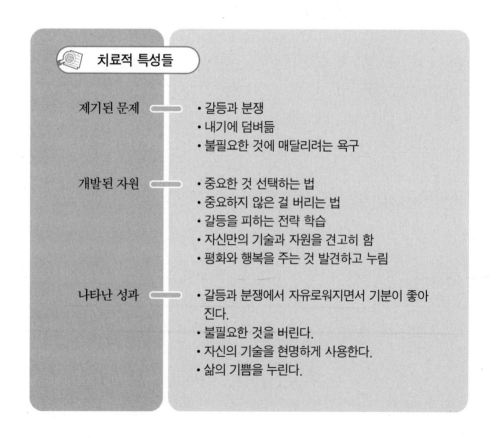

치료적 특성들

제기된 문제
- 갈등과 분쟁
- 내기에 덤벼듦
- 불필요한 것에 매달리려는 욕구

개발된 자원
- 중요한 것 선택하는 법
- 중요하지 않은 걸 버리는 법
- 갈등을 피하는 전략 학습
- 자신만의 기술과 자원을 견고히 함
- 평화와 행복을 주는 것 발견하고 누림

나타난 성과
- 갈등과 분쟁에서 자유로워지면서 기분이 좋아진다.
- 불필요한 것을 버린다.
- 자신의 기술을 현명하게 사용한다.
- 삶의 기쁨을 누린다.

어느 날 저녁, 한 부부가 바닷가를 거닐다가, 조용한 자리를 찾아 돗자리를 펴고, 석양을 바라보면서 편히 앉아 있었다. 닭고기랑 과일 주스를 가지고 와서, 와인과 함께 마셨다. 남편이 와인을 따르고 건배를 하면서 자기들의 행복을 빌었다. 부인은 가져온 음식을 차렸다. 그 모습은 평화롭고 낭만적이었는데, 그곳에는 그들만 있는 게 아니었다.

음식을 좀 얻어먹으려고 어정대는 갈매기들이 보여서 여자가 마지막 남은 고기 조각을 던져 주었다. 한 갈매기가 횡재를 했다. 부리를 쩍 벌리고 고기 조각에 내려앉았다. 날개를 푸드덕거렸다. 기분 나쁜 끼익 소리가 하늘로 쭉 뻗어 나갔다. 수많은 새들이 그 고기 한 조각에 달려들었다. 첫 번째 갈매기가 이겼다.

그 갈매기는 잽싸게 휘익 날아올라 바다와 하늘이 맞닿은 곳으로 달아났지만, 다른 갈매기들도 포기하지 않았다. 열띤 추격전으로 스무 마리 정도 되는 새들이 어쨌든 먹고 말겠다고 달려들었다. 모두 한 갈매기가 물고 있는 걸 갖고 싶어 했다. 먹고 말겠다는 집요한 일념에 자비 같은 건 아예 없었다. 어떤 놈들은 그 갈매기 입에 있는 고기 조각을 낚아채려고도 했다. 또 어떤 놈들은 자기들이 원하는 게 뭔지도 모르면서 그냥 그 갈매기한테 죽어라 대들기만 하는 것처럼 보이기도 했다. 갈매기들은 꽥꽥대면서 확 날아들었다가, 콕 쪼기도 했지만, 그 갈매기는 날아가 버렸다. 그 갈매기는 정정당당한 싸움으로 닭고기 한 조각을 얻어 내었고, 행운의 여신은 그 갈매기 편이었으며, 그 갈매기는 자기가 얻은 걸 포기하지 않았다.

그러나 전쟁은 여기서 끝이 아니었다. 다른 갈매기들도 역시 포기하고 싶지 않기는 마찬가지였다. 바로 눈앞에 먹을 게 있는데, 나머지 갈매기들도 갖고 싶을 수밖에. 갈매기들은 점점 더 닭고기 조각에 목숨을 걸고 덤벼들었다. 얻을 수 있다는 생각에 죽어라 싸우다가 지칠 대로 지치고 나니까, 그 갈매기는 갑자기 여기에 이렇게 매달릴 필요가 있을까라는 의문이 생기기 시작했다. 이 고기 한 조각을 이렇게까지 붙들고 있을 만한 가치가 있는가? 정말로 이만큼이나 애를 쓸 만한가?

생각이 여기에 이르자 그 갈매기는 죽어라 매달렸던 것도 버릴 때가 온다는 걸 깨달았다. 힘들인 거보다 얻는 게 적다는 결론에 이르렀다. 갈매기는 부리를 벌려 닭고기 조각을 떨어뜨렸고, 다른 새가 쏜살같이 덥석 낚아챘다. 당연히 갈매기들은 새로운 표적을 향해 덤벼들었고, 전쟁은 다른 곳으로 옮겨갔으며, 그 갈매기는 한숨을 돌렸다.

바닷새들이 자주 하는 말이 있다. 저 넓은 바다에 물고기는 얼마든지 있다. 그 갈매기는 자기가 배고프지도 않으며 빼앗긴 것도 아니라는 걸 알고 있었다. 그 갈매기는 사냥할 줄 알고 그때를 기다려야 한다는 것도 알고 있다. 이제 그 갈매기는 자기를 살찌우게 하고 만족시키고 행복하게 해 줄 것을 언제 어디서 찾을지 선택을 할 수 있다. 살기 위해서 싸울 필요는 없다.

그 갈매기는 다시 한 번 허공을 휘익 선회했다. 이번에는 공격을 피하려고 한 게 아니라, 그냥 재미삼아 해 본 것이다. 그 갈매기는 상쾌한 바닷바람을 타고 솟구치듯 올라가, 푸르디푸른 하늘에 자유로운 흰 점 하나로 선명하게 콕 박혔다. 다른 갈매기들이 몸부림과 싸움을 계속 하는 동안, 그 갈매기는 자유와 평화를 만끽하고 있었다.

부부는 소풍을 나와 석양을 보며 바닷가에 앉아서, 다른 새들이 서로 한데 엮여서 투닥거리고 있는 무리를 벗어나 혼자 있는 갈매기를 보았다. 두 사람은 나른한 금빛 석양 너머로 유유히 떠다니는 모습에 눈을 뗄 수 없었다. 두 사람은 서로 감싸 안은 채 저물어 가는 하루를 함께하며 평온함과 친근함을 느끼고 있었다.

그 갈매기도 자기네 세상에서 저 혼자 잔잔한 평온을 느끼고 있었다. 갈매기는 혼자서 이렇게 생각했다. "고기 한 조각을 잃었을지는 몰라도, 난 하늘이 주신 평화를 얻은 거야."

마흔여덟 번째 이야기 **경계선 긋기**

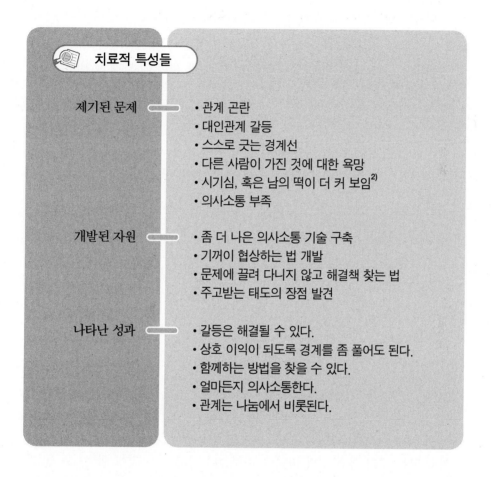

치료적 특성들

제기된 문제
- 관계 곤란
- 대인관계 갈등
- 스스로 긋는 경계선
- 다른 사람이 가진 것에 대한 욕망
- 시기심, 혹은 남의 떡이 더 커 보임[2]
- 의사소통 부족

개발된 자원
- 좀 더 나은 의사소통 기술 구축
- 기꺼이 협상하는 법 개발
- 문제에 끌려 다니지 않고 해결책 찾는 법
- 주고받는 태도의 장점 발견

나타난 성과
- 갈등은 해결될 수 있다.
- 상호 이익이 되도록 경계를 좀 풀어도 된다.
- 함께하는 방법을 찾을 수 있다.
- 얼마든지 의사소통한다.
- 관계는 나눔에서 비롯된다.

몇 년 전 부부상담 기관에서 상담계에 있는 사람들을 상대로 한 강연회를 해 달라는 초청을 받은 적이 있었다. 그 건물로 들어서는데 안내 데스크 뒤에 있는 커다란 포스터에 바로 시선을 빼앗겨 버렸다. 그게 어떤 은유적 표현을 하

---

2) 원문은 "The grass as greener on the other side." (역자 주)

고 있는지, 순전히 어쩌다 보니까 그렇게 걸려 있는 건지는 알 수 없었다. 어찌되었든, 난 그걸 보고 놀랐다.

그 포스터는 농장 마당을 그린 것이었다. 지평선 위에 헛간이 있었다. 앞마당은 널따란 풀밭인데 네 개의 칸막이로 나뉘어져 있었고, 그 안에 소가 한 마리씩 들어 있었다. 그런데 소들이 전부 칸막이에 몸을 기대 다른 쪽에 있는 풀을 뜯어먹고 있는 것이었다! "울타리 너머 남의 땅 풀이 더 파래 보인다."는 메시지를 담고 있는 포스터를 관계 상담 전문 기관에서 저렇게 떡하니 걸어 놓았단 말인가?

당연히 그런 것 아닌가? 벽을 쌓거나 경계를 긋자마자, 다른 편에 있는 것에 대해 호기심이 좀 생기지 않는가? 경계 너머에 누가 혹은 무엇이 살고 있는지에 대한 신화나 판타지를 만들지 않는가?

바로 이 딜레마에 부딪친 두 나라가 있었다. 수년 동안 여러 번 전쟁을 하면서, 두 나라는 자기네 영토를 구분하는 국경을 그었다. 한 나라는 돌이 아주 많은 나라였고, 다른 나라는 돌이 하나도 없었는데, 두 나라는 간단하게 돌이 시작하고 끝나는 지형학적 선을 따라 국경을 그었다.

처음엔 모든 게 괜찮았는데, 돌이 많은 쪽 백성들이 돌이 없는 쪽을 부러워하기 시작하면서, 자기네 땅이 그렇게 말끔하다면, 저 빌어먹을 돌덩어리들을 치우지 않고도 땅을 일구어 곡식을 재배해서 배불리 먹을 수 있을 거라는 생각이 들었다. 돌이 없는 쪽 백성들도 돌이 있는 쪽을 부러워했다. 돌이 있으면 집도 짓고 담도 쌓기에 얼마나 좋을까라는 생각을 하면서.

서로 다른 쪽이 가진 것만 바라고 자기들이 이미 가진 것에 대해서는 별 가치를 두지 않았다. 돌이 많은 쪽 백성들이 자기네 여왕에게 가서 돌은 모조리 나쁘다고 불평을 늘어놓았다. 결국 여왕은 백성들의 요구를 좀 가라앉히려고 이렇게 말했다. "좋다. 그대들이 돌을 원치 않는다면, 국경 너머로 돌을 모두 던지도록 하라."

돌이 없는 나라의 백성들은 자기네 왕에게로 가서 불평을 늘어놓았다. "여왕의 나라 백성들이 우리한테 돌을 던지고 있사옵니다." 왕이 말했다. "감히 우리의 영토를 침범하다니! 이는 전쟁을 하자는 말이렷다."

국경 너머로 돌을 이리 던지고 저리 던지는 전쟁이 상당히 오래 계속 되던 중에 왕에게 기막힌 묘책이 떠올랐다. 왕이 국방부장관에게 말했다. "우리한테는 돌이 필요하지 않은가? 여왕의 백성들과 전쟁을 계속 하라. 그러면 그들은 빈궁해질 것이다. 돌 말고는 아무 무기도 없으니까. 우리는 건물 지을 재료를 모두 얻게 되고 말이다." 그래서 전쟁은 돌 없는 나라에 돌이 가득해지고 돌 많던 나라에 돌이 하나도 없어질 때까지 계속되었다.

다시 평화가 찾아와 왕의 나라도 여왕의 나라도 한동안은 잘 살았다. 여왕의 백성들은 땅을 갈고 곡식을 재배했다. 왕의 백성들은 집을 짓고 돌담을 쌓았다. 그러나 불평은 다시 일어났다. 여왕의 국민들은 새 집을 지을 돌이 없었고 왕의 국민들은 경작을 할 수 있는 땅이 없어져 버린 것이다.

두 나라는 다시 전쟁을 선포하고 국경 너머로 서로 돌을 던져 댔다. 이런 식으로 악순환이 계속되었다. 두 나라가 농사를 짓거나 새 건물을 세울 때에만 잠시 평화가 있을 뿐이었다. 왕도 여왕도 하나도 좋을 게 없었다. 그래서 서로 반목할 게 아니라 조화롭게 살 수 있는 더 나은 방법이 없을까 생각하기 시작했다. 싸우는 대신 대화를 하는 게 어떨까 하는 생각이 들었다. 두 군주가 비무장지대에서 회합을 가지고 반목의 역사에서 한발 물러서기로 했다.

처음엔 대화가 그리 쉽지는 않았다. 오랜 세월 서로 눈을 흘기며 지내 왔으니까. "이건 모두 당신들 잘못이오." 왕이 말했다. "당신네가 먼저 우리한테 돌을 던져서 전쟁이 일어난 것이오."

여왕이 대꾸했다. "잘잘못을 따지자면 나도 할 말이 있소이다. 두 나라 간에 수많은 악감정이 있지만, 상대의 탓만을 하려고 한다면 해결책을 찾는 건 아예 틀린 일이오."

왕도 분노와 적개심, 과거에 쌓인 쓰라린 기억들은 접어 두어야 해결책을 찾을 수 있다는 걸 알고 있었다. "지금까지 일어난 일이야 어찌 바꿀 수 있겠소?" 왕이 말했다. "함께 미래를 내다본다면, 어쩌면 두 나라 모두 함께 잘 살 수 있는 날을 만들 수도 있지 않겠소?"

여왕이 왕에게 물었다. "우리가 어떻게 하면 조화로운 미래를 함께할 수 있겠소이까?"

잠시 왕이 생각에 잠기더니 이렇게 말했다. "돌은 당신네 것이고, 초원은 우리의 것이오. 그러나 우리 두 나라는 서로의 것이 필요하오. 그걸 나눌 수도 있고, 서로 무역을 할 수도 있을 것이오. 우리나라에서 나는 걸 당신 나라 돌과 바꿀 수도 있을 것이오. 우리 백성들이 농사짓는 법을 가르쳐 주고 당신 백성들이 건축에 대한 지식을 나누어 줄 수도 있소이다. 이 방법이야말로 함께하는 것이오."

여왕도 고개를 끄덕이며 이렇게 말했다. "국경을 좀 자유롭게 할 수도 있지 않을까요? 당신과 당신 백성들이 우리나라로 들어오고, 우리도 당신 나라로 들어갈 수 있게 말이오. 자유 무역을 할 수도 있을 것이오. 서로 줄 것과 교환할 지식을 공유하도록 하지요."

두 나라는 평화와 조화을 이루어 살아가면서 다른 나라의 부러움을 샀다. 정말 한 나라가 돌을 더 바라면 다른 편에서는 농작물이 더 필요한 경우가 많았다. 그 일이 있고 난 후 세월은 흘렀지만, 이제 두 나라는 이해하고 협상하고 무역하면서 차이점을 해결하는 수단을 보유하게 되었다.

어떤 때는 전문 지리학자조차도 원래 뚜렷이 그어져 있었던 국경을 구별하지 못했다. 돌 없는 나라와 돌 많은 나라 간의 선명한 구분이 어디에도 없었으니까. 자기들만의 고유함은 그대로 가지면서도, 그 두 나라는 자기들이 가진 것을 서로 나누고 교환하는 법을 배운 것이다.

마흔아홉 번째 이야기 **잘못된 곳에 들어갔다가 벗어나서**

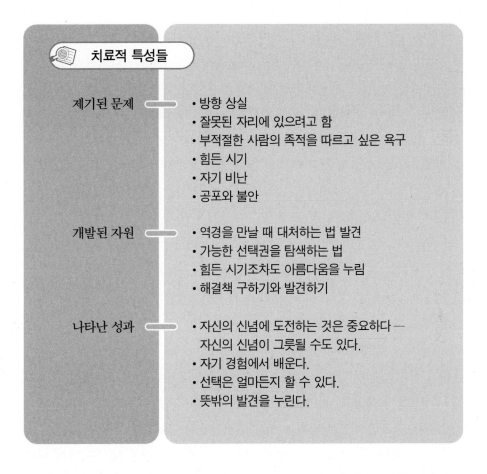

치료적 특성들

제기된 문제
- 방향 상실
- 잘못된 자리에 있으려고 함
- 부적절한 사람의 족적을 따르고 싶은 욕구
- 힘든 시기
- 자기 비난
- 공포와 불안

개발된 자원
- 역경을 만날 때 대처하는 법 발견
- 가능한 선택권을 탐색하는 법
- 힘든 시기조차도 아름다움을 누림
- 해결책 구하기와 발견하기

나타난 성과
- 자신의 신념에 도전하는 것은 중요하다 — 자신의 신념이 그릇될 수도 있다.
- 자기 경험에서 배운다.
- 선택은 얼마든지 할 수 있다.
- 뜻밖의 발견을 누린다.

난 엉뚱한 곳에서 옴짝달싹도 못한 적이 한 번 있었다. 실은 정말 엉뚱하고 정말 위험한 곳이었다. 한참 뒤에야 내가 얼마나 위험천만했는지를 알게 되었다. 엎친 데 덮친 격으로 나는 옳은 곳에 있다고 완전히 믿고 있었다. 내가 있었던 곳은, 의도한 것은 아니지만, 오스트리아의 슈투바이 알프스 산맥에 있는 얼음 계곡이었다.

나는 포근한 산 속 오두막의 따사로움과 보호에서 벗어나 산길을 따라 하루를 돌아다녔다. 보기에는 얼마든지 갈 수 있을 것 같았다—적어도 지도에서는. 계곡으로 가서 빙판을 지나 산마루를 넘어 아래로 가면 그다음에는 따스한 오두막이 기다리는 계곡이 있을 터였다.

　　그러나 출발부터 문제가 생겼는데 밤새도록 눈이 쏟아져 온통 산길이 눈으로 덮여 버린 것이었다. 지도를 요리조리 훑어보면서, 내가 들어서야 할 길이 내 왼쪽으로 나 있는 계곡이라고 확신했다. 산꼭대기와 계곡의 굽이 형세를 살펴보고 나침반을 확인했다. 꼭대기까지 가서 보니, 내가 가야 한다고 생각한 곳으로 발자국까지 어렴풋이 나 있었다. 하지만 여전히 의문스러웠다. 다른 사람 발자국을 따라 가야 하나 아니면 그냥 내가 생각한 방향대로 가야 하나? 잠시 망설이다가, 다른 사람들의 발자국을 따라 가기로 하고, 그 사람들이 길을 알고 간 것이라고 믿어 버렸다.

　　다시 눈이 내리고 그 발자국은 금세 지워져 버렸고, 난 어쩔 수 없이 내가 알아서 찬찬히 길을 나아가야 했다. 계곡 꼭대기의 산마루를 향해서 걸어가는 길은 점점 더 험해졌고 발목이 눈에 푹푹 빠졌다. 어떤 때는 무릎까지 빠지기도 하고, 허리까지 눈에 잠기기도 했다. 더 이상 길이 없는 게 확실했고 난 급속도로 지쳐 가고 있었다.

　　내가 어디 있는지 알 수 있는 단 한 가지 방법은 산마루에 올라가 계곡 아래를 굽어보는 것이었고, 거기 내가 가려는 오두막이 있기만 바라야 했다. 깎아지른 듯한 젖은 암벽을 올라가는 일은 위험천만한 일이었다. 하지만 여기서 돌아섰는데 지금 내가 있는 곳이 길이라면, 하루 온종일 애쓴 보람을 날려 버리는 것이었다. 천천히, 떨리는 마음으로 발을 내디뎠다. 나를 맞아 준 것은 까무라칠 정도로 아름답고 광활한 평원이었다. 뾰족하고 검은 봉우리는 선연히 푸른 하늘로 상어의 이빨처럼 솟아 있었고 아래로는 미답의 설원이 펼쳐져 있었다. 바람 소리 말고는 모든 게 고요했다. 마치 자연이 한데 어우러진 순간에 내가 서 있는 듯했다.

그곳은 아름다웠지만, 내가 있을 곳은 아니었다. 보여야 할 오두막은 눈을 씻고 찾아봐도 없었다. 여기는 내가 보았던 지도가 일러 준 계곡이 아니었다. 분명히 잘못 들어선 것이다. 떨리고 기운은 없고 어찌 할 바를 모른 채, 나는 점심을 먹으면서 뭔가를 결정해야 할 자리를 찾았지만, 머릿속은 자책으로 가득 찼다. 이런 말도 안 되는 실수를 저지른 것에 자책하는 동안, 지난 일들에 대한 기억이 물밀 듯 밀려왔다. 한참이 지나서야 그런 생각들이 아무 해결책을 줄 수 없다는 걸 느꼈다. 길을 찾아야 했다. 우선 내가 처한 곳부터 제대로 알아야 한다. 어딘가에 이렇게 꼼짝도 못할 상황을 벗어날 길이 있기를 바랐다. 내 실수는 순간적인 선택에서 생긴 잘못이었다. 그로 인해 원치 않았던 곳으로 오게 되었지만, 이리로 오게 된 선택을 한 것과 똑같이 벗어날 수 있는 선택도 할 수 있을 것이다.

문제는 이거다. '어디로 가야 하는가?' 왔던 길을 되돌아가야 하나? 그 길은 알고 있고 그 길 끝에는 따뜻한 오두막과 뜨끈한 식사가 있을 것이다. 여기 이대로 있으면서 누군가 날 구조해 주기를 바래야 하나? 어디로든 가야 하는 건가? 그러면 낯선 곳으로 가게 될지도 모른다. 그건 내가 밤을 지낼 오두막을 찾아 산을 몇 개나 넘어야 한다는 말이다. 어둡기 전에 못 갈지도 모른다. 그렇게 되면 눈이 퍼붓는 추운 밤에 갇혀 버릴 공산이 크다.

나는 돌아가기로 마음먹었고, 내려가는 길은 신났다. 내 방수 재킷으로 처음 썰매를 타 보기도 하고, 내 부츠로 빙판에서 쫙 미끄럼도 타 보았다. 오두막에 다시 돌아와서는 내가 하루 동안 어디서 뭘 알게 되었는지, 얼마나 당황을 했는지 이야기하는 데 정신이 팔렸다. 지난 겨울에 내가 지나온 바로 그 빙판 아래에서 배낭 두 개가 발견되었다. 그건 25년 전 사라졌던 등산객의 것으로 여겨졌다. 그들은 돌아오지 못했다.

잘못된 곳에 가는 건 누구에게라도 일어날 수 있는 일이다. 우리가 하는 선택과 결정이 원치 않는 곳으로 이끌게 될 수 있는 것처럼, 우리는 돌이킬 수 있는 선택과 결정을 할 수 있는 힘도 가지고 있다. 하지만 전혀 엉뚱한 곳에 있게 된다면, 새로운 걸 발견할 수 있는 기회를 찾아야 한다.

열 번째 이야기 **자신의 능력을 믿어라**

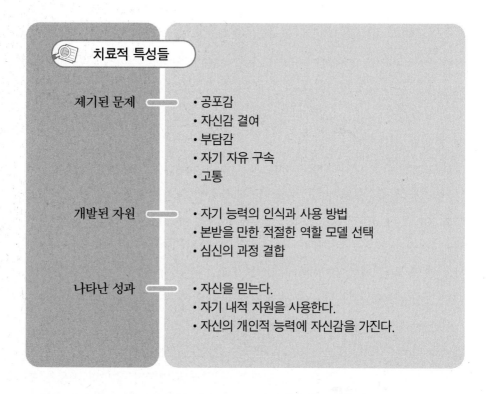

📖 **치료적 특성들**

제기된 문제 —
- 공포감
- 자신감 결여
- 부담감
- 자기 자유 구속
- 고통

개발된 자원 —
- 자기 능력의 인식과 사용 방법
- 본받을 만한 적절한 역할 모델 선택
- 심신의 과정 결합

나타난 성과 —
- 자신을 믿는다.
- 자기 내적 자원을 사용한다.
- 자신의 개인적 능력에 자신감을 가진다.

혼자서 네발을 등반하는 길고 힘든 날들 끝에, 나는 뜻하지 않게 아슬아슬한 돌투성이 강의 골짜기로 내려가게 되었다. 깎아지른 듯한 협곡의 암반에 이리저리 꼬불꼬불 좁아졌다 넓어졌다 하면서 울퉁불퉁하게 길이 나 있었다. 등에 진 배낭의 무게가 가슴을 더 답답하게 만들었다. 살다 보면 생기는 여러 가지 일처럼, 배낭은 어깨를 짓누르고 있었다. 나는 낑낑대며 언덕을 오르고 내리막을 조심조심 디디면서 그놈의 배낭을 두고 투덜투덜거렸다. 배낭만 없었으면

훨훨 날아다녔을 것이다. 터벅터벅 걸어가는 동안, 자꾸만 엉덩이와 어깨가 자유를 달라고 외쳐 댔고, 날이 저물 때쯤 되니까 그놈의 배낭을 집어던져 버려야 내가 편안해질 거 같았다.

하지만 어떤 동전이든 양면이 있는 법, 내게 주어진 짐에도 두 가지 국면이 있었다. 배낭 속에는 내 옷, 구급약, 카메라 같은 게 들어 있다. 집 냄새를 머금고 있는 비누로 씻는 것이나 혼자서 세계 구석구석을 돌아다니는 동안 유일한 밤동무가 되어 준 침낭 속에 들어가 폭 안기는 게 얼마나 좋은데. 안 될 말이지, 배낭 없이는 선택의 여지가 없다.

협곡면을 조심조심 내려오는데, 콸콸 흘러가고 있는 강 아래쪽으로 갑자기 길이 확 꺾여 있었다. 그 힘든 하루로 지칠 대로 지쳐 버린 몸과 팔다리에, 온몸을 굳게 만들고, 뼈마디가 부딪치고, 발이 딱 얼어붙어 버리는 두려움까지 몰려왔다. 배낭의 무게에 눌려 울퉁불퉁 돌이 널린 길에서 발 하나 제대로 디딜 곳을 못 찾아 후들거렸다. 조심조심 놓는 발걸음마다 쿵쿵 충격이 오는 동안, 내 마음은 바짝 쪼그라들어 온통 무거운 근심, 두려움, 고통으로 꽉 차 버렸다. 잠시 동안, 눈을 돌려 저 멀리 흰 눈으로 덮인 산마루를 볼 수도 있고, 산을 물들이고 있는 만병초 빛깔을 보며 한숨을 돌릴 수도 있었을 텐데, 너무 끔찍하다는 생각에 사로잡혀 한동안 그렇게 할 수 없었다.

그러고 있는데 뭔가 내 신경을 건드렸다. 무슨 소리 같은 게 뒤에서 들렸는데, 네팔 사람들이 모여 웃으며 떠드는 소리였다. 같은 길을 가고 있는데도, 기분이나 태도에는 엄청난 차이가 있었다.

그 사람들은 내 것보다 훨씬 더 무거운 짐을 들고 있으면서도 너무나 쉽게 움직이고, 심각한 생각 같은 건 없어 보였다. 이마에는 얄팍한 가죽 띠를 매고 비료를 잔뜩 담은 대바구니를 짊어지고 있었다. 그 사람들은 저 산 위에 있는 자기네 집에서부터, 강 골짜기 아래에 있는 평야에 비료를 나르고 있었다. 산양처럼 이 돌에서 저 돌로 풀쩍풀쩍 뛰어다니며 길을 휘젓고 다니면서 그 사람들이 하는 일은 아주 즐거워 보였다. 짐이 무거워도, 그들은 가볍고 재빠르게 움직였다. 나를 앞질러 가면서, 그들은 일하러 온 게 아니고, 산길을 내려가면서 파티에라도 온 듯이 떠들썩하게 노래하고 웃고 있었다.

그 사람들의 사뿐사뿐한 움직임을 가만히 지켜보았다. 여기 사는 사람들이라면, 짐을 지고 협곡을 매일 오르락내리락 하는 사람들이라면, 분명히 그대로 따라 하면 된다. 나는 그 사람들을 본보기로 삼아 발자취를 따라가기 시작했다. "터벅터벅 걷지 말고 폴짝폴짝 뛰는 거야. 가볍게 움직여." 혼잣말을 했다. 그러니까 속도가 붙었다. 아프던 무릎과 발목도 나아지기 시작했다.

그러고 있는데 두려움이 다시 고개를 들었다. 흔들리는 돌을 디디기라도 하면? 길이 확 꺾어지면? 울퉁불퉁한 데서 미끄러져 협곡 아래로 떨어지기라도 하면? 배낭 무게 때문에 휘청하다가 암벽으로 구르기라도 하면 어쩌지?

겁이 나서, 다시 속도를 늦추고 조심스럽게 발을 디딜 때마다 주의를 기울였다. 그렇게 하니까 짐 무게가 온몸을 내리눌렀고, 발을 디딜 때마다 쿵쿵대는 충격이 관절까지 아프게 만들었다.

비료를 운반하는 네팔 사람들의 웃음소리가 저 아래서 실려 오고, 그 사람들의 즐거운 소리가 자꾸 머릿속에서 맴돌았다. 나는 생각했다. "얼마든지 저 앞을 볼 수 있어. 내 다리는 평생 동안 내가 서 있게 해 주었고 움직이는 법도 알아. 이미 가지고 있는 능력인데 뭐, 자신감을 가져야 해."

마음속 좀 더 깊은 곳에서는 이미 알고 있었던 것을 의식 수준까지 끌어올려 마음을 다지고 나니까 약간 안심이 되면서 몸을 편안히 가볍게 움직일 수 있게 되었다. 오랫동안 지녀온 능력으로 마음을 좀 가다듬고 나니까 발이 더 쉽게 움직여졌다. 내 마음속의 장애물을 건너고 나니까, 더 커진 자유를 느끼고 땅을 누비면서 배낭 무게도 훨씬 가벼워졌다.

가끔 멈출 때마다, 두려운 마음이 좀 들긴 했다. 협곡 아래를 보다가 떨어질지도 모른다는 생각이 들면, 몸이 긴장되면서, 자유로이 움직이다가도 확 움츠러드는 걸 느끼기도 했다. 내가 바라는 건 내 능력 안에 들어 있는 거라는 걸 스스로에게 상기시키면서, 두려움을 날려 버리고 발걸음이 더 자유로워지는

걸 느꼈다. 내게 필요한 건 오직 이미 할 수 있는 걸 하도록 나의 내면을 믿어
주는 것이었다.

쉰한 번째 이야기 **아픔을 기쁨으로**

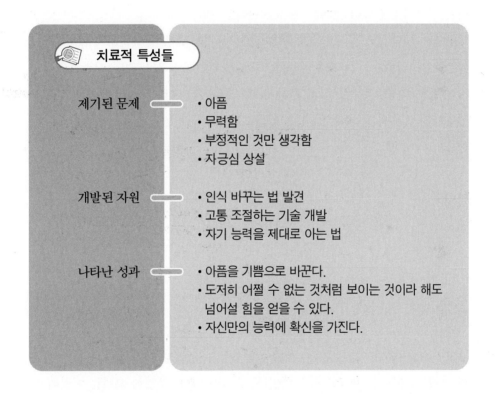

치료적 특성들

제기된 문제
- 아픔
- 무력함
- 부정적인 것만 생각함
- 자긍심 상실

개발된 자원
- 인식 바꾸는 법 발견
- 고통 조절하는 기술 개발
- 자기 능력을 제대로 아는 법

나타난 성과
- 아픔을 기쁨으로 바꾼다.
- 도저히 어쩔 수 없는 것처럼 보이는 것이라 해도 넘어설 힘을 얻을 수 있다.
- 자신만의 능력에 확신을 가진다.

조앤은 오른쪽 다리뼈에서 암이 계속 자라고 있지만, 암이라는 진단보다 앞
으로 해야 할 치료가 더 무서웠다. 의사는 조앤의 다리를 절단해야 한다고 했
다. 선택을 해야 했다. 다리냐 생명이냐.

엉덩이 아래쪽의 다리 전체 부분을 잃음과 동시에 육상 3종 경기에 나가겠
다던 오랜 열망과 자존심과 자긍심까지 날아가 버렸다. 남은 건 고통뿐이었다.

절단 수술을 하고 여섯 달이 지났는데, 그녀는 여전히 심한 고통을 겪고 있었다. "이미 잘라 낸 다리가 어떻게 아플 수 있지요?" 의사가 물었다. 통증의 원인은 이미 제거되었기 때문에, 의학적으로는 설명이 되지 않았다. "이건 분명히 마음의 병입니다." 의사가 그녀에게 말했다.

"생각조차 하지 않는다구요." 그녀가 대들었다. "수술 전과 똑같단 말입니다. 그런 끔찍한 고통을 머릿속으로 그리는 사람이 어디 있습니까?" 어쨌든 그녀는 심리치료를 받아 보라는 권유를 받아들였다.

조앤은 상담실로 들어오려고 용을 썼다. 아직은 목발에 익숙하지 않았다. 그 일은 힘도 들었지만 우수한 운동선수라는 데 자부심을 느꼈던 사람으로서는 지옥 같은 좌절감과 굴욕감까지 들게 했다. 없어진 다리를 눌리지 않게 하려고 엉덩이를 의자에 잘 맞춰 앉더니 정말로 아픈 사람처럼 인상을 찡그렸다. 자기 통증이 의학적으로 어쩔 수 없다는 사실을 믿을 수 없는 듯했다.

남아 있는 다리를 가리키며 내가 말했다. "목발 쓰는 법을 배우는 동안 몇 번이나 부딪치고 받치고 그랬겠네요. 왼쪽 다리를 다쳤다면요, 음, 왼쪽 다리에 통증이 있다면 말입니다, 어떻게 하셨을까요?"

"늘 쓰다듬고 긁고 그러는데요." 그녀가 대답했다.

"그럼 그렇게 쓰다듬고 긁을 때 느낌이 어때요?"

"좀 나아지죠." 그녀가 대답했다.

내가 그녀 오른쪽 빈 곳에 손으로 다리를 그리면서 말했다. "이쪽에서 아프다고 느끼는 데가 어디죠?" 다른 사람들처럼 수술로 다리를 잘라 냈는데 어떻게 거기가 아플 수 있냐고 해 봐야 아무 소용이 없다. 분명히 그녀는 여전히 아주 아프니까. 가끔은 문제를 해결할 수 있는 힘 쪽으로는 눈도 돌리지 않고 완전히 눈이 멀어 막막한 문제만 보이기도 한다. 조앤은 이미 나로 하여금 자기가 지닌 어떤 능력을 볼 수 있도록 했다. 우선, 이젠 없어져 버린 다리에서 통증을 느낄 수 있다. 둘째, 그걸 아주 심하게 느낀다. 셋째, 남아 있는 다리는 그녀가 통증을 완화시키기 위해 하는 행동에 반응을 할 수 있다.

"무릎이요." 그녀가 반응을 보였다.

내가 물었다. "한번 쓰다듬거나 긁어 볼래요?"

그녀는 당황해서 멍하니 쳐다보다가, 내 말대로 몸을 숙여 있지도 않은 무릎을 쓰다듬었다.

"어때요?" 내가 물었다.

"좀 낫네요." 그녀가 대답했다. 놀라고 또 더 어찌할 바를 모른 채 멍하니 바라보면서.

이런 건 마법의 결과도 아니고, 어찌 될지 모르는 것도 아니다. 이건 그저 어떻게 할 수도 없고, 어찌할 도리도 없는 극심한 통증에 초점을 맞추어 살짝 가려 주는 것일 뿐이다. 조앤이 조바심을 내고 있는 것은 정상적인 통증이다. 정상적인 통증의 법칙에 따라 왼쪽 다리에서 느끼는 대로 반응을 하게 되는 것이다.

다시 왼쪽 다리를 가리키며 물었다. "이쪽 다리를 기분 좋게 하려면 어떻게 하죠?"

"남편이 살살 만져 주면 좋은 느낌이 들어요." 그리고 말을 하면서 처음 입가에 슬쩍 미소가 스치는 것을 보았다. 그녀는 말을 이어 갔다. "얼마 전에 따뜻한 물로 목욕을 했는데 피로가 확 풀리는 느낌이었거든요. 난 그런 느낌을 참 좋아해요. 잔디밭에 등을 기대고 앉아 따스한 햇살을 느끼는 것도 좋아요. 뭔가 말해 주는 게 있는 것 같은 그런 기쁨을 누리곤 했었는데, 수술을 하고 나서는 그렇게 하지 못했어요."

생각을 바꾸고 나니까 느낌도 달라졌다. 문제에서 어떻게 할 수 있고 바꿀 수 있다 싶은 것으로 초점을 옮겨 놓았다. 할 수 없는 걸 생각하기보다는, 할 수 있는 것을 찾아가기 시작했다. 이런 작은 동작으로 그녀는 이전엔 자기 힘으로 어떻게 할 수 없었던 통증을 다스릴 수 있게 되었고 스스로 자기 경험을 바꿀 수 있게 되었다.

조앤이 이젠 없어져 버린 다리에서 어떻게 쾌감을 만들어 낼 수 있었는지 정확히 설명할 수는 없다. 자기 능력에 뭔가 힘을 준다는 느낌으로 그렇게 한 것일 수도 있고, 예전에 겪었던 어려움 때문에 그랬을 수도 있고, 건강하게 잘 살고 싶다는 내적 소망 때문이었을 수도 있고, 지지 않겠다는 결심 때문일 수도 있고, 희망을 발견해서 그랬을 수도 있다.

나는 그저 변화는 가능하다고 말할 수 있을 뿐이고, 조앤은 그럴 수 있다는 걸 깨달았다. 통증을 느낄 수 있다면, 쾌감도 느낄 수 있는 것이니까. 그건 똑같은 거니까.

 연습문제

경험으로 배울 수 있는 것에 대한 은유를 공책에 적어 둔다. 자신의 경험에서든, 내담자의 사례에서든, 들었던 이야기에서든.

여러분의 이야기가 이야기마다 처음에 나오는 치료적 특성들에서 주는 형식에 맞도록 하라.

1. 내담자와 비슷한 문제를 설명하는 걸로 이야기를 시작한다.
2. 내담자가 해결책에 이를 수 있도록 개발하고 쓸 수 있는 자원으로 옮겨 간다.
3. 여기의 이야기들과 같이 어떤 경험으로 배웠던 결말로 마무리한다.

제9장
목표 이루기

　19세기 덴마크 철학자 키르케고르는 앞을 내다보는 것으로 인생을 살고 과거를 돌이켜보는 것으로 인생을 이해한다는 말을 했다. 이런 두 가지 관점이 상호 배타적일 필요는 없겠지만, 우리의 목표가 우리가 주의를 집중해야 하는 방향을 결정할 것이다. 일어난 일을 이해하려면, 과거를 살펴봐야 할 것이다. 과거 경험을 통해서 정말 배울 수도 있고 그런 배움은 현재를 살아가는 데에 있어 필수불가결한 것이 된다. 예를 들어, 손가락을 불에 데어 본 적이 있는 아이는 불을 건드리면 안 된다는 걸 배울 수 있는데, 불과 그때 받은 상처에 대해 계속 이야기를 하는 것은 결과적으로 불안감을 초래할 수도 있다.

　인생이란 것이 앞날에 놓인 것에 관한 것이라면 우리는 나아갈 바를 향해 시선을 둘 것이다. 우리는 볼 수 있는 기관을 가지고 앞으로 나아갈 줄 아는 종족이니까. 우리는 얼굴에 눈을 갖고 있고, 우리의 해부학적 구조는 앞으로 쉽게 빨리 움직일 수 있도록 되어 있다. 반대로, 거꾸로 가는 건 영 서투르고 비능률적이다. 우리의 생리학과 심리학은 이런 시각으로 볼 때 밀접하게 상호작용한다. 머리를 숙이고 아래를 보면, 내성적이 되면서 기분이 금방 우울해질 수도 있다. 똑바로 서서 앞을 내다보며, 우리 앞에 목표물을 두면, 신체적으로나 정서적으로 모두 훨씬 더 기분도 좋아지고 기운이 솟는다. 인생이란 미래를 향해 나 있는 방향을 쳐다보며 지금 이 순간을 경험하는 것이다.

대부분의 내담자들은 현재뿐만이 아니라 다가올 날의 환경을 향상시키고 싶어 한다. 그들은 과거보다 더 나은 것들을 원한다. 이 장에 있는 이야기들은 내담자들이 목표를 설정하고, 그걸 이루기 위한 수단을 개발하고, 목표 달성을 제대로 평가하는 데에 도움이 되는 아이디어들을 제시한다. 여기에 소개된 이야기들은 위기에 봉착해서 적절한 해로를 모색하고, 바람직한 결말에 이르기 위한 전략들을 개발하는 여러 예들을 다루고 있다.

쉰두 번째 이야기 **궁극적 목표를 향해**

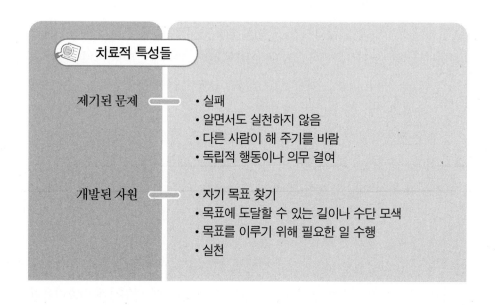

치료적 특성들

제기된 문제
• 실패
• 알면서도 실천하지 않음
• 다른 사람이 해 주기를 바람
• 독립적 행동이나 의무 결여

개발된 사원
• 자기 목표 찾기
• 목표에 도달할 수 있는 길이나 수단 모색
• 목표를 이루기 위해 필요한 일 수행
• 실천

- 자기 목표를 선택한다.
- 스스로 그 길을 가야 한다.
- 목표에 이른다는 것은 아는 것만이 아니라 행동하는 것이다.
- 이루려면 행동해야 한다.

한 젊은이가 부처님께 가서 궁극적 목표에 이르는 것에 대한 질문을 드린 전설이 있다. 그 젊은이는 몇 해 동안이나 하루도 빠지지 않고 부처님의 가르침을 들으러 왔었다. 그는 깨달음에 대한 말씀들을 경청했다. 그는 실제로 하는 건 하나도 없으면서 가르침들을 명상하는 데 시간을 다 써 버렸다. 어떤 사람들은 이런 걸 보고 반항이나 도전 혹은 분노라고 할 수도 있었을 테지만, 그는 그저 자기가 들은 것을 행동으로 옮길 생각을 하지 않을 뿐인 듯했다.

어느 날 저녁, 그는 용기를 내어 부처님께 여쭈었다. "오, 지혜로운 분이시여," 그가 말문을 열었다. "몇 년 동안 저는 당신의 가르침을 들으러 왔나이다. 저는 깨달음을 위한 길을 배워 보려고 애썼지만 어떤 식으로도 내 삶을 바꿀 수 없다는 걸 알았나이다."

"그래서," 부처님이 물었다. "묻고 싶은 것이 무엇이오?"

"해를 거듭하면서," 그 젊은이가 말했다. "당신의 가르침을 들으려고 수많은 사람들이 오는 걸 보았습니다. 어떤 사람들은 남아 있고, 어떤 사람들은 떠났습니다. 그중에는 수도승이나 수녀들도 있었고, 부자도 있었고, 가난한 이도 있었고, 남자도 있었고, 여자도, 아이들도 있었습니다. 몇몇은 자신들의 목표에 이른 듯도 보입니다. 내면의 평화로움이 겉으로도 보이니까요. 그 사람들은 다른 사람들을 돌보았습니다. 그 사람들은 기쁨과 행복으로 살아가고 있었습니다. 하지만 모든 사람들이 그렇지는 않습니다. 아마 많은 사람들이 그렇지 않을 겁니다. 처음 당신의 가르침을 들으러 온 때와 별로 달라진 게 없는 게 대다수일 거란 말씀을 드리고 싶은 겁니다. 어떤 이들은 환경이 더 나빠지기도 했습니다. 당신은 분명 위대한 스승이십니다. 당신은 그런 사람들을 애달피 여기시고 돌보십니다. 그런데 왜 그들을 위해서 당신의 능력을 사용하시지 않으시나요? 왜 그들이 바라는 궁극적 목표를 이루도록 해 주시지 않으시는 건가요?"

그 불교신자의 말은 어떤 면에서는 모든 사람들을 위한 것이었는데 부처님의 대답은 영 시원치가 않았다. 그 남자는 부처님이 딴소리를 하는 거라고 생각했다.

부처님은 이렇게 물었다. "집이 어디요?"

그 남자는 자기 집이 어느 도시 어느 마을에 있는지를 말해 주었다. 자기가 태어나서 자란 곳도 말했다. 몇 년 전에 직장 때문에 이사를 온 것까지 다 설명했다.

"늘 집으로 돌아가지요?" 부처님이 물었다.

"예, 갈 수 있으면 늘 가지요." 젊은이가 말했다. "저희 가족이 거기 살고 있고, 저와 함께 자란 친구들도 거기 있습니다. 거기서 사귄 여자 친구도 있는데 언젠가 결혼도 할 겁니다."

"그러면," 부처님은 그를 뚫어지게 바라보면서 이렇게 말씀을 던졌다. "그렇게 거기 자주 가면, 길도 잘 알겠군요."

"그럼요, 손바닥 들여다보듯 하지요." 젊은이가 대답했다. "너무 잘 알아서 눈을 감고도 갈 수 있을 겁니다." 그는 농담까지 섞어서 말했다.

"당신이 그 길을 그렇게 잘 안다면, 다른 사람이 혼자 거기 갈 수 있도록 길을 가르쳐 줄 수 있겠소? 있는 그대로 눈에 보이는 것처럼 말로 잘 묘사할 수 있겠소?"

"예, 그런데 왜 그러시죠? 저는 길을 묻는 사람들에게 자주 설명해 줍니다. 가능한 선명하게 가르쳐 주려고 하지요. 그 사람들이 길을 잘못 찾아 갈 만한 말은 한마디도 안 합니다."

"당신에게 길을 묻던 사람들이," 부처님은 질문을 계속했다. "모두 그 길대로 가던가요?"

"아닙니다." 젊은이가 대답했다. "묻기는 여러 번 묻는데 모두 그렇게 하지는 않았습니다. 어떤 사람들은 그럴 기회도 없고 그럴 필요도 없지요. 또 어떤 사람들은 그렇게 하고 싶어도 시작도 못하기도 했습니다."

부처님은 질문을 더 해 나갔다. "그 길로 가던 사람들 중에, 얼마나 많은 사람들이 끝까지 갈 수 있던가요?"

"글쎄요." 젊은이가 말했다. "대개는 자기 목적지가 우리 동네인 사람들뿐이죠. 그 길이 그리 쉽지도 않고 어떤 사람들은 가다 마니까요. 어떤 사람들은 중간쯤 가서는 방향을 바꾸기도 합니다."

"그렇다면," 부처님이 말씀했다. "우린 둘 다 아주 비슷한 경험을 한 거군요. 사람들은 나를 찾아와 내가 대단한 여행이라도 시켜 주는 사람으로, 또 그 길을 잘 아는 사람으로 생각하지요. 그 사람들은 내가 알고 있는 걸 말해 달라고 합니다. 사람들은 그 길에 대한 설명만 들을 수도 있고, 내가 말한 길을 좋아할 수도 있지만, 모든 사람들이 그리로 들어서지는 않지요. 그렇게 하고 싶은 사람들이라고 해도, 모두가 끝까지 가지는 않으니, 결국 모두가 궁극적 목표에 도달할 수는 없는 겁니다."

"당신처럼," 부처님은 말을 이어갔다. "나도 내가 할 수 있는 만큼 있는 그대로 분명하게 그 길을 말하려고 애씁니다만, 억지로 밀고 당기면서 사람들이 그 길을 따라 가게 할 수는 없는 노릇이지요. 내가 말하고자 하는 것은 '나는 길을 걸었습니다. 그 여행에서 내가 배운 게 있었지요. 이게 내 경험입니다. 그런 경험을 당신과 함께 나눌 수 있어서 행복합니다. 내가 더 이상 할 수 있는 건 없습니다. 당신의 목표에 당신이 이르고 싶다면, 당신이 그 길을 스스로 걸어가야 합니다.' 라는 것뿐입니다."

쉰세 번째 이야기　자유롭게 나는 거야

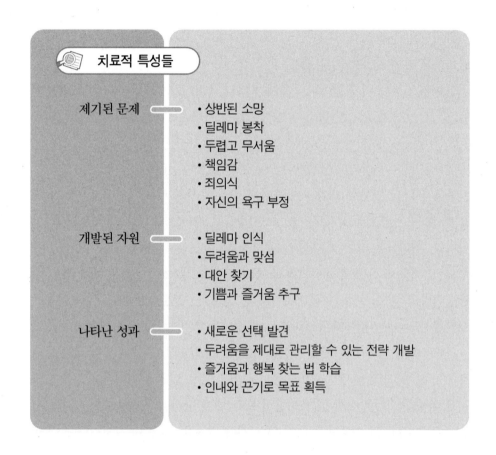

치료적 특성들

제기된 문제
- 상반된 소망
- 딜레마 봉착
- 두렵고 무서움
- 책임감
- 죄의식
- 자신의 욕구 부정

개발된 자원
- 딜레마 인식
- 두려움과 맞섬
- 대안 찾기
- 기쁨과 즐거움 추구

나타난 성과
- 새로운 선택 발견
- 두려움을 제대로 관리할 수 있는 전략 개발
- 즐거움과 행복 찾는 법 학습
- 인내와 끈기로 목표 획득

　안나는 갈림길에 서 있다. 새로운 걸 시도해야 하는가, 아니면 해묵은 두려움에 묶여 있어야 하는가? 엉뚱한 짓을 해야 하는가, 아니면 안전하게 현실을 지향해야 하는가? 아무리 생각을 해 봐도, 벗어나고 싶은 부분도 있고 안전하고 착실한 기반을 쌓고 싶은 부분도 있었다.

　어린 시절 그녀는 친구들이랑 놀러 나가고 싶은 마음과 집에서 숙제를 하고 있으려는 마음 사이에서 어찌 할 바를 몰랐다. 놀고 싶었지만 할 일은 해야 하는 것도 알고 있었다. 학교를 나설 때면, 어디로 가고 싶었지만 좋은 성적도 받아야 하고 나중에 좋은 직업도 가져야 했다. 미래를 생각해야 했다.

그러다 결혼을 하고, 집도 가지게 되면서 융자도 내게 되었다. 아이들이 생기자 근본적인 책임감이 생겼다. 그러나 자유를 향한 갈망은 지워지질 않았다. 몇 번이나 이런 말을 했다. "아, 죄의식 없이 나 자신을 위해 시간을 충분히 쓰면서 자유를 만끽하면 얼마나 좋을까?"

그녀는 나에게 꿈 이야기를 해 주었다. 그녀는 남편과 함께 해변으로 난 길을 따라 어느 여름날 드라이브 하는 걸 마음속에 그리고 있었다─둘이서도 하고, 혼자서도 하고. 이런 일이 그녀에게는 늘 있던 일이 아니었는데, 꿈속에서는 여름이면 늘 하던 일 중에 하나처럼 느껴졌다. 두 사람은 수영하기에 좋은 해변을 찾아가기로 계획을 세우고 있었다. 무슨 일이 곧 터지려고 하는지도 모른 채.

해변으로 가다가 드넓은 바다에 가로 놓여 있는 절벽 꼭대기에 들어서서 길가에 차를 대었다. 저 아래서 즐거운 웃음소리가 들려 굽어보니 한 무리의 사람들이 보였다. 파티를 하는 모양이었다. 깔깔대는 소리가 얼마나 즐거웠던지 이리 오라는 듯했고, 비탈길을 따라 내려가 보기로 했다.

금빛 모래사장으로 내려와 보니 사람들이 왜 그리 즐거워했는지 알았다. 그 사람들은 나는 법을 배우고 있었다. 비행기나 행글라이더, 낙하산 따위는 쓰지 않았다. 피터팬과 웬디처럼, 허공으로 휙 날아올라 바닷바람을 타고 휘리릭 날아다녔고, 기쁨과 성취감으로 웃음을 터뜨리고 있었다.

당연히, 안나는 딜레마에 빠졌다. 재미는 있어 보였다. 같이하고 싶었지만, 그런 일이 정말로 일어날 수 없다는 걸 안다. 그녀는 사람들이 날고 있는 걸 보고 있으면서도 그건 불가능한 일이라고 스스로에게 말하고 있었다. 자기가 알고 있는 것과 눈앞에 벌어져 있는 일 사이에서 어찌할 바를 모르고 있었다.

그 광경을 보면서 해 보고 싶다는 생각이 자꾸 마음을 채근하고 있었다. 중력을 벗어나 구속 없는 삶을 살 수 있는 방법이 궁금했다. 그러면서도, 한편에서는 두려웠다. 실패하면? 한 번도 안 해 봐서 서투르면 어쩌지? 떨어지게 되면? 다칠 수도 있잖아? 저렇게 잘하는 사람들 앞에서 실수라도 하면 어떻게 해? 저렇게 즐겁게 날아올라 자꾸 더 높은 곳으로 올라가는 사람들 사이에서 나 혼자만 쩔쩔매면 어떡해?

하고 싶다는 마음이 이겼다. 처음에는 땅에서 발을 떼지 못했다. 두려움이 콘크리트 바닥에 발을 꽉 묶어 놓은 것처럼 꼼짝을 못하게 했다. 그런 부담감을 가지고서는 도저히 날 수 없었다. 아무리 그래도 그녀는 다른 사람들처럼 자기도 꼭 하고 싶었다. 하고 싶다는 마음과 할 수 있을 거란 기대로 발을 뗐다. 다른 사람들이 휙 날아오르는 것처럼, 자기도 그랬다. 발이 포근한 모래밭 위로 살짝 떠오르는 것이었다. "이럴 수가!" 혼잣말을 했다. "이럴 수는 없어." 그러자 바로 보드라운 모래밭에 떨어지고 말았다.

안나는 어릴 적에 들었던 거미줄을 올라가려고 버둥대던 거미 이야기를 떠올렸다. 미끄러질 때마다 거미는 다시 했고, 그럴 때마다 조금씩 더 올라갈 수 있었다. 딱 한 대목이 떠올랐다. 한 번 해 보고 안 되면, 다시 하고 또다시 하고, 또다시 하는 거야.

안나는 다시 해 봤다. 바람을 타고 떠올라 공중으로 붕 날아올랐다. 와우! 정말 멋지다. 바다는 햇살 아래서 보석처럼 반짝였다. 포근한 바람이 모래밭에서 떠오른 몸을 어루만지며 마음을 편안히 해 주었다.

두려움이 스멀스멀 기어오르면, 모래밭으로 떨어지기 시작했다. 하지만 마음대로 안 되고 자꾸 떨어지는 걸 막을 수 있는 방법을 배웠다. 다른 사람들의 기쁨에 찬 얼굴과 신나는 눈을 들여다보면서 마음을 딴 데로 돌리면, 다시 위로 떠오를 수 있었다. 안나는 자기를 둘러싼 천혜의 아름다운 바다풍경에 정신을 모으고, '난 할 수 있어.' 라고 스스로 마음을 다지며, 산들바람의 따사로운 손길에 다시 떠오르곤 했다.

자기가 할 수 있다는 걸 알면 되는 것이었다. 한편으로는 새로운 걸 했다는 마음이 들었지만, 다른 한편으로는 걷는 걸 배우고 자전거를 배우고, 운전을 배웠던 것과 비슷한 느낌도 들었다. 처음부터 잘할 필요는 없다. 배울 때는 다 그런 거 아니겠어? 떨어지기도 하고 엎치락뒤치락 하기도 했지만, 그럴 때마다 거미처럼 다시 하고 또다시 했다. 그럴 때마다 점점 더 강해지고 할 수 있다는 생각이 더 커졌다.

"이젠 내가 할 수 있다는 걸 알아요." 그녀가 말했다. "자유를 누릴 만큼 자유로우니까요."

쉰네 번째 이야기　소용 있소이다

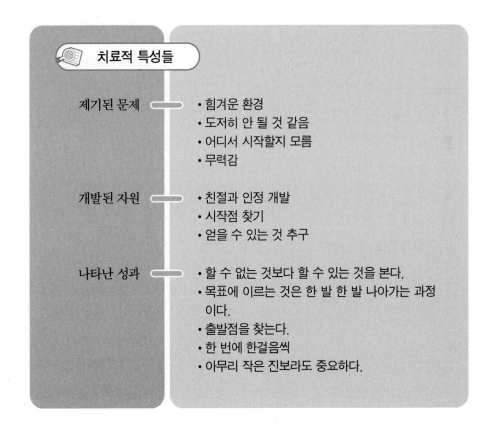

🔖 **치료적 특성들**

제기된 문제
- 힘겨운 환경
- 도저히 안 될 것 같음
- 어디서 시작할지 모름
- 무력감

개발된 자원
- 친절과 인정 개발
- 시작점 찾기
- 얻을 수 있는 것 추구

나타난 성과
- 할 수 없는 것보다 할 수 있는 것을 본다.
- 목표에 이르는 것은 한 발 한 발 나아가는 과정이다.
- 출발점을 찾는다.
- 한 번에 한걸음씩
- 아무리 작은 진보라도 중요하다.

젊은 부부가 폭풍이 휩쓸고 간 바닷가를 걷고 있었다. 바다는 광포한 바람으로 포효하고 있었다. 격랑과 높은 파도로 난데없이 불행을 당한 바다 생물들이 온통 해변에 널려 있었다. 여기저기 널린 바다 생물들이 얼마나 많았던지 부부가 발 디딜 틈조차 찾기 힘들었다. 해파리, 해삼, 불가사리, 그것 말고도 많은 바다 생물들이 알록달록한 담요처럼 바닷가를 덮고 있었다.

부부가 걸어가고 있는데 해안에서 세파에 찌든 한 노인을 보게 되었다. 그는 물속으로 들어갔다 나왔다 하고 있었다. 부부는 걸음을 멈추고 노인의 이상한 행동을 지켜보았다. 그는 몸을 숙이고 바다생물을 하나 주웠다. 그걸 손으로 곱게 보듬더니, 물속으로 들어가는 것이었다. 다시 해변으로 나와, 다시 다른 걸 하나 주워들고, 조심조심 물속으로 돌려보내 주었다.

부부는 웃음을 터뜨렸다. 그에게 다가가 물었다. "뭐 하세요, 할아버지? 헛수고 하시는 거 모르세요? 벌써 죽은 놈, 죽어 가는 놈이 수천 마리가 넘어요. 해변을 다 뒤덮고 있다는 말입니다. 그래 봐야 아무것도 달라지지 않아요."

노인은 숨이 깔딱깔딱 넘어가는 새끼 문어 한 마리를 주워들었다. 부부가 하는 말에는 아랑곳도 하지 않고 그걸 손으로 조심스레 보듬어 바다로 걸어갔다. 물속에 문어를 넣고 문어 몸에 덕지덕지 붙고 촉수에 뒤엉켜 있는 모래와 해초 따위를 살랑살랑 씻어 내 주었다. 가만히 손을 낮춰 그 작은 생물이 다시 바다의 포근함을 느낄 수 있게 해 주었다. 문어가 다리를 쭉 펴더니 집으로 돌아왔다는 느낌이 들었는지 생기를 되찾았다. 혼자서 앞으로 나아갈 만큼 기운을 차리게 할 요량으로 손을 모아 그 어린 것에게 힘을 더 주었다. 노인은 그걸 지켜보면서, 또 하나의 생명이 안전히 자기 길을 갈 수 있게 되었다는 기쁨으로 얼굴에 희미한 미소가 번졌다.

그러곤 몸을 돌려 자기 발자국을 밟으면서 해변으로 돌아왔다. 노인은 눈을 들어 부부를 쳐다보더니 이렇게 말했다. "저 놈 하나한테는 분명 소용이 있었소이다."

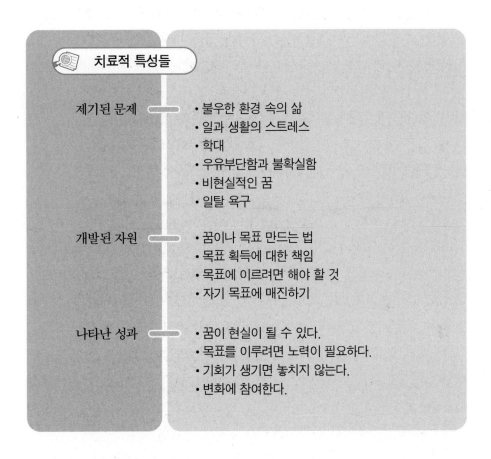

쉰다섯 번째 이야기 **헌신하다**

치료적 특성들

제기된 문제
- 불우한 환경 속의 삶
- 일과 생활의 스트레스
- 학대
- 우유부단함과 불확실함
- 비현실적인 꿈
- 일탈 욕구

개발된 자원
- 꿈이나 목표 만드는 법
- 목표 획득에 대한 책임
- 목표에 이르려면 해야 할 것
- 자기 목표에 매진하기

나타난 성과
- 꿈이 현실이 될 수 있다.
- 목표를 이루려면 노력이 필요하다.
- 기회가 생기면 놓치지 않는다.
- 변화에 참여한다.

수녀 한 분을 내담자로 맞은 적이 있었다. 그분은 아주 즐겁게 일하는 사람이었고, 우리는 치료를 하면서 여러 재미있는 것들을 나누었다. 내가 그녀를 이렇게 또렷이 기억하고 함께한 시간이 그렇게 즐거웠던 건 그녀와의 의사소통에서 속담과 우화, 은유를 사용했기 때문이기도 하다. 이야기는 우리의 폐부를 찌르고 이야기를 하는 사람과 듣는 사람 간의 결속을 만들어 준다. 두 참여자 모두 특별한 경험을 함께 갖는다. 그 수녀와 함께한 것이 바로 그거였다.

마지막 회기에서 그녀가 한 말을 기억한다. "당신이 내게 준 건 사용설명서와 렌치 같은 거예요. 일이 되도록 하려면, 실제로 적용하는 건 나한테 달려 있다는 걸 알아요." 그녀는 나에게 또 하나의 은유를 말해 주었는데 한 농장에 사는 닭과 돼지 이야기였다. 그 이야기를 꺼낸 것이 나한테 뭔가 알려 주기 위해서였는지 아니면 자신에 대한 중요한 걸 말하고자 함이었는지는 몰라도, 닭도 돼지도 사는 게 별로 좋지 않은 건 분명했다. 그 둘은 갇혀 있으면서 마음대로 할 수 없다는 생각을 하고, 자기 일에 대한 만족도 없었으며, 먹고 사는 것도 그저 그래서 따분하기 그지없었다. 당연히 둘은 이용당한다 싶었고 학대당한다는 생각이 들기도 했다. 주는 건 있는데 받는 건 없었다. 그러니 입만 열면 벗어나고 싶다는 말이었다.

둘은 새로운 생활과 구속을 벗어난 삶, 그리고 자유를 꿈꾸었지만, 말뿐이었지 자기들 꿈을 실현시키기 위한 행동은 하나도 하지 않았다. 닭이 농장 문이 왼쪽으로 빠끔히 열려 있다는 걸 발견한 그날 저녁까지는 그랬다. 지금이 바로 기회다! 닭은 돼지를 깨워 자유를 얻을 수 있다는 소식을 전했는데, 돼지는 주저했다. 마음이 양 갈래로 나뉘어져 이러지도 저러지도 못하는 듯했다.

그렇게도 오랫동안 꿈꿔 오던 걸 얻을 기회인데도 막상 닥치니까 두려웠다. 돼지는 앞으로 어떤 일이 일어날지 모른다 싶으니까 더 겁이 났다. 농장에서 사는 게 정말 안 좋은가? 쉴 곳도 있고, 먹을 것도 있고, 게다가 안전하기까지 한데. 위험을 무릅쓸 필요가 있을까?

"이것 봐." 날개를 퍼덕이며 문 쪽으로 가던 닭이 재촉을 했다. "네가 안 가도 난 갈 거야."

이 생각 저 생각으로 깨질 것 같은 머리를 들고 돼지가 일어나 뒤를 따르기 시작했다. 둘은 밤새도록 걸어갔다. 가능하면 농장과 멀어지도록. 여명이 밝아 오고 찬란한 햇살이 하늘을 비추는데, 닭과 돼지는 지치고 배도 고팠다. 둘은 길에서 그리 멀지 않은 여관 같은 데로 갔다. 바깥에 커다란 간판이 있었다.

'아침 특선 베이컨과 계란'

"이야!" 닭이 탄성을 질렀다. "들어가서 먹자."

돼지는 또 망설이면서 어찌할 바를 몰라 마음에 결정을 내리지 못했다. 돼지가 자꾸 늑장을 부리니까, 닭이 들뜬 목소리로 말했다. "야, 이제 우린 새 삶을 시작하는 거야. 이게 바로 우리가 늘 꿈꾸던 거 아니니?"

돼지는 그대로 서 있었다. 의심과 불안 때문에 꼼짝도 하지 않은 채, 이러지도 저러지도 못하는 생각으로 심신이 모두 굳어 버리고 움직일 수 없었다. 무력감과 무능감만 남아 있을 뿐.

"야," 닭이 툭 쳤다. "뭐가 문제야?"

"글쎄." 돼지가 드디어 입을 열었다. "우리가 베이컨이랑 계란으로 아침을 먹는 게 너한테는 별 일 아닌 것 같은데, 나한테는 그게 온 힘을 다해야 하는 거야."

쉰여섯 번째 이야기 책을 쓴다는 것

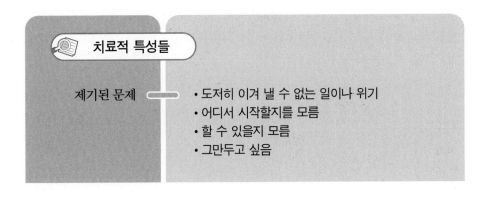

치료적 특성들

제기된 문제
- 도저히 이겨 낼 수 없는 일이나 위기
- 어디서 시작할지를 모름
- 할 수 있을지 모름
- 그만두고 싶음

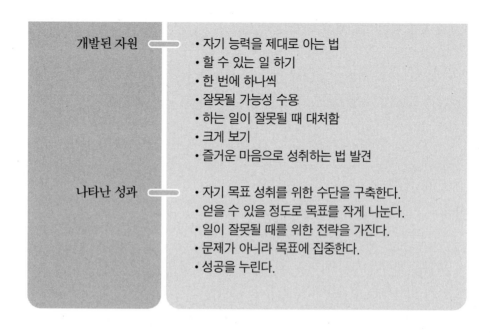

개발된 자원	• 자기 능력을 제대로 아는 법 • 할 수 있는 일 하기 • 한 번에 하나씩 • 잘못될 가능성 수용 • 하는 일이 잘못될 때 대처함 • 크게 보기 • 즐거운 마음으로 성취하는 법 발견
나타난 성과	• 자기 목표 성취를 위한 수단을 구축한다. • 얻을 수 있을 정도로 목표를 작게 나눈다. • 일이 잘못될 때를 위한 전략을 가진다. • 문제가 아니라 목표에 집중한다. • 성공을 누린다.

나는 지금도 세 가지 귀중한 자산에 힘입어 책을 쓰고 있다. 필기 공책, 만화 하나, 폴로[1] 게임에서 이긴 트로피. 그런 게 왜 필요하냐고 물을 수도 있을 것이다. 그냥 앉아서 쓰는 거 아니냐고 말이다. 뭔가를 하려고 결정하는 것은 목표를 성취하기 위한 과정에서 중요한 단계지만, 목표 성취를 위한 수단을 가지는 것도 역시 중요하다. 수단이 없으면 목표엔 절대로 이르지 못할 테니까.

내 첫 번째 수단은 손으로 쓴 공책이다. 거기에 이렇게 적혀 있다.

나는 책을 쓰고 있는 게 아니다.
나는 한 권의 책에서 한 장(chapter)을 쓰고 있는 것도 아니다.
내가 이야기를 할 수 있다는 걸 안다.
또 이야기를 할 줄 안다면, 이야기를 쓸 수도 있는 거다.

---

1) 각각 4명으로 구성된 두 팀이 말을 타고 하키와 같이 스틱으로 볼을 쳐서 상대편 골대에 볼을 넣어 득점을 겨루는 경기(역자 주).

이야기를 해서 내용을 채울 수는 있다.

그러니 책 내용도 충분히 채울 수 있다.

그러므로 나는 한 번에 이야기를 그냥 하나씩 써 나가고 있는 것이다.

일 때문에 견딜 수 없게 될 때, 이걸 보면 한 번에 하나씩, 일을 쪼개서 살펴보자는 생각이 든다. 책을 한 번에 하나씩 쓰인 이야기들로 본다면, 일은 더 쉬워지고 더 즐거워질 수 있다.

두 번째 보조도구는 어떤 만화다. 첫 장면에 주인공이 컴퓨터를 앞에 두고 앉아서 만면에 득의양양한 표정을 머금고 있다. "몇 년이나 걸려서," 그 인물이 말한다. "드디어, 내 자서전을 다 썼다." 그 순간에 번개가 모니터를 강타하더니 컴퓨터가 부서져 버리고, 그의 작품이 홀라당 날아가 버렸다. 마지막 장면에서 주인공 손가락이 자판 위로 올라온다. 모든 걸 잃은 표정으로 그는 이렇게 말한다. "어이구, 이번엔 『리더스 다이제스트(Reader's Digest)』[2] 버전으로 해야겠군."

이 만화는 내 목표나 목적이 분명하고, 정해진 대로 거기에 다다를 수 있도록 차근차근 계획을 세웠더라도 늘 계획한 대로 되지는 않는다는 걸 명심하게 해 준다. 기력이 다할 수도 있고, 잃어 버릴 수도 있고, 방향이 바뀔 수도 있다. 걸림돌이 있을 수도 있는데, 그게 중요한 문제가 될 수도 있다. 목적지를 향한 여정이 늘 순탄할 수는 없다. 계획을 하지도 않았고 원치도 않았지만, 뜻밖의 간섭이 일어나 위기를 초래할 수도 있고 더 많은 걸 배울 수도 있다.

세 번째 나의 보조도구는 폴로 트로피다. 이걸 보면 마구간에서 말똥을 퍼내던 기억이 나는데, 정말 끔찍이도 싫었던 일이었고 내겐 그럴 시간도 없었고

---

2) 1922년 창간된 미국 잡지. 세계 각국의 주요 잡지나 단행본 속에서 일반인들에게 흥미로운 내용을 골라 요약 소개하는 식의 잡지다(역자 주).

그럴 힘도 없었다. 하루 걸러 한 번씩 15분 동안 꼬박꼬박 그걸 치워야 했는데, 한 친구에게 이 일로 투덜투덜 불평을 늘어놓았다.

그 친구가 큰 소리로 웃어 대더니, 날 똑바로 보고 이렇게 말했다. "15분 삽질할 힘도 없는데, 이틀 동안 풀밭을 누비며 말을 몰아 폴로 경기를 할 힘은 있단 말이지."

그 친구 말이 옳았다. 내가 하고 싶은 걸 할 때는 찾아가면서까지 하면서 싫은 일에는 아주 작은 시간도 내지 않았다. 재미도 없고 하기도 싫은 일일수록 넓은 시야로 볼 필요가 있었다. 마구간을 치우지 않으면, 말똥에 파리가 꼬여들 것이고 그 파리 때문에 말이 병들지도 모를 일이다. 게다가 그건 내가 정말 좋아하는 게임을 할 수 없다는 말이 된다. 이는 너무도 명백한 인과법칙이다. 각각의 일들을 전체를 이루는 부분으로 보니까 전혀 다른―비록 완전히 좋은 건 아니더라도―시각으로 볼 수 있었다. 내 목표에 꾸준히 집중해야 했다.

폴로 트로피에 담긴 두 번째 의미는 성공할 수 있다는 것이다. 우리 팀은 별로 잘하는 팀이 아니었다. 우리는 그저 즐기려고 게임을 했다. 우승보다는 그냥 재미로 시작한 건데, 막상 우승을 하고 보니 좀 의외였다. 재미삼아 한 것도 성공을 할 수 있었고, 그 성공이 너무 기뻤기 때문에 놀라웠던 것이다.

쉰일곱 번째 이야기 **모든 산을 오르다**

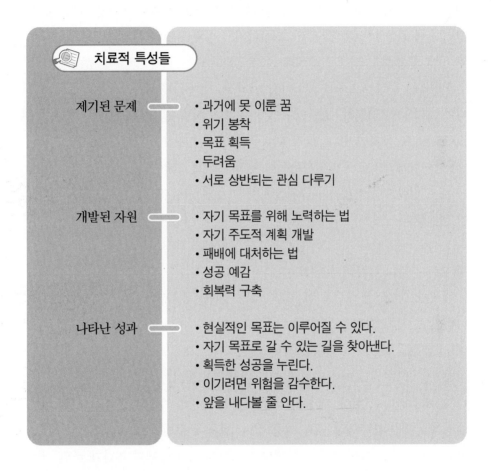

치료적 특성들

제기된 문제
- 과거에 못 이룬 꿈
- 위기 봉착
- 목표 획득
- 두려움
- 서로 상반되는 관심 다루기

개발된 자원
- 자기 목표를 위해 노력하는 법
- 자기 주도적 계획 개발
- 패배에 대처하는 법
- 성공 예감
- 회복력 구축

나타난 성과
- 현실적인 목표는 이루어질 수 있다.
- 자기 목표로 갈 수 있는 길을 찾아낸다.
- 획득한 성공을 누린다.
- 이기려면 위험을 감수한다.
- 앞을 내다볼 줄 안다.

누구나 이루고 싶은 꿈은 가지고 있을 것이다. 꿈이 없다면 인생은 아무 의미 없는 것이 될지도 모른다. 산을 오르기도 하고, 계곡을 건너기도 하고, 강을 넘기도 하는 등 여러 가지 길이 있다. 꿈을 추구한다는 생각을 가지고 산을 오르고 성공의 마천루에 다다른 사람을 들라면, 에드먼드 힐러리(Edmund Hillary)와 텐징 노르게이(Tenzing Norgay)를 빼놓을 수 없을 것이다. 이들은 50년 전 에베레스트 산을 최초로 정복한 사람들이다.

세상이 기억하고 있는 그들의 모습은 옷을 잔뜩 껴입고, 시커먼 안경을 끼고, 얼굴은 거의 가려진 채 갑자기 지구 최고의 꼭대기에 올라 선 것이리라. 서로 다른 곳에서 서로 다른 길로 올라왔지만, 서로 비슷한 여행을 한 두 사람. 그러나 뽕 하고 나타난 것 같은 그 이미지는 실제와 전혀 다르다. 두 사람은 오랜 동안 꿈을 품고 평생을 준비해 온 것이었다.

힐러리는 뉴질랜드에서 태어나고 자라서, 대학을 중퇴하고, 양봉가로 일하다가 자기 나라 남쪽에 있는 알프스에 푹 빠져 버린 철학도로 세계의 꼭대기에 오를 마음을 품게 되었다. 텐징의 경우는 별로 유명하진 않았지만(적어도 서양에서는), 에베레스트에서는 사람들이 야크 무리를 키우며 살고 있고 산 너머에는 새도 날아다니지 않는다는 전설을 듣고 소년 시절부터 그 꿈을 가슴에 품었다. 힐러리와는 달리, 그의 등산 경력은 낮은 봉우리부터 시작해서 좀 더 큰 산들로 차근차근 쌓아 간 것이 아니라, 첫 등반부터 대규모의 영국 팀과 함께 곧장 모든 산들의 할아버지격인 곳으로 바로 올라갔다.

에베레스트와 첫 대면을 한 이후, 그는 정신없이 할 수 있는 모든 원정을 찾아다녔고, 자기 경험을 넓혀 나가고, 기술을 연마하고 싶어 몸살이 나서 최정예 산악인들 사이에서 명성을 쌓아 나갔지만, 그의 노력에도 허점이 없는 건 아니었다. 그는 셰르파 산악인의 삶도 뱃사람의 삶처럼 가족들과 집을 자주 떠나 있어야 한다고 했다. 텐징은 가족에 대한 사랑과 수입원이 되는 일에 대한 애정의 균형을 맞추려고 계속 애를 썼다. 한쪽에 무게를 조금만 더 싣는다 싶으면, 바로 다른 쪽이 부족한 듯했다. "그러다 보니 수년이 지나가 버린 거에요." 그가 가족의 한 사람으로서 말을 했다. "재미있는 일도 있었고 슬픈 일도 있었죠. 오르락내리락하죠. 인생이란 건 산과 똑같아요."

어떤 때는 꿈을 위한 투쟁이 힘들기도 했고, 이렇게 애 쓰는 게 그만한 가치가 있는 건지 몇 번이나 곱씹어 보곤 했다. 결혼한 지 얼마 되지도 않았고, 장모님은 병약하고 의존적인 분이셨으며, 전쟁이 지나고 나서 원정 활동은 침체기에 들어 있고, 말라리아와도 죽어라 싸워야 하는 등의 방해물들이 그의 야망을 꺾으려고도 했었다. 그러다가, 원정대가 다시 활동을 시작하면, 동료들이 몇 명씩 목숨을 잃는 것을 보면서도 세 번씩이나 계속 등반길에 올랐다. 이건 별로 좋은 징조가 아니다. '에베레스트의 사나이'라고 불리는 텐징이라 해도, '약간은 두려운' 마음이 들 수밖에 없는 노릇이었다. 힐러리도 그 마음 잘 안다며 이렇게 말했다. "어떤 면에서 보면 두려움이 벗이 될 수도 있지요. 그럴 땐 정말 끔찍하지만 그게 또 도전할 마음을 더 생기게도 하고 정복을 하고 나서의 만족감도 더 크게 만들기도 하죠."

말라리아와 싸우면서 여전히 병원 침대 신세를 지고 있는 동안에도, 텐징은 일곱 번째 에베레스트 등정에 참여하라는 영국 팀의 초청을 받았다. 건강 상태도 별로 좋지 않았고, 그것 때문에 아내와도 크게 싸웠고, 영국 팀과 같이 등정을 하는 게 달리 더 좋은 것도 아니었다. 그뿐 아니라 짐꾼들과 실랑이를 벌여가면서, 자기가 죽으면 가족들은 어떻게 연명할지를 걱정해야 하는 상황에서 선택을 하는 게 쉬운 일은 아니었다. 그러나 목표를 눈앞에 두고 그냥 지나칠 그가 아니었다. 베이스캠프로 향하면서, 그는 이렇게 말했다. "에베레스트를 쳐다보면 다른 건 다 사라져요. 문제도 실랑이도 말다툼도 아무 의미가 없어져 버려요. 에베레스트 말고 의미 있는 건 아무것도 없어요. 도전과 꿈만 있을 뿐이죠."

원정대의 거대한 계획에서, 텐징과 힐러리가 선발대는 아니었는데, 선두가 기력이 떨어져 성공하지 못하고 후퇴하자 그들에게 기회가 왔다. 아무도 정상에 발을 디딘 적 없는 최고(最高)의 고도에서 한숨도 못 자고 밤을 지샌 뒤, 두 사람은 정상을 향해 한 발 한 발 나아갔다. 얼음 때문에 계속 나아가지 못하기도 하고, 눈사태가 일어날까 봐 간신히 발을 떼기도 하고, 산소 호흡기로 겨우 겨우 숨을 이어 가면서.

그들이 숨을 다하고 있는 힘을 다해 얻은 것이 우리에겐 그냥 펑 하고 순식간에 일어난 일처럼 보였던 것이다. 텐징의 경우, 그게 일곱 번째 도전이었고, 이 산에 첫발을 내딛은 후 18년 동안이나 육체적, 정신적, 재정적으로 굴곡을 겪어 오면서, 저 아래 야크를 몰고 다니던 들판에서 새들도 날아다니지 못한다는 봉우리를 열망하며 꿈꾸어 왔었다. 이제 세상의 꼭대기에 머무는 이 15분으로 다른 이들이 여태까지 해 보지 못했던 경험과 그 보상을 얻어 낸 것이다.

그의 인생과 산의 이야기에서 텐징은 이렇게 말한다. "멀고 먼 길이었어요. 그래요. 에베레스트 밑바닥에서 꼭대기까지 말입니다. 야크를 먹이던 들에서……. 버킹엄 궁에서 열린 환영회까지두요……. 어떤 때는 모든 길이 그렇겠지만, 너무 힘들고 괴로웠지만, 즐거웠던 게 훨씬 많았어요. 그건 확실한 길이었으니까요. 산에 난 길이요."

스스로를 운이 좋은 사람이라 칭하면서, 그는 이렇게 말을 맺었다. "저는 꿈을 하나 품고 있었고, 그게 실현된 겁니다……. 에베레스트 정복! 내 인생은 계속됩니다. 내 책 속에서는 과거를 돌아보겠지만, 실제 삶에서는 앞으로만 나아가야 합니다."

쉰여덟 번째 이야기 **수많은 길들**

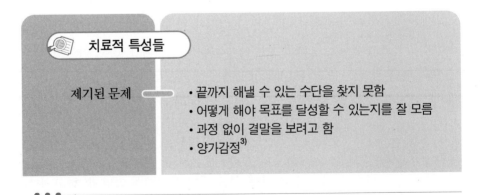

치료적 특성들

제기된 문제 ── • 끝까지 해낼 수 있는 수단을 찾지 못함
• 어떻게 해야 목표를 달성할 수 있는지를 잘 모름
• 과정 없이 결말을 보려고 함
• 양가감정[3]

3) 한 대상에게 상반되는 두 가지 감정을 가지게 되는 것을 말하는데, 초기에는 정신분석에서 주로 쓰인 용어다. 아이가 엄마에 대해 사랑과 미움을 동시에 가지게 되는 것을 설명하기 위해 채택된 용어이며, 현재는 상담 전반에서 쓰이고 있다(역자 주).

개발된 자원	• 여러 면을 충분히 살펴봄
	• 선택 사항 개발
	• 가능성 열어 두기
	• 경험 창출
	• 즐거움 구하기
나타난 성과	• 목적에 이르는 방법은 여러 가지가 있다.
	• 결말만 볼 게 아니라 과정도 본다.
	• 선택 사항들을 개발하고 탐색한다.
	• 새로운 가능성을 창출한다.
	• 여정을 즐긴다.

옛말에 이런 말이 있다. "모든 길은 로마로 통한다." 그러나 트레이시가 가고 싶은 곳은 로마가 아니라 샌프란시스코였다. 그녀는 뉴욕에서 태어나 뉴욕에서 자랐다. 자기 동네를 벗어나서 어디를 가 본 적이 없었다. 그런데 그녀 마음속에는 늘 샌프란시스코에 꼭 가 보고 싶다는 열망이 있었다.

가고 싶은 곳이 생기고 나니까, 거기를 어떻게 가느냐 하는 문제가 생겼다. 처음엔 비행기를 탈 생각이었다. 택시를 잡아타고 뉴욕 거리를 벗어나 공항에서 기다리다가, 비행기에서 다섯 시간 동안 불편하게 앉아 있다 보면 목적지까지 가게 될 것이다. 분명 그게 가장 빠른 길이다.

80번 주간(州間) 고속도로를 타고 죽 달려서 샌프란시스코까지 갈 수도 있다. 몇 시간 동안 계속 운전만 하다가 밤이 되면 길가 모텔에서 자면서, 나흘이나 닷새쯤 지나고 나면 도착할 수 있을 것이다. 차로 간다면 그게 제일 빠르고 짧은 거리일 것이다. 물론 좀 더 여유를 가지고 여행을 할 방법도 있다. 나이아가라 폭포나 5대호를 거쳐서 갈 수도 있다. 대륙의 웅장함을 맛보면서 초기 개척자들의 발자취를 따라 갈 수도 있다. 남쪽으로 더 돌아서 콜로라도를 지나면서 높은 산들도 보고 폰데로사 소나무[4]도 봐 가면서 여행을 할 수도 있다. 그런 생각을 하다 보니, 볼 수 있는 게 훨씬 더 많았다. 로키 산맥의 분수계, 솔트레이크시티(Salt Lake City), 리노(Reno),[5] 타호 호수(Lake Tahoe)[6] 등. 거기서라면 베이(Bay)[7] 지역에서 그리고 자기 목적지에서도 그리 멀지 않다. 기간이야 한두 주쯤 더 걸리겠지만 훨씬 더 다채로운 경험을 할 수 있을 것이다.

이런 생각을 하면서, 다른 건 또 없을까 생각해 보았다. 샌프란시스코에 가려면, 뉴욕에서 출발해서 런던을 들러도 된다. 처음엔 자기 목적지와는 정반대 방향이라 생각도 안 해 봤었다. 런던에서 역사책으로만 보았던 유명한 곳을 모두 볼 수 있다. 영국 국회 의사당, 빅벤(Big Ben),[8] 런던 탑, 버킹엄 궁전 등.

배를 타고 영국 해협을 건너가면서, 보르도 포도주를 맛보고, 국제인의 수도 파리를 둘러볼 수도 있다. 세느강 둑을 걸을 수도 있고, 에펠탑 꼭대기에 올라가 볼 수도 있다. 정말 낭만적이다.

이탈리아에서, 그녀는 콜로세움을 둘러보고 미켈란젤로(Michelangelo)가 손으로 그린 시스틴 성당의 천정화도 보고, 폼페이의 유적도 가 볼 수 있다. 브린디시에서 배를 타고 아드리아 해를 건너 그리스로 갈 수도 있다. 올림픽 경기가 최초로 열린 경기장도 가 보고, 고대 원형 극장인 헤로드 아티쿠스 극장(Herod of Atticus Theatre)에서 교향곡 콘서트도 보고, 따사로운 그리스 태양아래 유리알처럼 맑은 섬의 바닷물에 몸을 담글 수도 있다. 각기 다른 문화를 맛볼 생각을 하니 정말로 달콤했다.

이건 시작에 불과하다. 터키도 있고, 이스라엘, 인도, 아시아 전역이 다 기다리고 있다. 그뿐이 아니다. 호주와 태평양 열도를 돌아서 하와이를 들를 수도 있다. 거기서 서핑을 배울 수도 있고, 바닷속에서 불길을 내뿜는 화산 폭발도

---

4) 북미산 큰 오엽송의 하나(역자 주)
5) 미국 네바다(Nevada) 주 서부의 도시. 이혼 재판소로 유명하다(역자 주).
6) 미국 캘리포니아(California) 주 동부와 네바다 주 서부에 걸친 시에라 네바다(Sierra Nevada) 산맥 속의 호수(역자 주)
7) 샌프란시스코의 다른 말임(역자 주)
8) 영국 국회 의사당 탑 위의 시계와 시계탑(역자 주)

구경할 수 있다. 어떤 여행경로를 택해도 샌프란시스코는 갈 수 있다. 어느 길로 가든 정말 색다른 경험을 하면서 목적지에 이를 수 있을 것이다.

맞다. 트레이시는 이렇게 생각했다. 모든 길이 로마로 통하는 것처럼, 모든 길이 샌프란시스코로 통하기도 한다. 그러자 다른 말이 떠올랐다. 서로 다른 문화를 지닌 많은 사람들이 다양한 형태의 문화 속에서 그 말을 반복해 온 게 사실이다. 로버트 루이스 스티븐슨(Robert Louis Stevenson)[9]도 그 말을 인용하고, 일본인도 그 말을 사용하고, 고대 여행가들도 개인적으로 여행을 하면서 그 말을 알았다. 이제 그 말이 트레이시한테도 어떤 의미를 갖게 되었다. 경험은 종착점에 있는 것이 아니라 여정 중에 있는 것이다.

쉰아홉 번째 이야기 **새로운 삶을 지어라**

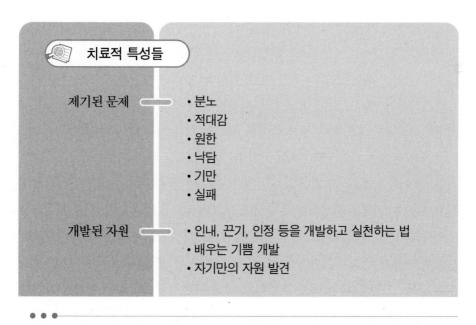

치료적 특성들

제기된 문제
- 분노
- 적대감
- 원한
- 낙담
- 기만
- 실패

개발된 자원
- 인내, 끈기, 인정 등을 개발하고 실천하는 법
- 배우는 기쁨 개발
- 자기만의 자원 발견

9) 영국의 소설가, 시인. 교훈이 담긴 공상적 모험담과 환상적 세계를 주로 그림(역자 주).

나타난 성과	• 문제 안에 답이 있다. • 부정적인 감정은 스쳐 갈 수 있고 그렇게 지나갈 것이다. • 실천을 통해 배운다. • 경험이 최고의 스승이다.

　밀라라파라는 이름의 분노에 찬 젊은이가 있었는데, 그는 자기에게 잘못하는 사람을 혼내 줄 신비의 힘을 얻을 방법을 찾고 있었다.

　그가 마파라는 스승을 찾아가 힘을 달라고 했는데, 그 스승은 밀라라파가 분노와 적대감 때문에 힘을 얻으려고 한다는 걸 단번에 간파할 수 있었다. "얼마든지 도와주지." 그가 말했다. "그러나 자네가 원하는 모든 걸 줄 수는 없네. 자네는 먹을 것과 잠잘 곳, 그리고 가르침을 달라고 하는데, 중요한 것은 말이네, 자네가 스스로를 보호할 수 있는 것이야. 자네가 이미 할 수 있는 것을 더욱 살찌워 최고로 만들어 주겠네."

　"음식과 잠잘 곳, 가르침 중에서 하나는 줄 수 있네. 나한테서 뭘 선택하든, 나머지는 자네 책임이 되는 거네. 뭘 선택할 텐가?"

　밀라라파는 잠시도 머뭇거림 없이 말했다. "사는 데 필요한 건 저 혼자서 어떻게든 할 수 있습니다. 선생님께 제가 바라는 것은 가르침입니다."

　마파는 규칙을 내놓았다. "내 가르침을 원한다면, 자네는 내가 말하는 모든 것을 해야 할 것이야. 아무것도 묻지 말고 그렇게 해야 하네. 행하는 것도 자네 목표에 이르기 위한 경험이니까 말이네. 맹세할 수 있겠는가?"

　밀라라파는 그러겠다고 하고, 첫 번째 가르침을 분명히 받았다. 밀라라파는 도대체 어떻게 스승이 자기 목표에 닿을 수 있도록 해 줄 수 있다는 건지 몰랐지만, 그는 가르쳐 주는 대로 하겠다고 약속을 했고, 그 약속을 지키겠다고 다짐했다. 마파는 지정한 곳에 지정된 모양으로 2층짜리 집을 지으라고 했다.

"일을 다 마치면," 마파가 말했다. "자네가 알고 싶은 것을 가르쳐 주겠네."

밀라라파는 오랫동안 열심히 일했다. 동이 틀 때부터 땅거미질 때까지 어서 배우고 싶은 마음에 부지런히 일했다. 일을 마치고 그는 자랑스럽게 마파를 불러서 집을 보라고 했다. 마파는 찬찬히 살펴보았다. "정말 멋진 집이군." 마파가 말했다. "가르침대로 자네는 일을 다 마칠 때까지 아무것도 묻지 않았네. 하지만 문제가 하나 있네. 자네 형이 자네가 집을 지은 땅이 자기 거라고 하는구만. 옆에 있는 저 언덕은 내 땅이 틀림없으니, 이 집을 철거하고 거기에 다시 지어야겠는 걸."

당연히 밀라라파는 항의를 했다. 스승이 말한 대로 했는데. 이제 가르침을 주어야 마땅한 게 아닌가. 마파가 답을 했다. "집 같은 물질이 자네 배움보다 중요하다면 마음대로 하게."

밀라라파는 정말 간절히 배우고 싶었다. 복수를 할 수 있는 힘을 갖고 싶었기 때문에, 다 지은 집을 다 부서서 건물 재료를 옮겨다가, 벽돌 한 장 한 장, 통나무 하나하나를 쌓아 가며, 옆에 있는 언덕에 마파의 집을 다시 지었다. 벽돌 한 장을 옮길 때마다 저주를 퍼부었다. 마파를 저주했다. 적개심이 부글부글 끓어올랐다. 이용이나 당한다고 자신에게도 심한 자책을 했지만, 집을 끝까지 다 지었다. 집을 지은 건 원해서가 아니라 증오의 힘 때문이었다.

마파가 와서 보더니, 명료하고도 짤막한 가르침을 주었다. "이걸 부수게." 그의 말이었다. 밀라라파는 믿을 수 없다는 듯 그를 쳐다보았다. "이 집은 말일세." 마파가 말했다. "자네의 부정적인 사고와 행동으로 온통 더럽혀져 있어. 이런 부정적인 에너지로 가득 찬 집에서 내가 어찌 살 수 있겠나?"

밀라라파는 어떻게 하면 이 일에서 벗어날 수 있을지를 생각해 보았다. 집한 채를 몽땅 무너뜨리고 싶지도 않았고 그걸 세 번이나 다시 짓고 싶지도 않았다. 도망칠 수 있는 묘수가 없을까 하는 교활한 마음이 들었다. 어떻게 하면 아무것도 하지 않고 일을 다 한 척 할 수 있을까? 해결책이 떠올랐다. 집의 앞면만 새로 짓는 거야. 마파가 이 곁을 지나다 보더라도, 움직이는 걸 보고 집 전체를 다시 짓는다고 속아 넘어갈 거야. 밀라라파는 몸을 뉘이고 오랫동안 쉬고 나서 이때다 싶은 순간 집을 다시 짓는 척했다. 그렇게만 하고는 마파에게 일이 다 끝났다고 했다.

"나를 속이려고." 마파가 말했다. "자네가 나를 속이다니. 진실을 소중히 여기지 않는 사람에게 내가 어떻게 가르침을 줄 수 있겠나? 내게 가르침을 받고 싶으면, 집을 다시 지어야 할 걸세."

밀라라파는 더 이상 화를 낼 수가 없었다. 다 지난 일이었다. 적개심도 이젠 다 사라져 버렸다. 이젠 모든 걸 포기하고, 절망의 나락으로 빠져 버렸다. 자기는 이 위대한 스승에게서 가르침을 받고 싶었지만, 도대체 어떻게 해야 한단 말인가? 아무리 해도 자기가 하는 건 모두 허사였다. 겨우 집을 제대로 지어 놓으니까 자리가 잘못되었다고 하고, 분노와 적개심으로 집을 다시 지어 놓으니까, 이번에는 자리는 제대로였으나 그걸 지은 힘이 악해서 집이 편안하지 않다고 한다. 세 번째는 속임수를 썼더니 속였다고 뭐라 그러고. 그제서야 밀라라파는 속임수와 부정함을 쓰면 자기를 속이는 결과만 낳는다는 걸 알았다.

일을 마치려면 현명하게 해야 했다. 그 일에 마음을 쏟아야 했다. 스승을 정말로 존경한다면, 그에 어울리는 마음이 담긴 선물을 해야 하는 것이다. 이런 마음이 드니까, 밀라라파는 정말로 스승에게 맞는 집을 짓기 시작했다. 모든 면을 다 살펴보면서, 세부적으로 살펴보는 것만이 아니라 마음까지 담았다. 그는 9층짜리 집을 지어 놓고도, 이보다 더 할 수 있었는데 하는 마음이 들었다. 마파가 와서 마지막에 한 걸 보더니, 스승이 말했다. "이제야 내가 자넬 가르칠 수 있겠구만."

"감사합니다." 밀라라파가 말했다. "하지만 저는 이제 알아야 할 것을 배웠습니다. 제가 생각한 것보다 훨씬 더 심오한 가르침을 받았습니다." 그는 떠나면서 자기가 분노와 복수의 무거운 짐을 두고 온 것을 느꼈다. 그는 이제 자유로이 자기만의 깨달음의 여행을 계속했다.

예순 번째 이야기 성공의 비밀

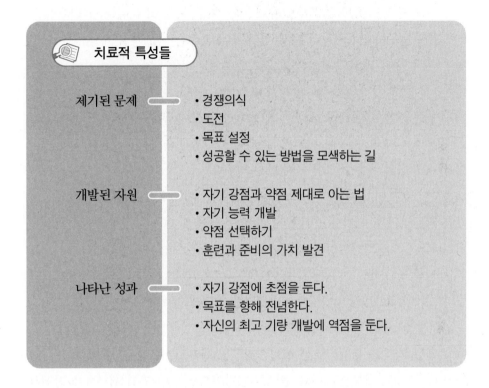

치료적 특성들

제기된 문제
- 경쟁의식
- 도전
- 목표 설정
- 성공할 수 있는 방법을 모색하는 길

개발된 자원
- 자기 강점과 약점 제대로 아는 법
- 자기 능력 개발
- 약점 선택하기
- 훈련과 준비의 가치 발견

나타난 성과
- 자기 강점에 초점을 둔다.
- 목표를 향해 전념한다.
- 자신의 최고 기량 개발에 역점을 둔다.

"할아버지." 토머스가 전화를 걸어왔다. "비불맘 트랙에서 하이킹하고 휴이트 언덕 오두막에서 야영해도 돼요?" 할아버지는 토머스가 학교 수영 시합에 대비해 훈련 중이라는 건 알고 있었지만 자기가 모르는 뭔가가 더 있다는 생각이 들었다.

"친구들도 데려 가도 돼요? 다니엘이랑, 코레이, 루크, 또 윌로두요."

다니엘은 학교에서 제일가는 수영 선수이고 올해 우승 후보로 가장 유력시되는 아이다. 그 아이와 토머스는 동년배 사촌으로, 두 마리 어린 수사슴이 서로 뿔을 마주하며 꽤나 심각하게 부딪치면서 노는 것처럼 늘 경쟁 관계에 있었다.

학교 공부로 보자면, 토머스가 늘 위였다. 하지만 신체적인 용맹함이 필요한 도전에서는 다니엘이 우세를 점했는데, 그런 게 어린 녀석들에게는 더 값어치가 있어 보이는 법이다. 토머스가 떨어지는 건 아니다. 달리기에서도 다니엘이 조금 더 빠르고, 나무도 좀 더 잘 타고, 돌도 조금 더 멀리 던진다는 것뿐이다.

언젠가 토머스가 친구들과 함께 방과 후 집으로 돌아오는 길에 숲을 지나서 빙 둘러온 날이 있었다. 아이들은 툭 튀어나온 화강암 바위 꼭대기에 올라가 어린 녀석들이 으레 하는 짓을 한 모양이었다. 누구 오줌 줄기가 더 멀리 가는지 겨루는 것 말이다. 늘 그렇듯 다니엘이 이긴 모양인데, 그보다 더 큰 상처가 된 것은 다니엘이 친구들 면전에서 토머스를 놀려 대며 웃어 버린 것이었다. 그 사건은 어린 마음에 못이 되어 박혀 버렸다.

하룻밤 묵으면서 하이킹을 하겠다는 계획을 세우기 몇 주 전, 토머스가 풀죽은 얼굴로 할아버지를 찾아왔다. 또 다니엘에게 졌다는 것이다. 그것도 두 번이나. 한 번은 화강암 바위에서였고, 또 한 번은 수영 시합에서였다.

"내가 무슨 수를 써도 걔가 늘 나보다 한 수 위예요." 토머스가 볼멘소리를 했다. "곧 대회가 있는데 꼭 한 번만이라도 이기고 싶어요."

"내 경험상으로 말이다, 최고의 선수는 몇 가지 비밀을 가지고 있는데 너는 아마 들어 본 적도 없을 거야." 할아버지가 말했다. 할아버지는 한때 수영 우승 경력을 가지고 있었는데, 마치 최고의 마법사가 드디어 자기 제자에게 안전하게 비법을 알려 줄 수 있게 되었다는 듯 입을 열었다.

"우선, 네가 잘하는 것을 아는 게 중요하단다. 자 보자. 네가 잘하는 것도 있을 게고, 다니엘이 잘하는 것도 있을 게다. 우리는 모두 서로 다른 강점과 능력을 가지고 있는 법이지. 비밀은 말이다, 자기 강점에 온 힘을 기울이는 것이야. 강점이 뭔지, 또 그걸 어떻게 사용할지를 알아야 하는 거란다. 물론 네가 잘 못하는 것도 알아야지. 그리고 네가 신경을 좀 덜 써야 하는 것도 골라내고, 개발해 봄직한 것도 가려내야지. 할 수 없는 것에 골몰하다 보면, 네가 할 수 있는 것도 못할 수 있단다."

"두 번째는 최고 선수들만의 비밀인데," 할아버지는 말을 이어 갔다. "그런 선수들은 훈련을 한다는 거야. 너, 다니엘이 훈련한다는 말 들어 본 적 있니? 없을 거야. 걔는 별로 노력을 하지 않더구나. 개발하지 않으면 능력을 가지고 있어 봐야 별 소용이 없지. 목표를 세우고 나면, 그걸 향해서 열심히 해야 이룰 수 있는 거란다."

"마지막으로," 할아버지가 말했다. "네 자신만의 능력을 키우는 데 전념해야 해. 네 자신이 가지고 있는 재능을 키우려고 노력해야 한단다. 네 적을 패배시키는 데에만 정신을 팔지 말고 말이다. 그게 이기는 것보다 더 중요한 거야."

토머스는 할아버지의 말을 가슴에 새겼다. 토머스는 최선을 다하고 싶었다. 그래서 훈련을 시작했는데, 매일 아침 연습을 하려고 일찍 일어났다. 특별히 거리와 속도를 향상시키기 위해 무척 애를 썼다. 텔레비전에서 수영 경기 우승자를 살펴보고, 그대로 따라 해 봤더니, 할 수 있었다. 할아버지의 말씀을 들은 뒤, 최고가 되기 위한 노력을 게을리하지 않았다. 선수들이 물병을 가지고 다니는 걸 여러 번 봤다. 바로 이거야 하는 생각이 들었다. 그리고는 늘 물병을 책가방 속에 넣어 다니면서 충분히 마셨다.

두 주가 지나고 할아버지에게 말했다. 하이킹을 가겠다고. 아이들은 모닥불에 음식도 해 먹고, 자기들이 깎은 막대에 마시멜로를 끼워 구워 먹기도 하고, 밤이 깊도록 불을 밝히며 놀았다. 달이 뜨는 것도 보면서, 대회가 곧 열린다는 생각에 두근대는 가슴을 안고 침낭 속으로 들어갔다.

토머스는 단단히 준비를 했다. 물병의 물을 계속 마셨다. 하루 종일, 밤에 자다가도 일어나서 물을 마셔 댔다. 분명히 훈련을 하고 있었다.

아침에 일어나자마자, 할아버지도 깨기 전에, 토머스는 친구들을 끌고 숲으로 갔다. 거기 휴이트 언덕 오두막 근처에 토머스가 아는 한에서는 제일 높은 화강암 바위가 있었기 때문이다. 드디어 결전의 날이다. 토머스는 있는 대로 참고 또 참았다. 이제 준비가 되었다. 쐈다. 토머스는 태어나서 이만큼 멀리 오줌을 날린 적은 없었다. 자신의 기록만 깬 것이 아니라, 토머스는 명실공히 위대한 챔피언(Grand Champion)이었다.

그날 밤 숲을 나와 할아버지 집으로 돌아오면서, 토머스는 할아버지를 힘껏 안았다. "성공의 비밀을 가르쳐 주셔서 감사합니다." 웃음 띤 얼굴로 할아버지가 이 놀라운 일이 일어날 수 있게 해 준 거라고 말했다.

<h2>예순한 번째 이야기   한 번에 하나씩</h2>

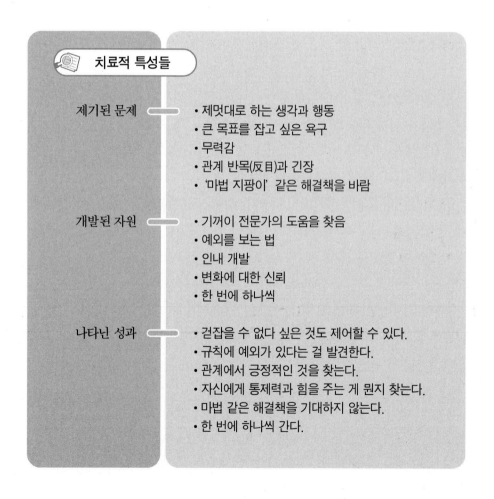

🔍 **치료적 특성들**

제기된 문제
- 제멋대로 하는 생각과 행동
- 큰 목표를 잡고 싶은 욕구
- 무력감
- 관계 반목(反目)과 긴장
- '마법 지팡이' 같은 해결책을 바람

개발된 자원
- 기꺼이 전문가의 도움을 찾음
- 예외를 보는 법
- 인내 개발
- 변화에 대한 신뢰
- 한 번에 하나씩

나타난 성과
- 걷잡을 수 없다 싶은 것도 제어할 수 있다.
- 규칙에 예외가 있다는 걸 발견한다.
- 관계에서 긍정적인 것을 찾는다.
- 자신에게 통제력과 힘을 주는 게 뭔지 찾는다.
- 마법 같은 해결책을 기대하지 않는다.
- 한 번에 하나씩 간다.

나에게는 조마사(調馬師) 친구가 한 사람 있는데, 그가 나에게 아주 현명하고 유익한 걸 가르쳐 주었다. 그는 나에게 말에 대한 것을 가르쳐 주었다고 생각했지만, 나는 그에게서 훨씬 더 많은 것을 배웠다.

뭔가 얻으려고 몸부림을 치는데 아무리 해도 허사라면 어떻겠는가? 어떤 때는 생각이 우리를 앞질러 원치 않는 방향으로 흘러가 버리기도 한다. 아무리 어떻게 해 보려고 해도, 되지를 않는다. 어떤 때는 행동이 건전하지 못한 식으로 흘러가서 어떻게 해 볼 도리가 없다는 느낌이 들기도 한다. 어떻게 해야 다시 통제력을 얻을 수 있을까? 얻고 싶은 목표가 있어도 우리가 있는 자리에서 원하는 자리까지의 거리가 넘을 수 없을 만큼 멀어서 도저히 닿을 수 없을 것 같기도 하다.

나는 말을 한 마리 갖고 있었는데 도통 말을 듣지 않았다. 말 이름은 쟈스민이었다. 우리 아이들이 어릴 적에 조랑말 타는 걸 배우고 있었는데, 아이들을 말 타기 좋은 숲으로 데려가고 싶었지만, 마구간을 나와 울타리만 벗어나면, 쟈스민은 질풍처럼 내달리려 했다. 난 아이들과 그저 조용히 말을 타고 싶은데 말이다.

쟈스민은 달릴 길을 죽 훑어보고는, 넘어져 있는 통나무도 훌쩍 뛰어넘어가며 야생의 본능을 좇아갔다. 나는 쟈스민의 등 위에서 좀 천천히 가게 하려고 안간힘을 써야 했다. 뒤를 돌아보니, 아이들이 자기 조랑말을 타고 잰걸음으로 달리면서 있는 힘을 다해 나를 따라잡으려고 하고 있었지만, 간격은 점점 더 멀어져만 갔다. 나는 고삐를 부여잡고 애를 써 보았지만, 말할 것도 없이 쟈스민을 당할 수는 없었다. 난 어쩔 수가 없었다. 내가 할 수 있는 일이 아니었다. 내가 졌다.

쟈스민과의 관계가 점점 나빠지면서 그게 문제가 되었다. 서로 갈등과 긴장만 키워 나가고 있다는 걸 알게 되었다. 이 문제를 풀 도리가 없어서 조마사인 내 친구에게 물어보았다. 물음을 던지자마자 그 친구가 아주 예리한 질문을 던졌다. "아이들과 말 타고 나갈 때, 늘 이런 일이 생기는 거야?"

"늘 그렇지." 말 떨어지기 무섭게 내가 말했다.

"그럼 다른 경우는 어때?" 그 친구가 물었다. "자네 혼자서나 아이들 없는 경우 말일세."

잠시 생각해 보았다. 쟈스민은 내 폴로 경기마였다. 폴로 경기장에서, 우리는 궁합이 착착 맞는다. 나보다 쟈스민이 경기를 훨씬 더 즐긴다는 생각을 할 때도 많았다. 시합의 박진감과 묘미를 무척 좋아했다. 경기 도중에 쟈스민은 내가 주는 작은 신호에도 척척 맞춰 주었다. 쟈스민만의 능력을 내가 믿고 있다는 것도 알고 있다.

결국, 친구의 질문을 곰곰이 생각해 보다가, 아이들과 고요한 숲으로 가려고 할 때 일어나는 이런 부닥침이 그리 큰 문제는 아니란 걸 깨달았다. 우리가 손발이 잘 맞을 때도 많았고, 쟈스민이 말을 잘 들을 때도 많았고, 서로 손발이 척척 맞는 걸 만끽할 때도 많았다. 늘 예외는 있는 법이라는 것을 잘 알고 있었는데도, 그제서야 그게 떠올랐다. 다른 시각으로 봐야 한다는 걸 깜박했다는 쪽으로 무게를 싣고 나니까 문제를 그냥 받아들일 수 있었다.

내 친구의 충고가 적중했다. 그 친구는 이렇게 말했다. "다음번에 밖에 나갈 때는 싸우지 말게. 그래 봐야 아무 소용도 없고 그런 쓸데없는 짓을 계속 할 필요야 없지 않겠나?"

"대신 말이야, 쟈스민을 타고 고삐를 가지고 한 번 다스려 보게." 그 친구가 충고를 이어갔다. "쟈스민이 달리고 싶은 마음이 든다 싶으면, 고삐를 살짝 당겨 보게. 말을 들으면, 또 약간 고삐를 풀고. 아마 또 달리고 싶어 할 걸세. 그러면, 또 고삐를 당기는 거야. 계속 그렇게만 하면 아마 잘 될 걸세."

"다음에 말에 오를 때는 100번쯤 그래야 될지도 몰라. 그 다음번에도 100번 고삐를 당겨야 할지도 모르지. 그렇지만 그 다음번에는 말일세, 99번, 98번으로 줄어들 거야. 몇 번 안 타면, 80번이나 70번으로 줄어들고, 더 많이 그럴수록 말을 더 잘 듣게 될 걸세."

"처음엔 지겨울지도 모르지만," 그 친구는 말을 이어 갔다. 단번에 해결할 수 있는 방법이 아니라 꼭 참고 노력해야 하는 방법을 받아들여야 하는 나의 실망감을 읽기라도 한 듯이. "그런 노력 같은 건 집어치우고 싶을 수도 있어. 처음에 하는 걸 잘 기억해 두고, 자네를 태우고 내달려 버리려는 힘을 끊임없이 예의주시해야 하니까 말일세. 하지만 그렇게 하지 않고는, 얼마 안 가 50번이나 40번은 낙마를 하고 말 걸세. 내가 말한 대로 계속 하면, 눈에 띄지 않을 정도로 조금씩 30번이나 20번으로 줄어들고, 10번이나 5번으로 줄어들어, 조금만 지나고 나면 전혀 개의치 않아도 될 만큼 달라질 거야."

나는 쟈스민이 폴로 경기장에서는 죽어라 달리는 말이면서도 오솔길에서는 점잖게 온순한 말이 될 수 있는 한방에 끝나는 치료 방법을 기대했었다. 시간과 참을성이 있어야만 변화가 생긴다. 한 번에 하나씩 해 나가니까, 조금씩 나아졌다. 천천히 그러나 꾸준히. 돌이켜 생각해 보면, 전에는 아이들과 시골길을 말을 타고 거닐었던 적이 거의 없었으면서 게임을 즐길 때만 말을 탔던 것 같다. 지금까지도 내 친구의 현명한 충고에 고마움을 느낀다. 그 친구는 말을 다스리는 법만이 아니라 훨씬 더 많은 걸 나에게 가르쳐 주었다.

 연습문제

　　공책에 목표 달성에 관한 자기만의 이야기를 기록해 둔다. 그렇게 할 때, 다음의 단계를 참조해 보는 것도 괜찮다.

1. 적절하고, 문제와 관련성이 있으면서 획득 가능한 목표에 대해 생각해 본다.
2. 그걸 얻을 수 있도록 하는 주변 환경을 설명한다.
3. 이야기에 감정, 감수성, 분위기 등을 넣어 본다.
4. 좌절과 성취, 여정을 채워 나가는 위기와 과정에 대해서도 쓴다.
5. 목표가 이뤄졌을 때 그 보상이나 성취감도 함께 쓴다.
6. 나중에 비슷한 위기에 봉착했을 때 사용할 수 있는지 시험해 본다.

제10장
온정 키우기

　우리는 사회적이며 상호작용적인 존재이므로, 따뜻하게 아껴 주며 온정 어린 관계를 만들고 유지하는 것이 우리의 안녕을 위한 핵심적인 부분이 된다. 그런 본질들이 초기 부모-아이 관계에서 미래의 대인관계 기술뿐만 아니라 전반적인 정신 건강까지 많은 부분을 결정한다. 인생에서 추구하는 것들 중에 하나가 사랑과 친밀함을 서로 나눌 수 있는 누군가를 찾는 것이다. 살면서 무얼 하든 다른 사람과 접촉을 하게 되어 있다. 그런 상호작용이 따뜻하고 긍정적이면, 발전하게 된다. 공격적이고 적대적인 상호작용을 하게 되면, 고통을 받게 된다.

　보살피는 관계가 우리의 안녕에 분명 득이 된다는 걸 보여 주는 확실한 연구가 있다. 밀접한 사회적 유대가 결여된 사람은 건강상태도 별로 좋지 않고, 불행의 정도는 더 하며, 스트레스에도 더 민감하다. 사회적 지지와 밀접한 관계를 가질 경우에는 면역 체계 기능도 높고 암이나 만성질병, 조기 사망률 등도 더 낮다.

　다른 사람의 시각으로 보고, 다른 이들이 어떻게 느끼는가를 생각해 보고,

온정 어린 친절을 실천함으로써 분노와 적개심, 공격성 등의 감정을 예방하기도 하고 지워 버릴 수도 있다. 온정은 이타주의적 행위가 될 수도 있지만, 실용주의적 행위가 될 수도 있다. 다른 사람을 보살피는 것이 자신을 보살피는 길이 되고 사회적 존재로서의 우리의 욕구를 살펴보는 것이 되기 때문이다.

온정을 인식하고 개발하는 것, 서로 보살피는 행위 등이 이 장에 나오는 이야기의 근간을 이룬다. 이 이야기들은 동료들과 건강한 관계를 구축하고 이어나가는 것에 관한 내용이다. 보살핌과 친절, 주는 마음, 다른 사람들과의 공감 등에 대해서도 다루고 있다.

예순두 번째 이야기 **괜한 말다툼**

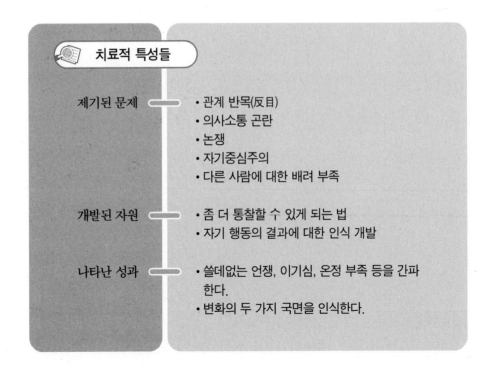

🔍 **치료적 특성들**

제기된 문제 ━━
- 관계 반목(反目)
- 의사소통 곤란
- 논쟁
- 자기중심주의
- 다른 사람에 대한 배려 부족

개발된 자원 ━━
- 좀 더 통찰할 수 있게 되는 법
- 자기 행동의 결과에 대한 인식 개발

나타난 성과 ━━
- 쓸데없는 언쟁, 이기심, 온정 부족 등을 간파한다.
- 변화의 두 가지 국면을 인식한다.

계속 싸우기만 하는 남편과 아내가 있었다. 결혼 이후 그 긴 세월 내내 둘은 뜻을 같이한 적이 한 번도 없었다. 십수 년이 흐르고 나서야 두 사람은 겨우 정말 사소하고 너무나 하찮은 것으로 실랑이를 벌이고 있었다는 걸 알았다.

누가 자기보다 사탕을 더 많이 먹나 싶어서, 아니면 누구 음료수가 더 많은가 싶어서 눈을 부릅뜨고 지켜보는 어린아이들처럼, 부부는 서로 부당하고 공정하지 못하다는 생각으로 살아왔다. "당신이 나보다 더 많이 가졌잖아.""당신 게 내 것보다 낫잖아.""당신이 지난번에 큰 거 했잖아.""당신 걸 내가 하고 싶다고."

어느 날 남자가 퇴근을 해서 집으로 걸어오고 있는데 이웃한 과수원을 지나게 되었다. 한 그루에 다 익은 복숭아가 세 개 달려 있고, 다른 건 덜 익은 걸 보았다. 그가 담을 타고 올라가 복숭아 서리를 했다.

집으로 돌아와 남편은 아내에게 복숭아 중에 하나를 건네주었고 두 개는 자기가 가졌다. 이걸 보더니 아내가 대뜸 고함을 질러 대는 것이었다. "왜 난 하나고 당신은 두 개야? 난 하루 종일 집안에서 노예처럼 일했는데. 나머지도 내가 가져야 해. 게다가 당신이 집으로 오면서 벌써 몇 개쯤 꿀꺽했는지 알 게 뭐야?'

남편은 속이 부글부글 끓어올랐다. "나도 하루 종일 일했다구." 남편이 소리쳤다. "게다가 당신보다 내가 더 힘들어. 사장한테 살살 기어야 한단 말이야. 잠시 앉을 시간도 없고 당신처럼 일한 척하고 넘어갈 수도 없어. TV 볼 시간도 없고 이웃이랑 노닥거릴 시간도 없어. 어찌 되었든, 내가 따 온 건데. 당연히 내가 셋을 다 가져야 하는 거 아냐? 한 개라도 주는 게 다행인 줄 알아야지."

그러면서 싸움은 계속되었다. 화가 나서 목소리는 점점 더 뻗쳐 나갔다. 자기밖에 모르는 자세를 누그러뜨릴 생각은 둘 다 없었다. 누가 보면, 과일 몇 개로 저렇게까지 서로 신경을 바짝 세우고 기분을 엉망으로 만들 필요가 있을까 싶었겠지만, 그 남편과 아내에게는 그 문제가 죽고사는 문제만큼 중요한 문제가 되어 버렸다.

남은 거 하나를 누구에게든 줘 버리면 그만인데, 아무도 그러려고 하지 않았다. 결국 세 번째 복숭아를 반으로 자르기로 했는데, 똑같이 하려고 했지만, 욕심에 차서 두 사람 모두 그렇게 똑바로 자를 수가 없었다. 남편과 아내 둘 다 상대가 아니라 자기가 남은 복숭아를 가져야 한다고 생각했다. 그리고 둘 다 먼저 고개를 숙이고 싶지도 않았다. 그냥 똑같이 나눈다고 될 일이 아니었다.

아내 잔소리에 넌덜머리가 난 남편이 내기를 하자고 했다. "당신이 입을 다물고 조용히 있을 수 있다면 내가 이 복숭아를 주지." 하고 남편이 고함을 질렀다. "두 사람 중에 더 오래 입을 다물고 있는 사람이 이기는 거야."

아내는 침대로 갔다. 남편은 소파에 길게 늘어졌다. 두 사람은 입을 꼭 다물고 반드시 이길 거라고 이를 악물었다. 하루가 지나고 이틀이 지났다. 하루하루 날들이 지나갔다. 움직이기도 힘들었다. 먹지도 마시지도 않았다.

일주일이 지나도록 집이 조용하니까, 이웃 사람들이 궁금해하기 시작했다. 무슨 일인가 싶어 집으로 들어가 봤더니, 남편과 아내가 쭉 뻗어서 창백한 얼굴로 말도 못하고 있는 것이었다. 부부가 죽은 것이라 여기고, 이웃 사람들은 장례식을 준비했다.

남편과 아내를 따로따로 관에 뉘었다. 장의사가 남편 관 뚜껑에 못질을 시작하자, 남편이 매장되어 버리거나 산 채로 화장을 당할까 봐 덜컥 겁이 나서 비명을 질렀다. "아, 이 사람들아. 난 아직 살아 있다구. 모르겠어?" 남편이 고함을 꽥 지르자 아내가 관을 열고 펄쩍 튀어나오더니, "이야호!" 하며 기쁨에 겨워 환호성을 질러댔다. "내가 이겼어. 복숭아는 내 거야."

그 남편과 아내는 먼저 복숭아를 차지하려고 집으로 달려갔다. 집에 들어서자 세 개의 복숭아는 그대로 부엌에 놓여 있었다. 썩은 채로!

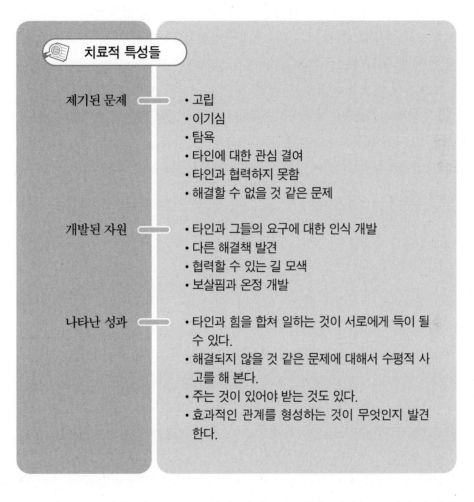

예순세 번째 이야기 **다른 사람 먹여 주기**

치료적 특성들

제기된 문제
- 고립
- 이기심
- 탐욕
- 타인에 대한 관심 결여
- 타인과 협력하지 못함
- 해결할 수 없을 것 같은 문제

개발된 자원
- 타인과 그들의 요구에 대한 인식 개발
- 다른 해결책 발견
- 협력할 수 있는 길 모색
- 보살핌과 온정 개발

나타난 성과
- 타인과 힘을 합쳐 일하는 것이 서로에게 득이 될 수 있다.
- 해결되지 않을 것 같은 문제에 대해서 수평적 사고를 해 본다.
- 주는 것이 있어야 받는 것도 있다.
- 효과적인 관계를 형성하는 것이 무엇인지 발견한다.

한 여자가 죽어서 저 세상으로 가게 되었는데, 아주 멋진 연회실에 자기가 있는 것이었다. 벽에는 아주 비싼 목재들이 줄지어 있고, 수정으로 된 샹들리에가 높은 천정에 매달려 있었고, 대가들의 진품 그림이 벽을 장식하고 있었다. 커다란 연회용 탁자들이 연회실 가운데를 따라 줄지어 서 있는데, 그 위에 산해진미가 쌓여 있고 최고의 와인들이 놓여 있었다. "여긴 분명 천국일 거야." 그녀는 좀 놀랐지만 이렇게 생각했다. 자기가 이런 대접을 받을 만큼 착하고 성스럽게 살았는지 믿기지가 않았다. 도저히 참을 수가 없어서 자기 자리를 향해 달려가 의자에 앉았을 때에야 그녀는 끔찍한 사실을 알아챘다.

양 팔에 부목이 채워져 있었다. 그녀는 팔꿈치를 전혀 굽힐 수가 없었다. 손이 꼭 저 먼 북극 같았다. 탁자에 널려 있는 휘황한 산해진미들을 손으로 쥘 수는 있었는데 입으로 가져 갈 방법이 없었다. 그녀는 잠시 숨을 돌리고 식탁에 먹을 것밖에 안 보였던 시선을 옮겨 탁자 주변에 앉아 있는 다른 사람들을 보았다. 그 사람들의 팔도 부목에 묶여 있었다. 그 사람들은 저주를 퍼붓고, 화를 내고, 좌절하고, 울부짖어 댔지만, 그 운명에서 그들을 구해 줄 수 있는 건 없는 것 같았다.

"내가 틀렸어." 그 여자는 생각했다. "여긴 천국이 아니라 지옥이야. 무슨 천국이 이래."

여자의 소원으로 그와 똑같이 된 다른 연회장으로 가게 되었다. 똑같이 값비싼 샹들리에가 천정에 매달려 있었다. 대가들의 진품 그림들도 이국적인 목재 벽에 걸려 있었다. 똑같이 나무로 된 탁자들이 연회실 가운데 즐비하게 서 있었다. 온갖 신비로운 그릇마다 상상할 수 있는 음식이란 음식은 모두 산더미처럼 쌓여 있었고 고급 와인들이 놓여 있었다. 또 그녀는 미친 듯 달려가 자리를 차지하고 산해진미를 함께 먹을 수 있기를 기대했다. 그러자 또 한 번 똑같이 깜빡 잊었던 사실을 알아챘다. 그녀의 팔이 이번에도 단단한 부목에 묶여 있는 것이다.

절망에 빠져 탁자 주변을 둘러보았다. 그런데 여기 풍경은 사뭇 달랐다. 모두 행복한 얼굴로 서로 잘 먹고 있는 것이었다. 그 사람들의 팔을 보았더니, 자기처럼 부목에 묶여 있는데도, 함께 있는 손님들은 즐겁게 서로 이야기를 나누고 있었다.

드디어 그녀는 뭐가 다른지 알게 되었다. 그 사람들은 움직여지지 않는 팔을 억지로 어떻게 해 보겠다고 용을 쓰지도 않았고, 자기 입으로 음식을 어떻게 넣어 보겠다고 욕심스레 달려들지도 않았다. 그게 아니라 서로 맛있는 음식을 집어서 얌전히 맞은편에 앉은 사람이 원하는 대로 입에 넣어 주고 있는 것이었다. 묶인 것을 어쩔 수 없는 걸로 보는 게 아니라, 그 사람들은 다른 사람들을 이롭게 하는 것으로 사용한 것이다. 음식 하나를 집어서, 다른 사람을 먹여 주기 위해 탁자 건너편으로 가는 것이었다. 그녀는 다른 사람에게 주고 자기도 받을 수 있다는 걸 알았다. 다른 사람들이 그녀를 먹여 주고, 자기도 그렇게 다른 사람들을 먹여 주고.

'비단 음식만이 아냐.' 그녀는 생각했다. 사람들이 음식을 나누면서 서로 이야기도 하고 있었다. 서로 이야기도 하고, 긍정적인 마음도 퍼져 나가고, 기쁨에 찬 경험을 함께하기도 했다. '그래,' 그녀는 결정을 내렸다. '이게 진짜 천국이야.'

예순네 번째 이야기 **사랑과 이별**

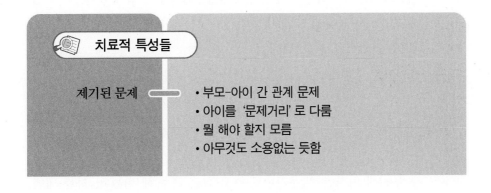

치료적 특성들

제기된 문제
- 부모-아이 간 관계 문제
- 아이를 '문제거리'로 다룸
- 뭘 해야 할지 모름
- 아무것도 소용없는 듯함

개발된 자원	• 문제보다는 결말에 초점을 맞추는 법
	• 다른 사람이 자신의 경험을 가질 수 있도록 함
	• 배움에는 힘든 때도 있다는 걸 앎
	• 옳다고 믿는 걸 행함
	• 이별하는 법
나타난 성과	• 간섭하지 않고 보살핀다.
	• 통제하려 하지 말고 도움이 되어야 한다.
	• 다른 사람이 자기 경험을 갖도록 한다.
	• 사랑하라 그리고 떠나보내라.

조안나가 나한테 부모라면 누구나 공감할 수 있는 그런 이야기를 하나 해 주었다. 그녀는 십대 딸을 둔 엄마였는데 온 가족이 그 딸 때문에 쩔쩔맸다. 그아이만 아니라면, 조용하게 살 수 있을 거라는 말을 했다. 자기 딸이 모든 가족 문제와 갈등의 근원지라고 생각했다. 딸아이는 마리화나를 피웠고, 부모라면 절대로 좋아할 수 없는 친구들과 어울려 다녔다. 남자 문제도 있지 않을까 염려되었다. 딸은 나이에 비해 너무 일찍 성숙했고, 나이가 꽤 든 남자 아이와도 어울려 다녔으니까. 공부에는 아예 관심도 없고, 밤늦도록 집에 돌아오지도 않고, 술도 마셨다. 이 정도로도 성에 차질 않는지, 부모에게 거짓말까지 했다. 부모들은 어떻게 하기가 힘들었다. 그렇게 정직하라고 가르쳤건만. 자기들 나름대로는 개방된 가족이라고 스스로 자랑스럽게 여겼는데. 부모 입장에서 걱정하고 염려하는 건 당연한 것이었다. 딸이 최고가 되기를 바라니까.

부모들이 어떻게 해 봐도 잘 안 되는 듯했다. 사랑을 주고, 보살펴 주고, 눈높이도 맞춰 보려고 했지만, 딸아이는 냉정하게 돌아서서 제 길을 가 버리곤 했다. 그냥 무시해 버리면, 막무가내로 하고 싶은 대로 해 버렸다. 화를 내면, 똑같이 되받아쳤다. 모두 상처받고, 괴롭고, 슬픔만 남았다. 뭘 해도 소용이 없는데 도대체 부모가 뭘 할 수 있단 말인가?

이런 와중에 조안나가 꿈을 하나 꾸었다. 가족들이 바다로 휴가를 떠나는 꿈이었다. 어느 아침에 해변을 따라 걷고 있는데, 어린 돌고래 한 마리가 해안으로 밀려왔다. 거긴 돌고래가 있을 곳이 아니었다. 거기선 돌고래가 행복할 수 없다는 걸 알았지만, 조안나가 뭘 할 수 있는가?

조안나는 돌고래의 귀여운 얼굴을 들여다보았다. 톡 튀어나온 입, 희미하게 나타났다 사라지는 미소. 두 눈은 외로워 보였고 애원하는 듯했다. 조안나가 손을 뻗어 건드려 보았더니, 도망치고 싶다는 듯 살짝 주춤했다. 그냥 살짝 움츠리기만 했는데도 조안나는 돌고래가 자기 손길을 거부하는 것 같아 마음에 상처를 입었다. 돌고래가 물속으로 들어갈 수 있게 도와줘야 하나, 아니면 그냥 내버려둬야 하나? 잠시 해변에 앉아서 그 아름다운 눈을 가만히 들여다보고 있었다. 그러고 있으니까, 야생동물 관리인이 해변으로 걸어왔다. 조안나는 자기가 어떻게 해야 되는지를 물었다. 그다음에는 관리인이 대답을 해 주었는지, 그냥 자기 머리에 그런 생각이 벌써 떠올라 있었는지는 잘 모르지만 이런 말이 떠올랐다. "힘들긴 하겠지만, 뒤로 물러나 자연스럽게 흘러가도록 두어야 할 때도 있다. 보살펴 줄 수는 있어도, 아무리 신심으로 보살펴 주어도, 자신이 시행착오를 겪으면서 스스로 배울 수 있도록 두어야 할 때도 있다. 이해하고 위로해 줄 수는 있어도, 그런 경험이 중요한 가르침이 될 수도 있는 법이다. 이렇게 넓은 세상에서 살아남으려면, 스스로를 보살피는 법을 배워야 하는 거다. 그 배움이 비록 힘들다 하더라도."

조안나는 자기가 머물고 있는 숙소로 가서 수건 몇 개를 적셔서 들고는 돌고래가 있는 곳으로 다시 와 그걸로 체온을 유지시켜 주었다. 조안나는 돌고래에게 위안을 주고, 뜨거운 태양의 열기로 고통받지 않게 해 주었지만 그 대가를 바라지는 않았다.

하루 종일 돌고래의 눈을 지켜보았다. 조안나는 수건을 계속 적셔 주었다. 모래에 구멍을 파서 가슴지느러미를 거기 뉘어 놓고 더 편안하게 만들어 주었다. 기력을 회복할 수 있도록 시간을 벌어 주었다. 조안나가 할 수 있는 거라곤 따뜻한 마음으로 할 수 있는 걸 해 주면서 그저 지켜보는 게 다였다.

오지도 가지도 못하는 이 생명을 지키느라 뜬 눈으로 밤을 새면서 야생동물 관리인과도 자주 마주쳤다. 돌고래 곁에 앉아 있다가 새로운 걸 알게 되었다. 이번에도 누가 말하는 걸 들은 건지 아니면 자기 생각인지는 잘 모르겠지만, "경험이 가장 좋은 스승이다."라는 말을 들었다. "그런 경험들이 늘 좋을 수만은 없다. 우리가 원하는 것이 우리가 마음을 쓰고 있는 사람이나 사물에게 반드시 필요하지 않을 수도 있다. 어떤 때는 대처하기가 힘들고 어려울 수도 있지만, 경험을 통해서 가장 깊이 있고 가장 심원한 배움을 얻게 되는 것이다. 너는 정말 이 생물이 그런 배움의 경험을 가지기를 원치 않느냐?"

조안나는 진심으로 돌고래의 고통과 아픔을 덜어 주고 싶었다. 그녀는 중요할 수도 있는 걸 돌고래한테서 빼앗고 싶지는 않았기 때문에, 그저 지켜보고만 있었다. 이따금 돌고래 혼자 두고 가서 자기가 해야 할 일을 하기도 했다. 어린 돌고래와 자기 관계에 대한 것도 생각해 보았는데, 다시 한 번 밖에서 들어온 건지 안에서 생긴 건지 모를 어떤 생각이 들었다. "보살펴 주는 사람이 어떻게 하더라도 잘못될 수 있다. 실수할 수 있는 위험은 늘 감수해야 하는 것이다. 언제라도 선택이 잘못될 수도 있지만, 긴 안목으로 보면 그게 최상일 수도 있다. 어떻게 하더라도, 다른 사람이 보면 잘못된 걸로 보일 수도 있다." 조안나는 드디어 자신에게 이렇게 말했다. "네가 하는 일이 잘못될 위험이 있다면, 마찬가지로 합리적이고 윤리적으로 옳은 것이라 믿고 있는 것을 행하는 것도 잘못될 수 있다."

그날 저녁 늦게 파도가 높이 일더니 해변을 쓸고 지나갔다. 차갑고 상쾌한 물이 어린 돌고래를 감쌌다. 조안나는 돌고래의 눈에 생명이 되살아나는 것을 지켜보았고 돌고래의 몸이 흥분으로 떨리는 걸 보았다. 평소보다 좀 큰 파도 덕분에 돌고래는 물속으로 풍덩 뛰어들 수 있었다. 수건이 등에서 벗겨지고 해안선에서 돌고래의 지느러미가 신이 나서 팔딱대고 있었다. 더 깊이 헤엄쳐 들어가더니, 돌고래가 바다에서 풀쩍 뛰어올랐다. 그리고 조안나는 그게 말없는 감사의 표시라는 걸 알 수 있었다. 그러곤 물속 자기 집을 향해서 사라졌다.

이런 말이 들렸다. "아무것도 받을 생각 없이 주어야 한다. 묶어 두려 하지 말고 도움이 되어야 한다. 마음대로 하려 하지 말고 믿어 주어야 한다. 사랑해야 하고 떠나보낼 줄도 알아야 한다."

예순다섯 번째 이야기 **사랑, 4.0 버전**

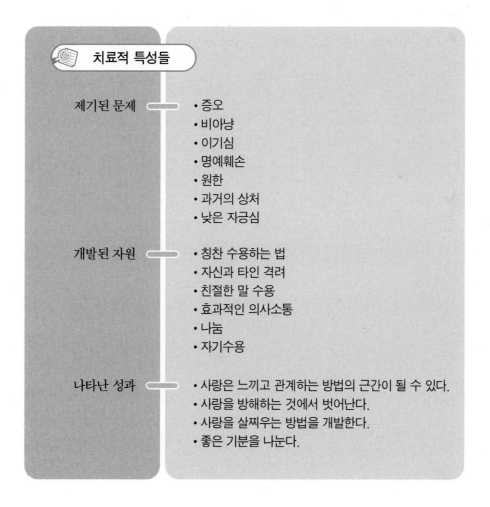

치료적 특성들

제기된 문제
- 증오
- 비아냥
- 이기심
- 명예훼손
- 원한
- 과거의 상처
- 낮은 자긍심

개발된 자원
- 칭찬 수용하는 법
- 자신과 타인 격려
- 친절한 말 수용
- 효과적인 의사소통
- 나눔
- 자기수용

나타난 성과
- 사랑은 느끼고 관계하는 방법의 근간이 될 수 있다.
- 사랑을 방해하는 것에서 벗어난다.
- 사랑을 살찌우는 방법을 개발한다.
- 좋은 기분을 나눈다.

한 고객이 심장 시스템 소프트웨어(HEART System Software) 회사에 전화를 걸어 얼마 전에 구입한 프로그램 '사랑 4.0 버전'에 대해 문의를 해 왔다. "뭘 도와드릴까요?" 상담원의 인사를 받고 나서 그가 물었다. "저기요, 사랑이 저한테는 생소해서 잘 모르겠네요."

"아, 예." 상담원이 대답했다. "가장 먼저 알아야 할 것은 사랑은 대단한 것이라는 겁니다. 그런 건 세상에 하나도 없습니다. 다른 모든 게 자연스럽게 작동할 수 있도록 뒤에서 고요히 작동하는 것이지요."

"화면에는 사랑이 나타나지 않을 겁니다. 그러나 어떤 걸 작동시켜도 영향을 미친다는 걸 아시게 될 겁니다. 그게 있으면 고객님의 좋은 프로그램들이 더 잘 작동되니까요. 나쁜 프로그램에서 조용히 버그를 없애 버리고 방해물을 삭제하기도 합니다."

"대단하네요." 새로운 고객이 말했다. "어떻게 해야 작동하지요?"

"그게 정말 쉽다는 게 더 멋진 거죠." 상담원이 대답했다. "그러나 사랑은 완전히 숨어 있어서, '칭찬.WAV, 격려.WAV, 친절한말.WAV, 용서.EXE' 등과 같은 파일을 쓰지 않으면 나타나지 않습니다. 이런 파일을 써야만 '연결할 수 없음'이라는 메시지를 막거나 해결할 수 있지요."

"이거야말로 저한테 딱 맞는 거네요." 그 고객이 맞장구를 쳤다. "컴퓨터 앞에 혼자 앉아서 해묵은 프로그램을 돌리고 또 돌리고 하는데 신물이 날 지경이었거든요."

상담원은 이렇게 알려 주었다. "위험할 수도 있지만, 사랑은 낡고 쓸모없는 프로그램들을 찾습니다. 고객님께서 제대로 지우지 못하신 것까지도요. 증오.TIF, 비아냥.EXE, 이기심.DOC, 심술.EXE 같은 파일이 완전히 삭제되지 않았어도, 사랑은 그것들을 단번에 쓸어버리고 명령이 실행되지 못하도록 합니다."

"사랑과 함께라면, '모욕.WAV' 같은 파일은 더 이상 필요 없습니다. 서체 중에서도 어떤 것은 쓸모없어질 수도 있습니다. '나쁜말12, 명예훼손10, 난폭7' 같은 이런 것은 이제 커뮤니케이션에는 전혀 필요가 없어질 것입니다. 정말로 사랑을 통해 훨씬 더 의미 있고 즐거운 커뮤니케이션을 할 수 있게 될 것입니다.”

“필요할 때 사랑을 업그레이드할 수 있나요?” 고객이 물었다.

“사랑은 그대로 있지를 않습니다.” 상담원이 대답했다. “이건 역동적 프로그램입니다. 늘 스스로 레벨을 올리고 업그레이드합니다. 일단 사랑을 설치하고 나면, 모듈이나 자신의 일부를 모든 하드 장치와 전자메일, 그리고 거기에 연결되어 있는 원격 단말기(HEART) 안에 복사를 해 둡니다. 이런 외부 장치들이 어떤 버전의 사랑이든지 작동하도록 해 줍니다. 그런 장치들이 각 버전의 사랑을 고객님의 심장(HEART)에 돌아가게 합니다.”

“이게 바로 우리가 셰어웨어[1]로 사랑을 갖고 있어야 하는 이유입니다. 고객님의 버전에서 조금씩 나눠 줄 때마다 다른 분들의 것을 조금씩 받게 됩니다. 그렇기 때문에 고객님의 업그레이드는 자동으로 이루어지며 프로그램은 알아서 진보하게 됩니다. 고객님의 심장(HEART)은 다른 심장이 알게 된 것에서 배워 올 수도 있고 발전할 수도 있습니다.”

고객이 물었다. “설치를 하고 나서 제대로 작동하게 하려면 맨 처음에 뭘 해야 하죠?”

“우선,” 상담원이 말했다. “고객님의 심장이 열려 있는지를 확인해야 합니다. ‘의사소통.DOC’를 충분히 열어 두어야 합니다. 사랑은 ‘의사소통’ 없이는 작동하지 않으니까요.”

“두 번째로 사랑과 맞지 않는 프로그램이 몇 개 있는데, ‘과거상처.EXE, 악의.EXE, 원한.DOC, 낮은존중감.EXE’ 등과 같은 것으로, ‘용서.EXE’를 불러오면 도움이 될 겁니다. 고객님의 기억 속에 그런 게 남아 있더라도, 그것들이 더 이상 파괴를 일삼지는 못할 것입니다.”

- - - ●

1) 소프트웨어의 일종으로 제한된 범위의 기능과 정보를 싼 값에 또는 무료로 사용할 수 있고 요금을 지불하면 업그레이드된 것을 이용할 수 있음(역자 주).

"감사합니다." 기분이 좋아진 고객이 인사를 하고는, 이제 자기 심장 안에 사랑을 설치해서 작동시킬 수 있겠다는 확신이 들었다.

"잊으시면 안 됩니다." 상담원은 마치 고객의 생각을 읽기라도 한 듯 이렇게 말했다. "다른 심장과 연결하셔서야만 고객님의 사랑을 계속 효과적으로 쓸 수도 있고 업그레이드도 할 수 있습니다. 한 가지 더, 필요에 의해 작동하는 심장은 그만한 대접을 받아야 합니다. 다른 이들을 사랑하기 전에 고객님의 심장을 고객님이 사랑하셔야만 합니다."

"어떻게 그렇게 할 수 있죠?" 고객이 물었다.

"첫 번째, '자기 수용'이라는 주소를 찾으세요." 상담원이 대답했다. "'자기용서.DOC' '자긍심.TXT' '가치인식.TXT' '선(善)함.DOC' 등의 파일을 클릭하세요. 그다음 그걸 '내 마음' 주소에 복사하세요. 마지막으로 모든 주소에서 '자기비난.EXE'를 찾아서 삭제하셔야 합니다. 그건 아마 고객님이 다시는 보고 싶지 않은 것일 겁니다."

"이야!" 고객이 소리를 쳤다. "이것 좀 봐요! '내 마음'이 대단한 파일들로 꽉 찼어요. '웃음.HPG'은 벌써 동작을 하고 있어. 가만히 보니까, '온정.JPG' '평화.EXE' '만족.TIF'는 '내 마음'에 복사되고 있는 중이라 해 볼 수 있을 거 같아요. 정말 멋진데요."

"잘하셨습니다." 상담원이 말했다. "이제 고객님은 사랑을 설치하셔서 실행하실 수 있습니다. 하지만 마지막으로 염두에 두실 게 있습니다. 사랑은 서로 나눌 수 있어야만 누구나 자유롭게 사용할 수 있고 효과적으로 직동합니다. 고객님의 심장에 연결되는 모든 사람에게 사랑과 사랑의 다양한 모듈을 주실 수 있어야 합니다. 그래야 다시 그것들이 언젠가 정말로 아름다운 모듈이 되어 고객님께 돌아올 것입니다. 세상의 모든 심장에 사랑이 실행되는 걸 상상해 보십시오."

"감사합니다." 고객이 감사를 전하면서, 기꺼이 사인을 했고, 그는 사랑에 대해 더 많은 걸 발견했다.

예순여섯 번째 이야기   **서로 인정하라**

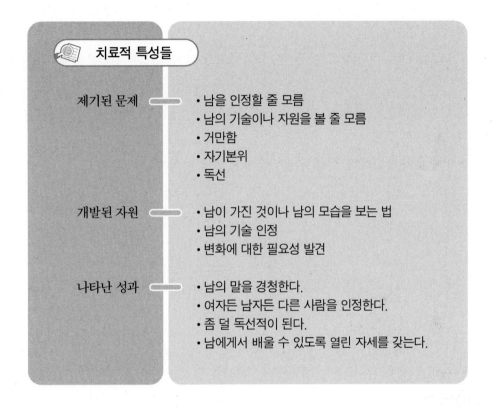

치료적 특성들

제기된 문제 ── • 남을 인정할 줄 모름
• 남의 기술이나 자원을 볼 줄 모름
• 거만함
• 자기본위
• 독선

개발된 자원 ── • 남이 가진 것이나 남의 모습을 보는 법
• 남의 기술 인정
• 변화에 대한 필요성 발견

나타난 성과 ── • 남의 말을 경청한다.
• 여자든 남자든 다른 사람을 인정한다.
• 좀 덜 독선적이 된다.
• 남에게서 배울 수 있도록 열린 자세를 갖는다.

어느 대학 교수와 그 부인이 퇴임을 하고 나면 두 사람의 환상적인 휴가를 위해 카리브 해로 배를 타고 여행하기로 했다. 퇴임하던 날, 그 교수는 자기 서류 가방을 정리해서 대학을 걸어 나왔다. 여행을 할 생각으로 마음은 들떴지만, 평생을 바친 직장을 뒤로 하고 떠난다는 게 그리 쉬운 일은 아니었다. 학생들 앞에 서서, 자기가 알고 있는 것을 때로는 깊이 있게 때로는 폭넓게 학생들 가슴에 심어 주곤 했었다. 수십 년을 강단에서 보내고 나서도, 가르치는 걸 멈출 수가 없었다. 휴가 중에도 말이다.

그는 멈춰야 할 때를 모르는 사람인 것 같았다. 자기가 학자티를 낼 때면 다른 사람들이 어떻게 반응하는지를 제대로 모르는 것일 수도 있다. 어떻든지 간에, 기회만 오면, 휴가 중이라도 뭔가를 가르치려고 들었다.

"이보게." 그가 선실로 들어서면서 심부름하는 아이에게 물었다. "심리학을 공부해 본 적 있나?"

없다고 하자 교수가 다시 물었다. "어떻게 그럴 수 있나? 자네도 사람을 대하는 직업에 종사하고 있는데 말이야. 사람이 어떻게 생각하고 어떻게 행동하는지 알 필요도 있지 않겠나? 그게 비단 일에서만 그런 것도 아니고, 인생을 더 잘 이해하기 위해서도 좋지 않겠나? 뭐 이렇게 말하고 싶진 않지만, 심리학을 공부해 보지 않았다면, 자네는 인생의 반은 그냥 허비해 버린 걸세."

그는 또 갑판에서 배를 반질반질하게 닦으며 신나게 휘파람을 불고 있는 한 선원에게 다가갔다. "여보시오, 철학을 공부해 본 적 있소?" 교수가 물었다.

"없는데요. 선생님." 그 선원이 정중하게 대답했다. "전 제가 하는 일이 즐겁습니다. 세상을 볼 수 있거든요. 왜 제가 공부를 해야 하죠? 그……, 뭐……, 철학이라 하셨습니까?"

"철학을 공부해야," 교수가 대꾸했다. "인생의 의미를 더 잘 알 수 있는 것이오. 그래야 당신의 경험에 깊이를 더해서 알게 되는 것이라오. 다른 사람들과 지적인 대화를 나눌 수도 있고 말이오. 철학을 공부하지 않았다면 당신 인생의 절반은 그냥 버린 것이오."

하루 이틀쯤 지나고, 그 교수가 다른 선원을 만났다. 이 사람은 배가 정박한 만에서 고물 낚시에 심취해 있었다. "인류학을 배워 본 직 있소?" 교수가 그 남루한 사람에게 물었다.

없다고 하자, 교수는 그에게도 다른 민족과 문화를 알면 이국의 섬을 여행하면서 훨씬 더 많은 걸 알 수 있게 된다는 걸 말해 주었다. "당신이 가는 곳에 사는 종족에 대해서 알면, 당신은 더 많은 경험을 하게 될 것이오." 그가 말했다. "인류학은 당신이 만나는 원주민들의 종교 의식, 통과 의례, 전설, 민담 같은 걸 알게 해 줄 것이오. 그러면 그들과 더 많은 걸 주고 받을 수도 있을 텐데. 그렇게 하지 않았다면, 당신은 인생의 반은 허비한 것이오."

물론 그 교수의 명성은 작은 배 안에 삽시간에 퍼졌다. 선원들과 심부름꾼들은 교수의 질문 세례와 연설을 듣게 될까 봐 다 피해 다녔다.

그러던 어느 칠흑같이 어두운 밤, 망망대해 한가운데서, 폭풍이 휘몰아쳤다. 돌풍이 몰아치고 파도가 휩쓸어 대는데 작은 배는 자연의 분노 앞에서 그대로 부서질 수밖에 없었다. 교수와 그의 부인은 구명조끼를 입고 서둘러 선원들이 승객들을 태우고 있는 구명보트로 갔다. 한 선원이 어둠 속에 비까지 뿌리는데 비틀거리며 걸어오는 교수를 보고는 그 점잖고 학식 있는 분께 여쭈었다. "수영 배우신 적 있나요?"

"아니오." 한 손에는 난간을 부여잡고 다른 한 손에는 아내의 손을 잡은 채 겁에 질린 교수가 말했다.

"어이쿠, 세상에!" 선원이 말했다. "배가 가라앉고 나면, 당신은 인생을 몽땅 날려 버리는 건데요."

예순일곱 번째 이야기 **보살피는 법**

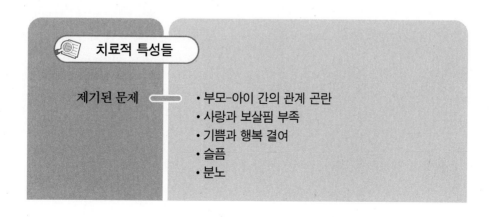

치료적 특성들

제기된 문제

- 부모-아이 간의 관계 곤란
- 사랑과 보살핌 부족
- 기쁨과 행복 결여
- 슬픔
- 분노

개발된 자원	• 자기 돌보는 법 • 행복 찾기 • 슬픔과 분노 조절 • 관계 기술 개발
나타난 성과	• 슬픔은 이겨 낼 수 있다. • 행복은 얻을 수 있다. • 관계는 회복될 수 있다. • 사랑을 주는 보살핌은 좋은 관계를 위한 바탕이 된다.

아주 불행한 어린 소녀가 살고 있었다. 그 아이의 불행은 모든 세포에 뿌리 깊이 박혀 웃고 싶은 입도 굳게 닫아 버리고 어딜 가고 싶은 다리도 묶어 버릴 정도였다. 아무리 밝은 날도 끔찍하고 아무 의미도 없어 보였다. 그 어린 소녀는 자기의 그런 처지가 싫었지만, 어떻게 해야 될지도 몰랐다. 그게 소녀를 더 불행하게 했다.

그 어린 소녀는 자기가 왜 그렇게 슬퍼야 하는지 정말 알 수가 없었다. 알고 있는 거라곤 함께 살고 있는 아버지가 자기를 돌봐 주지 않는 것 같다는 게 다였다. 아버지는 딸에게 시간도 내주지 않았고 그렇게도 원하는 사랑이나 보살핌에 대한 기색조차 보여 주지 않았다. 두 사람은 다른 가족들처럼 웃지도 않고 농담도 하지 않았다. 그 아버지는 어른이 될 때를 대비해서 배워야 하는 걸 딸에게 가르칠 시간도 마음도 없었다. 둘이서 함께 노는 법도 없었다.

너무나 힘든 때에 엄마가 돌아가셨다. 엄마가 돌아가실지도 모른다는 말을 들었지만 도무지 믿을 수가 없었다. 엄마가 돌아가시고 나니까, 어린 소녀는 갑자기 너무 외로워 곁에 아무도 없다는 생각이 들었다. 처음엔 엄마를 잃었다는 생각이 들었지만, 지금은 아버지도 사라진 것 같았다. 아버지도 엄마를 보내야 했다는 걸 알지만, 아버지의 슬픔은 자기를 거부하는 것처럼 느껴졌다.

엄마가 돌아가시고 몇 해가 흐른 뒤, 소녀의 몸은 아이에서 어른으로 자랐다. 하지만 소녀는 자기가 정서적으로나 정신적으로는 하나도 자라지 못한 것 같았다. 엄마와 아버지에게서 어떻게 자라야 하는지를 배운 게 없었으니까.

외로움과 불행에 빠져 있던 어느 날, 집에서 나와 발걸음 닿는 대로 걸어 다니고 있었다. 그냥 걷기만 했다. 어디를 가도 기분이 좋아지지를 않았다. 발길 끄는 대로 길을 따라 가면서 들판도 지나고 숲도 지나 벌목 작업을 하는 곳까지 이르렀다. 나무들이 줄지어 선 끝에 놓인 통나무 위에 앉아 애수에 젖어 생각에 잠겨 들었다.

상념에 젖어 가만히 앉아 있는데 어린 곰 한 쌍이 그곳까지 어슬렁거리며 걸어와 정신을 어지럽히는 것이었다. 곰 두 마리가 꼬리잡기를 하면서 놀았다. 그러더니 데굴데굴 구르기도 했다. 그냥 노는 데 취해 놀고 있는 것이었다. 그 광경을 보고 있노라니, 소녀에게 아이 같은 기쁨이 밀려와 가슴을 들뜨게 하는 것 같았다. 그래서 같이 놀아도 되냐고 곰에게 물었다. 그리고는 셋이 한 덩어리가 되어 웃음꽃을 피우며 데굴데굴 굴렀는데, 소녀는 자기 웃음소리에 자기도 놀랐다. 자기가 그렇게 웃는 걸 한 번도 들어 본 적이 없는 듯했다. 그렇게 즐거운 마음은 처음인 것 같았다.

하지만 날이 어두워지면서 어둠의 그림자가 벌목지로 드리워지자 소녀의 기쁨도 갑자기 뚝 끊어져 버렸다. 위를 올려다 보니 탑 같이 우뚝한 위협적인 표정의 엄마 곰이 보였다.

한편, 하루 종일 딸이 보이질 않자 집에서 기다리는 아버지는 걱정이 되었다. 그날 밤에도 다음 날이 되어도 딸이 집으로 돌아오지를 않자, 아버지는 점점 더 걱정이 되었지만, 그때까지도 슬픔으로 기력이 쇠해져 있었기 때문에, 걱정스런 마음을 행동으로 옮기지는 못했다. 하지만 결국 걱정스러운 마음이 더해져 딸을 찾으려 나서게 되었다.

아버지가 숲에서 딸의 발자국을 따라가 딸이 앉았던 통나무가 놓인 벌목지까지 가게 되었다. 어미 곰과 두 마리 새끼 곰의 것과 뒤섞인 딸의 흔적을 발견하고, 정말로 걱정이 되기 시작했다. 도대체 무슨 일이 일어난 거야? 곰이 딸아이를 잡아먹은 건가? 딸아이까지 잃게 되는 건가?

넷의 자취를 따라 동굴까지 갔는데, 자기 새끼를 지키던 어미 곰은 아버지가 다가오는 냄새를 알아챘다. 가만히 새끼들과 소녀를 동굴 속으로 밀어 넣고, 아버지를 공격해 자기 영역 밖으로 내쫓아 버렸다.

마을로 돌아와 아버지는 아는 것도 많고 치유 능력까지 지닌 마을의 현자를 찾아가 어떻게 해야 할지를 물었다. 그 현자는 아버지에게 이렇게 말했다. "내가 도움이 되는 말을 해 줄 수는 있소이다. 하지만 딸을 데리고 올 수 있는 사람은 당신뿐이오. 아버지라면 당연히 그래야 합니다. 당신 딸은 보살핌이 필요하오. 자라고 노는 경험이 필요하지요. 어미 곰과 그 새끼들은 그 아이가 가지지 못한 것을 주고 있는 것이오. 딸아이가 거기 있는 건 그 때문이오. 딸을 데려오고 싶으면, 곰을 본보기로 삼으시오. 당신은 딸에게 곰들이 보여 준 사랑을 주어야 할 것이오."

먼저 동굴로 가 딸에게 돌아오라고 사정을 했지만, 자기는 거기가 좋다며 그대로 있겠다고 했다. 어미 곰이 다 안다는 듯, 뒷다리를 번쩍 들어 으르렁댔다. 아버지는 달아났다.

집으로 돌아오고 나니까 화가 치밀었다. 이건 놀라운 일이었다. 너무나 오랫동안 오로지 슬픔밖에 느끼는 게 없다고 생각했었는데. 이런 새로운 감정이 확 밀려오니까 자신이 얼마나 딸을 마음 깊이 염려하고 있는지를 알게 되었다. 딸아이 없이 자기가 어떻게 살 수 있단 말인가?

아버지는 활과 화살을 들고 다시 동굴로 갔다. 어미 곰을 죽여서라도 딸을 찾아오겠다는 마음으로. 아버지가 숨죽여 나무 사이로 다가가는데, 곰과 어울려 행복하게 놀고 있는 딸이 보였다. 저런 곰을 어떻게 죽일 수 있단 말인가? 딸아이가 저렇게 행복한데 어떻게 저걸 파괴한단 말인가? 자기는 주지 못한 것을 곰은 딸에게 주고 있지 않은가?

아버지는 활과 화살을 내리고 돌아섰다. 상념에 잠겨 집으로 돌아오면서, 어떻게 하면 딸을 행복하게 해 주면서 딸을 데려올 수 있을까 생각하는데, 벌이 한 마리 나타나 왱왱대며 성가시게 했다. 맞아, 이거야! 아버지는 벌이 벌통으로 돌아가는 걸 뒤쫓아 가서 바로 그 밑에 싱싱한 이파리로 불을 놓아 연기를 내서, 벌들이 잠잠해지기를 기다린 뒤, 꿀을 좀 슬쩍했다.

아버지는 꿀을 들고 곰의 동굴로 가서 바위 위에 꿀을 놓고는 물러나 있었다. 아버지는 어미 곰에게 이렇게 말했다. "내가 감사의 뜻으로 뭘 좀 갖고 왔어. 네가 우리 딸한테 어떻게 하는지를 봤거든. 내가 얼마나 그 애를 사랑하는지 보여 줘야 하는데 네가 그걸 가르쳐 줬어. 내 정성이니까 이 꿀을 받아 줘."

어미 곰이 드디어 동굴에서 모습을 드러내고 조심스럽게 꿀을 맛보았다. 맛도 좋은데다 감사의 선물이라니 잘 받고는 자기 새끼들과 딸아이를 불러냈다. 곰들이 한참 먹는 동안 아버지와 딸이 다시 만났다.

그때 아버지는 그때까지 미처 눈치 채지 못한 것을 발견했다. 자기의 어린 딸은 어느새 어린 숙녀가 되어 있었다. 자신감과 자부심, 기쁨 등으로 훌쩍 자라 있었다. 아버지는 사랑과 보살핌이 딸아이의 성장과 성숙에 얼마나 필요한지를 알게 되었다. 마을 사람들 중에는 이미 그런 보살핌에 대해 충고한 사람이 있었는데도 자기가 딸에게 그렇게 못해 준 게 못내 아쉬웠다. 아버지는 딸에게 용서를 구했다. 아버지는 자기 행동을 고치려고 애쓰고, 지금부터 두 사람의 관계를 좋게 하겠다고 다짐도 했다. 아직은 아버지의 생각이나 느낌이 좀 부족하다 해도, 다시 함께하게 된 것이 중요하다는 걸 아버지는 알고 있었다.

"곰들이 나에게 많은 걸 가르쳐 주었어요." 딸이 아버지에게 말해 주었다. "곰들은 나에게 우리가 서로 어떻게 보살펴 주어야 하는지를 보여 주었어요. 우리가 서로를 돌보아 줄 때, 우린 진짜 부녀지간이 되는 거예요. 서로를 돌보아 주어야 가족인 거니까. 서로 돌보면, 친구도 되죠. 곰도 함께 말이에요."

아버지는 딸이 자랑스러웠다. 이보다 더 좋을 수는 없었다.

예순여덟 번째 이야기 **더 주는 법**

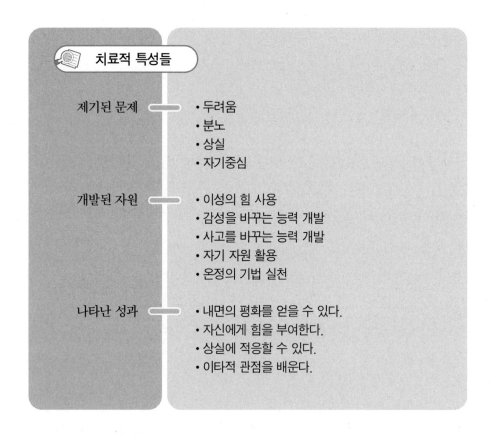

어느 날 밤 명상을 가르치는 선생이 집으로 돌아왔는데 자기 아파트 문이 살짝 열려 있는 걸 보았다. 아침에 나가면서 어떻게 했는지를 생각해 봤다. "분명히 나가기 전에 문을 닫고 잠갔는데." 그녀는 은둔 생활을 하는 사람이라 남의 눈을 피해 혼자 있는 걸 좋아했다.

주위를 살피며 집안으로 들어서는데 강도와 마주쳤다. 처음엔 두려움이 엄습해 왔다. 덤벼들면 어쩌지? 숨은 가빠지고 심장은 두근두근, 몸은 사시나무처럼 떨렸다.

"두려움에 맞서야 해." 그녀는 어느새 스스로에게 이렇게 말하고 있었다. 예전에 이렇게 말하는 걸 읽기도 하고 들은 적도 있었다. 진짜로 자기가 수련생들에게 자주 가르쳤던 말이다. 이제 그 말을 스스로 실천해 볼 기회가 온 것이다.

자기는 온정에 대한 것도 가르쳤었고 오늘도 학생들에게 그걸 가르쳤다. "자신을 그 사람의 입장에 둬 보세요." 그녀는 머릿속으로 이렇게 새겼다. 자기에게 집중된 두려움에서 벗어나기가 쉬운 일도 아니고 자기 집에 들어온 침입자와 같은 마음이 되는 것도 힘들었지만, 어쨌든 해 보기로 했다.

"다른 사람 것까지 가지려는 걸 보니 뭔가 꼭 필요한 게 있나 보네요."라고 도둑에게 말을 건넸다. "이리 와서 앉으세요. 커피나 한 잔 하시죠. 내가 도울 길이 있을지도 모르니까요."

앉아서 이야기를 하면서 그녀는 그 강도와 그 사람의 삶에 대한 걸 알게 되었다. 그가 직장도 잃은 데다, 먹여 살려야 할 가족도 있는데, 먹을거리며 입을 거리를 줄 수 있는 방법이 없었다는 걸 알았다. 그녀는 그 강도가 자기 스승이라는 생각을 했다. 그는 자신에게 두려움에 대한 중요한 것을 가르쳐 주고 있었다. 첫 번째, 두려운 대상을 제대로 알고 이해하게 되면 덜 무서워진다. 그 강도도 자기처럼 두려움과 근심으로 어쩔 줄 모르는 사람이었다. 그도 역시 겁먹고 나약했다. 알지 못하는 것에 대해서는 쉽게 두려워지는 거라는 생각이 들었다. 대개는 사람이든 사물이든 그에 대해 잘 알게 될수록 두려워할 필요가 적어진다. 두 번째, 자기 말고 다른 사람에게 초점을 맞추면 자신의 관점에서 느끼는 것과는 다르다는 걸 알 수 있었다. 하지만 자기 상황에 생각이 다시 미치니까 또다시 두려움에 빠져들었다.

새로운 걸 알았는데도, 그녀는 여전히 자기 감정에서 벗어나야 할 문제를 가지고 있었다. 할 일을 알고 있다고 그렇게 행할 수 있는 능력을 가질 수는 없는 노릇이다. 감성은 행동을 지시할 수도 있다. 그녀는 강도가 자기 것을 가져가려고 했다 싶으니까 화가 났다. 자기는 착하게 살려고 했다. 가진 것도 별로 없다. 안 그래도 가진 게 없는데 왜 훔쳐 가냐고? 왜 그걸 훔쳐가게 돼야 하지? 감히 어떻게!

그런 생각을 하니까 입이 앙 다물어지면서 몸이 굳어졌고, 주먹을 움켜쥐게 되었다. 강도에게 한 수 가르쳐 주고 싶었다. 자기가 저지른 일은 꼭 보상이 따른다고. 경찰을 불러 정의가 있다는 걸 보여 줘야 한다.

그러고 나서는 이런 생각도 들었다. 이런 생각과 감정을 통해서 배울 게 있을지도 모른다. 강도가 자기 성장에 도움이 되는 경험을 만들어 줄 수도 있다. 그녀는 선생이다. 명상만 가르치는 게 아니라 명상의 철학도 가르친다. 물질적 소유에서 벗어나야 한다는 걸 수련생들에게 가르친다. 그녀는 물질의 덧없음도 가르친다. "영원히 남는 건 없다."라는 말을 자주 했었다. 언젠가 사라질 것이니, 크게 봐서 그런 날이 좀 일찍 온다고 뭐가 문제가 되나?

커피를 다 마시고 나서, 그녀는 옷가지며, 담요, 먹을거리 등을 챙겨, 강도에게 건네주었다. "여기요." 그녀가 말했다. "이거 갖고 집에 가서 가족들 주세요." 강도가 나가고 나서 그녀는 이젠 텅 비어 버린 집 바닥에 다리를 포개고 앉아 명상을 시작했다.

한편, 강도는 얼마 가지 못해 죄책감이 들기 시작했다. 모르는 사람한테서 뭘 훔치는 것쯤은 누워서 떡먹기다. 그런데 이번에는 꼭 친구한테서 뭘 훔치는 느낌이 들었다. "이건 내가 바라던 삶이 아니야." 혼자서 그는 이렇게 생각했다. 그는 오던 길을 다시 돌아가 그 선생의 물건들을 문간에 조용히 두고 떠났다. 그는 집으로 오는 길에 가족들을 먹여 살릴 다른 방법이 없을까 궁리를 했다.

다시 그 여자의 아파트. 명상 선생은 가만히 창문 쪽으로 눈길을 주었다. 석양이 하늘만 금빛으로 물들이는 게 아니라 자기 영혼까지 비춰 주었다. 지평선 너머로 소리 없이 졸리운 듯 밤이 찾아왔다. 별들은 어둠의 바다에서 따사로운 점을 콕콕 찍듯 반짝인다. 모든 걸 잃었는데도 내면에는 평정과 행복감이 일었다. 앞에 펼쳐진 광경에 푹 빠져 있는데 문득 이런 생각이 들었다. "그 불쌍한 사람에게 더 줄 수도 있었는데. 바로 이런 느낌도 줄 수 있었는데."

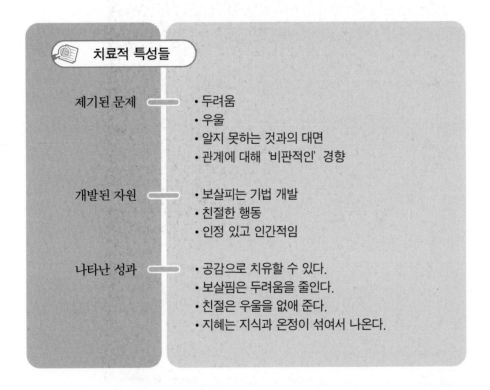

예순아홉 번째 이야기 **손을 잡으세요**

치료적 특성들

제기된 문제
- 두려움
- 우울
- 알지 못하는 것과의 대면
- 관계에 대해 '비판적인' 경향

개발된 자원
- 보살피는 기법 개발
- 친절한 행동
- 인정 있고 인간적임

나타난 성과
- 공감으로 치유할 수 있다.
- 보살핌은 두려움을 줄인다.
- 친절은 우울을 없애 준다.
- 지혜는 지식과 온정이 섞여서 나온다.

　어느 병원 병실에 깊은 병에 시달리는 환자가 있었는데, 얼마나 아팠던지 희망조차 버리게 되었다. 병명도 모르는 채였다. 그것만으로도 얼마든지 두려워할 만했다. 뭐가 잘못되었는지를 아무도 모르는 것 같았다. 모르는데, 어떻게 치료를 할 수 있겠는가? 치료를 할 수 없으면, 점점 악화되고, 죽을 수도 있겠지? 회복의 기미라곤 보이질 않았다. 여태 뭘 해 봐도 아무 소용이 없었다. 그녀가 절망하는 건 당연한 일이었다.

그 병원 다른 편에서는, 약학 교수와 그 동료들이 회진을 막 끝내고 각자 환자들에 대해 이야기를 나누고 있었다. 그 교수가 회의를 주재하고 있었는데, 다년간 쌓아 온 지식과 경험으로 조언을 하고 있었다.

"스미스 양은 어떤가?" 병명도 모른 채 누워 있는 그 여자에 대해 물었다.

"나아지지 않습니다." 그녀를 담당한 사람이 말했다. "할 수 있는 건 다 해 봤습니다. 아무리 해 봐도, 뭐가 문제인지 찾을 수가 없습니다. 치료에 아무 반응이 없는데다 상태는 점점 악화되고 있습니다. 무엇보다 문제는 그녀가 기력을 잃어 간다는 것입니다."

"뭘 해 봤는가?" 그 교수가 점잖게 질문을 던졌다.

"먼저 체온을 쟀는데, 정상이었습니다." 담당의가 말했다.

"그리곤?" 그 교수가 물었다.

"혈압도 재어 봤습니다. 그것도 정상 범위였습니다." 담당의가 말했다.

"또 뭘 해 봤나?" 교수가 물었다.

"예." 담당의가 대답했다. "혈액 샘플을 채취해서 전체 혈액 도안을 만들었습니다. 병리학적으로도 아무 이상이 발견되지 않았습니다."

"계속해 보게." 교수가 이야기를 계속 끌고 나갔다. "또 뭘 했나?"

"X선 촬영도 했습니다. 방사선과에서 꼼꼼히 검토를 했습니다만, X선 사진도 깨끗했습니다. 뼈 구조는 건강한 것 같습니다."

"그렇단 말이지." 교수는 두 눈에 지혜로운 빛을 담고서 말을 이어 나갔다. "또?"

"MRI와 CT도 찍어 보았습니다. 거기서도 문제가 될 만한 걸 찾을 수는 없었습니다. 도대체 뭐가 잘못 된 건지 알 수가 없습니다. 왜 상태가 좋아지지 않는지도 수수께끼입니다."

교수가 책상에 팔꿈치를 얹고 두 손 위에 머리를 괴고 앉아 생각에 잠겼다. 잠시 아무 말 없이 있더니, 부드러운 음성으로 입을 열었다. "자네는 체온도 재고, 혈압도 점검하고, 혈액 샘플도 채취를 했네. 물론 X선, MRI, CT까지 찍었고. 그런데도 아무 이상을 찾을 수 없는데, 그 여자는 자꾸 나빠지고 심지어 기력까지 쇠해진다는 말이지."

교수는 천천히 눈을 들어 담당의를 바라보며 이렇게 물었다. "그런데 말일세. 그 여자 손은 한 번 잡아 봤나?"

일흔 번째 이야기 온정의 이야기

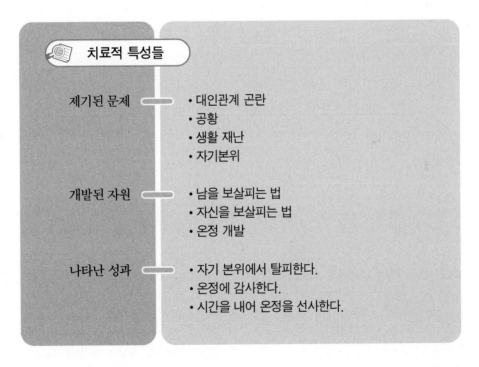

치료적 특성들

제기된 문제
- 대인관계 곤란
- 공황
- 생활 재난
- 자기본위

개발된 자원
- 남을 보살피는 법
- 자신을 보살피는 법
- 온정 개발

나타난 성과
- 자기 본위에서 탈피한다.
- 온정에 감사한다.
- 시간을 내어 온정을 선사한다.

옛날 옛날 아주 오랜 옛날, 인간의 모든 감정이 모여 살던 섬이 있었다. 이 섬은 그것들이 인간 속에 살기 훨씬 오래전부터, 그리고 그것들이 좋은 것과 나쁜 것으로 구분되기 전부터 있었다. 그것들은 그냥 자기들 나름의 특징대로 있었을 뿐이었다. 인간이 그런 것처럼 하나하나가 독특한 개별체로 존재했다. 아마 그래서 함께 모여 살 수 있었을지도 모른다.

그 섬에는 낙관과 비관, 지식과 부유, 허영, 온정 등이 살았다. 물론 다른 것들도 살고 있었다. 어느 날 섬이 가라앉고 있다는 소식이 들려왔다. 그 사실을 알게 되자 모두 겁에 질려 어쩔 줄을 몰랐다. 집이 무너져 버린 개미들처럼 갈피를 못 잡고 뛰어다녔다. 어느 정도 시간이 지나고 안정을 되찾게 되니까 긍정적인 행동들도 나왔다. 섬에 살고 있으니까 대부분 배를 갖고 있었다. 모두 자기 배를 고치고 떠날 채비를 했다.

그런데 '온정'은 아무 준비도 하지 않고 있었다. 온정에게는 배가 없었다. 아마도 몇 년 전에 그걸 누구한테 빌려 줬거나 아예 가지라고 줘 버렸던 모양이다. 온정은 다른 이들이 모두 떠날 채비하는 걸 도우면서 맨 마지막까지 남아 있었다. 결국 온정은 자기도 도움을 청해야 한다고 마음을 먹었다.

'부유'가 자기 저택 앞에 있는 부두를 막 떠나려던 참이었다. 부유의 배는 크고 최첨단 기술과 항법 장치가 갖춰져 있었다. 부유와 함께 떠나면 틀림없이 편안한 여행이 될 것이다.

"부유야." 온정이 불렀다. "나 좀 데리고 가면 안 되겠니?"

"자리가 없어." 부유가 대답했다. "내 배는 다 찼거든. 내 금은보화를 몽땅 싸는 데 며칠이나 걸렸다구. 고가구나 예술품 놓을 자리도 없을 지경이야. 네가 비집고 들어올 틈이 없는 걸."

온정은 '허영'에게 부탁하기로 했다. 허영이 어지럽게 장식이 되어 있는 아름다운 배를 타고 지나가고 있었다. "허영아, 나 좀 도와줄래?"

"미안해." 허영이 말했다. "그럴 수가 없네. 넌 네 모습 본 적 있니? 물에 젖어서 더럽기까지 하다구. 생각해 봐. 네가 내 깔끔한 갑판을 엉망으로 만들 걸."

온정은 자기 배를 물속으로 밀어 넣으려고 낑낑대고 있는 '비관'을 보았다. 온정은 비관이 당기면 밀어 주려고 선미(船尾)에 손을 갖다 댔다. 비관은 계속 투덜대기만 했다. 배가 너무 무겁다느니, 모래가 너무 보드랍다느니, 물이 너무 차갑다느니 하면서. 날씨조차 도와주지 않는다, 제대로 알려 주지도 않았다, 섬이 가라앉고 있을 리가 없다, 왜 자기한테는 이런 일만 일어나는지 모르겠다는 등.

비관이 별로 상대할 만한 벗은 아닐지언정, 온정의 상황이 지금 찬밥 더운밥 가릴 때가 아니었다. "비관아, 나 좀 데려가 줄래?"

"어, 온정이구나. 그런데 넌 내 배에 타기에는 너무 착해. 너의 아무 욕심 없는 보살핌은 나를 더 죄책감으로 몰아가고 끔찍하게 만들 거야. 생각해 봐. 파도가 우릴 덮쳐서 네가 빠지기라도 한다면, 내가 어떨 거 같아? 널 태울 수가 없어."

이제 남은 건 '낙관'의 배뿐이었다. 낙관은 섬이 가라앉고 있다는 그런 절망적인 사실을 다 믿지는 않았다. 누군가 가라앉기 전에 무슨 수를 쓸 것이다. 온정이 낙관을 불렀지만, 낙관은 다음 목적지를 내다보면서 생각하느라 정신이 없어서 못 들었다. 온정이 다시 불렀지만 낙관은 돌아보지 않았다. 낙관은 과거는 두고 미래를 향해 돛을 올렸다.

온정이 이젠 어쩔 수 없다는 생각이 들기 시작하는데, 한 목소리가 들렸다. "이리 와, 나랑 가자." 온정은 너무 지쳐 기진맥진한 상태라 배에 기어올라서는 곧바로 곯아떨어져 버렸다. 온정은 자기를 태워 준 이가 육지에 도착했으니 내려야 한다고 깨울 때까지 잠에 빠져 있었다. 온정은 안전하게 데려다 준 것에 너무 감사하고 너무 기뻐서 따뜻하게 감사를 전하고는 해변으로 뛰어내렸다. 자기를 태워 준 이가 자기 갈 길을 가는 걸 보면서 손을 흔들어 작별인사를 했다. 그제서야 이름도 물어보지 못했다는 걸 알았다.

온정은 해변에서 '지식'을 만났고 그에게 물었다. "날 도와준 게 누구지?"

"시간이었어." 지식이 대답했다.

"시간?" 온정이 물었다. "아무도 날 안 도와줄 때 왜 시간이 날 도와줬을까?"

지식이 웃으며 이렇게 답했다. "시간만이 온정이 얼마나 대단한지를 알 수 있었으니까."

일흔한 번째 이야기 **필요한 걸 주는 거야**

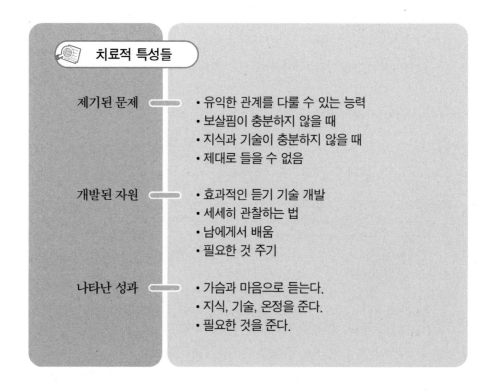

치료적 특성들

제기된 문제
- 유익한 관계를 다룰 수 있는 능력
- 보살핌이 충분하지 않을 때
- 지식과 기술이 충분하지 않을 때
- 제대로 들을 수 없음

개발된 자원
- 효과적인 듣기 기술 개발
- 세세히 관찰하는 법
- 남에게서 배움
- 필요한 것 주기

나타난 성과
- 가슴과 마음으로 듣는다.
- 지식, 기술, 온정을 준다.
- 필요한 것을 준다.

　어느 젊은 여인이 지혜롭고 유명한 의사 한 사람을 찾아가 제자가 되고 싶다고 했다. 그녀는 배움을 원했는데, 특히 약학에 대한 것을 배우고 싶어 했다. 남을 돕고 아픈 이들의 고통을 덜어 주고 싶어 했다. 하지만 의사는 그녀가 보살핌에 대한 이해뿐만 아니라 온정적인 동기도 부족하다는 걸 한눈에 알아봤다. 그녀는 기술 또한 필요했다.

　"죄송한데," 의사가 말했다. "당신을 받아들일 수가 없습니다." 의사가 설명을 계속 해 주었다. "당신은 너무 젊습니다. 인생 경험도 별로 없구요. 때가 아닌 것 같네요."

하지만 그 젊은 여인은 거절을 받아들이고 싶지 않았다. 그녀는 고집을 피우며 기회를 달라고 매달렸다. 잠시라도 좋으니 자기가 자격이 있는지 봐 달라고 했다.

그 의사가 마지못해 그러마 해서 그녀는 임시 제자가 되었다. 처음 몇 주는 의사 곁에 딱 붙어 앉아 의사가 하는 걸 모두 꼼꼼히 살펴보았다. 몇 주가 흘러 몇 달이 되고 몇 달이 흘러 몇 년이 되었다. 그녀는 의사가 쓰는 다양한 약의 종류를 천연이든 제조된 것이든 자세히 연구했다. 질병에 대해서, 그리고 어떤 치료를 어떤 상황에 쓰는 것인지도 연구했다. 의사가 진료를 하는 시간에도 부지런히 의사를 지켜보고, 밤에도 의사의 서재에 꽂힌 방대한 서적들을 공부했다. 점차 그녀는 필요한 지식들을 얻게 되었다.

그녀가 배워야 할 걸 다 알았다는 것에 대해서는 그 의사도 추호의 의심이 없었다. 그는 지식보다 더 중요한 게 온정과 치유라는 사실도 알고 있었다. 그런 게 기억의 창고에 있는 정보의 보고와 우리가 배워 온 각종 전문 기술보다 더 중요한 것들이다. 온정과 치유는 마음에서 우러나야 하는 것이다.

자기 지식에 대한 자신감으로, 제자가 자기 약학 스승에게 몇 번이나 환자를 치료할 수 있게 해 달라고 했다. 그럴 때마다 거절을 하더니 드디어 이렇게 말했다. "자, 치료가 필요한 사람이 여기 있네."

두 사람은 대기실에서 의사 진료실까지 걸어가고 있었다. 늘 그렇듯, 걸어가면서도 대기하고 있는 환자들을 가까이 가서 살펴보았다. 제자와 함께 진료실로 들어서면서 의사가 말했다. "줄 맨 앞에 있는 남자 봤나?"

"예." 제자가 대답했다.

"그래." 의사가 말했다. "환자의 상태와 자네가 하고자 하는 치료에 대해 말해 보게."

제자는 딱 굳어 버렸다. 그 남자에 대해서 그 사람이 어떤 옷을 입고 있는지 같은 건 설명할 수 있지만, 진단을 하거나 치료법에 대해서 정확히 말할 수는 없었다.

"이런!" 의사가 상냥하게 말했다. "자네는 그 사람이 석류를 필요로 하는 사람이란 걸 알 수 있었을 텐데."

제자는 결사적으로 기회를 움켜잡았다. "선생님." 그녀가 말했다. "선생님께서는 그 환자를 속속들이 관찰해 오셨고, 진단도 하셨고, 처방까지 알고 계시지 않습니까? 제가 그걸 담당할 수 있게 해 주십시오."

놀랍게도 의사가 승낙을 했다. 그녀는 환자를 진료실로 불렀다. 환자가 의자에 앉자 그녀가 말했다. "난 당신의 문제를 알고 있어요. 당신은 석류가 필요해요." 그 남자가 의자에서 벌떡 일어났다. "석류라고!" 그가 소리를 꽥 지르더니 그 방을 휙 나가 버렸다.

문을 쾅 닫고 나가는 그 남자의 등 뒤에서 제자가 물었다. "뭐가 잘못 된 거죠? 그 사람은 왜 처방을 받아들이지 않죠?"

의사가 가만히 입을 열었다. "기다려 보게. 다시 기회가 올 걸세. 이번 일로 자네가 배울 수 있을 걸세."

몇 달 뒤 두 사람이 진료실로 들어가 문을 닫고는 의사가 제자에게 이렇게 말했다. "대기실에 있는 나이 지긋하신 여자 분 보았나?"

"아니요." 제자가 봤으면서도 제대로 못 봤다는 소리를 들을까 봐 망설이다가 이렇게 대답했다.

"이런!" 의사가 말했다. "자네가 봤으면, 그 여자 분이 석류가 필요한 환자란 걸 알았을 텐데."

의사가 환자를 안으로 불러들여 친절하게 의자에 앉으라고 했더니 제자 옆자리에 앉았다. 의사가 입을 열었다. "제가 어떻게 해 드리면 좋을지 말씀해 보세요."

그 여자는 자기 문제를 의사에게 설명했다. 그는 귀 기울여 듣고 있었다. 그는 진심으로 마음을 쏟는 것처럼 고개를 끄덕이며 공감하고 있었다. 중간에 끼어들지도 않았다. 그냥 조용히 그녀가 하는 이야기를 듣고만 있었다.

다 듣고 나서야 입을 열기 시작했다. "말씀 잘 들었습니다. 당신을 치료하려면 자연에서 나는 건강에 좋으면서도 회복력이 강한 게 필요한 것 같습니다. 둥글면서 속에는 자그만 알갱이가 있는 게 필요한 것 같은데요. 레몬이 좋을 거 같군요."

레몬의 신맛이 느껴지는 듯 입꼬리를 움찔하는 여자를 보면서, 의사가 말을 이어갔다. "아니, 레몬은 너무 시어서 그렇네요. 그건 아닌 것 같군요. 오렌지가 좋겠어요. 그런데 오렌지는 너무 달아요. 색깔이나 감촉도 별로구요."

의사는 뭔가 대단히 심각한 문제를 심사숙고하는 듯 잠시 가만히 있더니 이렇게 말을 던졌다. "알았다. 아하! 제일 좋은 게 뭔지 알아냈습니다. 식사 때마다 석류를 드세요. 그러면 좋아지시는 걸 곧 느끼실 겁니다."

그 여자는 만면에 웃음을 띠며 일어섰다. 의사의 손을 잡고 고마워 거푸 인사를 하더니, 행복하게 문을 나섰다.

제자는 그 여자가 채 나가기도 전에 이렇게 물었다. "무슨 차이가 있는 거죠? 제가 석류를 처방했을 때 그 남자는 제 처방도 거절하고 진료실을 확 나가 버렸잖아요. 그런데 저 여자 분은 똑같은 처방을 했는데 고맙다고 몇 번이나 인사를 하시네요."

의사가 제자를 느긋하게 바라보더니 이렇게 말했다. "석류만이 아니고 말일세, 저 여자 분은 시간과 이해도 필요하다네."

연습문제

　공책에 온정 기르는 이야기에 대한 자기만의 이야기를 기록하라. 여기에 나온 이야기들은 공감, 친절, 타인에 대한 관심, 진심 어린 인간애 등에 대한 것들이다. 직업적이든, 사회적이든, 오락적이든, 가족에 대한 것이든, 부부간의 것이든, 이런 특성들이 모든 대인관계의 상호작용의 중심이 되므로, 그런 이야기들은 몇 가지 특징을 가지고 있다.

1. 온정과 보살핌의 발견과 획득
2. 그런 특성들의 배양과 발전
3. 효과적이고 행복한 관계를 위한 적용

　줄거리뿐만 아니라 정서까지 기록한다. 이런 이야기들은 마음에 대한 것이기 때문이다.

제11장
지혜 계발하기

　심리학과 심리치료 양 분야에서는 건강한 심리적 존재를 위한 중요한 요소로서 '세계관'의 발달이 더욱더 강조되고 있다. 세계관이란 개인적이고, 내향적이며, 환원주의적인 자세로 자신을 보는 것이 아니라 더 큰 그림 속의 일부로서 자신을 보는 철학을 말한다. 외부를 향한 시각을 가지고 자신을 상호적인 전체의 일부로 인식하는 것은(어떤 철학 유파이든 간에) 인생의 의미와 목적의식을 더 많이 개발할 수 있도록 한다.

　치료 목표의 맥락에서 볼 때 지혜는 몇 가지 구성 요소로 조합되어 있다. 우선, 지혜는 지식과 정보를 획득하는 것인 듯하지만 지식만으로는 지혜를 창출할 수 없고 건전한 인생철학의 본질을 내놓을 수 없다. 둘째, 지혜는 경험, 즉 지성보다 더 깊이 있고 머리와 가슴 양쪽으로 모두 이해할 수 있는 지식을 포함한다. 마지막으로, 지혜는 실천적이며 우리 자신에게도 이득이 되면서 다른 이들에게도 이득을 줄 수 있어야 한다. 이 장에 나오는 이야기들은 신중하고 사려 깊은 삶을 위해 세계와 우리의 관계, 그리고 우리 자신에 대한 지식과 경험을 획득하고 개발하는 방법을 다루고 있다.

일흔두 번째 이야기　인생이라는 강

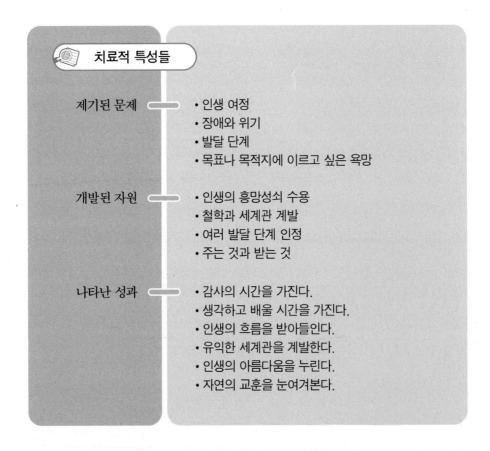

치료적 특성들

제기된 문제
- 인생 여정
- 장애와 위기
- 발달 단계
- 목표나 목적지에 이르고 싶은 욕망

개발된 자원
- 인생의 흥망성쇠 수용
- 철학과 세계관 계발
- 여러 발달 단계 인정
- 주는 것과 받는 것

나타난 성과
- 감사의 시간을 가진다.
- 생각하고 배울 시간을 가진다.
- 인생의 흐름을 받아들인다.
- 유익한 세계관을 계발한다.
- 인생의 아름다움을 누린다.
- 자연의 교훈을 눈여겨본다.

　그랜드캐니언 밑에 있는 현수교에 서서, 나는 콜로라도 강의 힘찬 물살을 굽어보면서 곰돌이 푸가 이 비슷한 자세로 서서 말했던 것을 떠올려 보았다.

　나는 흐르는 강물이 우리에게 인생의 여정에 대해 말하고 있다는 생각을 오랫동안 가지고 있었다. 강이 처음 시작할 때는 작고 보잘것없이 보였을 것이다. 그 속에 얼마나 클지 모를 가능성을 품은 것과는 달리. 미시시피 강이나 라인 강의 하구를 보면서 이 강들이 똑똑 떨어지는 물줄기에 아이가 폴짝 뛰어넘을 만큼 작은 데서 시작한다는 걸 누가 믿겠는가? 겉으로는 그저 똑똑 떨어지는 물방울이나 샘처럼 보이는 것이 사람들에게 그 근원을 찾아보라고 도전해 왔다. 탐험가들이 마치 인생 그 자체의 의미를 찾는 것처럼 세계적으로 거대한 여러 강들, 즉 나일 강, 유프라테스 강, 아마존 강 등의 근원지를 찾아 떠났다.

그 초라한 시작에서, 강은 도전과 흥분의 여행을 시작한다. 그 원천에서 물보라를 일으키며 앞으로 나아가는 방울방울마다 그 앞에 무엇이 놓여 있는지 알 수 없다는 걸 모두 알고 있다. 그 앞에 강의 인생이 놓여 있고, 강은 여행을 떠나 삶의 여러 단계들을 만나게 될 것이다.

그냥 물방울 하나라면 혼자서는 흘러갈 수 없다. 다른 물방울들과 함께 여행을 해야 한다. 하늘에서 내리는 빗물도 더해져야 한다. 다른 시내들을 만나서 더 커지고 넓어진다. 시내들이 만날 때마다 강으로 커지면서 거듭나게 된다.

다른 물이 더해지지 않는다면 목적지에 이를 수 없는 것과 마찬가지로 강물은 여행을 하면서 자기의 일부를 주어야 한다. 물은 물고기와 새, 짐승과 사람들에게 생명을 준다. 강은 강둑을 둘러싸고 있는 토양에서 영양분을 얻는다. 그걸 하류까지 운반해서 땅을 비옥하게 하고 그와 함께 다른 것들에게도 먹을 것을 공급한다.

그 관대함과 아량에도 불구하고, 강물은 흐르면서 장애도 만나고 곤경에도 빠진다. 곧장 바다로 가는 강은 없다. 여행을 하다 보면 평탄치 못한 일도 만난다. 잠시 멈추거나 잔잔한 연못 속으로 퍼져 들어갈 수밖에 없는 문제가 생기기도 한다. 어떤 때는 세상이 포위를 해 버릴 때도 있다. 좁은 협곡에서 밀려 내려가거나 콸콸대며 앞으로 흘러가야 할지도 모른다. 환경에 따라 분위기도 바뀐다. 달려야 할 때도 있고, 춤을 춰야 할 때도 있고, 기분 좋게 물보라를 일으킬 때도 있고, 평화롭게 머무를 때도 있다.

장애를 만날 때마다 강물은 새로운 해결책을 찾아야 한다. 가는 길을 나무가 떡하니 막아서면, 나무를 지나가야 하나? 장애물을 돌아서 다른 길을 찾아야 하나? 포기하고 그냥 그대로 있다가 결국 고여 버려야 하나? 나무를 넘을 수 있을 만큼 물이 차서 자기 가던 길로 다시 움직일 수 있을 때까지 막고 있어야 하나?

처음에는, 강이 돌덩이도 넘나들며 춤을 추듯 즐거워 보인다. 좀 가다 보면, 힘차고 뚜렷한 목적도 있어 보인다. 어느 정도 되었다 싶을 때면, 더 퍼져서 자기 경험이나 지혜, 평정을 나누고 싶은 듯 드넓어진다.

바다를 향한 묵묵한 여행이 계속되면서 속도는 점점 느려진다. 드디어 만나게 되면, 강과 바다는 하나가 된다. 그냥 각자로서가 아니라 지구의 모든 물이 어울리게 되는 것이다. 태양의 온기가 물을 증발시킨다. 구름으로 모여 언덕으로 다시 떨어지고, 또 다른 강의 여행이 시작된다.

내가 현수교에서 콜로라도 강을 바라보고 있노라니, 물은 초록빛 소용돌이를 일으키면서 자기네들의 등을 씻어 내리고 있었는데, 이를 두고 카누를 타는 사람들은 '스타퍼 웨이브(stopper waves)'[1]라고 했다. 강물은 굽이치면서, 자신과 부딪치기도 하고 자신과 맞서 싸우기도 하면서 흐르고 있었다.

아래를 똑바로 내려다보면서 눈앞에서 소용돌이치며 부딪치는 힘에 눈길을 두고 있으니까, 강물의 그 파괴적인 부딪침에 사로잡혀 버렸다. 물이 깊은 협곡을 가르면서 내는 그 고통스러운 포효가 내 귀를 찢을 듯했다. 나는 물속에 빠져들어 죽음 속으로 휩쓸려 들어가는 듯한 느낌이 들었다. 나는 물에게서 경외와 공포를 함께 느꼈다.

하지만 작은 강둑의 만에서는 또 평화롭고 잔잔했다. 강물은 몸부림을 치기도 하고 평온하기도 했다. 저 앞으로 협곡을 지나서 강의 길을 따라가 보면, 다른 걸 볼 수도 있고 다르게 경험할 수도 있을 것이다. 내 발 아래서 강물은 힘차게 쿠르릉 대고 있다. 앞으로 가 보면, 강물은 가만히 잔잔히 흐르고 있다. 강물은 기운이 넘쳐 나지만, 너무나 잔잔하기도 하다. 내가 어디를 보느냐에 따라 인식하게 되는 것도 여러 가지다.

● ● ●─────────────────────────────────

1) 물이 소('소'는 물이 가운데로 모이는 것)를 만들어서 배를 잠시 멈추게 붙들어 두는 현상(역자 주).

이 강은 여러 가지의 패러독스를 담고 있다. 과거에도 그랬고 앞으로도 늘 그러할 이 위대한 물길에 관한 무언가가 있었다. 이 강은 오래전에 이름이 지어졌는데, 원주민들이 지었는지 유럽의 정복자들이 지었는지는 모르지만, 콜로라도는 근원지에서 바다까지 똑같은 강이었다. 그 강물을 굽어보고 있으니 영원의 느낌이 들었다. 불멸할 것 같은 기분, 나 같은 덧없는 존재가 있기도 전부터 살아 훨씬 더 오래 살 것 같은 기분.

그러나 그런 영속성 속에도 순간적인 것이 있다. 강물은 계속 변화하고, 영원히 바뀌고, 항상 달라진다. 내 발 아래서 살랑대는 물은 수천 분의 일초 전에 지나갔던 것과 수천 분의 일초 뒤에 지나갈 것이 서로 다른 분자들이다. 콜로라도는 하나의 강이지만, 같은 것일 수는 없다.

그랜드캐니언 아래 현수교에서 보면 강은 거대해 보인다. 눈을 들어 강을 에두르고 있는 깎아지른 듯한 길고 긴 절벽을 보노라면, 그와 반대로 강이 얼마나 작아 보이는지, 땅을 가로질러 가는 하나의 물질일 뿐이다. 그렇지만 이 강은 전 세계에서 몰려와 그 앞에 경외심을 품고 서 있는 사람들에게는 너무나 강한 인상을 아로새겼다. 시간과 인내가 필요했지만 이것으로 강은 자신의 운명을 개척했다. 강물의 여행은 과녁을 떠나 전 생애 동안 그렇게 계속될 것이다.

소용돌이치며 회오리를 일으키는 강물을 가만히 바라보면서, 나는 곰돌이 푸가 다리 위에 서서 강물을 굽어보며 내가 한 것과 똑같은 말을 한 것을 떠올렸다. 푸는 이렇게 말했다. "다리 끝 위에 기대서서 강물이 옆으로 천천히 미끄러져 가는 걸 보면, 문득 거기에 알아야 할 모든 것이 있다는 걸 깨닫게 될 거야."

선택은 만드는 거야

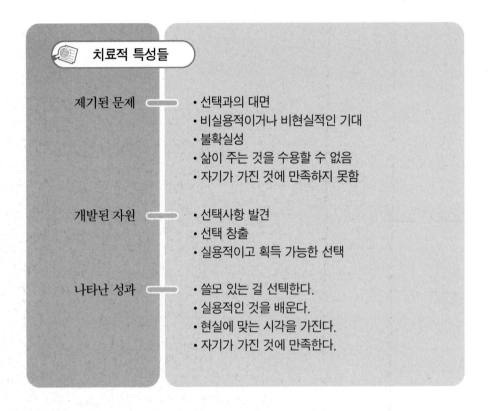

치료적 특성들

제기된 문제
- 선택과의 대면
- 비실용적이거나 비현실적인 기대
- 불확실성
- 삶이 주는 것을 수용할 수 없음
- 자기가 가진 것에 만족하지 못함

개발된 자원
- 선택사항 발견
- 선택 창출
- 실용적이고 획득 가능한 선택

나타난 성과
- 쓸모 있는 걸 선택한다.
- 실용적인 것을 배운다.
- 현실에 맞는 시각을 가진다.
- 자기가 가진 것에 만족한다.

일요일 아침 차를 끓이고 빵을 굽는 냄새를 맡고 아내는 눈을 떴다. 잠시 후 남편은 아침을 차린 쟁반을 들고 침실 문을 열고 나타난다. 남편이 미처 아침 인사를 건네기도 전에, 아내가 입을 연다.

"아침에 당신이 만들어 주는 빵에 발린 꿀이 세상에서 제일 달콤해요. 세상에 얼마나 많은 꿀들이 있는지 알아요? 와인처럼 꿀도 저마다 독특한 성질을 다 가지고 있어요. 꿀은 여러 문화를 넘나들며 세대를 거듭하면서도 늘 사랑을 받아 왔죠. 꿀을 수집하는 사람들은 목숨을 걸고 암반을 오르고 높은 나무를 타고 올라가 야생 꿀을 채취해 와요. 약재로도 이미 정평이 나 있죠. 왜 비옥하고 좋은 곳을 보고 젖과 꿀이 흐르는 땅이라고 하잖아요. 난 아침 식사 때 꿀을 발라 먹는 게 너무 좋아요."

놀란 남편이 묻는다. "그게 다요? 꿀에 대한 찬사만 그렇게 번지르르하게 늘어놓을 거요?"

아내는 남편 말에는 아랑곳하지 않고 말을 이어 갔다. "어떤 면으로 보면 꿀은 건강에 별로 좋지 않기도 하죠. 그 더럽고 조그만 벌레들이 꿀을 따서 몸으로 그걸 운반하고, 그걸 전혀 위생적이지 않은 환경에서 만들어 나무에다 저장한다는 생각을 해 본 적 있나요? 벌이 루이스 파스퇴르(Louis Pasteur)[2]가 될 수는 없잖아요."

"뭐 어쨌거나 꿀을 너무 많이 먹으면 혈당이 높아져서 안 좋아요. 아무것도 섞지 않은 순수 벌꿀이라도, 꿀 자체가 건강에 문제를 일으킬 수 있어요. 얼마나 많이 먹었는지 말할 수 있나요? 어느 정도 먹는 게 알맞은지를 어떻게 알 수 있죠? 가만, 다시 생각해 보니, 난 꿀이 너무 싫어요."

남편은 이런 혼잣말에 멍해졌다. 잠들어 있는 아내에게 아침을 가져다주면서 분위기 좋은 깜짝쇼를 하려고 했었는데. 아내의 웅변을 듣고 보니 기가 막혀 무슨 말을 해야 할지를 몰랐다. "잠깐만." 남편이 입을 뗐다. "같은 시간에 똑같은 걸 가지고 바로 이어서 어떻게 그렇게까지 서로 다른 생각을 할 수가 있지?"

"그게 아니에요." 아내가 말했다. "내가 가진 의견이 어떤 건지 선택을 한 것뿐이에요. 선택은 우리 집 찬장 안에 어떤 꿀을 가지고 있느냐에 달려 있겠죠."

- - -

2) 루이스 파스퇴르(1822~1895). 프랑스의 화학자, 세균학자(역자 주)

일흔네 번째 이야기 **남에 대한 기대**

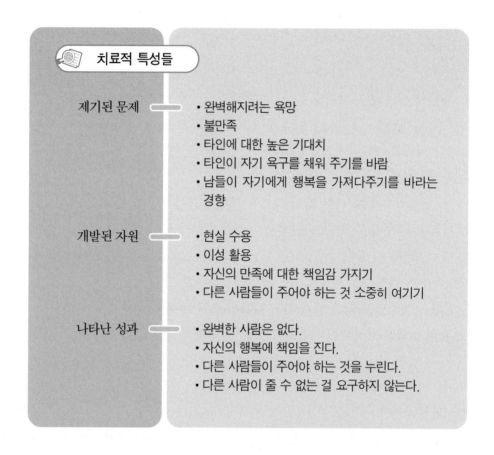

치료적 특성들

제기된 문제
- 완벽해지려는 욕망
- 불만족
- 타인에 대한 높은 기대치
- 타인이 자기 욕구를 채워 주기를 바람
- 남들이 자기에게 행복을 가져다주기를 바라는 경향

개발된 자원
- 현실 수용
- 이성 활용
- 자신의 만족에 대한 책임감 가지기
- 다른 사람들이 주어야 하는 것 소중히 여기기

나타난 성과
- 완벽한 사람은 없다.
- 자신의 행복에 책임을 진다.
- 다른 사람들이 주어야 하는 것을 누린다.
- 다른 사람이 줄 수 없는 걸 요구하지 않는다.

　내가 심리학자라는 걸 알고 나면, 사람들은 이렇게 묻곤 한다. "하루 종일 다른 사람들 문제거리만 듣다 보면 기운 빠지지 않나요?" 내가 하는 일이 그렇다면, 아마 기운이 다 빠져 버리겠지만, 사람들이 자기 목표를 획득하고 그 사람들의 즐거움과 행복에 내가 조금이라도 보탬이 된다는 걸 느끼면서 나는 참 큰 만족을 얻는다. 이런 만족은 대체로 내가 만나는 수많은 재미있고 유쾌한 사람들에게서 온다. 여러 내담자들이 나한테서 뭔가 배우고 싶어 하지만 모든 인간관계가 그러하듯, 늘 양방향 소통이다. 나의 내담자들은 내가 그들을 만나지 못했다면 알 수 없었을 수많은 경험들을 나에게 내놓는다. 그 사람들은 곤경에 처했을 때 인간이 가지고 있는 자원이 얼마나 강한 것인지를 나에게 가르쳐 주고, 자기들이 가진 풍부한 지혜를 나에게도 나눠 준다. 리비도 그런 스승 중의 한 사람이다.

자기가 알았던 남자들 이야기를 해 주면서, 그녀는 먼저 동성애자인 남자 친구에 대해 말했다. 그는 뉴욕, 파리, 런던 또 그 외 세계 유수의 도시들을 여행하면서 국제회의에 참석하곤 했었던 사업가였다. 두 사람이 함께 박물관도 가고, 그 지역 구경도 하고, 음악회도 가곤 했다. 리비는 그 남자의 교양 있는 성품과 신사다움, 해박함 등을 좋게 보았다. 그런 부분이 자신을 보완하고 더 키워 주었기 때문이다.

그녀는 자기와 가장 친한 친구라는 또 다른 남자에 대한 이야기도 했다. 둘은 영화도 보러 가고 연극도 보러 가고, 찻집에 가서 밤늦도록 이야기도 하곤 했다. 자기들이 봤던 쇼나 정치, 철학, 그 외에도 삶에 대한 세세한 부분까지 이야기를 나누었다. 나누지 못할 말이 없었으니까. 다른 사람과는 할 수 없는 편안함과 열린 마음으로 그 친구를 대했다.

그녀는 자극적이고 정열적인 성적 관계를 가졌던 세 번째 남자에 관한 이야기도 했다. 얼마나 격정적이었던지 감정적으로는 불이 붙어 순식간에 빠져들었지만, 같이 사는 건 끔찍한 일이었다. 결국 헤어지기로 했지만, 가끔 그 남자가 전화를 걸어오면, 둘은 다시 정열이 불붙곤 한다는 것이다. 그녀도 이런 만남을 즐겼다. 그런 정열을 맛본 적도 없었고, 자신의 전체적인 면을 고려해서 볼 때 그 관계가 어떤 한 부분을 채워 준다는 것을 그녀는 알고 있었다.

리비는 나에게 네 번째 남자에 대한 이야기도 했다. 그는 그녀가 사랑한다고 말한 남자였다. 그 남자는 이혼남이었고 아직 리비에게 전적으로 헌신할 수 있는 상황이 아니었다. 적어도 그때는 그랬다. 게다가 그 남자의 외동딸이 주중에 찾아와 함께 지냈고, 그에게는 딸이 우선이었다. 리비는 주말이면 조용히 그 남자 집에서 함께 보냈다. 그녀는 사랑하고 있고 사랑받고 있다는 특별한 느낌을 받았다. 그런 감정들이 그녀에게 일체감과 완전하다는 느낌을 주었다.

리비가 자기 삶에서 일어난 관계들을 죽 이야기하는 동안 놀라서 점점 벌어지고 있는 내 입을 보았을 것이다. 내가 그녀의 도덕성에 대해 동의를 하든 하지 않든, 선택은 그녀가 하는 것이다. 그녀는 말을 멈추고 자기를 빤히 쳐다보고 있는 내 눈을 보고는 지금까지도 기억에 남는 말을 던졌다. 리비는 이렇게 말했다. "모든 걸 만족시키고 사는 사람은 없을 겁니다."

일흔다섯 번째 이야기 생존을 위한 선택 개발

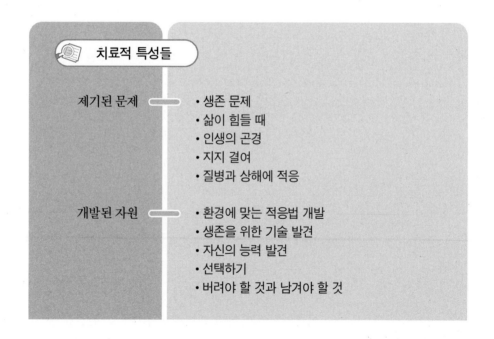

치료적 특성들

제기된 문제
- 생존 문제
- 삶이 힘들 때
- 인생의 곤경
- 지지 결여
- 질병과 상해에 적응

개발된 자원
- 환경에 맞는 적응법 개발
- 생존을 위한 기술 발견
- 자신의 능력 발견
- 선택하기
- 버려야 할 것과 남겨야 할 것

유타 주에 있는 아치즈 국립공원을 가게 되면, 광활하게 펼쳐진 랜드스케이프 아치(Landscape Arch)로 가는 길의 왼편에 있는 벼랑 위를 올려다보라. 아슬아슬한 암봉에서 저 높이 아무것도 없이 바위만 가득한 암반에 유타노간주나무가 자라고 있다. 거기에 충분한 흙이나 먹고 자랄 만한 물이 있다는 건 상상조차 하기 힘들다. 그 나무는 벼랑 밖으로 가지를 뻗어 마치 애원하는 듯한 동작으로 손가락을 펼치고 있는 것처럼 빛을 향한 채 겨우 뿌리를 내릴 만한 곳에 악착같이 매달려 있다.

그런 나무들을 보면 나는 넋을 빼앗긴다. 그 모양과 형태에서 나무가 자라고 생존하는 방식을 알 수 있다. 그것과 똑같이 사람의 얼굴도 그 삶과 성격 같은 걸 보여 준다. 줄기와 가지들은 그 일생 동안에 영향을 준 갖가지 힘에 적응해 오면서 비틀리고 거기에 맞춰 변해 간다. 우리처럼, 나무의 모습도 그 과거에 따라 결정된다. 우리처럼, 나무들도 미래의 기대로 살아간다.

내가 사는 곳 근처에는 오래된 유칼리나무 한 그루가 자라고 있다. 그 곁을 지나다 보면, 걸음을 멈추고 둥근 밑둥 주위를 한 바퀴 돌아보거나 옛 선조의 지혜를 곱씹어 보곤 한다. 그 나무를 따사로이 만져 보기도 한다. 말하지 않는 그 나무의 삶에 대한 이야기를 오래 들으면서. 불에 밑둥이 검게 그을려 있다. 무슨 일이 있었는지 죽어 버린 가지도 있다. 한때 가지 사이에 지어 놓았던 나무 위의 집에 오르려고 아이들이 못을 박아둔 흔적도 있다. 나무는 그 모든 아픔과 상처를 지닌 채로 계속 자라면서 죽은 가지도 감싸 안고, 녹슨 못도 넘어 그 모든 것을 그대로 자기의 일부로 받아들이면서 계속 발전하고 있는 중이다. 그 나무는 나에게 인생과 생존에 대한 잊지 못할 본보기가 되었다.

유타노간주나무도 비슷한 이야기를 들려 준다. 미국 남부에 있는 모든 나무들은 그 지역 특유의 극한의 기후를 견뎌 내야 한다. 타는 듯한 여름과 눈에 파묻히는 겨울. 이 지역을 어느 날 한 번 스쳐 지나가는 사람들도 낮에는 내려쬐는 햇볕에 힘들어하고 해가 지면 추위에 벌벌 떨어야 한다.

생명이 있는 것들은 모두 삶이 힘들다고 느낄 때가 있다. 그렇지만 모두들 환경이 주는 것에 적응할 수 있는 자기만의 방식을 찾는다. 낙엽송은 눈이 쌓여 가면서 그 무게를 견뎌 내려고 잎을 모두 떨궈 버린다. 여름이면 잎을 다시 내서 그늘과 쉴 곳을 만든다. 나무들은 변화하는 환경의 순환에서 살아남기 위한 것을 만들어 낸다.

다른 식물들도 환경을 바꾸는 게 아니라 나름대로 적응을 한다. 여름이면, 식물들은 태양을 향해 잎의 끝을 세워 열에 노출되는 것도 줄이고 귀중한 습기를 덜 빼앗기려고 한다. 해로운 것에서는 멀어지고 좋은 것이 있으면 다가간다. 겨울이면, 빛을 향해 돌아선다. 광합성과 양분 공급 과정을 위해서. 적응하고, 순응해 가면서, 바꾸어 간다. 나무들은 지속적으로 그들의 생존을 보장받을 수 있는 최선의 방법을 찾아낸다.

유타노간주나무는 독특하다. 생존이 여러 가지 딜레마에 처해 있다. 양분을 마시고 커 나가려면 잎이 필요하다. 잎이 없으면 죽어 버릴 것이다. 반면, 잎에서 습기가 증발하니까 중요한 수분을 잃어버리기도 한다. 잎이 있기 때문에 죽을지도 모른다. 이 나무는 그 문제를 지혜롭고 총명한 방법으로 해결한다. 선택을 한 것 같다. 어떤 가지에서는 잎을 버려 가지들이 죽어 버렸다. 하지만 그 버림은 생존을 뜻하기도 한다. 필요치 않은 걸 버린다는 것은 필요한 것을 계속 지닐 수 있다는 뜻이 된다. 가지 몇 개를 죽여서 나무 전체가 살아남은 것이다.

역경을 딛고, 그 나무는 환경에 적응하는 걸 배웠다. 잔혹한 삶에 적응을 하면서 그걸 다스릴 수 있게 된 듯하다. 어떤 것을 버려야 하고 어떤 것을 남겨야 하는가 하는 기로에서 제대로 쓸 만한 것도 별로 없었고 선택할 만한 것도 없었지만, 그런 것들만으로도 잘 활용해 왔다. 그러므로 유타노간주나무를 한 번 쳐다보라. 우리 집 근처 오래된 유칼리나무 같은 다른 나무도 괜찮다. 들려 줄 이야기를 가진 그런 나무들을 한 번 쳐다보라.

일흔여섯 번째 이야기 **아는 것과 행하는 것**

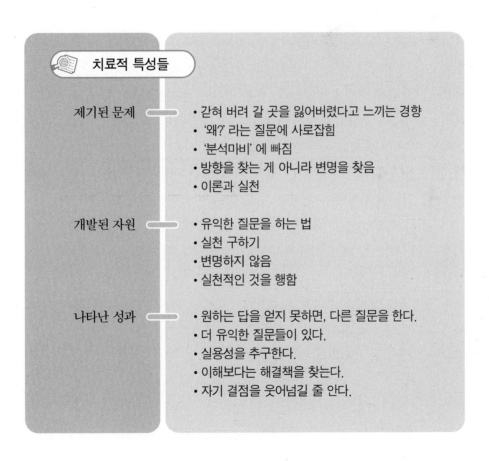

🔖 **치료적 특성들**

제기된 문제 ──
- 갇혀 버려 갈 곳을 잃어버렸다고 느끼는 경향
- '왜?' 라는 질문에 사로잡힘
- '분석마비' 에 빠짐
- 방향을 찾는 게 아니라 변명을 찾음
- 이론과 실천

개발된 자원 ──
- 유익한 질문을 하는 법
- 실천 구하기
- 변명하지 않음
- 실천적인 것을 행함

나타난 성과 ──
- 원하는 답을 얻지 못하면, 다른 질문을 한다.
- 더 유익한 질문들이 있다.
- 실용성을 추구한다.
- 이해보다는 해결책을 찾는다.
- 자기 결점을 웃어넘길 줄 안다.

치료를 하러 온 사람들이 이렇게 묻는 경우가 많다. "제가 왜 우울할까요?" "이런 일이 왜 저한테 일어나는 거죠?" "왜 나죠?" 그럴 때면, 난 나도 모른다고 말해야 한다. 답이 없는 물음도 있으니까.

내가 제일 좋아하는 만화 주인공 중에, '끔찍한 헤이거(Hagar the Horrible)'가 있는데, 이 인물이 "왜 나죠?"라는 물음에 훌륭한 대답을 준다. 헤이거는 황량한 바위섬에 있는 난파선에 혼자 살고 있다. 파도는 해변에 끊임없이 철썩이고, 하늘은 금방이라도 비를 쏟을 듯한 먹구름으로 덮여 저 위에서부터 딱 내리꽂는 번개가 치고 있다. 헤이거는 하늘을 올려다보며 이렇게 묻는다. "왜 나죠?"

다음 장면도 똑같다. 헤이거는 바로 그 바위섬에 혼자 서 있다. 그의 배는 해변에 그대로 부서진 채 놓여 있다. 파도도 바로 그 바위를 때리고 있다. 번개도 똑같은 먹구름에서 번쩍이고 있다. 다른 거라곤 작은 풍선 하나가 구름 아래로 내려오고 있고, 그 안에 이렇게 쓰여 있다는 것뿐이다. "왜 나죠?"

아는 것이 어떤 것을 이해하게 해 줄 수는 있지만, 지식만으로 변화를 창출할 수는 없다. 그러기 위해서는 "왜?"가 아니라 다른 질문을 해야 한다. 다행히, 답이 없는 질문이 있는 것처럼, 답을 얻을 수 있는 질문들도 있다.

몇 년 전 비행을 배운 적이 있다. 단독 비행을 막 배울 참에 다른 곳으로 이사를 했다. 세상에. 새로 이사한 곳에서 비행을 배우는 비용은 예전보다 거의 2배였다. 결혼한 지 얼마 되지도 않았고 융자도 많이 받은 상태라, 내 비행이력은 현실적인 상황을 고려해 볼 때, 거기서 그만 멈출 수밖에 없었다. 필기시험은 통과했지만 비행기는 하늘에 있어야 하니까, 필기시험으로 날 수 있는 건 아니었다.

다시 날고 싶은데, 왜 못 하지라고 묻는 건 아무 소용이 없다. 그 말이 필요한 행위를 창출하진 않으니까. 그렇게 하려면, 분명하고 실제적인 답을 찾을 수 있는 질문을 해야 한다. 이런 질문 말이다. 어떻게 해야 비행을 할 수 있지? 다시 배우려면 뭘 해야 하지? 어디서 배우지? 언제 시작할까? 이런 질문들은 나에게 방향을 제시해 주고 바람직한 결말을 얻을 수 있는 길을 내줄 것이다.

여러분은 현명하니까 나와 함께 비행을 하지는 않을 것이다. 선택을 하라면, 여러분은 '왜' 라는 질문보다는 '어떻게' 라는 질문을 던질 때 더 많은 것을 할 수 있다는 사실을 알고 있을 것이다. 행동 양식을 바꾸고 싶다면, 어떻게 해야 할지를 배워야 한다. 지식은 유용한 것이지만, 차이를 만드는 것은 행동이다.

일흔일곱 번째 이야기 **다른 시각으로 보자**

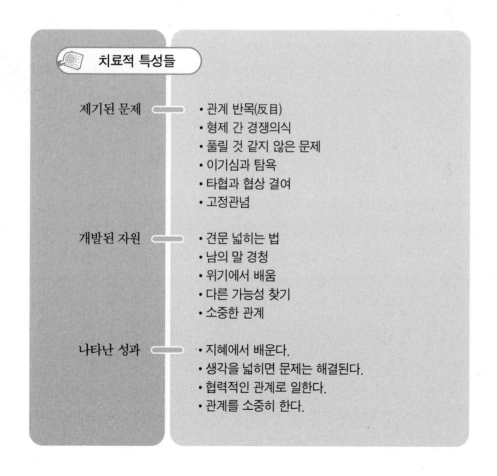

🔖 **치료적 특성들**

제기된 문제
- 관계 반목(反目)
- 형제 간 경쟁의식
- 풀릴 것 같지 않은 문제
- 이기심과 탐욕
- 타협과 협상 결여
- 고정관념

개발된 자원
- 견문 넓히는 법
- 남의 말 경청
- 위기에서 배움
- 다른 가능성 찾기
- 소중한 관계

나타난 성과
- 지혜에서 배운다.
- 생각을 넓히면 문제는 해결된다.
- 협력적인 관계로 일한다.
- 관계를 소중히 한다.

한 나그네가 낙타를 타고 가다가 옥신각신하고 있는 세 형제를 만났다. 그는 가던 길을 멈추고 낙타에서 내려 왜 싸우냐고 물었다.

맏형의 말이, 몇 달 전에 아버지가 돌아가시고 세 아들에게 자기 낙타를 유산으로 남겨 주었다고 했다. 아버지의 유지는 분명하고도 확실했다. 전체 낙타의 반을 맏형이 가지고, 둘째는 1/3을, 막내는 1/9을 가지게 되어 있었다. 거기엔 전혀 이견이 없었다. 문제는, 그러니까 싸우게 된 이유는, 아버지가 남겨 준 낙타가 모두 17마리라는 사실이었다.

아마 누구라도 형제들의 문제를 알 수 있을 것이다. 17마리는 형제들의 몫으로 딱 나누어떨어지질 않는다. "우리가 아는 한의 수학적인 방법은 다 써 봤거든요." 형제들이 나그네에게 설명을 했다. "제대로 나눠 가지려고 남는 낙타는 죽여 버릴 생각까지 했다니까요. 그런데 아버지가 분명히 유지를 남기셨단 거죠. 낙타를 죽이지 말고 산 채로 가지라고 하셨단 말입니다." 셋 다 잘린 다리나 죽은 고기 두어 덩어리를 갖고 싶지 않기는 매 한 가지였다.

해결책을 찾을 수 없게 되자, 형제들은 어쩔 줄 모르고 입씨름을 하고 있었던 거였다. 17의 반은 8과 반이다. 나누려고 죽여서도 안 된다. 그래서 맏형이 자기가 9마리를 갖겠다고 했다. 두 동생이 반대했다. 맏형 욕심 때문에 자기들의 정당한 몫을 빼앗길지도 모를 일이었다. 동생들은 형이 여덟 마리를 가져야 한다고 했다. 하지만 형도 아버지께서 말씀하신 것보다 적게 가지고 싶은 마음은 눈꼽만큼도 없었다. 그게 발단이 되어 싸움이 되었고, 형제들이 옥신각신하게 된 것이다. 모두 자기 몫을 제대로 갖고 싶었다. 누구도 한 발 뒤로 물러나려고 하지 않았다.

"당신들 문제를 알겠어요." 나그네가 말했다. "선친께서는 참 곤란한 문제를 내주셨군요. 제 소견으로는 해결책이 있다고 생각하는데요." 나그네는 자기 낙타를 끌고 오더니 아버지가 남겨 주신 젊은이들의 17마리 낙타가 들어 있는 우리에 같이 밀어 넣었다. 그는 빗장을 열고 자기 낙타를 몰아넣더니, 우리를 다시 닫았다. 18마리의 낙타가 그 안에 들어 있었다.

"자, 이제," 나그네가 맏형에게 말했다. "당신은 당신 몫을 가져가시오." 형은 낙타를 세어 보곤 신이 나서 원하던 바대로 9마리를 가졌다. 그는 자기에게 정당한 몫을 준 것에 감사를 표했다.

둘째에게로 가서 나그네가 말했다. "이번엔 당신 몫 1/3을 가지고 가시오." 둘째도 기분 좋게 여섯 마리를 자기 곁으로 가지고 갔다. 막내에게도 말했다. "이번엔 당신 차례요. 1/9을 가져가시오." 편안한 마음으로 막내도 두 마리의 낙타를 가지고 가 고삐를 채웠다. 이렇게 하고 나니까 당연히 나그네가 타고 왔던 건 그대로 남아 있었다.

"선친께서는 낙타보다 더 많은 걸 남겨 주셨소이다." 나그네가 입을 열었다. "선친께서는 그분의 지혜까지 여러분께 남겨 주신 것이오. 이런 일을 겪고 보니 당신들이 생각한 것 말고 무엇을 주신 것 같소이까?"

"제 생각에는," 맏이가 말했다. "모든 문제는 해결책이 있다는 걸 가르쳐 주신 듯합니다. 아무리 불가능한 것처럼 보이는 것도 다른 각도로 찾아보면 해결할 수 있다는 것을 말입니다."

둘째가 덧붙였다. "제 생각에는 그 이상의 것이 있는 듯합니다. 우린 형제들인데도 늘 싸움만 일삼았지요. 아버지께서는 늘 저희들의 중재자이셨습니다. 아버지가 돌아가시고 나서 우리가 가족으로 살려면 건설적이고 협력적인 관계가 되어야 한다는 걸 깨닫게 해 주시고 싶으셨던 것이지요. 해결책을 찾으려면 함께해야 한다는 걸 알게 하려고 이런 문제를 주신 겁니다. 탐욕과 이기심은 우리를 분열시키고 아무도 행복할 수 없게 할 거니까 말입니다."

"저는," 막내도 한마디 했다. "그보다 더한 걸 가르쳐 주신 것 같습니다. 아무리 옳다 싶어도, 해답이 없을 수 있다는 말씀을 해 주신 겁니다. 자기 시각에서 벗어나서 객관적으로 볼 수 있어야 할 때도 있는 겁니다. 다른 사람들이 다른 견해를 내놓아 거기서 해결책을 찾을 수도 있는 거니까요."

나그네는 웃음 띤 얼굴로 낙타에 올라 떠날 채비를 했다. "당신들 중에 한 사람의 말이 맞을 수도 있고," 그가 말했다. "세 사람 모두 옳을 수도 있습니다. 그런데 또 하나, 어쩌면 선친께서는 그보다도 더한 것을 당신들한테 가르쳐 주신 것인지도 모릅니다."

일흔여덟 번째 이야기 **지혜는 지혜롭게 써야지**

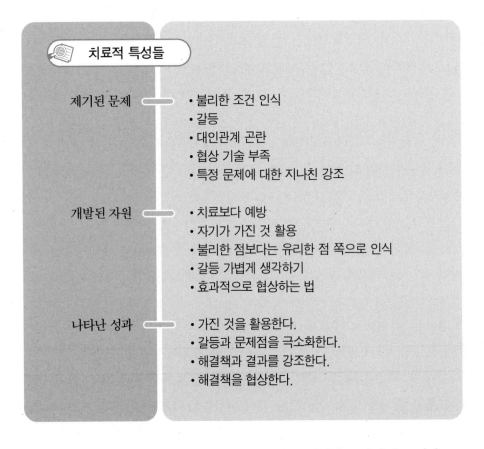

치료적 특성들

제기된 문제
- 불리한 조건 인식
- 갈등
- 대인관계 곤란
- 협상 기술 부족
- 특정 문제에 대한 지나친 강조

개발된 자원
- 치료보다 예방
- 자기가 가진 것 활용
- 불리한 점보다는 유리한 점 쪽으로 인식
- 갈등 가볍게 생각하기
- 효과적으로 협상하는 법

나타난 성과
- 가진 것을 활용한다.
- 갈등과 문제점을 극소화한다.
- 해결책과 결과를 강조한다.
- 해결책을 협상한다.

베트남의 역사는 정직하기로 유명한 리(Ly)라는 정치가를 기억하고 있다. 그는 가장 까다로운 문제에서도 해결책을 협상할 수 있었다.

그는 작은 키로도 유명하다. 리는 베트남 표준으로 봐도 워낙 작았다. 발꿈

치부터 머리끝까지 다 해봐야 보통 사람 허리 정도밖에 안 되었다. 많은 사람들이 이 작은 키가 그의 문제라고 보았다. 다른 사람과 너무 많이 다르면 자기 회의나 열등감 혹은 자신감 결여 같은 걸 불러일으킬 수도 있는데, 리는 그렇지 않았다.

그가 활동하던 당시에는, 베트남과 국경을 접하고 있던 중국과의 관계가 긴장 국면이었다. 민족 문제라기보다는 정치 문제가 적대적으로 드러나 있었다. 두 나라가 전면적인 갈등에 처해 있지는 않았지만, 일촉즉발의 잠재적 적대감이 상승하고 있는 중이었다. 베트남 대통령은 긴장 국면을 진정시킬 방법을 찾으면서 예방이 치료보다 낫다는 생각을 하고서, 대사로서 리를 중국으로 보내기로 했다.

리가 중국에 도착하자, 중국 주석을 비롯한 환영객들이 그를 맞아 주었다. 그 나라 최고권력자가 저 높은 곳에 앉아 있었는데, 그 옥좌는 높은 단상 위에 정교하게 조각이 되어 있었다. 리는 중국 주석 앞에 존경을 표하며 절을 하고는 일어섰다. 통치권자가 이 작은 리를 굽어보더니 이렇게 물었다. "베트남의 모든 사람들이 다 이렇게 작소?"

정치가 리가 정중하게 답했다. "각하, 베트남에는 큰 사람도 있고 작은 사람도 있습니다. 영민하신 저희 각하께옵서 문제의 중요성을 표하시기 위해서 저를 대사로 보내셨습니다. 각하와 말씀을 나누고자 하는 문제가 그만큼 작은 것이라, 저를 보내 협상을 하시고자 하는 것입니다. 두 나라 간에 큰 문제가 일어났다면, 저희 각하께서는 그만큼 더 큰 사람을 보내셨을 테지요."

일흔아홉 번째 이야기 **시간만 있었더라면**

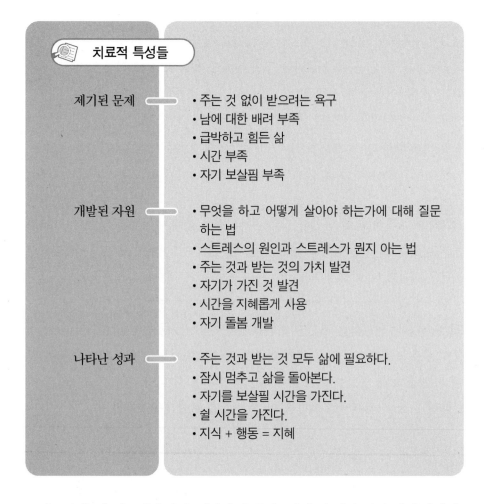

📖 **치료적 특성들**

제기된 문제
- 주는 것 없이 받으려는 욕구
- 남에 대한 배려 부족
- 급박하고 힘든 삶
- 시간 부족
- 자기 보살핌 부족

개발된 자원
- 무엇을 하고 어떻게 살아야 하는가에 대해 질문하는 법
- 스트레스의 원인과 스트레스가 뭔지 아는 법
- 주는 것과 받는 것의 가치 발견
- 자기가 가진 것 발견
- 시간을 지혜롭게 사용
- 자기 돌봄 개발

나타난 성과
- 주는 것과 받는 것 모두 삶에 필요하다.
- 잠시 멈추고 삶을 돌아본다.
- 자기를 보살필 시간을 가진다.
- 쉴 시간을 가진다.
- 지식 + 행동 = 지혜

어느 오후 한 나그네가 숲을 지나가던 중에, 어디 쉴 만한 곳이 없나 찾다가, 오래된 아름다운 나무를 보게 되었다. 그 나무는 모든 걸 감싸 안을 만한 팔처럼 가지를 쫙 펴고 있었다. 오래된 만큼이나 많은 것을 품고 지혜도 담고 있었다. 우산처럼 펼쳐진 가지들은 걸음을 멈추고 잠시 쉬어 가기에 안성맞춤이었다. 땅 위로 솟아오른 뿌리에 자리를 잡아 편안한 팔걸이의자처럼 나그네는 몸을 기대었다. 가지와 이파리들이 그려 내는 공간 사이로 맑은 하늘을 올려다보면서, 나그네는 시간이 멈춰 버린 듯한 느낌에 잠이 들어 버렸다.

해는 넘어가고 밤이 내려앉았는데, 곤히 잠들어 있던 나그네는 낯선 소란에 갑자기 잠이 깨었다. 무슨 일이 일어나고 있는 거지? 그는 나무의 커다란 둥치 주변을 가만히 살펴보았다. 수백 개의 눈들—짐승의 눈—이 어둠 속에서 빛나고 있었다. 아무 소리도 없이 나그네는 자리에서 일어나 나뭇가지 속으로 파고 들어갔다. 이 낯선 무리들을 더 잘 보고 싶어서. 숲에 사는 동물은 모조리 다 모여 있었다. 짐승들의 대회의였다.

가만히 들어 보니, 그 회의는 지구상의 모든 동물들이 바로 이 나무 아래서 정기적으로 모여 자기들의 중대사를 논의하는 자리였다. 인간에 대한 불평불만과 인간들이 동물들을 대접하는 방식이 가장 큰 안건이었다. 입에 입을 모아 인간들이 자기들한테서 그렇게 많은 걸 늘 받아가면서도 막상 돌려주는 건 거의 없다는 말을 하고 있었다.

암탉이 말했다. "인간들은 내 알을 가져가거든요. 나는 그걸 품어서 새끼로 만들고 싶은데 말이죠. 그런데 제대로 품기도 전에 홀랑 빼앗아 가 버린다구요."

"맞아요." 암소도 맞장구를 치며 말을 거들었다. "나도 송아지 한 마리쯤은 데리고 있고 싶은데 새끼만 낳으면 데리고 가 버려요. 그러고서도 더 가져가려고 한다니까요. 내 새끼 먹일 우유도 달라고 한단 말입니다."

"인간들은 내 털도 가지고 가요." 양도 말했다. "일 년 내내 길러서 따뜻한 겨울을 좀 보내려고 하는데, 알맞게 길었다 싶으면, 홀랑 깎아 버린다니까요. 나는 덜덜 떨게 만들고는 자기들은 따뜻하게 지낸다구요."

"넌 그나마도 다행인 줄 알어." 모든 희망을 잃어버린 듯 코끼리가 대꾸했다. "인간들은 나를 잡으려고 해. 나를 죽여서 내 송곳니를 가지고 가 피아노 건반이나 장신구 따위를 만든다니까."

늘 그렇듯 달팽이가 마지막까지 기다리고 있었다. 별로 서두르는 기색도 없었다. 자기가 들은 건 이미 다 알고 있는 것이었다. 인생이란 뭐 그리 서두를 필요가 없다. 달팽이가 입을 열기 전까지도 나그네는 숨을 죽이고 그냥 그 장면을 지켜보고만 있었는데, 달팽이의 태도를 보고는 머리까지 한 대 맞은 듯했다. 나그네는 인생이란 책상 위에서 한 장 넘겨지는 서류 다음 장에 달린 거라는 생각으로, 아니면 10초에 목숨을 걸고 빨간 신호등에 뛰어가면서 죽어라고 서두르는 사람들을 너무 많이 보아 왔다.

나그네는 이렇게 생각했다. 인생이란 순식간에 너무 진을 빼 버려서 우리는 실제보다 더 바쁘게 행동하는 것이다. 우리는 원하는 것을 하려면 무엇을 해야 하는지 우선순위를 매기기 시작한다. 하루 동안 더 많은 걸 집어넣고 또 집어넣어서, 자기를 키우고 자기를 보살펴야 할 시간은 자꾸 더 적어지게 만든다.

동물들이 하는 말들이 나그네의 가슴을 두드렸다. 동물들이 하는 말에 담긴 진리는 다 알고 있다. 그는 또 지혜가 지식보다 낫다는 것도 알고 있다. 지적인 정보가 일어나는 일을 바꾸는 데에 필요충분조건이 되지도 않는다. 자신이나 가족보다 일에 먼저 우선순위를 주고 있다는 걸 안다고 해서 우리가 하고 있는 것들이 바뀌지는 않는다. 출퇴근길 혼잡한 교통 속에서 느끼는 짜증을 안다고 해서 편안해지지는 않는다. 마음을 편히 가져야 하는 게 당연한데도 말이다. 지혜는 아는 것에 행동하는 것을 더한 것이다. 알고 있는 것을 적용하고, 유익하고 도움이 되는 방법으로 배운 것을 사용할 수 있는 것이다.

나그네는 달팽이가 느릿느릿 자기 말을 하려고 하는 동안 충분히 이런 생각에 빠져 있을 수 있었다. 달팽이가 입을 열었다. 조용조용한 목소리로 신중하게. "난 인간들이라면 모두 원하는 걸 갖고 있어. 인간들이 가질 수만 있다면 가지려고 하는 게 나한테 있단 말이지. 다행히도 인간들은 그럴 수 없지만 말이야. 난 시간이 주는 기쁨을 누릴 능력이 있거든. 웃기는 게 인간들도 시간을 가지고 있으면서 그걸 아는 인간은 별로 없다는 거야."

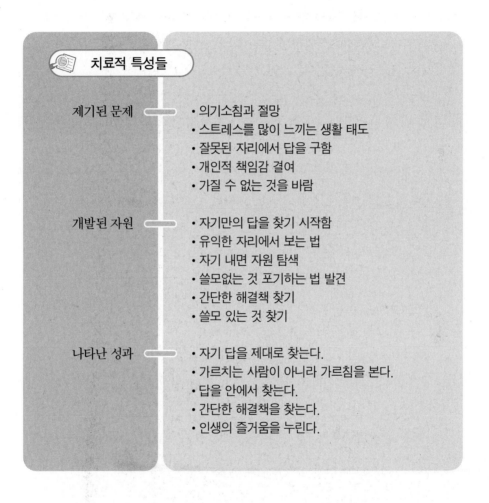

여든 번째 이야기 **구도의 길을 멈추시오**

치료적 특성들

제기된 문제
- 의기소침과 절망
- 스트레스를 많이 느끼는 생활 태도
- 잘못된 자리에서 답을 구함
- 개인적 책임감 결여
- 가질 수 없는 것을 바람

개발된 자원
- 자기만의 답을 찾기 시작함
- 유익한 자리에서 보는 법
- 자기 내면 자원 탐색
- 쓸모없는 것 포기하는 법 발견
- 간단한 해결책 찾기
- 쓸모 있는 것 찾기

나타난 성과
- 자기 답을 제대로 찾는다.
- 가르치는 사람이 아니라 가르침을 본다.
- 답을 안에서 찾는다.
- 간단한 해결책을 찾는다.
- 인생의 즐거움을 누린다.

내가 린달을 만났을 때 그녀는 자기발견과 자기탐색을 하던 중이었다. 그전까지 그녀는 인생의 더 깊은 의문을 탐색하거나 자신을 이해할 만한 시간은 거의 갖지 못했다. 그녀는 너무 바빴다. 그때서야 시간을 가지고 자기를 발견하고자 하는 마음도 생기게 된 것이다.

린달은 몇 분의 정신적 지도자를 두었는데, 그분들의 명민함으로 자기가 지혜를 발견할 수 있을 거란 생각을 하고 있었다. 시간이 흘러가면서, 그분들에 대한 그녀의 존경심을 받치고 있는 기반은 확 올라갔다가, 뚝 떨어지곤 했다. 그녀가 가르침보다는 가르쳐 주는 사람에게 더 집중하고 있었기 때문이었다. 그녀는 깨달은 분에게서 깨달음을 얻기를 원했다. 의사가 알약을 조제해 주듯이 말이다.

한번은 세계적으로 명성이 자자한 지도자 한 분이 린달이 사는 마을에 온 적이 있었다. 그 지도자는 유구한 가르침의 계보를 따르고 있었으며, 수많은 이들에게 존경받고 있다고 전해졌다. 린달은 다른 사람은 줄 수 없었던 것을 이 지도자에게서 받을 수 있을지도 모른다는 생각을 하게 되었다. 린달은 그 지도자와 독대를 원했는데, 놀랍게도 그분은 린달의 요청을 들어주었다.

"저는 오래전부터 깨달음을 얻기 위한 길을 가고 있는 중입니다." 린달이 지도자에게 설명을 해 주었다. "저는 지혜와 통찰을 찾는 사람입니다. 저는 인류와 전 세계, 동물이나 생태계에까지도 뭔가를 주고 싶습니다. 이 길을 계속 갈 수 있도록 저에게 가르침 한마디 주실 수 있겠습니까? 제가 이런 목표에 이를 수 있도록 한 말씀 해 주실 수 있겠습니까?"

그 지도자는 린달의 진심도 보았고, 린달이 스스로 그 길을 찾는 게 아니라 답을 얻기를 갈구하고 있다는 것도 보았다. 직접 경험해서 아는 것이 가장 좋은 배움임을 알고 그 지도자는 길을 알려 주었다.

"참 깨달음을 얻으려면," 그 지도자가 린달에게 말했다. "뒤로 물러나는 삶을 살아야 합니다. 당신이 가지고 있는 모든 것을 버릴 수 있어야 합니다. 당신의 지도자도 버리고, 과거에 집착했던 모든 것에서 손을 떼셔야 합니다. 기도와 묵상에만 전념하셔야 합니다. 이렇게 해야만 당신이 깨닫게 될 것입니다. 이것이 바로 당신이 찾고 있는 지혜와 통찰로 가는 길입니다."

린달은 가르침을 그대로 따랐다. 세속적인 모든 것들을 딱 끊어 버렸다. 자기가 매달렸던 모든 것에서 벗어나 칩거생활로 들어갔다. 처음엔 쉬운 일이 아니었다. 잃어버린 그 많은 것들이 너무 그리웠지만, 칩거생활에 익숙해져 가면서, 새로운 생활의 진가를 제대로 알아가게 되었다. 몇 달이 그냥 흘러가 버렸고, 그 몇 달이 다시 몇 년이 되었다. 해를 거듭하면서, 린달은 그 지도자의 가르침을 따랐다. 린달은 이제 새로운 생활에서 평온을 느끼게 되었는데, 그래도 더 현명하거나 더 많은 걸 깨달았다는 생각은 들지 않았다.

어느 날 린달은 그 저명한 지도자가 다시 자기 마을로 온다는 말을 들었다. 그때까지 가르침을 주는 사람보다 가르침에 더 유의하라는 말의 의미를 깨닫지 못하고 있었기 때문에, 린달은 칩거생활을 접고 다시 그 지도자의 가르침을 받으러 가기로 했다.

"지금까지 몇 년 동안," 린달이 그 지도자에게 말했다. "저는 스승님의 가르침을 따랐습니다. 제가 가지고 있던 모든 걸 버렸고, 과거에서 벗어난 삶을 살았습니다. 온몸을 바쳐 기도하고 묵상했지만, 깨달음에 한 걸음 다가섰다는 생각조차 들지를 않습니다. 제가 뭘 더해야 하는 겁니까? 말씀해 주십시오."

"이럴 수가." 그 지도자가 입을 열었다. "제가 당신에게 잘못된 가르침을 주었나 보군요. 당신은 온몸을 바쳐 주어진 일에 충실했습니다. 분명히 그리 하셨습니다. 그저 그게 별 소용이 없었단 거지요. 아무 소용없는 일을 계속 할 필요가 없다는 말씀 말고는 더 드릴 말씀이 없네요. 당신은 이제 더 이상 깨달음을 얻지 못하는 게 아닌가 염려가 되는군요."

린달은 사지가 풀려 버렸다. 지도자의 발 앞에 쓰러져 흐느껴 울었다. "몇 년이란 시간이 다 허무하게 흘러가 버렸어. 모든 걸 잃었어. 인생을 날려 버린 거야." 린달은 다른 길을 알려 달라고 애원했다.

"더 이상 드릴 것이 없습니다." 지도자가 같은 말을 되풀이했다. "제가 할 수 있는 건 이제 없습니다."

린달은 떠났다. 그렇게 기막히고 그렇게 절망적인 적은 없었다. 가족과 친구들을 모두 잃었다. 아무것도 없다, 희망마저도.

어깨를 축 늘어뜨린 채, 린달은 자기 칩거지로 가려고 터덜터덜 발걸음을 옮겼다. 이제 더 이상 아무것도 할 수 없었다. 바닥에 다리를 포개고 앉아 묵상을 시작했다. 그것 말고 할 수 있는 게 없었다. 그러고 있는데, 밖에서 새 한 마리가 나뭇가지에 내려앉는 것이었다. 새는 밝고 태평스럽게 가지를 따라 폴짝폴짝 뛰어다니고 있었다. 공중에서 벌레를 보고는 휙 날아와 콕 쪼아 먹기도 했다. 세상을 향해 기쁨의 노래도 했다. 뭐 때문에 저 작은 새는 저렇게 행복한 걸까?

묵상을 하면서, 모든 게 더 선명해지기 시작했다. 린달은 생각했다. 지혜는 금이나 넘쳐나는 은행의 돈을 담을 수 있는 가방처럼 사람이 가질 수 있는 게 아니다. 깨달음은 학업 과정을 마치고 얻는 수료증처럼 얻는 게 아니다. 지혜란 지식과 경험을 더한 것 이상의 무엇임에 틀림없다. 또 그것이 경험에서 오는 거라면, 지혜는 누가 가지거나 행할 수 있는 것이 아닐 것이다. 자기 경험에서 배우고, 자기가 알고 있는 것을 시험해 가면서, 자신의 가슴에 담긴 온정 속으로 섞는 것, 그게 지혜다.

린달은 생각에 잠겼다. 깨달음은 자유로워지는 것과 관계가 있는 것이다. 저작은 새가 폴짝폴짝 뛰면서 제 마음대로 노래하는 것처럼. 저 새는 지금 저기 있지만 어느 순간 가 버릴 것이다. 린달은 새가 가 버릴까 봐 염려하거나 새가 계속 그러기를 바라는 게 아니라 그 순간에 누릴 기쁨을 찾았다.

그녀가 찾은 것은 편견과 맹신의 굴레에서 벗어나는 것이었다. 그것은 곧 형식과 지도자들의 가르침을 벗어나는 걸 뜻했다. 린달이 찾아낸 것은 그녀가 찾고자 했던 것이 아니었다.

린달은 일어나 칩거지를 나섰다. 그러면서 그녀는 그냥 지나쳤던 것들을 보기 시작했다. 땅은 생기 가득한 냄새를 품고 있었다. 공기 속에서는 꽃향기가 났다. 하늘이 그토록 맑고 푸르다니. 태양은 부드럽게 몸과 영혼을 데워 주고 있다.

린달은 생각했다. 지혜와 깨달음을 얻고자 했던 욕망이 오히려 그것들을 얻을 수 없게 했던 바로 그것이었을지도 모른다고. 세상으로 돌아갔을 때 남들이 린달이 그만큼 변했다는 걸 알든 말든 그건 문제가 안 된다. 중요한 건 자기 내면으로 어떻게 느끼느냐 하는 것이다. 중요한 건 인생은 달라질 수 있고 달라질 거라는 걸 알았다는 것이다.

여든한 번째 이야기 **지혜의 원천을 찾아서**

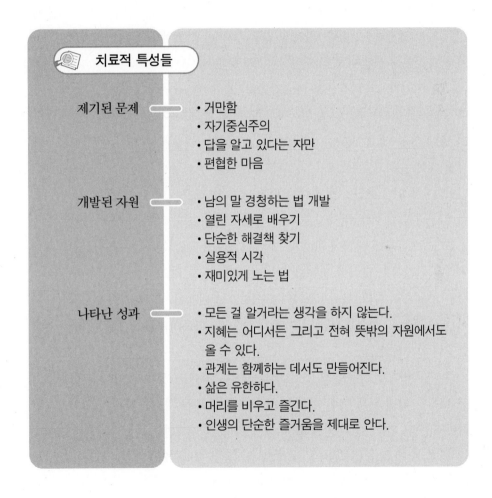

치료적 특성들

제기된 문제
- 거만함
- 자기중심주의
- 답을 알고 있다는 자만
- 편협한 마음

개발된 자원
- 남의 말 경청하는 법 개발
- 열린 자세로 배우기
- 단순한 해결책 찾기
- 실용적 시각
- 재미있게 노는 법

나타난 성과
- 모든 걸 알거라는 생각을 하지 않는다.
- 지혜는 어디서든 그리고 전혀 뜻밖의 자원에서도 올 수 있다.
- 관계는 함께하는 데서도 만들어진다.
- 삶은 유한하다.
- 머리를 비우고 즐긴다.
- 인생의 단순한 즐거움을 제대로 안다.

어느 위대하고 유명한 교수가 강연회를 끝내고 집으로 가던 중이었다. 편안히 걸어가면서, 하루 종일 신경을 바짝 세우고 온 힘을 다해 강의를 하고 나서 긴장을 푸는 데는 걷는 게 참 좋구나 하는 생각을 했다.

이런 날에 산책하기 좋은 몇 갈래 길이 있는데, 그중에서 해변 길을 골랐다. 그는 자신만의 오만한 생각에 푹 빠져 있느라 주변 풍경에는 눈길도 주지 않고 있었다. 학생들에게 받았던 칭송을 떠올리기도 했다. 그는 최근에 출판한 책에 으스대며 사인해 주던 걸 다시 생각하고 있었다. 그날 강의를 다시 생각해 보니까 뿌듯한 느낌도 들었다. 자기가 생각해도 참 잘했다는 생각에 스스로를 대견해 하고 있었다. 그렇다. 확실히 그날 강의는 참 잘했다. 자신도 멋졌고 강의가 괜찮았다는 생각이 드니까, 기분이 좋았다.

그때 뭔가가 그의 시선을 사로잡았다. 한 어린 소년이 모래성을 쌓고 있었다. 그것만으로는 별스러운 일이 아니었는데, 그 교수가 지금까지 해변에서 본 것 중에 가장 크고 정교한 성이었다. 그 아이는 놀랍게도 자기 손으로 모래를 퍼서 쌓아 올리고, 손으로 토닥토닥 쳐서 알맞게 다듬어 가면서 단단하게 하고 있었다. 아이는 조심스레 커다란 탑과 조그만 탑들을 쌓고 있었고, 끝에는 깃발까지 세웠다. 아이의 작품은 마치 사랑의 행위 같았다.

그 교수는 길가 벤치에 앉아서 그 아이를 지켜보았다. 아이는 인상적인 예술 작품을 완성하고 나더니 모래밭에 누워 쉬었다. 그리고는 잠시 자기 작품을 뿌듯한 마음으로 바라보는 듯했다. 교수는 그런 마음을 잘 알고 있다. 자기가 잠시 전에 해변을 걸으면서 그날 자기가 한 일을 떠올리면서 느꼈던 것과 똑같은 감정이 분명하다.

갑자기 아이가 성큼성큼 앞으로 걸어갔다. 아이는 성을 한 방 꽉 치더니 그걸 모래밭 위에다 확 흩어 버리는 것이었다. 그리곤 파도가 와서 그 존재의 흔적마저 쓸어 가는 걸 그냥 보고만 있는 것이었다. 해변은 그런 게 언제 있었냐는 듯 다시 제 모습을 찾았다. 모래 알갱이들은 물에 씻겨 원래 있던 그대로 돌아갔다. 그런 성은 아예 있지도 않았던 것 같았다.

그 교수는 아이에게 달려가 그러지 말라고 고함이라도 치고 싶었는데, 체면 때문에 그러지를 못했다. 여하튼 그가 비통함을 느낀 건 부정할 수 없었다. 저런 짓을 하다니! 그렇게 멋진 걸 왜 없애 버리는 거지? 자기가 만든 걸 왜 자기 손으로 망가뜨리는 거지?

왜 그런 짓을 했는지 묻고 싶었지만, 막상 나서지를 못했다. "내가 저런 꼬마에게 먼저 인사를 해야 하나?" 교수가 스스로에게 질문을 던져 보았다. "난 그래도 교수고, 쟤는 그냥 꼬만데. 내가 이야기를 건네야 하는 건가?" 하지만 궁금증이 결국 이겼다. 교수는 모래밭을 지나 아이에게 가서 말을 걸었다. "얘야," 교수가 입을 뗐다. 아이 머리 위에서 이것이 바로 권위라고 말하는 듯한 모습으로 아이를 내려보면서 물었다. "왜 모래밭에서 놀고 있는지 말해 줄래?"

"아이들은 이런 거 하면 안 되나요?" 아이가 물었다. "어른들은 노는 게 배우는 거라고 하시더라구요. 그냥 재미로 하는 게 아니라 무슨 의미가 있어야 한다는 듯이 말이에요. 전 그냥 아이가 하는 걸 하는 건데. 놀고 있는 중인데요."

"난 말이다," 교수가 물었다. "네가 그 많은 시간과 노력을 들여서 만든 커다랗고 멋진 성을 왜 무너뜨려야 했는지 너무 궁금하구나. 네가 성을 다 만들었다 싶으니까 그걸 망가뜨리더구나. 그리곤 파도가 와서 그 잔해를 휩쓸어 가는 걸 그대로 보고만 있고 말이다. 네 작품이 있었던 흔적도 남겨 놓지 않았단 말이다."

"부모님들도 저한테 똑같은 걸 물으셨어요." 아이가 말했다. "어머니는 거기서 아주 상징적인 걸 보셨대요. 그런데 그건 엄마 생각이시죠. 어머닌 저한테 모래 알갱이들은 인간이 가지고 있는 면면과 같은 거라고 하셨어요. 그걸 모아 쌓고, 토닥토닥 두드려 가면서 모양을 만들면, 관계를 형성해서 부분들이었을 때보다 더 커다란 전체가 되는 거래요. 어머닌 함께할 수 있으면 못할 게 없다고 하셔요. 하지만 우리가 관계를 잊어버리고 혼자 살려고 하면요, 그러니까 한 알의 모래알처럼 혼자서 말이죠. 그러면 제가 모래성을 부시거나, 아니면 바닷물에 산산이 조각이 나 해변에 흩어져 버리는 것처럼 우리 세상도 그렇게 파괴되어 버린대요."

"아버지는 그걸로 인생에 대해서 배우신다고 하셨어요. 아버진 영원한 건 아무것도 없다고 하셨어요. 모래성을 보라고 하셨어요. 모래성은 쌓였다가 무너지죠. 존재하고 또 사라져요. 모래성도 인생의 모든 것처럼 영원할 수 없는 거래요. 모래성이 살아가면서 보여 주는 우리의 여정이라고 하시데요. 둘 다 잠시 머무는 덧없는 거래요. 이걸 제대로 알고 나면 우리가 쓸 수 있는 시간을 즐길 수 있게 된다고 하셨어요. 아버지는 모래성을 쌓으면서 아이들이 이런 중요한 인생의 교훈을 바로 배워서 이해할 수 있게 된대요."

"저요?" 아이가 말했다. "저한테는 그냥 노는 거예요. 내가 하는 놀이가 의미가 있는지 없는지 모르겠어요. 난 그냥 내가 하는 걸 즐기고 싶은 걸요. 내 몸에 따스한 햇볕이 닿고, 뒤에서는 파도치는 소리가 들리고, 손으로 젖은 모래를 만지는 감촉 같은 걸 그냥 느끼고 싶은 거예요. 그냥 재미로요."

그 교수는 이 작은 아이에게서 자기가 얼마나 많은 걸 배웠는지 깨달았다. 그는 신발끈을 풀고 신발을 벗어 던졌다. 양말을 벗고 바지를 둥둥 걷어 올렸다. 넥타이를 풀고 그 아이 곁에 앉아서 이렇게 물었다. "나도 놀고 싶은데 같이 있어도 되겠니?"

 연습문제

공책에 지혜나 세계관에 대한 이야기를 기록하면서, 그 이야기들이 다음의 것들을 담도록 한다.

1. 건전하고 실질적인 지적 토대
2. 단순히 아는 것을 넘어서는 지혜로서의 경험. 행함과 직접적인 자각에서 나오는 깊이 있는 이해가 바로 경험이다.
3. 실용적이고 유익하고 다시 쓸 수 있는 방법으로 지식과 경험을 조합함.
4. 머리와 가슴(지성과 감성), 마음과 감정을 담고 있는 완결성을 지닌, 온정과 보살핌의 요소로서의 지혜.

제12장
자기 돌보기

　남을 돌보는 것도 중요하지만 우리 자신을 살찌우고 보살피기도 해야 한다. 치료 중에 내담자들이 의무감 때문에 남들을 계속 돌보면서 자기를 돌보는 건 무시해 버리기 때문에 문제를 겪는 경우를 종종 볼 수 있다.

　자기 돌봄은 예방적 기능을 하기 때문에 자신을 키우고 보살필수록 자긍심이나 자신감의 수준이 낮을 때 겪게 되는 어려움들이 적어진다. 자기를 살찌우는 것에 대한 균형 잡힌 태도는 우울과 불안, 그리고 불행한 대인관계를 피할 수 있게 해 준다. 자신을 돌보는 걸 배우면 치료적 기능에서도 자기 부인, 자기 비난, 자신을 향한 적개심 같은 태도와 행동을 자기를 살찌우는 태도와 행동으로 바꿀 수 있다. 자신을 돌보는 것은 또 결과 지향 치료의 중요한 목표가 되기도 한다.

　이 장의 이야기들은 자기 보살핌에 대한 다양한 국면들을 살펴보고 있는데, 주고받는 관계, 자신을 강화할 필요성, 인생의 흐름에 적응하는 것, 부적절한 신념 바꾸기, 환경에 적응하기 등에 관한 것들이다.

여든두 번째 이야기 **주는 것이 받는 것**

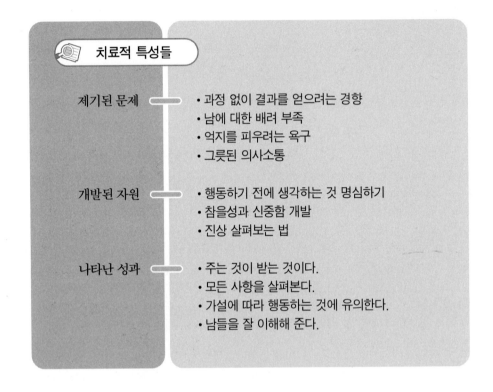

치료적 특성들

제기된 문제
- 과정 없이 결과를 얻으려는 경향
- 남에 대한 배려 부족
- 억지를 피우려는 욕구
- 그릇된 의사소통

개발된 자원
- 행동하기 전에 생각하는 것 명심하기
- 참을성과 신중함 개발
- 진상 살펴보는 법

나타난 성과
- 주는 것이 받는 것이다.
- 모든 사항을 살펴본다.
- 가설에 따라 행동하는 것에 유의한다.
- 남들을 잘 이해해 준다.

내게는 몇 년 동안 파푸아뉴기니에서 일을 했던 한 친구가 있다. 그 친구가 이야기를 하나 해 주는데, 고개도 절로 끄덕여지고, 자기가 직접 겪은 일에서 배운 바도 있고, 한바탕 웃어 볼 수도 있는 이야기다.

그 친구와 세 명의 동료가 한 집에서 같이 살았는데, 파푸아뉴기니 출신의 가정부를 두었다. 가정부는 청소와 요리를 해 주었고, 그녀가 하는 일은 대부분 마음에 들었었다. 한 가지만 빼고. 사람들은 집에 있는 술병의 술이 조금씩 줄어든다는 걸 눈치 채고는 가정부가 몰래 홀짝홀짝 마시는 게 아닌가 의심을 했다. 그 술이 비싸기도 하고, 가정부가 알코올 중독에 발을 들이도록 한 책임

346 · 제2부 치유적 이야기

을 지고 싶지도 않았다.

그래도 진상을 밝혀야 했기에, 시험을 해 보기로 했다. 남은 술이 얼마나 되는지를 술병에다 표시를 해서, 술이 더 줄어드는지를 확인할 수 있을 것이다. 분명히 술은 줄어들고 있었다.

섣불리 결론을 내리거나 지레짐작하는 것은 오해를 낳기 일쑤다. 모든 정황이 확실한 결론을 보여 준다고 생각할 수도 있지만, 그렇다고 그 결론이 옳다고 할 수는 없다—내 친구들이 알게 된 것처럼 말이다.

그들은 골프 모임을 마치고 늦은 밤 좋은 기분으로 집으로 돌아왔다. 자기 전에 한잔 더 할 생각을 하다가, 술병에서 술이 자꾸 줄어들었던 것이 떠올랐다. 취기가 좀 돈 상태라, 그들은 가정부에게 따끔한 맛을 보여 줘야겠다고 생각했다. 그들은 병 안에다 오줌을 눠서 채워 두고 그걸 선반 위에 도로 갖다놓고는 어떻게 되는지 두고 보았다.

며칠이 지났는데 술병 속의 술은 여전히 줄어들고 있었다. 자기들이 한 짓에 가책이 되어서 그 친구들은 가정부에게 사실대로 말하기로 했다. 가정부에게 자기들 술을 마셨느냐고 물으니까, 가정부가 대답했다. "전 마시지 않았습니다. 음식 만들 때 썼는데요."

여든세 번째 이야기 **최선을 다하라**

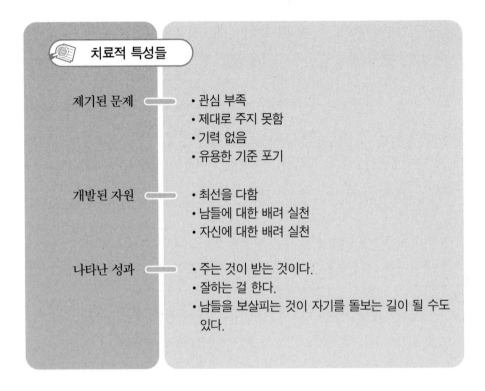

치료적 특성들

제기된 문제
- 관심 부족
- 제대로 주지 못함
- 기력 없음
- 유용한 기준 포기

개발된 자원
- 최선을 다함
- 남들에 대한 배려 실천
- 자신에 대한 배려 실천

나타난 성과
- 주는 것이 받는 것이다.
- 잘하는 걸 한다.
- 남들을 보살피는 것이 자기를 돌보는 길이 될 수도 있다.

어느 목수가 평생 집 짓는 일만 하고 살았다. 그는 우직하고 믿을 만한 일꾼이었고, 평생 한 사람만 위해 일했지만, 이젠 늙고 기력도 쇠해졌다. 더 이상 일을 계속 할 수 있을 거란 생각도 안 들었고, 이젠 좀 쉬면서 살고 싶은 마음도 들었다. 남은 날 동안 아내와 아이들, 손자들과 더 많은 시간을 보내고 싶었다.

그의 주인은 그 남자가 일을 그만두겠다는 소리를 듣고는 안타까워했다. 나이는 들었어도 그 목수는 여전히 훌륭한 일꾼이었고, 정말 최선을 다해 준 사람이었는데. 그 목수는 정말 빈틈없는 전문가였다. 주인은 자기가 그에게 의지

하고 있다는 걸 잘 알고 있었다. 그 사람이 떠나겠다는 말을 하자, 주인은 마지막 부탁 하나만 들어달라고 했다.

"집을 딱 한 채만 더 지어 주면 안 되겠나?" 그 목수는 처음엔 싫다고 대답했다. 이젠 하고 싶은 마음도 없고 이미 일을 그만둘 마음을 먹었다고 했다. 주인이 이렇게 설득을 했다. "이 집은 말일세, 내 친구를 위한 것이야. 내가 개인적으로 부탁을 하는 것이니 특별히 자네가 지어 주면 좋겠네."

목수는 내키지 않는 마음으로 승낙을 하고는 자기의 마지막 집을 짓기 시작했다. 하지만 마음은 이미 떠나 있었다. 제일 좋은 재료를 찾으려고 이리저리 다니지도 않았다. 결국 목재도 쪽 고르지도 않고 목질도 그리 매끄럽지 않았다. 재료만 안 좋은 게 아니라 완벽하게 짓고 싶었던 예전의 그 장인정신도 별로 없었다.

드디어 일을 다 마치고, 뒤로 물러서 어떤가 싶어 집을 한번 훑어보았다. 별로 기쁘지도 않았지만 어쨌든 끝이 나서 좋았다. 처음에 그만둘 생각을 했을 때 주인 부탁을 들어주지 말고 그냥 그만둘 걸 싶었다. 이건 자기 경력의 대미를 장식하기엔 영 아니었다.

주인이 마지막으로 집을 보러 오더니, 호주머니에서 현관문 열쇠를 꺼내었다. 주인이 그걸 그 늙은 목수에게 건네었다. "이건," 주인이 말했다. "내가 자네에게 주는 선물이네. 평생을 한마음으로 일해 줘서 고맙네. 이건 이제 자네 집일세."

여든네 번째 이야기 **가득 채워라**

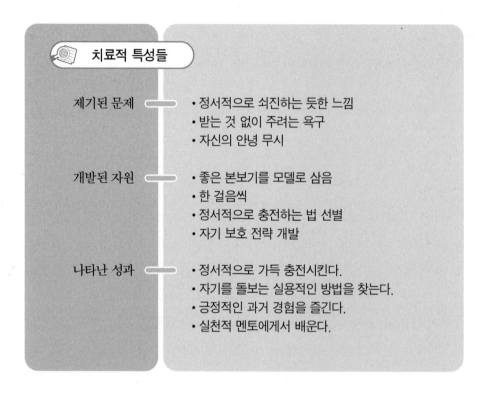

어떤 이론서에도 나오지 않는 심리학 이론이 하나 있다. 나는 그 이론을 '빗물통 이론'이라고 한다.

다른 많은 것들과 마찬가지로 이도 또한 내 어린 시절에서 나온 것이다. 초등학교에 다니던 시절, 부모님께서 작은 바닷가 마을에 여름휴가를 보낼 집을 하나 사셨다.

휴가 첫날 거기에 도착하자마자 아버지는 늘 그렇듯 빗물통에 물이 꽉 차 있는지부터 확인하셨다. 손가락을 구부려 주름진 가로대를 톡톡 두드려 보시곤 통에 물이 얼마나 들어 있는지를 확인하셨다. 아버지는 우리가 물을 얼마나 썼는지 살펴보시면서 물통에 분필로 표시를 해 두셨다.

어린 내 눈엔 그게 참 신기해 보였다. 아버지는 무슨 소릴 들으시는 걸까? 저렇게 하시면서 뭘 알게 되는 걸까? 저 통이 아버지에게 무슨 말을 하는 걸까?

틈만 나면 살금살금 빗물통으로 가서 까치발을 해 가며 나무 칸막이까지 닿으려고 용을 써 댔다. 아버지가 그러시듯 검지를 꼬부랑하게 구부리고는, 물통 바닥부터 시작해서 가로대마다 천천히 톡톡 두드려 보았다. 가로대마다 물 무게 때문에 하나도 울리지 않는 턱턱거리는 소리가 났다. 물통 위로 올라갈수록 울리기 시작하는 걸 알았다. 속이 비어 있어서 텅텅거리는 떨림이 있었다. 다시 밑으로 내려와 두드려 보았더니, 작은 차이지만 분명히 변화가 있었다. 물통 속에 들어 있는 보이지 않는 물의 정확한 양을 다시 한 번 확인할 수 있었다.

나는 아버지가 해 놓은 곳 반대편에 표시를 했다. 아버지 분필 표시랑 맞물리지 않도록. 여기다 싶은 곳을 찾아내고는, 내가 골라낸 가로대를 따라 손가락으로 표시를 하면서 물통 칸막이 주변을 한 바퀴 돌면서 아버지 반대편에 내가 측정한 곳을 표시해 두었다. 처음엔 아버지처럼 잘 되진 않았다. 몇 년이 지나도록 조금씩 연습을 해 봤는데, 갈수록 내 손가락이 아버지의 분필 표시와 맞아 들어가기 시작했다.

이건 중요한 일이다. 우리가 물을 얼마나 썼는지 제대로 확인하지 않으면, 물통은 비어 버릴 테니까. 그런 일이 일어나지 않게 하려면, 두 가지 방법이 있다. 첫째는 예방하는 것이다. 남은 양을 아껴 가며 조절하는 법을 알아야 하는데, 이는 쓸데없이 물을 많이 쓰지 않고 남은 양에 신경을 곤두세우지 않고서도 필요한 정도에 맞추는 것이다. 두 번째는, 우리가 어쩔 수 없는 요소, 즉 굉장히 덥거나 건조한 날씨 같은 변수에 대응하는 방법이다. 이런 날씨에는 필요한 양을 채울 방법을 찾을 수 있도록 준비를 해야 한다.

이 일로 나는 우리의 정서적인 자원의 보유량을 제대로 알고 확인해 가는 것에 대한 중요성을 알게 되었다. 지금은 우리가 사람이기 때문에 정서적 빗물통 같은 게 있다는 이론을 가지게 되었다. 물통 속에 들어 있는 물처럼 우리의 정서도 무한정일 수는 없다 해도, 정서의 수도꼭지를 틀었다 잠궜다는 할 수 있다. 남이나 가족들, 친구들, 일터에서도 우리의 마음을 줄 수 있지만, 물통처럼, 계속 주기만 하거나 채우지는 않고 꺼내 쓰기만 하면, 언젠가는 다 말라 버릴 날이 오게 된다. 그런 일이 일어나지 않도록 할 방법도 있고, 그런 일이 일어날 때 잔량을 채울 방법도 있을 것이다.

우리 아버지는 내가 아버지의 행동을 가지고 심리학적으로 받아들인 걸 아시면 픽 웃으실지도 모르겠다. 아버지는 그저 그럴 만하니까 그렇게 한 것뿐이다. 아버지는 그저 생활에 필요하니까 그렇게 하신 것뿐이었다.

여든다섯 번째 이야기 **자기 돌보는 법**

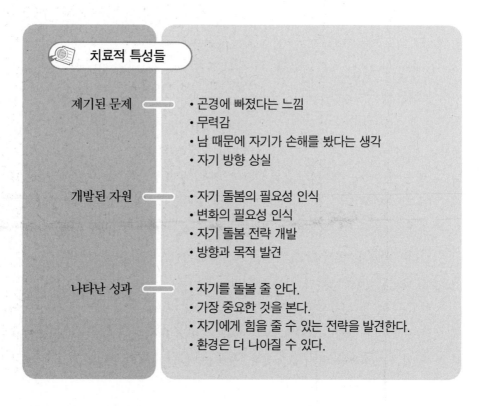

<table>
<tr><td>치료적 특성들</td><td></td></tr>
</table>

제기된 문제	• 곤경에 빠졌다는 느낌
	• 무력감
	• 남 때문에 자기가 손해를 봤다는 생각
	• 자기 방향 상실
개발된 자원	• 자기 돌봄의 필요성 인식
	• 변화의 필요성 인식
	• 자기 돌봄 전략 개발
	• 방향과 목적 발견
나타난 성과	• 자기를 돌볼 줄 안다.
	• 가장 중요한 것을 본다.
	• 자기에게 힘을 줄 수 있는 전략을 발견한다.
	• 환경은 더 나아질 수 있다.

필립은 내 곰 인형이다. 페타는 내담자였다. 이 둘은 운명적으로 만나 페타의 삶을 바꾸는 대화를 나누게 되었다.

그 둘이 만나고 나서 시간이 좀 지난 뒤에 페타는 자기가 진행하는 라디오 프로그램 대담에 나를 초대했다. 인터뷰를 진행하는 사람으로 익숙한 내가 인터뷰를 받아야 하는 사람으로 바뀐 게 흥미로웠다.

기쁜 마음으로 가서 페타가 확신과 능력을 가지고 자기 일을 하는 것을 눈으로 확인했다. 우리가 처음 만났을 때는 분명 그렇지 못했다.

페타는 약물 중독자였고, 자기가 덫에 걸려 버렸다는 생각을 하고 있었으며, 자유로워지고 싶었지만 그렇게 할 수 없다는 무력감에 빠져 있었다. 페타는 대단한 집안 출신이어서 자기로 인해 가문 이름에 흠이 될까 봐 공공기관으로 가는 것은 원치 않았다.

처음엔 그녀의 부모님들이 페타의 문제 때문에 나를 찾아왔었다. 그분들도 말이 나는 걸 걱정했다.

페타는 첫 회기에 사무실에서 상담을 하는 게 갇힌 기분이 든다는 의사를 밝혔다. 그래서 상담은 대부분 근처 공원을 산책하면서 하게 되었다. 페타는 대학 졸업장을 두 개나 가지고 있는 똑똑한 젊은 여성이었다. 그녀는 자기 상황이 문제라고 보았고, 방향을 바꾸어야 한다는 걸 인식하고 있었다. 어쨌든 곤경에 빠진 기분이었다.

페타 같은 경우가 내가 처음은 아니었다. 내가 약물 중독 전문가가 아니긴 하지만 치료적 전략 목록 안에 기록해 둔 걸로 페타의 행동을 개선시키거나 바꿀 수 있겠다 싶은 모든 개입을 해 보았다. 하지만 회기를 거듭해 가도 진전되는 게 보이지 않았다. 우린 둘 다 기운이 빠져 버렸고, 난 더 이상 어떻게 할 바를 알지 못했다.

어느 날 공원에서 산책을 끝내고 상담실로 돌아와서, 문득 책상 건너편을 보게 되었다. 필립이 거기 앉아 있었다. 격자무늬 조끼에, 목에는 빨간 나비 리본을 매고, 머리에는 체크무늬 모자를 쓰고. 필립은 예전에 한 내담자가 치료를 마치고 감사의 선물로 준 것이었기 때문에 내겐 매우 소중했다.

어쨌든 다음에 내가 한 행동은 적중한 듯했다. 필립을 책상에서 내려 페타에게 건네주었다. 이런 말을 하면서. "얘는 필립이에요. 당신과 한 주를 보내고 싶어 하는데요. 필립이 당신에게 뭔가 가르쳐 줄 게 있을지도 모르고, 당신이 필립에게 가르쳐 줄 게 있을지도 모르겠네요. 아니면 서로 배울 수 있는 게 있을지도 모르구요. 그런데 둘이서 함께 알게 된 걸 나한테도 말해 줄래요?"

다음 주에 페타가 왔을 때, 필립은 체크무늬 모자에, 빨간 리본, 격자무늬 조끼를 그대로 입고는 있었는데, 바지까지 입고 있었다. 페타가 만들어 준 것이었다.

필립과 지낸 일주일이 어땠는지 물어보았다. 페타가 말했다. "필립이 저한테 정말 특별하다는 걸 알았어요. 처음엔 거실에 놓아두었는데, 친구들이 와서 필립한테 좀 껄끄러운 것 같았어요. 친구들이 마약을 했는데 그 냄새로 필립이 더럽혀지는 건 싫었거든요. 내가 그런 사람들과 어울리는 걸 필립에게 보여 주고 싶지도 않았고, 그래서 필립을 침실에 있는 화장대로 갖다 놓았어요. 필립은 거기 앉아서 나를 상냥한 눈으로 바라보면서 매일 밤 내가 잠들 때까지 지켜주었고 아침에 눈을 뜰 때도 나를 바라보고 있었어요. 필립이 바지를 입지 않고 있어서 좀 낯부끄러울 거 같아, 입을 만한 작은 바지를 하나 만들어 주었지요."

"그래서 당신이 필립한테서 배운 가장 중요한 것이 무엇이지요?"

페타는 눈물을 쏟으며, 필립이 자기 인생의 방향을 바꿔 놓았다는 답을 했다. 얼마 지나지 않아 페타는 약물 중독 치료 센터를 찾아보고 그 후에 한동안 그 기관에서 운영하는 재활 농장에서 지냈다. 가문의 이름을 지키는 것보다 자기의 중독을 끊어 버리는 게 더 중요하다는 걸 알았다. 혼자서 몇 달을 지내다 보니 약물에서 멀어질 수 있는 것만이 아니라 중독에서 벗어날 수 없게 했던 사회적인 연결고리까지 끊어질 수 있었다.

도대체 페타를 변하게 만든 게 무엇이었을까? 그녀와 내가 그토록 사면초가 상태로 아무것도 할 수 없다는 생각을 하고 있을 때 무엇이 그녀를 변할 수 있게 한 것일까? 페타와 내 곰 인형 필립 사이에 있었던 대화 속에서 어떤 일이 일어난 걸까? 내가 그녀에게 물어보자, 그녀의 뺨으로 하염없이 눈물이 쏟아져 내렸다. 그녀는 이렇게 말했다. "나는 그 곰 인형을 살펴주는 것만큼도 나 자신을 돌보지 않고 있었다는 걸 알게 된 거지요."

여든여섯 번째 이야기 **흐름을 따라서**

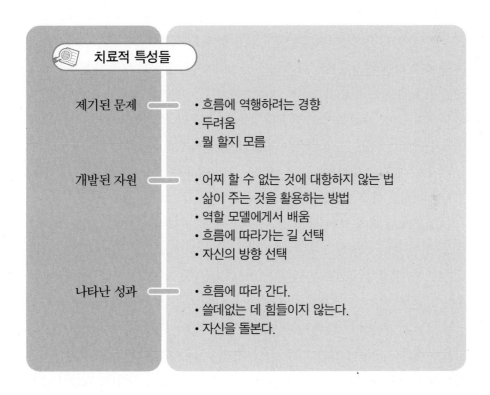

📖 **치료적 특성들**

제기된 문제
- 흐름에 역행하려는 경향
- 두려움
- 뭘 할지 모름

개발된 자원
- 어찌 할 수 없는 것에 대항하지 않는 법
- 삶이 주는 것을 활용하는 방법
- 역할 모델에게서 배움
- 흐름에 따라가는 길 선택
- 자신의 방향 선택

나타난 성과
- 흐름에 따라 간다.
- 쓸데없는 데 힘들이지 않는다.
- 자신을 돌본다.

톰 삼촌을 떠올릴 때마다 늘 웃음이 난다. 삼촌은 재미있으면서도 지혜로웠는데, 어린 내 마음에 콕 새겨질 만한 말과 경험들을 남겨 주었다. 어느 여름날, 삼촌이랑, 아버지, 사촌들이랑 나, 그리고 내가 기르던 개 렉스, 이렇게 해서 삼촌 보트를 타고 고기잡이를 갔다.

톰 삼촌의 포도밭 뒤로 흐르고 있는 강에 고기를 잡으려고 닻을 내렸다. 물고기가 입질을 하지 않으니까 금새 지루해져 버렸는데, 사촌형이 렉스를 번쩍 들어 강으로 던져 버리는 시늉을 했다. 나는 그러지 말라고 애걸복걸했다. 보트가 흔들리더니 형이 미끄러졌고, 렉스가 물에 빠져 버렸다. 나는 간이 툭 떨어져 버렸다. 렉스는 헤엄을 쳐서 배 위로 올라오지 않고 강물을 따라갔다. 이름도 불러 보고 휘파람도 불어 보았지만, 렉스는 자꾸 멀어져 갔다.

이건 조그만 시내가 아니다. 줄기도 크고, 세차게 흐르는 강물이라 렉스는 급류에 확 휩쓸려 가고 있었다. 내 오랜 절친한 친구가 물에 빠져 죽을지도 모른다는 생각에 더럭 겁이 났다. 다시 이름을 부르며 휘파람을 불었는데, 톰 삼촌이 내 어깨에 억세면서도 따스한 손을 얹고는 그만 부르라고 하셨다. "렉스는 제대로 하고 있는 거야." 삼촌이 말씀하셨다. "그 놈은 영리한 개란다. 알아서 하도록 두렴. 보트까지 거꾸로 헤엄을 쳐 오려면, 렉스는 물결을 거슬러 올라야 한단다. 그러면 힘을 다 잃어버리고 물에 빠지게 될 거다. 게다가 렉스는 물 밖으로 나올 수 없다는 것도 알고 있어. 보트 벽이 렉스에게는 너무 높거든. 렉스는 제대로 하고 있는 거야."

"렉스한테서 배워 보려무나." 톰 삼촌은 말을 이어 나가셨다. "너는 자신보다 더 강한 힘에 대항해서 싸우지는 않지. 흐름에 맞춰서 그 힘을 활용하지 않니? 렉스도 물살에 자기를 맡기면서, 천천히 둑 쪽으로 길을 잡아가고 있는 거란다."

톰 삼촌은 가만히 배 밖에 달린 모터에 걸린 시동기 줄을 잡아당겼다. 푸르릉 소리를 내더니 시동이 걸렸고, 우리는 렉스를 따라 하류로 내려갔다. 톰 삼촌이 말한 대로, 렉스는 물살을 가르며 강변으로 천천히 나오고 있었다. 드디어 렉스가 둑에 닿아 평평한 땅 쪽으로 기어 올라왔다. 렉스는 일어서서 몸을 털면서, 우리가 강변으로 배를 저어오기를 기다리더니 배로 풀쩍 뛰어올라 젖은 머리를 내 무릎에 뉘었다. 살랑대는 렉스의 꼬리가 배의 나무 부분을 톡톡 쳤다.

"거 봐라." 톰 삼촌이 말씀하셨다. 내 마음을 어루만져 주시며 배를 다시 강 안쪽으로 몰아 가시면서. "렉스는 자기가 뭘 하는지 알고 있었지 않니? 너도 힘든 일이 생기면, 흔들리는 것을 믿지는 않지? 렉스한테는 배가 바로 그런 거야. 발을 딱 버틸 수 있는 단단한 땅을 찾아야 하는 거란다. 물살을 거슬러 오르려 하지 마라. 너보다 더 강할 수도 있으니까 말이다. 네 한계를 넘는 게 있으면, 렉스처럼 하는 거야. 렉스는 자기를 지키기 위한 방법을 알고 있어. 흐름에 맞춰 가는 거야. 그리고 그걸 자기한테 맞도록 활용하는 거지."

여든일곱 번째 이야기 **방향을 트는 거야**

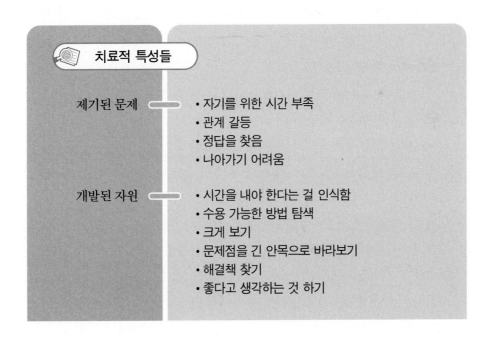

치료적 특성들

제기된 문제
- 자기를 위한 시간 부족
- 관계 갈등
- 정답을 찾음
- 나아가기 어려움

개발된 자원
- 시간을 내야 한다는 걸 인식함
- 수용 가능한 방법 탐색
- 크게 보기
- 문제점을 긴 안목으로 바라보기
- 해결책 찾기
- 좋다고 생각하는 것 하기

나타난 성과	• 밀물이 있으면 썰물이 있는 법이다.
	• 자기만의 방법을 찾는다.
	• 자신을 위한 시간과 생각할 시간을 갖는다.
	• 잠시 쉬는 것이 사물을 달리 볼 수 있게 해 준다.
	• 새로운 시각에 대해 열린 자세를 갖는다.
	• 나무가 아니라 숲을 본다.

조는 바닷가로 산책을 나갔다. 생각할 시간이 필요했다. 특히 클레어가 편지로 자기들 관계에 문제가 있다고 쓴 것에 대해서.

평소에 조는 자기 개인적인 삶에 대해 생각할 시간이 없었다. 일하러 갈 때면, 운전에 정신을 집중해야 했다. 직장에서는 자기 일에 몰두해야 했다. 밤이 되어 집으로 돌아오면, 마음이 탁 풀려 그저 쉬고 싶을 따름이다. 밥이나 한술 뜨고 잠깐 텔레비전을 보다가 잠자리에 들어 버린다. 산책을 하다 보니 삶과 자신에 대해서 돌아볼 시간이 되었다.

늘 걷던 길로 걷고 있는데, 오늘따라 파도도 높고 물살이 요동을 치고 있었다. 그렇다 보니 바위투성이 곶을 돌아가는 산책길이 위험천만이었다. 파도가 미끄러운 비탈길을 자꾸 때리고, 바위들을 휘감아 돌아 확 밀려 나오더니 다시 바다 속으로 모래들을 끌고 들어갔다.

잔잔한 파도로 생긴 해변의 보드라운 모래를 밟으며 걷는 대신, 곶 너머의 좀더 힘든 길 쪽으로 갈 수밖에 없었다. 그는 이렇게 생각했다. "이건 마치 바로 이 순간의 내 삶 같군." 길은 꾸불꾸불한데다 울퉁불퉁했다. 그는 저 멀리를 내다봐야 했다. 뛰어넘기에는 너무 넓은 바위 사이를 잘 보면서 어디로 걸어야 할지 생각하면서. 조는 한 번씩 멈춰서 바위 웅덩이를 들여다보고, 숨을 데를 찾느라 이리저리 헤매는 게들도 보고, 잠시 자기 생각에서 벗어나 보기도 했다.

편평하고 물에 푹 잠겨 버린 면에 발 디딜 곳을 찾아야 했다. 이상하게도 이게 바로 상징적으로 보면 자기 관계에서 일어나고 있는 것과 똑같은 거라는 생각이 들었다. 한 발 한 발 조심을 다해야 했다. 어떤 순간에는 바윗돌 사이에 커다란 틈이 나타나기도 했다. 뛰어넘기엔 너무 넓고 타고 내려가기엔 너무 가팔랐다. 파도가 그 안으로 밀고 들어와 굶주린 혀를 날름거리듯 바위벽을 훑어 댔다. 그 주변으로는 아무 길도 없는 것 같았다. 잠시 참을성을 가지고 찾아보니, 곶을 가로질러 난 오래된 작은 길이 있었다.

그 작은 길은 최근에 사람들이 지나다니지 않은 모양이었지만, 최소한 그가 가야 할 안전한 바닷가를 향하고 있었다. 황량한 모래밭에 아무렇게나 자라난 잡풀들이 길을 막고 있었다. 다니기 무척 힘든 길을 따라가다 보니 가시투성이 덤불을 지나가야 하기도 했다.

조는 잠시 서서 자기가 한 선택에 대해 곰곰이 생각해 보았다. 저 밖으로 쉽게 갈 수도 있었고, 거기까지 가지 않겠다고 포기할 수도 있었고, 왔던 길을 돌아갈 수도 있었고, 가려고 했던 길을 고집하면서 힘들어도 한 걸음씩 앞으로 나아가는 걸 감수할 수도 있었다. 그 길을 가다 보면 몇 군데쯤 긁히기도 할 텐데, 그럴 가치가 있나?

한쪽 마음으로는 돌아가 버리는 게 나을 거 같았고, 다른 쪽 마음으로는 가보고도 싶었다. 거기까지 갔을 때의 기쁨을 맛보고 싶었다. 누구나 그렇듯, 포기하고 싶을 때도 있고 차근차근 나아가기로 결심하는 때도 있다. 이번에 조는 잡풀이 무성한 길을 선택했다. 힘들지도 모르겠지만.

뛰어들고 싶도록 맑고 푸른 물로 둘러싸인 안전한 만의 꼬리 부분까지 가기 전에는 잠시도 틈이 없는 듯했다. 나무들로 만들어진 경계는 굽이진 해안선을 만들고 뜨거운 해를 가려 주고 있었다. 그늘에 다리를 꼬고 앉아 저 멀리 해가 바다와 만나는 곳을 바라보았다.

조와 클레어는 처음으로 싸움을 했을 뿐이다. 전에도 의견 차이가 없었던 것은 아니다. 모든 관계가 그렇듯이 그들도 예외는 아니다. 자기들은 좀 다르고 싸움 같은 건 절대로 하지 않는다고 생각하고 싶다 해도. 그들도 영원히 행복하고 싶은 꿈이 있고 희망이 있었다.

이 한 번이 그 꿈을 산산조각 내 버렸다. 이건 진짜 싸움이었다. 치고 받은 싸움은 아니었지만, 서로 너 죽고 나 살자고 싸우는 권투 시합 같았다. 클레어는 나가 버렸다. 조는 자기들 관계가 나아갈 방향을 모색할 시간이 필요했다.

한번은 한 친구가 그때 싸운 걸로 아직도 냉전 중이냐고 물었다. 그 친구는 관계라는 게 갈등을 겪어 봐야 그 속성을 알 수 있고 그걸 해결할 수 있는 효과적인 방법도 배울 수 있는 거라고 했다. 걷는 걸 배우는 것과 같다는 말도 했다. 아이들은 몇 번 넘어져 봐야 설 수 있는 법을 배운다.

조는 그런 시행착오의 시간이 필요하다고 생각하고 싶었다. 자기들 관계는 여태까지 분명히 좋았고 아무 문제도 없었다. 그런 식으로 계속한다면 더 좋아질 게 틀림없다. 전혀 싸우지 않고 지내는 게 더 낫지 않은가? 인생에 완벽한 조화와 행복이라는 건 있을 수 없는 걸까?

조의 시선이 물가로 내려갔다. 물이 점점 빠지고 있었다. 좀 전에 드높은 파도로 해변을 쓸어 간 흔적이 그대로 남아 있었다. 푹 젖어 있던 물결 모양의 모래들이 마르기 시작하니까, 높았던 파도의 흔적도 희미해지더니 사라져 갔다. 해변을 제압했던 바다의 강력한 힘의 흔적도 덧없는 것이었다. 모래밭 위에 남겨졌던 흔적들은 곧 희미해지더니 사라져 갔다. 조는 물이 빠져 나가는 걸 보면서 뭔가 상징적인 걸 발견했다. '누구나 서로에게 자기들의 흔적을 여러 가지 방법으로 남겨 두지.' 그는 생각했다. 모래와 바다는 밀려오고 밀려가면서 서로 주고받는 거다. 둘은 수천 년 동안 부딪혀 싸우고 또다시 어울리고 하면서 균형을 맞춰 천혜의 아름다움을 지닌 해안선을 만들어 왔다.

두 가지의 요구로 인한 갈등은 늘 있었고 앞으로도 있을 것이다. 전체 그림에서 균형과 조화를 어떻게 담아 가느냐 하는 것으로 보면 이번에 일어난 일은 별로 중요한 게 아닐 수도 있다. 조는 집으로 달려가 클레어가 남겨 둔 편지를 어서 다시 읽어 보고 싶었다.

집으로 돌아가는 길에, 파도는 바위에서 저 멀리로 멀어지고 있었다. 걷는 길 위의 모래가 보드랍고 젖어 있어서 디디기 좋았다. 한 번씩 바위 너머로 기어오르기도 했다. 밀물이 있으면 반드시 썰물이 있는 법이란 생각이 드니까 산책을 하면서 있었던 일로 참 많은 게 달리 보이기 시작했다.

집으로 돌아가 클레어가 남긴 말들을 다시 읽어 보았다. 조는 클레어에게 전화를 걸어 다음날 아침 해변으로 소풍을 가자고 했다. 빵과 커피를 가지고 둘은 바위 너머로 올라가면서 이런저런 오르막 내리막을 지나갔다. 가시덤불도 겨우겨우 지나서 드디어 쉴 만한 만의 꼬리 부분까지 갔다.

조는 같이하니까 그 길이 더 쉬운 것 같았다. 전날 한 번 해 보고 이번에는 미리 대비를 해서 그런 걸까? 바위투성이에 힘든 길을 한 번 지나가 봤기 때문에 다음번에는 훨씬 더 쉽다는 걸 알게 된 걸까? 클레어와 함께해서 길도 더 짧고 걷는 게 더 즐거울 수 있었던 걸까?

둘은 해변에 함께 앉았다. 모래가 아직까지 지난밤의 냉기를 품고 있었다. 앞바다로 바람이 살며시 불어 따사로이 등을 어루만져 주었다. 둘은 바다를 보고 앉아서 조금씩 변해 가는 파도를 보고 있었다.

조가 호주머니에서 클레어가 나가면서 집에 남겨 둔 편지를 꺼냈다. 자기가 클레어의 말을 이해했다는 걸 그녀에게 알려 주고 싶었다. 밀물이 있으면 썰물이 있다. 영원히 밀려오고 밀려가는 것이다. 우리 정서적 힘의 밀물과 썰물을 고려해 본다 해도, 중요한 것은 크게 보는 것이다. 조는 클레어가 쓴 것을 다시 읽어 보았는데, 이번에는 그 의미를 자신의 가슴 속으로 받아들였다. 클레어는 이렇게 썼었다. "우리 관계에서 겪을 건 다 겪었다고 봐. 파도처럼 밀려오고 밀려가는 거야. 남은 건 영원한 사랑의 바다일 뿐이야."

여든여덟 번째 이야기 자기 능력을 인식하고 사용하는 거야

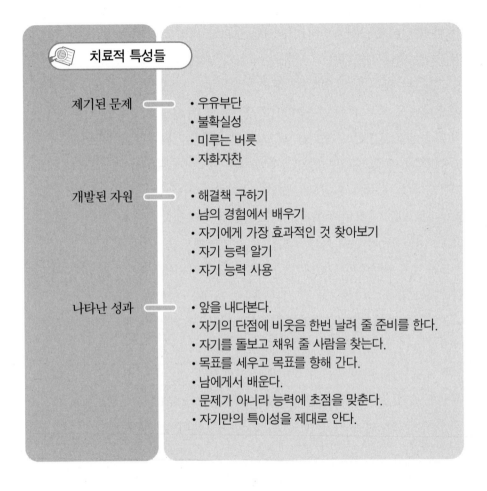

치료적 특성들

제기된 문제
- 우유부단
- 불확실성
- 미루는 버릇
- 자화자찬

개발된 자원
- 해결책 구하기
- 남의 경험에서 배우기
- 자기에게 가장 효과적인 것 찾아보기
- 자기 능력 알기
- 자기 능력 사용

나타난 성과
- 앞을 내다본다.
- 자기의 단점에 비웃음 한번 날려 줄 준비를 한다.
- 자기를 돌보고 채워 줄 사람을 찾는다.
- 목표를 세우고 목표를 향해 간다.
- 남에게서 배운다.
- 문제가 아니라 능력에 초점을 맞춘다.
- 자기만의 특이성을 제대로 안다.

찰리는 카멜레온인데 문제를 하나 가지고 있었다. 마음이 계속 변한다는 것이다. 맨 먼저 아침이면 침대에서 일어나야 할지 말아야 할지 결정을 하지 못한다. 일어나고 나면, 아침을 뭘 먹을까 하는 문제를 만나게 된다. 그리고 나면, 언제 어디서 누구와 그걸 먹을지 선택해야 한다. 그런 문제는 너무 방대하

· 제2부 **치유적 이야기**

고 복잡해서 하루를 시작하는 게 두려울 정도였다. 결정을 해야 한다는 결심까지도 문제였다.

매번 바뀌는 마음에다가 색깔까지 변한다. 화가 나면 피처럼 짙은 붉은색이 된다. 뭘 골똘히 생각하고 있으면, 푸른 물빛이 된다. 흥분을 하게 되면, 금빛 태양 같은 노란색으로 바뀌기 시작한다.

찰리의 우유부단과 뭐든 미뤄 버리는 버릇이 아무것도 할 수 없게 만드는 것만 아니라면 이 모든 게 그리 문제가 될 건 없다. 아무것도 할 수 없다는 것도 나쁜 것만은 아니다. 하지만 우유부단 때문에 낙담하게 되고, 그렇게 낙담을 하게 되면 짙은 절망의 푸른빛으로 바뀌게 된다는 것이다.

찰리는 도움이 필요하다고 생각했지만, 당연히 도움을 찾으려는 결정을 하는 건 또 하나의 문제였다. 결정을 해야 하는 순간이 임박해 오면, 결국 자기는 결정할 필요가 없다는 걸로 결론을 내리게 되는 게 너무 좋았다. 도움을 구해 보려고 좀 둘러보려고 하면, 바로 다음에 어떤 사람을 찾아야 하는가라는 물음이 생긴다. 같이 이야기할 동물 친구 하나를 떠올리자마자, 바로 다른 걸 생각했다. 그러다 보면 몸의 색깔이 얼룩덜룩해진다.

아무튼, 발걸음을 떼서 현관문을 나섰지만, 어디로 가야 할지를 몰랐다. 오른쪽을 보니까 마음이 바뀌어서 왼쪽으로 돌아섰다. 왼쪽으로 첫발을 내딛는 순간 꼭 오른쪽으로 돌아서야 한다는 생각이 들었다.

발을 내디딜 때마다 자꾸 의심이 나서, 한 발도 더 나아가지 못하고 종종걸음만 치면서 뱅글뱅글 돌고 있었다. "뭐하는 거야?" 지나가던 기린이 물었다. 찰리가 자기 문제를 말하니까, 기린이 아주 건전하고 직접적으로 충고를 해 주었다. "나처럼 똑바로 서서," 목이 긴 기린이 말했다. "저 앞을 내다보고 네가 갈 곳을 찾는 거야. 주변에 있는 작은 것들에 신경 쓰지 말고. 그 너머를 봐야 하는 거야. 그럼 갈 곳을 찾을 수 있을 거야."

찰리는 기린처럼 고개를 들어 보려고 했다. 최대한 저 멀리 앞을 내다보니까 한 방향으로 몇 걸음 나갈 수 있었다. 그런데 다시 의심이 밀려들었다.

계속 가야 할지 집으로 돌아가야 할지 결정할 수가 없었다. 뒤로 갔다 앞으로 갔다 하는데, 흔들목마 같았다. 갑자기 키득거리는 웃음소리에 정신이 들었다. 카멜레온이 고개를 들어 보니 자기의 이상한 행동을 보면서 낄낄대는 하이에나가 보였다. "완전 바보 같아." 하이에나는 웃음보가 터지기 직전이었다. "바보 같은 짓 하지 마. 그냥 가서 하고 싶은 걸 하면 되잖아."

찰리는 부끄러웠다. 너무 화가 나서 짙은 자줏빛의 붉은색으로 바뀌어 펄쩍 뛰어 달아났다. 자기 마음도 몰라주고 놀리기만 하는 하이에나한테서 얼른 도망치고 싶었다. 서너 걸음 정도 똑바로 갔나? 또 어디로 가야 할지 방향을 모르게 되었다.

수풀 바닥으로 떨어지는 이파리처럼 녹색으로 바뀐 찰리는 덤불 속으로 열심히 걸어가고 있는 고릴라와 마주쳤다. 아기 고릴라는 엄마의 털을 꼭 움켜쥐고 있었다. 엄마 고릴라가 찰리를 밟을 뻔하는 순간 멈추더니 이렇게 말했다. "미안. 거기 있는 줄 몰랐네."

"괜찮아." 찰리가 대답했다. "알아보는 이도 별로 없는 걸 뭐. 알아본다 해도 이래라 저래라 하거나 비웃기나 하는 걸."

엄마 고릴라가 넘어져 있는 통나무 위에 앉아서 찰리의 이야기를 들었다. 고릴라의 눈은 부드럽고 따사로웠다. 찰리는 예전엔 한 번도 말해 보지 못했던 것까지 말할 수 있을 듯한 느낌이 들었다. "네 문제가 뭔지 알 것 같구나." 고릴라가 말했다. "그런데 나는 네가 뭘 해야 할지 말해 줄 순 없어. 네 길은 네가 찾아야 하는 거야. 답은 네 안에 있어." 찰리의 피부가 벌겋게 달아올랐다. 고릴라가 자기를 이해해 주고 자기한테 관심을 가져 주는 것 같았다. 마음이 좀 안정이 되면서, 앞으로 대여섯 발자국 정도 나아갔다. 또 의심이 일어났다. 고릴라는 이래라 저래라 하는 말은 한마디도 않고 지켜보고만 있었다. '혼자서는 아무래도 안 돼.' 찰리가 생각했다. 그리고 곧 낙담해서 멈춰 버렸다.

그다음엔 치타와 만나 자기 이야기를 해 주었다. "간단하네." 치타가 말했다. "일단 앉아서 가만히 지켜보는 거야. 네 시야에 들어오는 걸 골라. 그리고 나면, 그리로 곧장 가는 거야. 네 힘껏 좇 먹던 힘까지 써서 그리 가는 거야. 뒤 돌아보지 말고. 그게 목표에 도달하는 길이라구." 그러더니 치타는 휙 사라져 버렸다.

'큰 도움이 되었어.' 찰리가 생각했다. '하지만 난 치타도 아니고 치타처럼 될 수도 없어.' 그래도 생각에 잠겨 곧장 앞으로 난 길만 따라가고 있는데 머리 위에서 무슨 소리가 났다. 위에서 마음 좋은 얼굴로 찰리를 보고 있는 건 커다 란 눈을 가진 올빼미였다.

올빼미는 가만히 찰리의 이야기를 다 듣더니 잠시 그대로 앉아 생각에 잠겼 다. 모든 문제점들을 곰곰이 생각해 보더니 입을 뗐다. 올빼미의 목소리는 깊 고 인정스러우면서도 지혜롭게 들렸다.

"친구들 충고를 들었던 건 잘한 일이야." 올빼미가 말했다. "모두들 네가 가 는 길에 조금이라도 도움을 주려고 했던 말들이네. 그 친구들한테는 효과가 있 었던 것들이 너한테는 별 의미가 없을 수 있다는 것도 맞아. 그런 게 얼마나 도 움이 될지 해 봤던 것도 잘했어. 그런데 한 가지를 빼먹었네. 그 친구들을 그대 로 따라 하는 건 아니지. 넌 다른 동물들이 가지지 못한 능력이 있는데 말이야."

"정글에는 이런 말이 있어." 올빼미는 말을 이어나갔다. "표범은 자기 점을 바꿀 수 없다. 그건 사실이야. 모든 동물들이 현재도 그렇고 앞으로도 늘 그럴 색을 가지고 있단다. 하지만 넌 독특하고 특별해. 세상의 모든 동물들 중에, 너 만이 색깔을 바꿀 수 있잖니? 너의 강점을 알고 그걸 자랑스럽게 여겨 봐."

찰리는 너무 자기 문제만 걱정하고 있다 보니 어떻게 자기만의 특성을 알 수 있는지를 잊고 있었다. 올빼미가 자신의 가치에 대해 깨우쳐 주고, 스스로를 가치 있게 여길 수 있는 방법에 대해서 말해 주니까 가슴이 뛰고 기분이 좋아 졌다. 그런 걸 알고 나니까 자신감이 차올랐다. 집으로 가는 내내 색깔을 바꿔 보았다. 정글 그늘처럼 얼룩덜룩하게 되기도 하고, 먼지 풀풀 날리는 초원을 지나가면 황금빛 황토색도 되고, 바위를 기어오를 때는 화강암 같은 회색이 되 곤 했다. 이런 재미에 빠져 마음이 오락가락 하던 걸 잊어 먹었다. 집에 도착도

하기 전에 저녁으로 뭘 먹을지를 결정하기까지 했다. 찰리는 식사를 하고 편안히 잠에 빠져 들었다. 물론 잠이 들어 있을 때는 자기가 어떤 색인지를 보지 못한다. 하지만 멋진 색일 거라는 건 안다. 그럴 수밖에 없었다. 자신감이 넘치는 찰리라는 카멜레온의 꿈을 꾸고 있었으니까.

여든아홉 번째 이야기 **받고 싶은 걸 주는 거야**

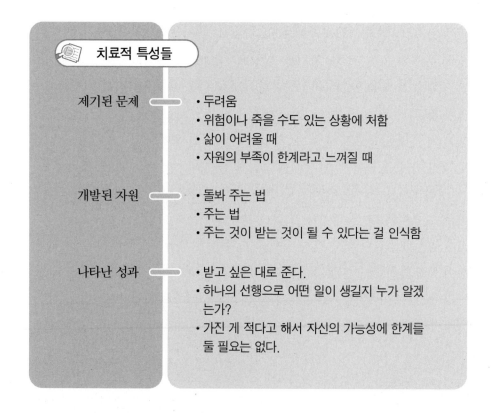

치료적 특성들

제기된 문제
- 두려움
- 위험이나 죽을 수도 있는 상황에 처함
- 삶이 어려울 때
- 자원의 부족이 한계라고 느껴질 때

개발된 자원
- 돌봐 주는 법
- 주는 법
- 주는 것이 받는 것이 될 수 있다는 걸 인식함

나타난 성과
- 받고 싶은 대로 준다.
- 하나의 선행으로 어떤 일이 생길지 누가 알겠는가?
- 가진 게 적다고 해서 자신의 가능성에 한계를 둘 필요는 없다.

어떤 행동이 비슷한 반응을 초래한다는 걸 겪어 본 적이 있는가? 누가 일부러 여러분을 밀면, 여러분도 다시 밀어 버리고 싶다는 생각이 드는가? 누가 여러분에게 고함을 치면, 고함으로 답해 주고 싶은가?

행동의 의미는 다르더라도 과정이 똑같은 게 사실이다. 누가 안아 주면, 다시 안아 주는 게 더 쉽다. 누가 다정스레 말을 건네면, 친절하게 답을 하게 되는 법이다.

플레밍이란 이름의 가난한 스코틀랜드 농부 이야기를 들어 보라. 그는 척박한 스코틀랜드의 시골구석에서 손바닥만한 땅으로 가족을 먹여 살리려고 아등바등 살고 있었다. 어느 날 땅을 갈고 있는데, 근처 수렁에서 비명 소리를 들었다. 연장을 던져 버리고는 할 일도 잊고 수렁으로 달려갔다. 어린아이 하나가 거기 빠져 어떻게든 빠져나오려고 몸부림치고 있었는데, 발버둥을 치면 칠수록 수렁 속으로 자꾸 더 깊게 빨려 들어가는 것이었다. 아이의 눈은 겁에 질려 등잔만해져 있었다. 죽어라고 소리를 질러 대면서, 수렁이 자기를 삼켜 버릴까 봐 잔뜩 겁을 먹고 있었다. 붙잡을 게 아무것도 없어서 혼자서는 나올 방법이 없었다.

플레밍은 자기가 어떻게 될지는 생각도 않고, 수렁에서 소년을 구해 주고 자기 오두막으로 소년을 데리고 가 아내의 도움까지 빌려 벌벌 떠는 소년을 진정시키고, 씻겨 주고, 집까지 안전하게 돌려보내 주었다. 그렇게 해 주고도 소년이 누군지, 어디 사는 사람인지도 묻지 않았다.

다음날 아침 놀랍게도 농부의 누추한 집 앞에 미끈하게 잘 빠진 말이 끄는 마차가 와 있었다. 마부가 말에서 내리고 마차의 문을 여는데 값비싼 옷을 차려 입은 귀족이 모습을 드러냈다. 그 귀족이 다가오더니 농부의 크고 거친 손을 부여잡는 것이었다.

"나는 당신이 어제 구해 준 아이의 애비 되는 사람이오." 그가 말했다. "그냥 '감사하다' 는 말로는 도저히 부족할 거 같아서 말이오. 세상에 내 자식의 생명보다 더 귀한 게 어디 있겠소? 내가 당신에게 어떻게 보상을 하면 되겠소? 뭘로 이 은혜를 갚는단 말이오?"

"감사합니다." 농부가 말했다. "당신이 고맙게 여기는 것만으로도 충분하다. 그만하면 됐습니다. 아무것도 받을 수 없습니다. 누구라도 그렇게 했을 걸요. 당신이 수렁에 빠진 내 아들을 봤어도 아마 그렇게 했을 겁니다."

바로 그때 농부의 아들이 오두막의 문을 열고 나왔다. 자기네 조그만 농장에 귀족과 멋진 마차가 와 있는 걸 보고는 이게 무슨 일인가 어리둥절했다. "얘가 당신 아들이오?" 귀족이 물었다.

아이 옆으로 가서 아이 어깨를 팔로 감싸며 플레밍은 자랑스럽게 대답했다. "예."

"당신은 내 아들을 구해 주었소." 귀족이 말했다. "당신 아들을 위해 내가 뭔가를 할 수 있게 해 주시오. 내가 아이를 데려가서 좋은 교육을 받게 할 수 있습니다. 아버지의 용기와 마음을 가지고 있다면, 이 아이는 당신이 정말 자랑스러워할 만큼 훌륭한 인물로 자랄 수 있을 것이오."

농부는 자기는 죽었다 깨어나도 해 줄 수 없는 걸 아들에게 해 준다니 그러마고 했다. 플레밍의 아들은 영민하고 헌신적인 학자가 되었다. 기초적인 교육을 마치고 나서, 그 아들은 의과대학을 가서 남들을 보살펴 주고자 하는 열정으로 연구에 몰두했고, 세상을 바꿀 만큼 놀라운 약을 발견하기에 이르렀다. 한 친절한 농부의 한 번의 작은 행동이 수백만의 생명을 계속 구할 수 있는 발견을 낳은 것이다. 그 농부의 아들은 페니실린을 발견한 연구업적으로 알렉산더 플레밍(Alexander Fleming)이라는 이름의 작위를 받았다.

그러나 이야기는 여기서 끝이 아니다. 몇 년 뒤 그 귀족의 아들이 또 한 번의 죽을 고비를 맞게 되었다. 그 아들이 폐렴에 걸리게 되었는데, 그때까지도 폐렴에 걸리면 죽음에 이르는 것이 대부분이었다. 알렉산더 플레밍은 페니실린으로 그 귀족의 아들의 병을 낫게 해서 살릴 수 있었고, 그렇게 또 한 번 유명해졌다.

플레밍의 아들에게 교육을 시켜 준 그 귀족이 랜돌프 처칠(Randolph Churchill) 경이었다. 플레밍 부자에 의해 두 번이나 목숨을 구한 그 젊은이가 바로 윈스턴 처칠(Winston Churchill)이다.

신뢰 형성과 변화

아흔 번째 이야기

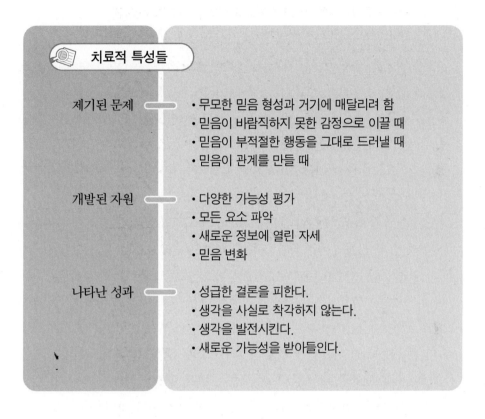

치료적 특성들

제기된 문제
- 무모한 믿음 형성과 거기에 매달리려 함
- 믿음이 바람직하지 못한 감정으로 이끌 때
- 믿음이 부적절한 행동을 그대로 드러낼 때
- 믿음이 관계를 만들 때

개발된 자원
- 다양한 가능성 평가
- 모든 요소 파악
- 새로운 정보에 열린 자세
- 믿음 변화

나타난 성과
- 성급한 결론을 피한다.
- 생각을 사실로 착각하지 않는다.
- 생각을 발전시킨다.
- 새로운 가능성을 받아들인다.

우리 딸이 두 살 때, 좀 이상하고 부적절한 믿음을 갖고 있었다. 시작은 좋은 의도였다. 첫 아이인 터라 우리는 부모로서 예민하면서 헌신적이고 열정적으로 딸아이에게 최고로 잘 해 주고 싶었다. 우리는 모든 걸 해 주고 싶었고, 그런 책임감 같은 걸로 기니피그 한 쌍을 사 주었다. 그걸로 동물에 대한 사랑도 가르치고 인생에 필요한 은유 같은 것도 줄 수 있을 거라고 생각했는데, 그게 우리 기대와는 다른 방향으로 가 버렸다.

암컷 기니피그가 새끼를 뱄는데, 새끼를 낳기 직전에 나는 회의 때문에 다른

제12장 자기 돌보기 · 369

도시에 가야 했다. 아내와 딸아이도 같이 데려가려고 기니피그를 처음 샀던 친구한테 잠깐 맡겨 두었다.

회의를 마치고 돌아오니까, 그 친구가 우릴 맞으면서 두 가지의 소식이 있다고 했다. "좋은 소식, 나쁜 소식이 있는데." 친구가 말했다. "좋은 소식은 어미가 새끼 네 마리를 낳았다는 거고, 나쁜 소식은 수컷이 죽었다는 거야."

암컷이 새끼를 낳을 때 수컷과 암컷을 떼어 놓았던 모양이었다. 수컷이 암컷이 돌아오기만 기다리다가 우리 철망에 목이 졸려 죽게 되었다는 것이다.

몇 달 뒤 우리 옆집에 사는 사람이 쌍둥이를 낳았는데, 아기가 태어난 걸 축하해 주려고 그 집으로 갔다. 우리 꼬마 아가씨가 눈을 반짝이며 잠시 두 아기를 보다가, 그 아버지를 힐끗 보고는 이렇게 묻는 것이었다. "아저씨는 언제 죽어요?"

잘못된 신념을 형성하는 것이 비단 아이들의 특권만은 아니다. 수년간 한 동료가 우리 집에 머물면서 우리가 살던 지역에서 워크숍을 이끌고 있었다. 그 친구가 있는 동안 가만히 보더니 현관에서 신발을 벗고 들어오는 우리 집 전통을 따라 주었다. 그리고 수년 동안 우리에겐 아무 말도 않고 그렇게 해야 한다고 믿고 있었다.

우리 집은 목재 판 마루로 광택을 내놓아서 신발을 신고 다니면 긁히고 쓸려서 해마다 새로 덧칠을 해야 한다. 한 해는 마루를 덧칠할 때 쓰는 약품 냄새가 너무 견디기 힘들었는데다, 의사가 화학약품 냄새에 내가 과민반응을 보이기 때문에 쓰면 안 된다고 했다. 나는 곤란해졌다. 마루를 멋지게 반짝거리게 해놓을 것이냐, 뇌세포를 매년 조금씩 죽여 나갈 것이냐. 우리는 현관에서 신발을 벗고 안에서는 실내화를 신기로 하는 걸로 이 문제를 해결했다.

내 동료가 이 이야기를 듣더니 깜짝 놀라는 것이었다. 그가 말했다. "몇 년 동안이나 난 그게 무슨 종교의식 같은 건 줄 알고 있었어. 사원 안으로 들어갈 때는 신발을 벗곤 하지 않는가? 여러 사람한테 자네가 그런 영적인 사람이라는 말을 했다네. 자네는 자기 집에 들어가면서 신발을 벗는 신성한 의식을 행하는 그런 사람이라고 말일세!"

그런 믿음들이 별로 해가 되지 않는 경우도 있지만, 심각해지는 경우도 있다. 아즈텍 사람들이 겨울에 해가 지면서 점점 지평선으로 내려오는 걸 왜 그렇게 몸서리치며 무서워하는지를 얼마 전에 읽은 적이 있다. 해가 지면서 기온이 점차 서늘해지고 땅은 휴면 상태가 되어 간다. 해가 사라질지도 모른다는 생각을 하면서, 그 사람들은 자신들의 잘못된 사고를 믿어 버리는 실수를 하게 되었다. 공포가 그들을 엄습한다. 해가 완전히 사라지고 그들은 파멸로 밀려간다. 태양신을 달래고 해가 다시 돌아올 거라는 걸 확신하기 위해서 그들은 최후의 선물을 바쳐야 한다. 인신공양. 그들의 믿음으로 야기된 행동은 효과가 있었다. 해는 다시 떠오르니까. 하늘 위로 다시 올라와 온기와 생명력으로 땅을 다시 기름지게 하니까. 해마다 겨울이 되어 해가 멀어지면 아즈텍 사람들은 희생제의를 하고 해마다 해는 다시 돌아온다.

아즈텍 사람들이 그걸 알게 되었는지는 모르겠지만, 잘못된 신념이 형성되는 것처럼, 그 신념들은 또 바뀔 수도 있다. 나는 우리 딸이 이젠 청소년기에 접어들어, 아버지가 안 죽어도 아기가 태어날 수 있다는 걸 입증하는 사실들을 충분히 발견하기를 바란다. 내 동료의 경우는, 자기가 본 것에 대한 새로운 정보를 받아들임으로써 우리 식구들의 의식적인 신발 벗기에 대한 다른 시각을 개발할 수 있었다. 내 딸에게 생긴 일 중에서, 부가적 요인들이 현재의 신념을 어떻게 바꿀 수 있는가에 대한 예를 하나 더 보여 줄 수 있다.

우리 딸이 네 살 나던 해 크리스마스였다. 백화점에 가서 산타클로스의 무릎에 앉아 자기가 원하는 선물을 모조리 다 말했다. 우리 딸은 최고의 존재로부터 크리스마스에 원하는 모든 것을 약속받은 것만으로도 주체할 수 없는 힘을 얻어 돌아왔다.

잠시 뒤에 우리는 다른 백화점으로 들어갔는데 산타가 또 높은 자리에 앉아 사탕을 나눠 주며 아이들에게 좋은 말을 해 주고 있었다. 딸아이도 그 줄에 같이 서서 산타의 무릎에 앉아 잠시 이야기를 나누더니 완전히 풀 죽은 얼굴로 돌아오는 것이었다. 나는 딸아이의 고 작고 슬픈 얼굴을 들여다보면서 왜 그러냐고 물었다. 딸아이가 말했다. "크리스마스 때 아무것도 못 받을 거 같아요." "왜?" 내가 물었다.

"크리스마스 때 뭐 받고 싶냐고 산타가 묻잖아요." 딸아이는 엉엉 울었다. 그야 산타라면 늘 묻는 건데 도대체 뭐가 문제인지를 몰랐는데, 딸아이가 이렇게 말하는 걸 듣고서야 알 수 있었다. "난 아무것도 못 받을 거야." 딸아이는 똑같은 말을 한 번 더 했다. "15분 전에 말한 것도 산타가 기억을 못하잖아! 엉엉!"

아흔한 번째 이야기 **자신을 위한 시간 갖기**

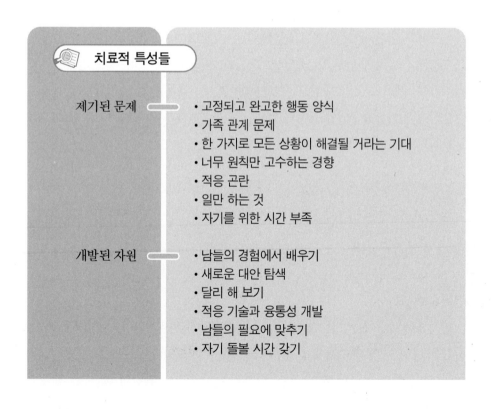

치료적 특성들

제기된 문제
- 고정되고 완고한 행동 양식
- 가족 관계 문제
- 한 가지로 모든 상황이 해결될 거라는 기대
- 너무 원칙만 고수하는 경향
- 적응 곤란
- 일만 하는 것
- 자기를 위한 시간 부족

개발된 자원
- 남들의 경험에서 배우기
- 새로운 대안 탐색
- 달리 해 보기
- 적응 기술과 융통성 개발
- 남들의 필요에 맞추기
- 자기 돌볼 시간 갖기

나타난 성과	• 다른 사람들이 가르쳐 줄 수 있는 것도 있다. • 생활의 요구에 유연해진다. • 어떤 상황에서 효과가 있었던 것이라도 다른 상황에서는 안 될 수도 있다. • 다른 가능성이 있을 수 있다. • 쉴 시간을 가진다. • 스스로를 돌보는 것도 남들을 돌보는 것만큼 중요하다.

인간이라서 좋은 것 중에 하나는 경험을 나누고 서로의 비극이나 승리를 통해서 배울 수 있는 능력이다. 내 비행교관은 내가 자기와 함께했던 어떤 것이 20년도 더 넘게 지난 뒤 클린턴과 그 가족을 변화시켜 줄 것이라는 걸 알지도 못했고 그럴 의도도 전혀 없었을 것이다.

클린턴은 해군에 있었고 해병대를 사랑했다. 그의 직업은 어릴 때부터 어른이 될 때까지 키워 온 꿈이었다. 훈련 때문이기도 하지만 원래 천성적으로도 그런 면이 있었기 때문에, 그는 군인이 되었고, 기강과 엄격한 지시와 정확한 과정을 확립했다. 이게 군대 안에서는 아주 제대로 먹혀서, 승진도 보장해 주었고, 성공도 할 수 있게 했다.

문제는 집에서였다. 자기가 배운 것이 자기 일에서는 너무나 효과적으로 활용되었으나, 아내와 두 아들에게는 전혀 효과가 없었다. 하루 일을 마치고 집으로 오면, 군대에서 하던 그대로 소리를 쳐서 지시를 내리자마자 즉각적으로 반응이 나오기를 바란다. 아이들이 왜 복종을 하지 않는지, 왜 방을 정리하지 않는지, 왜 자기 말을 듣지 않는지 도무지 이해가 되지 않았다. 클린턴은 이런 걸 자기와 자기 가치관에 대한 거역으로 보았다.

아내가 아침에 토스트를 대각선으로 자르는 걸 잊어버리면 그냥 똑바로 하지 않았다는 게 아니라 아내가 정신을 똑바로 차리지 않았기 때문이라고 생각해 버리고는 불같이 화를 터뜨려 버린다. 욕구불만이 정점으로 치달으면 화가 언어폭력으로 바뀌고 아내와 아이들에게 힐난하는 말을 퍼붓게 된다. 자기가 무슨 짓을 하고 있는지도 알고 그러고 있는 자신이 밉기도 하지만 자기 원칙이 옳고 아이들을 바로 키우려면 책임감을 분명히 가지고 있어야 한다는 생각도 들었다. 가족들을 끔찍이도 사랑하고 그런 마음은 한 치의 어긋남이 없는데도 계속되는 가족 간의 긴장 앞에서는 좌절감을 느꼈다.

클린턴이 자기 이야기를 해 주는데, 내 비행교관이 했던 말이 생각났고, 그게 클린턴과 관계되는 것 같았다. 우리는 수업을 시작하면서 활주로로 나아가고 있었는데, 뜬금없이 그 교관이 나에게 물었다. "내가 이 일을 하면서 제일 싫어하는 게 뭔지 압니까?"

나는 지레짐작으로 나를 꾸짖는 뜻으로 묻는 것 같아 주저하면서, 나처럼 경험도 없고 미숙한 사람과 같이 비행을 해야 하는 상황이 두려울 거라고 대답했다. 그런데 그의 답은 그게 아니었다. "이 일을 하면서 내가 제일 싫어하는 건," 교관이 말을 이어 갔다. "초보자와 함께해야 하는 게 아닙니다. 난 내 일을 즐기지요. 내가 싫은 건 하루 종일 비행을 하고 나서 집으로 갔는데 아들이 나와서 '비행기 놀이해요, 아빠.' 라는 말을 할 때입니다."

그 교관이 어떤 기분이었는지를 난 정확하게 알고 있었다. 내 직업의 경우도 마찬가지니까. 하루 일과를 마치고 집으로 가서 똑같은 경험을 한 적이 있었다. 내 비행교관처럼, 나도 내 일을 즐기는 편이다. 내가 가장 어렵다는 생각이 드는 건 하루 일을 마치고 집에 들어서자마자 아내와 두 아이가 그날 있었던 자기네 일들을 모조리 쏟아 내는 것이다.

집에 오면 일에서는 벗어나고 싶었다. 가족들의 산적한 문제들을 대면해야 하는 건 정말 하고 싶지 않았다. 그래서 아내와 앉아서 이 상황을 어떻게 헤쳐 나갈지를 의논했다. 집으로 오는 길에 운동을 하러 가거나 수영을 하거나, 친구들과 한잔 하면서 일과 가족에 대한 책임감 사이에 완충지역을 둘 수도 있다. 하지만 그런 게 내 우선순위에서 그리 높은 곳을 점할 수 없고, 나는 집에 있는 게 더 좋으니까, 시험 삼아 잠시 쉬는 시간을 가져 보자는 결론을 내렸다. 커피잔을 들고 신문 읽는 시간을 가지거나, 헤드폰을 끼고 내가 좋아하는 음악을 듣거나, 잠시 명상할 시간을 가지거나 하면서 10분이나 15분, 아니면 20분 정도를 보내는 것이다.

신기하게도 그러는 동안 나보다 아내와 아이들이 더 잘 적응하는 것이었다. 내가 일에서 벗어나기를 기다리기만 하면, 내가 자기들이 의논하고 싶은 것들에 훨씬 더 집중해서 편안히 들을 수 있게 된다는 걸 알게 된 것이다. 가족들은 내게 하루 일을 뒤로 할 수 있는 시간을 줌으로써 모자를 바꿔 쓸 수 있도록[1] 하면, 자기들이 훨씬 더 이익이라는 걸 알았다.

"무슨 말씀이신지 알겠습니다." 클린턴이 말했다. "난 제복을 입은 채로 집으로 갑니다. 차로 3분밖에 안 걸리니까요. 군인의 마음에서 아버지의 마음으로 돌아설 시간도 없고, 제복까지 입고 있으니 그대로 해군이지요. 내가 할 수 있는 건 민간인이 되는 거네요. 제복을 부대에 두고 집으로 갈 때 마음을 바꿀 수 있겠지요."

"사실," 그는 말을 이어 나갔다. "그렇게 되도록 연습도 더 많이 하고 싶었고 그렇게 할 방법이 뭔지 생각도 많이 했습니다. 퇴근을 자전거로 하면, 바닷가를 따라 오는 길이 있어요. 저한테 15분이나 20분쯤 할애할 수 있지요. 자전거를 타고 출근하면서 일을 생각하고 집으로 올 때는 가족들에 대해서 생각할 수 있을 겁니다."

몇 년이 지나도록 나는 내 비행교관과 연락이 끊겨 있었지만, 내가 자기와 함께한 경험이 어떻게 나와 내 가족을 변하게 만들었는지, 또 클린턴과 그 가족들에게까지 어떤 변화를 주었는지를 들으면 재미있을 거란 생각이 들었다. 클린턴의 이야기가 다른 사람들에게 또 어떤 영향을 미칠지 누가 알겠는가?

● ● ●

1) 모자를 바꿔 쓴다는 영어식 표현은 역할이 바뀐다는 의미로 쓰인다. 여기서는 직장에서 일을 하던 역할에서 집으로 돌아와 아버지의 역할을 하게 된다는 의미로 쓰인다(역자 주).

연습문제

　여러분이 듣거나 내담자에게서 보거나 자신의 경험에서 만나게 되는 자기 돌보기의 이야기들은 어떤 것들이 있는가?
　공책에 이런 생각들을 적어 두라.

1. 자기 돌보기나 자기 양육이라는 내담자의 목표를 가슴에 분명히 새겨 둔다.
2. 구체적이고 긍정적이며 획득 가능한 방법으로 바람직한 치료적 결과를 내담자와 함께 정한다.
3. 이런 목표를 얻을 수 있도록 만든 은유적 이야기의 개요를 만들어, 그렇게 할 수 있는 방법들을 내놓는다.

제13장
행복 키우기

행복—타인과의 관계에서, 그리고 자기들이 살고 있는 환경 속에서 사람이 안녕과 즐거움을 스스로 경험하면서 만족할 때 하는 말—은 우울, 불안, 공포증, 역기능적 관계 등을 예방할 수 있다. 우리가 만족을 느끼면, 약물로 기분전환을 하려는 경향도 줄어들고, 자기에게 일어난 일을 남의 탓으로 돌리는 일도 줄어들 것이고, 어쩔 수 없다는 절망도 덜할 것이다.

우울과 마찬가지로, 행복도 여러 가지로 구성된다. 이 장에서 나올 여러 치유적 이야기들이 이 말에 대한 증거가 되기를 바란다. 개인의 권한에 대한 현실감 개발, 바꿀 수 없는 것을 받아들이는 법, 부정적 태도의 재구성 등은 모두 안녕을 구성하는 부분이며, 바람직하지 못한 행동 양식을 수정하는 능력이 되고, 경험으로 배우고 원하는 것을 얻기 위해 애쓰는 능력이 된다. 내담자들이 스스로를 돌보는 법을 배우고, 타인을 돌보거나 온정 어리게 다가갈 수 있도록 하고, 이런 것들을 세계관으로 받아들일 수 있도록 할 수 있다면, 치료적 측면 그리고 예방적 측면 모두에서 내담자들이 만족할 수 있도록 도와주고 있는 것이다.

재미—행복의 구성 요소 중 하나—를 누리는 능력은 불안, 우울, 공포 등에 상호 억제 요소를 제공하여, 치료에 합당한 수단과 결과가 된다. 유머와 유머러스한 경험이 내담자의 바람직한 결말과 연관된 분명한 치료적 메시지를 전달하는 방법으로 사용될 수도 있다. 사실, 유머가 내담자에게 뭔가 직접 선택하도록 할 수 없는 것을 말할 수 있도록 해 주기도 한다. 유머러스한 의사소통의 간접성은 유용한 은유 소재를 만든다.

다음에 나올 이야기들은 농담과 유머러스한 이야기들을 사용하는 예들을 담고 있지만, 모든 이야기들이 공격적이거나 모욕적이라고 인식할 수도 있는 위험부담을 피하려면 내담자들의 가치관, 도덕관, 유머감각 등에 민감해야 한다. 이런 점에만 주의를 하면 치료적 메시지를 경쾌하고 재미있으면서도 분명하게 가지고 집으로 갈 수 있을 것이다.

<small>아흔두 번째 이야기</small> 밝혀질 수 없는 비밀

 치료적 특성들

이 이야기는 내가 가장 좋아하는 이야기 중의 하나이지만, 치료적으로 사용한 적이 없었다는 단순한 이유로 이 이야기가 제공하는 문제, 자원, 성과를 목록으로 만들지 않았다. 하지만 이야기하기의 몇 가지 중요한 부분들을 설명하기 위해 여기에 소개하였다.

첫째, 이 이야기를 다시 함으로써, 2장에서 제시하고 논의한 효과적인 이야기하기에 대한 지침들을 연습해 볼 수 있다. 이 이야기는 내가 특히 좋아하는 것이어서 언제라도 열정적으로 몰입하여 이야기할 수 있다. 듣는 사람의 관심을 사로잡아 이야기 속으로 끌려오도록 하는 다양한 감각적 경험을 사용하고 발전시킬 수 있는 여지를 주는 이야기다.

둘째, 잘만 하면, 듣는 사람들이 아주 강력하게 사로잡혀 넋을 잃기 때문에, 이야기꾼이 내담자들의 몰입과 침투 과정의 특성을 쉽게 관찰할 수 있다. 듣는 사람들은 편안하면서도 열중하는 자세를 그대로 보여 준다. 내담자들의 관심은 이야기꾼에게 꽂혀 있고, 호흡은 느려지고, 깜박거리던 눈도 잠잠해지고, 꼼지락대던 몸도 가만히 있게 되는 걸 보여 준다.

옛날 두 명의 기사가 성배를 찾으러 길을 떠났다. 그 당시 기사들은 오랫동안 고된 길을 가며 성지를 찾아 인생의 의미를 찾고, 누구도 얻지 못한 것을 구해서 궁극적 승리를 얻고자 하는 열망을 품고 있었다. 우리의 기사들도 그 유명한 것을 위해 한 몸 바치는 것에 빠질 수가 없었다.

어느 춥고도 끔찍한 날 저녁, 죽어라고 말을 타고 달리면서 셀 수 없는 날들이 지나고, 기사들은 쉴 곳을 찾고 있었다. 천둥이 쾅쾅 하늘을 울리고 번개가 번쩍거릴 때마다 앞에 놓인 어두컴컴한 흔적들이 비치곤 했다. 저 멀리 안개 너머 언덕에 어서 오라는 듯 작은 탑 하나가 성 위로 솟아 있는 게 보였다.

가까이 가 보니, 도개교가 으스스하게 삐걱거리고 있고 그 아래로 백합이 가득 찬 연못의 물이 잔잔히 흐르고 있었다. 마치 그들이 오는 걸 알고 있었다는 듯. 말이 나무로 된 다리를 다그닥다그닥 울리면서 건너가, 조약돌 깔린 안마당에서 주춤했다. 다리가 등 뒤에서 끼익거리더니 쾅 소리와 함께 무너져 버렸다. 수백 년을 닳고 닳은 돌 위에서 말발굽의 날카로운 두드림으로 정적을 깨뜨리며 두 사람은 전투를 대비해 만들어 놓은 안뜰 저쪽의 황량한 마굿간으로 말을 타고 갔다. 안으로 들어서니, 대지의 향기와 짐승들의 단 땀내, 신선한 건초들의 냄새들이 어우러져 자기들과 자기 말들을 기다리고 있었던 듯하여, 말 위에서만 오랜 세월을 보낸 이들이 그리던 집으로 돌아온 듯한 기분이 들 정도로 편안했다.

말을 매어 두고 기사들은 성의 중앙에 있는 아치형의 문으로 다가갔다. 쇠로 된 손잡이로 문을 두드렸더니 저 안에서 메아리 같은 반향만 울렸다. 아무 대답이 없어서 자물쇠를 만졌더니, 문이 스윽 열려 나무 벽이 있는 방으로 들어설 수 있었다. 그 방은 오래된 음침한 초상화로 장식되어 그들이 들어오는 걸 엄숙한 표정으로 바라보고 있었다. 다른 문을 건드려 보았더니, 천정에 멋지게 샹들리에가 달려 있는 식당이었는데 벽에는 촛불들이 팔락이며 춤을 추며 어둠을 밝히고 있었다. 기다란 목재 식탁은 방 가운데까지 뻗어 있었고, 그 끝에 길고 하얀 몇 가닥 안 되는 수염을 단 비쩍 마른 노인이 앉아 있었다.

"어서 오시게." 노인이 그들을 맞이했다. "그대들이 오기를 기다리고 있었다네." 노인은 기사들에게 귀한 음식들을 먹이고 나서 성의 왼편에 있는 잠잘 곳으로 안내했다. 그곳에는 방이 두 개 있었는데 아직도 천둥이 내리치고 빗줄기로 지붕을 때려 대는 폭풍우 몰아치는 바깥에 비하면 너무도 편안한 곳이었다. 완전히 탈진한 상태라, 두 기사는 침대 속으로 쓰러지듯 들어가 천국 같은 밤을 꿈꿨건만, 온몸에 소름이 돋는 비명 소리 때문에 깜박 졸지도 못했다. 극심한 고통으로 몸부림치는 신음소리가 몰아치는 폭풍도 잠재우고 성의 회랑으로 뻗어 나갔다. 기사들은 어찌해야 할 바를 몰라, 밤새도록 모로 앉아 늘어질 대로 늘어진 몸으로도 눈 한 번 붙이지 못했다.

아침이 되자 궁금증을 참을 수가 없었다. 식탁 위에는 벌써 멋들어진 아침식사가 차려져 있었는데, 앉기도 전에 식탁 머리에 서서 이미 자리에 앉아 있는 그 깡마른 노인에게 지난밤 있었던 일을 물어보았다.

"그게 무슨 소리였지요?" 기사들이 물었다. "밤새도록 한숨도 못 잤습니다. 그 신음소리, 비명소리가 뭐였나요?"

노인이 답했다. "그건 이 성의 비밀이네." 기사들은 비밀에 대해 물었으나 노인은 이렇게 말할 뿐이었다. "말해 줄 수 없네. 나는 성의 비밀을 지키겠다고 맹세한 몸이야. 보다시피 이젠 너무 늙어서 얼마를 더 살 수 있을지 모르지만 말일세. 자네들이 일 년 안에 다시 여기로 온다면, 비밀을 말해 주지."

기사들은 성배를 찾으려고 다시 길을 떠났다. 그리고 시간이 지나면서 그 성에서의 밤은 기억 속에서 점점 희미해져 갔는데, 우연히 일 년 뒤 바로 그날, 그들은 춥고 끔찍한 밤을 지낼 만한 곳을 찾고 있었다. 그들은 헤아릴 수 없는 날들을 죽어라 말만 타고 다녔다. 천둥이 하늘을 뒤흔들고 번갯불에 어두컴컴한 길이 나타났다 사라졌다 했다. 기사들은 안개 속으로 낯익은 성의 작은 탑이 솟은 걸 볼 수 있었다.

다시 삐걱대는 도개교를 따라 말들이 그 닳아빠진 나무판자를 다그닥거리며 건너고 나니까 뒤에서 쾅 하는 소리가 나고 무너져 내렸다. 건초의 단내가 따뜻한 마구간에 상쾌하게 퍼져 있고, 식당에는 그 노인이 약간 더 늙고 약간 더 마른 모습으로 그날 이후 마치 한 번도 움직이지 않은 것처럼 똑같은 자세로 앉아 있었다. 노인은 기사들이 다시 온 것을 환영하고 귀한 음식들을 먹여 주고, 성 왼편의 같은 방으로 안내해 주었다.

그날 밤 자정, 천둥이 내리치고, 번개가 번쩍이고, 빗줄기가 땅을 울리는데, 기사들은 또 성의 돌벽 회랑을 따라 울리는 소름 돋는 비명과 신음소리에 잠을 깼다. 기사들은 다음 날 아침 식사가 차려질 때까지 기다릴 수가 없었다.

"기억하시지요?" 기사들이 노인에게 채근했다. "일 년 안에 돌아오면 성의 비밀을 말씀해 주신다고 약속하셨잖아요. 우리가 때를 맞춰 왔으니 우리를 잠들지 못하게 하는 저 비명과 신음에 대해 말씀해 주세요."

"자네들 말이 맞네." 길고 몇 가닥 없는 수염 새로 노인의 말이 흘러나왔다. 노인의 목소리는 도개교처럼 거의 부서질 듯했다. "내가 그런 약속을 했지. 이제 난 더 늙고 몸은 더 쇠약해졌어. 더 이상은 버틸 재간이 없네. 그래서 자네들과 비밀을 같이하려고 하네. 하지만 우선 어느 누구에게도 발설치 않겠다는 약속을 먼저 받아야겠어. 자네들도 결코 다른 영혼에게는 말해서는 안 된다는 약속을 해야 하네."

기사들은 약속을 지켰고 성의 비밀은 전해지지 않았다.

아흔세 번째 이야기 **주고받고**

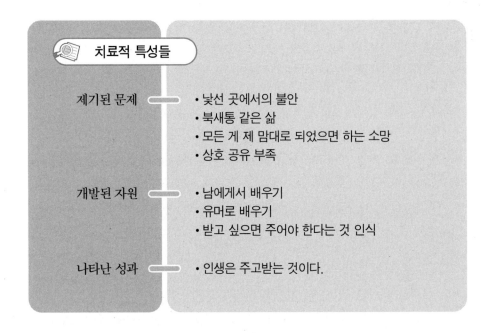

치료적 특성들

제기된 문제
- 낯선 곳에서의 불안
- 북새통 같은 삶
- 모든 게 제 맘대로 되었으면 하는 소망
- 상호 공유 부족

개발된 자원
- 남에게서 배우기
- 유머로 배우기
- 받고 싶으면 주어야 한다는 것 인식

나타난 성과
- 인생은 주고받는 것이다.

카트만두는 히말라야의 산들로 둘러싸인 계곡 밑에 자리한 고대 수도다. 내가 거길 처음 갔을 때, 공항에서 비행기 조종사가 찻잔 안으로 착륙할 거라고 말하는 것을 들은 적이 있다. 그 산들은 잔처럼 생겼는데, 구름들이 꼭대기 위에 얹은 받침접시처럼 씌워지곤 한다. 계곡 바닥에는 긴물들이 어지러이 서 있는데 그게 잔 바닥에 깔려 있는 찻잎 같다.

지금은 제트 항공로가 생기면서 카트만두가 관광중심지가 되었지만, 지난날 이 외딴 계곡은 노새들의 짐수레 행렬들과 맨발로 짐을 지고 다니는 짐꾼들만 다니던 곳이었다. 그러다가 인도 아대륙에서 티베트의 고원지대와 중국의 광활한 대륙까지 걸쳐진 산을 넘어 귀중품과 생필품을 물물교환하는 교역로의 교차점이 되었다.

두바르 광장은 이 동방 교역로의 중심지로, 상업과 종교의 중심이 되어 번성했다. 광장에는 정교하게 조각되고 오색찬란하게 색을 입히기도 한 나무 기둥으로 받친 탑 모양의 지붕들이 붉은 벽돌들의 층을 이루면서 사원들이 세워졌다. 사원 위에 달린 창의 덧문들이 열려 나무로 만든 힌두신상이 드러나 저 아래 모여든 수많은 상인 무리들을 굽어보고 있었다. 오늘날까지도 그 신상들은 채소장수, 고기장수, 이발사, 옷장수, 어슬렁대는 소들 사이에서 피리를 부는 행상인들과 카메라를 멘 관광객들을 바라보고 있다.

내가 이런 말을 하는 것은 나도 두바르 광장에서 이른 아침 지상에 있는 사원의 붉은 벽돌을 밝혀 주는 첫 금빛 햇살을 담아 보려고 카메라를 메고 다닌 관광객 중의 한 사람이었기 때문이다. 그날 그 시간, 광장은 지역 행사를 하느라고 부산했다. 사리를 입은 여인들, 천 모자를 쓴 남자들, 세파에 찌든 얼굴의 농부들, 불룩 튀어나온 장밋빛 광대뼈의 키 큰 티베트 사람들, 누덕누덕한 흰 옷을 걸친 비쩍 마른 인도의 성자들, 졸린 눈을 한 몇 명의 관광객들.

떠오르는 해를 경건하게 맞이하는 사원 위로 햇살이 눈부시게 떨어지고 있었다. 널따란 회색 석판으로 만든 계단은 오르라고 손짓하는 듯하고 늘 상인들로 북새통을 이루고 있는 것과는 동떨어진 듯했다. 성지로 들어서려면, 계단만 올라야 하는 게 아니라 신도들에게는 분명히 어떤 의미가 되는 상징들과 초상들을 깊이 새겨 둔 웅장한 조각을 담은 현관문을 지나야 한다.

다른 건물의 그늘에 서 있으면서, 나는 그 벽에 등을 대고, 몸과 카메라를 의지하면서 복잡하게 조각된 목조 작품을 한 장 찍고 있었다. 그러고 있는데, 한 성자가 광장을 가로질러 걸어가고 있었다. 그의 밤색 예복은 걸음걸이와 부드러운 바람과 함께 마치 흐르는 듯했다. 문에 조각된 것만큼 복잡한 문양의 자기 키만한 지팡이를 짚고 걷고 있었다. 길게 날리는 수염은 아침 햇살처럼 상큼한 금빛 꽃처럼 늘어뜨려져 있었다. 나무로 만든 염주를 걸고 있었는데, 그 염주가 목과 머리칼에 겹겹이 늘어뜨려져 있었고 위로는 뱅뱅 틀어서 감은 터번을 쓰고 있었다. 얼굴에는 흰색 줄과 붉은색 엄지 도장이 칠해져서 이마 가운데 세 번째 눈을 상징하듯 그려져 있었다.

　그는 상인들로 메워진 광장을 헤집고 지나가고 있었는데, 다른 사람들은 안중에도 없는 듯—나까지도—다른 건물의 그늘 뒤로 사라졌다. 그는 내가 카메라로 찍고 있었던 사원으로 걸어가서 내가 탄복을 하며 보았던 그 석판 계단을 올라, 내가 사진을 찍으려던 바로 그 문 앞에 정좌를 하고 앉는 것이었다. 딱 문간 앞에 자세를 잡았다. 나랑은 눈도 마주치지 않고서 내가 있는 쪽으로 고개를 돌렸다. 어쩌면 내가 거기 있다는 걸 알고 있다는 표시를 한 것일지도 모르겠다. 명상을 하는 자세로, 다리를 꼬고, 위쪽으로 눈을 고정시키고, 더 높은 차원의 생각을 하는 듯 앉아 있었다.

　이건 『내셔널 지오그래픽(*National Geographic*)』[1]의 제1면에 실릴 사진이다. 이런 인생의 한 컷을 잡는 것은 사진을 찍는 사람이라면 누구라도 자랑스러웠을 것이다. 바로 내 앞에 전시회에서 수상을 할 만한 사진이 있다. 나는 망원렌즈로 죽 당겨 확대해 보았다. 초점을 맞추고 손가락을 셔터에 올려놓았다. 그와 동시에 마치 예언이라도 한 듯, 성자도 자기 손을 들었다. 두 손으로 낡고 오래된 판지를 하나 들어 자기 얼굴을 가렸다. 거기에 무슨 메시지 같은 게 있었다. 그게 궁금해서 뭐가 쓰였는지 보려고 렌즈를 더 가까이 당겨 보았다. '인생은 주고받는 것이다.' 라는 말로 시작하고 있었다. 멋진 걸! 하는 생각이 들었다. 그 성자는 나에게 거룩한 메시지를 주고 있는 것이었다. 그래서 계속 읽어 보았다. 다음에 이어지는 글귀는 이것이었다. '사진 한 장에 50루프!'

・・・
1) 미국 국립지리학회가 1868년 창간한 잡지(역자 주)

아흔네 번째 이야기 **간단하게 합시다**

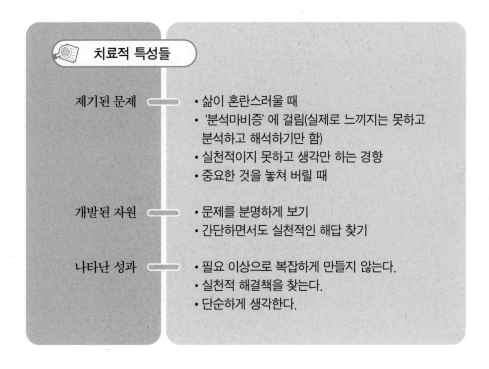

치료적 특성들

제기된 문제	• 삶이 혼란스러울 때 • '분석마비증'에 걸림(실제로 느끼지는 못하고 분석하고 해석하기만 함) • 실천적이지 못하고 생각만 하는 경향 • 중요한 것을 놓쳐 버릴 때
개발된 자원	• 문제를 분명하게 보기 • 간단하면서도 실천적인 해답 찾기
나타난 성과	• 필요 이상으로 복잡하게 만들지 않는다. • 실천적 해결책을 찾는다. • 단순하게 생각한다.

셜록 홈즈와 왓슨 박사가 야영을 하던 중이었다. 잠 잘 준비를 하고 침낭 속으로 들어가 누워서 별들을 쳐다보면서, 홈즈가 왓슨에게 말했다. "이보게, 왓슨. 저렇게 별이 빛나는 하늘을 보면, 무슨 생각이 드나?"

왓슨은 빛나는 별로 어둠을 밝히는 천체에 대해 생각하면서 잠시 생각에 잠기더니 이렇게 답했다. "글쎄요. 기상학적 관점으로 보자면 구름 한 점 없이 맑으니 상쾌하고 비도 안 오는 밤이 되겠군요. 달무리도 없는 걸 보니, 내일도 오늘처럼 날씨가 좋을 것 같네요. 산산한 바람이야 좀 불겠지만 그리 나쁜 날씨가 될 것 같진 않네요."

"항해술의 관점으로 보면, 별을 보면 편리하지요. 별의 모양을 보면서 해도를 그리고 별의 움직임을 세세히 과학적으로 잘 살펴보면 광활한 우주의 길을 안내해 주는 길잡이가 되기도 하지요. 별은 세상을 떠돌아다니는 선원들을 인도해 주지요. 탐험가들이 지구의 가장 어둡고 닿지 못할 곳까지 갈 수 있도록 해 줍니다. 사람들이 자기가 어디에 있으며 어디로 가는지를 알려 주는 기준이 되어 주기도 하지요. 별의 인도가 없다면 너무나 광막해서 알 수 없었을 세계를 별이 안전하게 탐험할 수 있도록 해 줍니다."

"미학적으로 보자면, 별이 빛나는 하늘은 이 세계가 지닌 고유의 아름다움을 떠올리게 합니다. 별을 보면서, 반짝이는 모습과 그 모양을 보고 있노라면 저 멀리 닿을 수조차 없는 신비한 곳으로 여행을 하는 것 같지요. 세월이 거듭거듭 흘러도 눈에 낯익은 별자리를 보면서 새로 태어나는 아이들마다 그걸 가르쳐 주기도 하지요. 그 아름다움은 이 세계와 우리 주변의 것이 지닌 본질을 떠올리게 해 주는 게 되지요."

"천문학적 관점에서 보면, 도저히 알 수 없는 곳에 수십 억이 넘는 세계들이 있다는 걸 알 수 있지요. 수천 수백만 광년으로 쫙 뻗어 가며 성운들이 늘어서 있고, 우리 같은 미미한 존재들은 도저히 헤아릴 수조차 없습니다. 우리 태양계는 그냥 저 거대한 우주의 작은 한 부분밖에 안 되는 걸요. 우주는 우리가 알 수도 없고 이해할 수도 없는 겁니다."

"영적으로 보면, 저 멀리에 그런 광막한 창조물이 있는 걸 보면 틀림없이 창조주가 있다는 말이지요. 이런 모든 별이나 행성을 만들 만한 신이나 신성이 있다는 걸 생각하면서 별을 바라보면 마음 깊은 곳에서 영감이 느껴집니다."

"제 개인적으로 보면, 제 자신에 대한 걸 떠올리게 하는데요. 제가 별 사람이 아니란 생각이 들게 해요. 전 그냥 작은 점 같아요. 점 중에서도 제일 작은 점 말입니다. 저 거대한 우주 앞에서는요. 별을 보고 있으면 자존감이나 자부심 같은, 좀 전에 한 생각 같은 건 사라져 버려요. 별은 세상 안에서의 제 자리나 다른 사람과의 관계 속 제 위치를 떠올리게도 하지요."

그러면서 왓슨은 등을 기대고 누워 한동안 하늘을 보면서 별을 보면 생각나는 것들을 수도 없이 계속 말했다. 드디어 혼자서 하던 말을 끝내더니 머리를 돌려 저 하늘 위에서 반짝이는 별에게서 눈을 돌려 홈즈를 바라보면서 물었다. "선생님께서는 별을 보면서 무슨 생각을 하십니까, 홈즈?"

홈즈가 담배 파이프를 쭉 빨아 깊게 들이마시더니, 잠깐 멈추고 연기를 천천히 내뿜으며, 이렇게 대답했다. "어이 애송이 왓슨. 누가 우리 텐트를 훔쳐 갔는 걸."

아흔다섯 번째 이야기 **한참 신날 때**

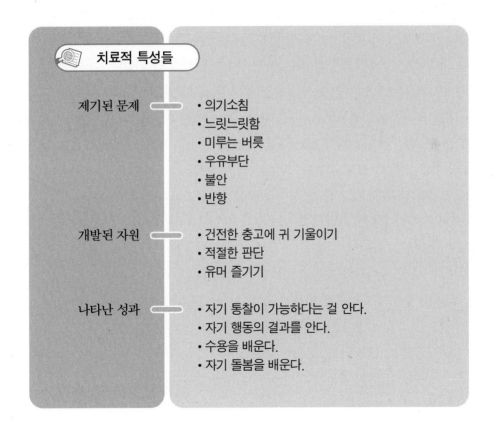

치료적 특성들

제기된 문제
- 의기소침
- 느릿느릿함
- 미루는 버릇
- 우유부단
- 불안
- 반항

개발된 자원
- 건전한 충고에 귀 기울이기
- 적절한 판단
- 유머 즐기기

나타난 성과
- 자기 통찰이 가능하다는 걸 안다.
- 자기 행동의 결과를 안다.
- 수용을 배운다.
- 자기 돌봄을 배운다.

겨울이 되어도 남쪽으로 갈 마음을 먹지 못한 작은 제비의 이야기가 있다. 제비는 친구들한테서 이로운 충고를 들었을 법한데도 그런 건 염두에 두지 않았다. 현재 상태를 즐기고 있어서 성가시게 변화를 주는 게 싫었던 모양이다. 그 제비는 맨날 질질 끄는 습관이 있었고, 별 마땅한 이유가 있는 것도 아니면서 일을 뒤로 미루곤 했다. 무리 속에 있는 게 겁이 났거나 괜한 걱정이 되었을 수도 있고, 아니면 그냥 화가 나고 욱하는 마음이 들었는지도 모르겠다.

이런 건 다 추측일 뿐이다. 확실한 건 그 제비가 떠나려고 하지 않았다는 것이다. 하지만 오래지 않아 자기 결정을 후회하기 시작했다. 겨울이 찾아왔다. 날씨가 추워졌다. 먹을 음식도 별로 없었다. 괜히 고집대로 하다가는 큰일 날 것 같으니까, 마지못해서 그 제비는 하늘로 날아올라 남쪽으로 비행을 시작했다.

이 일을 어쩌나, 너무 지체했다. 겨울이 닥쳐 왔고, 들판엔 눈이 쌓이고, 바람도 모질게 불어 댔다. 날개 위에 얼음이 얼기 시작하자, 제비는 얼어붙은 물이 더 무거운지 자기 마음의 짐이 더 무거운지 분간이 안 되었다. 더 이상 버티지 못하고 하늘에서 떨어져 어느 농장 마당의 외양간에 추락했다.

바로 그때, 암소 한 마리가 바로 그 외양간에 있었다. 입맛 도는 건초더미에 코를 푹 박고 있느라 그 암소는 꽁꽁 언 제비가 자기 뒤에 떨어지는 걸 보기는커녕 그 소리조차 듣지 못했다. 맛좋은 건초더미를 앞에 두었다면 어떤 암소라도 그랬을 것이다. 먹고 또 먹다가 똥을 쌌다. 바로 제비 머리 위에.

"이제 정말 끝이로구나!" 제비는 생각했다. 그러나 그 작은 제비가 생각한 것만큼 큰일은 아니었다. 뜨듯한 똥이 날개의 얼음을 녹이고 체온을 회복시켜 주었다. 사실, 얼마나 아늑하고 따스했는지 노래라도 나올 지경이었다.

하지만 농부의 고양이가 외양간 저 뒤 구석에 숨어 있었다. 제비가 짹짹대는 소리를 듣더니, 고양이는 이게 웬 떡인가 싶었다. 밥통으로 몸을 가리고, 고양이가 살금살금 소리 나는 쪽으로 더듬어 나아갔다. 제비는 똥 위에서 노래를 부르며 앉아 있었다. 제비는 혼자서 멋대로 똥 속에서 이리 뒹굴 저리 뒹굴 하느라 정신이 팔려 어떤 위험이 다가오는지도 모르고 있었다.

고양이가 머뭇거릴 리가 없다. 그대로 정확하게 낚아챘다. 고양이는 똥을 털어 내고는 제비를 꼴깍 삼켜 버렸다.

그래서 이 이야기 핵심이 뭐냐고 물을지도 모르겠다. 음, 그러니까 모든 훌륭한 이야기들은 도덕적 교훈을 담고 있다는 말이 있다. 이 이야기는 최소한 세 가지를 담고 있다.

첫째, 자기한테 싫은 소리하는 사람이 모두 적은 아니라는 것.

둘째, 험한 데서 자기를 구해 주는 사람이 모두 친구는 아니라는 것.

셋째, 기분이 좋아 정신없을 때라도 입은 다물고 있으라는 것.

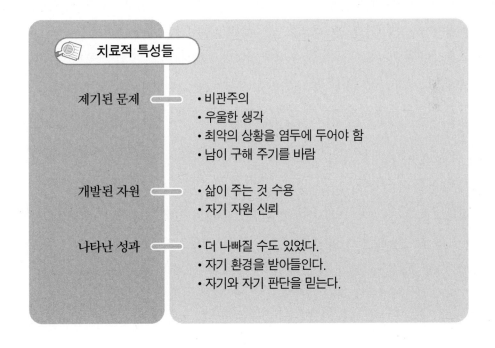

아흔여섯 번째 이야기 **더 나빠질 수도 있었어**

치료적 특성들

제기된 문제
- 비관주의
- 우울한 생각
- 최악의 상황을 염두에 두어야 함
- 남이 구해 주기를 바람

개발된 자원
- 삶이 주는 것 수용
- 자기 자원 신뢰

나타난 성과
- 더 나빠질 수도 있었다.
- 자기 환경을 받아들인다.
- 자기와 자기 판단을 믿는다.

선교 사업이 한창일 때, 젊고 정열이 넘치는 어느 목사가 지구를 반 바퀴나 돌아 사람 사냥을 일삼는 무지몽매한 보르네오 섬의 이교도 종족에게 열정을 다해 말씀을 전하려고 갔다. 팔에는 성경 한 권, 배낭에는 겨우 입에 풀칠할 정도의 음식뿐이었지만, 오직 신앙에 의지한 그는 굽이치는 강에도 굴하지 않고, 소용돌이도 건너고, 거의 틈도 보이지 않을 만큼 빽빽한 숲도 헤쳐 나갔다. 드디어 목적지에 닿았다. 한 번도 백인을 본 적 없는 천벌을 받을 그 식인종들의 소굴에.

마을로 다가가고 있는데, 정글에서 이백 명쯤 되는 사나운 전사들이 튀어나와 목사를 에워 쌌다. 창을 번쩍 들더니 당장이라도 던질 듯한 자세로 이백 명의 무장 전사들이 목사의 심장을 겨눴다. 목사는 무기도 없고, 힘도 없고, 겁에 질려 온 몸이 굳어 버렸다. 어찌할 바를 몰라 목사는 소리를 질렀다. "신이시여, 제가 시험에 들었나이다!"

저 하늘에서, 신의 음성이 답을 했다. "너는 시험에 든 것이 아니니라. 발 아래를 보라. 돌이 있을 것이다. 그 돌을 들어 우두머리를 쳐서 죽여라."

추장이 누군지 알아보는 건 어렵지 않았다. 머리에 멋진 깃털을 꽂은 머리띠를 하고 해골을 꼭대기에 단 지팡이를 가지고 있는 이가 바로 추장이었다. 선교사가 돌을 들어 추장에게로 걸어가 돌을 하나 던지니까 추장이 바로 죽어 버렸다.

처음엔 전사들이 두렵고 믿을 수가 없어서 뒤로 주춤했다. 자기네 추장의 몸이 생명을 잃은 채 이 희멀건 침략자의 발 아래 쓰러졌다. 선교사가 숨도 쉬지 못하고 돌을 툭 떨어뜨리고는 고개를 들었더니 또 이백 명의 창을 든 전사들이 자기를 둘러싸고 있는 것이었다. 그 얼굴에는 광포함이 피어올랐다. 이백 명의 전사들은 분노에 차 요동치는 목사의 심장에 당장이라도 창을 던질 태세였다.

다시 하늘에서 목소리가 들렸다. "지금은 네가 시험에 들었구나!"

아흔일곱 번째 이야기 **문제를 찾아다니는 문제**

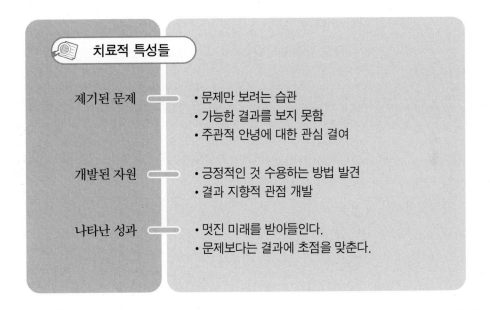

치료적 특성들

제기된 문제 ──
- 문제만 보려는 습관
- 가능한 결과를 보지 못함
- 주관적 안녕에 대한 관심 결여

개발된 자원 ──
- 긍정적인 것 수용하는 방법 발견
- 결과 지향적 관점 개발

나타난 성과 ──
- 멋진 미래를 받아들인다.
- 문제보다는 결과에 초점을 맞춘다.

　프랑스 혁명 중에, 변호사, 의사, 기술자 등이 사형을 언도받았다. 사형집행 날짜가 되자, 변호사가 먼저 단두대에 가 섰다. 그는 뻣뻣이 서서 자랑스럽게 자기 신념을 굽히지 않았다.

　"눈을 가리겠는가, 가리지 않겠는가?" 사형집행자가 물었다. 변호사는 죽음을 맞아 겁에 질려 벌벌 떠는 걸 보여 주고 싶지 않아서 머리를 곧추 세우고 대답했다. "가리지 않겠소." "머리를 들겠는가, 숙이겠는가?" 사형집행자는 질문을 계속했다. 변호사는 여전히 꿋꿋했다. "들겠소." 변호사는 비장하게 말했다.

　사형집행자가 도끼를 휘둘렀다. 단두대 위에서 번쩍 하는 도끼날이 밧줄을 탁 끊었다. 칼날이 한줄기 빛을 번쩍이며 내리꽂히더니 변호사의 목 바로 위에서 딱 멈췄다.

"이런." 사형집행자가 말했다. "오늘 아침에도 틀림없이 살펴봤는데. 이런 일은 있으면 안 되는데."

변호사는 이때다 싶어 사형집행자에게 찬찬히 말을 하기 시작했다. "참수형 집행 절차 설명서를 제대로 살펴보면, 거기 이런 구절이 있을 거요. 참수형이 제대로 집행되지 않았을 때 사형수는 면죄를 받아 풀려날 수 있다는."

사형집행자가 설명서를 살펴보니까, 변호사의 말이 맞았다. 그래서 변호사는 풀려났다.

다음 차례로 의사가 단두대로 끌려 나왔다. "눈을 가리겠는가, 가리지 않겠는가?" 사형집행자가 물었다. "가리지 않겠소." 의사도 변호사처럼 당당하게 말했다. "머리를 들겠는가, 숙이겠는가?" 사형집행자가 물었다. "들겠소." 의사가 똑바로 서서 반항적인 어조로 답을 했다.

사형집행자가 도끼를 휘둘렀고, 밧줄을 탁 끊었다. 다시 한 번 칼날이 의사의 목 바로 위에서 멈추었다.

"이럴 수가!" 사형집행자가 소리를 질렀다. "연속으로 두 번이나! 오늘 아침에 철저히 점검을 했는데. 그래도 규칙은 규칙이니까 따라야지. 변호사가 그랬듯, 당신도 아직 살 날이 남은 모양이군. 가시오."

기술자가 세 번째로 단두대에 올라섰다. 사형집행자 꼴이 우습게 되어서 이번에는 거듭 단두대를 점검하고 모든 게 제대로 작동이 되는지를 살펴보았다.

"눈을 가릴 텐가, 가리지 않을 텐가?" 사형집행자가 기술자에게 물었다. "가리지 않겠소." 답을 했다. "머리를 들겠는가, 숙이겠는가?" 사형집행자가 물었다. "들겠소." 기술자가 대답했다.

세 번째로 사형집행자가 칼날을 붙들고 있는 밧줄을 자르려고 도끼를 번쩍 들었다. 사형집행자가 도끼로 줄을 끊으려고 휘익 바람을 가르는 순간, 기술자가 소리쳤다. "잠깐! 뭐가 문젠지 알았소."

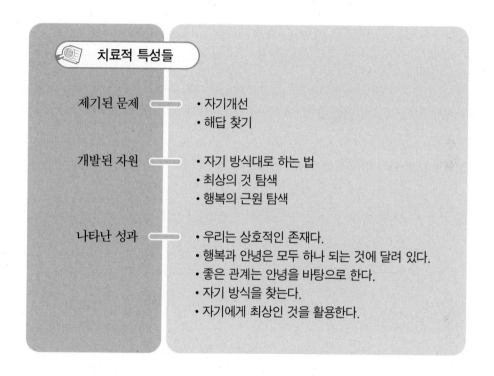

아흔여덟 번째 이야기 **모든 게 하나로**

치료적 특성들	
제기된 문제	• 자기개선 • 해답 찾기
개발된 자원	• 자기 방식대로 하는 법 • 최상의 것 탐색 • 행복의 근원 탐색
나타난 성과	• 우리는 상호적인 존재다. • 행복과 안녕은 모두 하나 되는 것에 달려 있다. • 좋은 관계는 안녕을 바탕으로 한다. • 자기 방식을 찾는다. • 자기에게 최상인 것을 활용한다.

어느 초보 수도승이 곧 칩거를 앞두고 스승을 찾아갔다. 수도사라면 수도의 한 가지 방법으로 높은 산 동굴 속에 들어가 혼자서 2년 동안 지내며 고행의 삶을 살면서 깨달음을 높여 가는 전통을 몸소 체험해야 한다.

"스승님," 그 수도승이 떠나기 전에 자기 스승에게 물었다. "2년 동안 칩거를 하면서 제가 무엇을 묵상해야 합니까?"

스승이 대답했다. "자네가 깨달음을 얻을 수 있는 한 가지의 주제나 상징에만 집중해야 하네. 깨달음은 혼자 하는 여행이며, 각자 자기만의 길을 찾아야 하는 거라네."

그 초보 수도승은 괴나리봇짐을 지고 바위투성이 산을 올라가 앞으로 스물 네 달을 보낼 만한 동굴을 찾아다녔다. 마음을 단단히 먹었는데도, 무슨 일이 일어날지도 모르고, 어떤 묵상의 주제가 자기를 살아갈 수 있게 할지도 모르겠고, 혼자서 깨달음을 얻을 수 있을지 확신도 없었다.

스승은 제자가 잘할 수 있을지 염려가 되었다. 혼자서 2년을 버틸 수 없을지도 모른다는 생각이 들었다. 하지만 스승의 염려와는 달리 제자는 칩거 기간을 잘 채우고 수도원으로 돌아왔다. 제자가 산에서 내려오는데, 스승은 그 젊은이의 걸음걸이가 전혀 흔들림이 없다는 걸 알아챘다. 제자가 가까이 다가오면서, 스승은 그 얼굴에 평온이 깃들여 있으며 영의 충만함이 어려 있는 걸 보았다. 산에서 머물면서 깨달음을 얻은 게 확실했다.

스승은 제자를 맞으며 이렇게 말했다. "제자여, 그대가 칩거에 성공했다는 걸 알겠네. 말해 보라. 자네는 뭘 하면서 명상의 시간을 보냈는가?"

그 젊은 제자가 답을 했다. "슈프림 피자 생각만 했습니다. 스승님."

"슈프림 피자라고?" 스승은 기겁을 했다. "왜 하필 슈프림 피자였지?"

젊은 수도승이 깨달음의 새로운 기운을 풍기며 대답했다. "모든 게 하나가 되기만 바랐으니까요."

아흔아홉 번째 이야기   인생이 주는 것을 활용하라

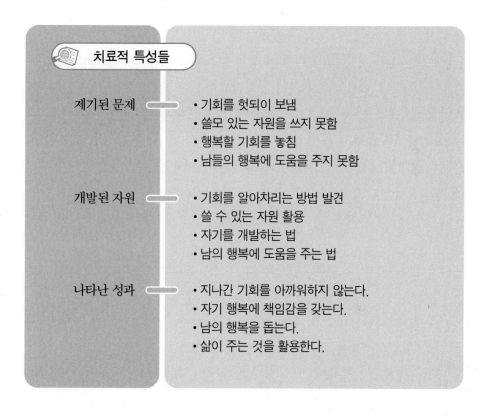

치료적 특성들

제기된 문제
- 기회를 헛되이 보냄
- 쓸모 있는 자원을 쓰지 못함
- 행복할 기회를 놓침
- 남들의 행복에 도움을 주지 못함

개발된 자원
- 기회를 알아차리는 방법 발견
- 쓸 수 있는 자원 활용
- 자기를 개발하는 법
- 남의 행복에 도움을 주는 법

나타난 성과
- 지나간 기회를 아까워하지 않는다.
- 자기 행복에 책임감을 갖는다.
- 남의 행복을 돕는다.
- 삶이 주는 것을 활용한다.

옛날 아주 상서로운 기운을 타고 태어난 대수도원장이 있었다. 그는 타고난 신분 덕에 큰 수도원의 원장이 되어 학식 높은 사람들로 둘러싸이고 최고의 장서들로 들어찬 어마어마한 도서관을 갖게 되었다. 그는 얼마든지 학식과 지혜를 키워 나갈 수 있었다. 그러나 그 수도원장은 자기에게 주어진 것을 쓰지 못했다.

많은 이들이 그를 두고 게으르다고 했고, 다른 이들은 그를 두고 빈둥거리는 사람이라고도 했다. 수도원장은 모든 기회를 놓쳐 버리고 죽었다. 많은 이들이 그는 인생을 허비한 사람이라는 말에 고개를 끄덕였다.

똑같은 수도원장이면서, 산의 누추한 동굴에서 허례허식하지 않고 수도원을 관할하는 사람이 살고 있었는데, 그는 많은 시간을 그 수도원장을 위한 기도로 보냈다. 이 은자는 그 수도원장이 자기 방법에 문제가 있음을 깨닫고 자기 삶에 주어진 것을 제대로 쓰기를 바랐다.

수도원장이 죽자, 그 은자는 자기 동굴을 떠나서 시골 등지를 방랑하며, 산을 넘고 계곡도 건너, 아주 비옥하고 녹음이 우거진 계곡까지 가게 되었다. 거기는 소떼, 양떼, 말떼, 당나귀 무리 등이 한가로이 목초를 뜯고 있었다. 시내는 바위 틈새를 따라 졸졸 흐르고, 시냇가를 따라 걸어가다 보니, 아리따운 젊은 아가씨가 물을 긷고 있는 걸 보게 되었다. 은자가 그 여인에게 다가가 자기와 결혼해 달라고 했지만 갑작스런 말에 놀란 여인은 물통을 떨어뜨리고는 달아나 버렸다. 그 은자는 시냇물이 졸졸 흐르는 곁 바위에 앉아서 기다리기로 했다.

한편, 그 아가씨는 집으로 달려가 자기 엄마에게 다 늙은 쑥대머리 남자가 염치도 없이 자기와 결혼해 달라고 했던 이야기를 다 해 주었다. 여인의 엄마는 그 남자가 어떤 사람인지 궁금했다. 이 계곡에는 부모를 보지도 않고 제대로 구혼 절차도 밟지 않고 덥석 결혼부터 하자고 할 사람은 없었다.

그 여인이 나이 든 사람이라는 말을 하자, 그 엄마는 바로 그 사람이 계곡 몇 개를 넘어가면 있는 동굴에서 수도원을 관할하면서 산다는 그 유명한 은자라는 걸 알아챘다. 그 엄마가 딸에게 이렇게 말했다. "그 분은 아주 유명한 성자시다. 네게 결혼을 하자고 하셨다면, 분명 그럴 만한 이유가 있으셨을 게야. 다시 가서, 그분과 이야기를 나눠 보거라. 그분이 무엇을 원하고 왜 그러시는지 제대로 알아 오너라."

그 젊은 여인이 시냇가 바위로 다시 갔는데 그 은자는 명상을 하는 중이었다. "용서해 주소서." 여인이 말했다. "알아 뵙지 못했습니다. 저희 어머니가 다시 가서 자초지종을 설명하고 아까 하신 말씀에 대해서 더 알아 오라고 했나이다."

"고맙소이다." 그 은자가 대답했다. "내가 그대에게 다가간 것은 저 계곡 너머의 수도원장에 대한 깊은 배려 때문이었소. 그에게는 다른 이들의 삶을 살찌우고 득이 될 수 있도록 해 줄 수 있는 여러 기회들이 있었소이다. 그런데 안타깝게도 그런 기회들을 모두 간과해 버리고 가능했던 모든 선행을 하나도 못하고 그냥 세상을 떠나 버렸소."

"나는 그가 또 하나의 기회를 잃어버리지 않기를 바랐던 것이오. 우리가 결혼을 해서 제대로 윤회가 되어 그 수도원장이 환생하기를 바랐던 것이라오. 그러나 애석하게도 당신이 너무 늦게 돌아왔소이다. 당신이 돌아오기를 기다리는 동안, 이 외양간에 들어 있던 나귀 둘이 짝짓기를 해 버리고 말았소."

백 번째 이야기 **인생을 즐겁게**

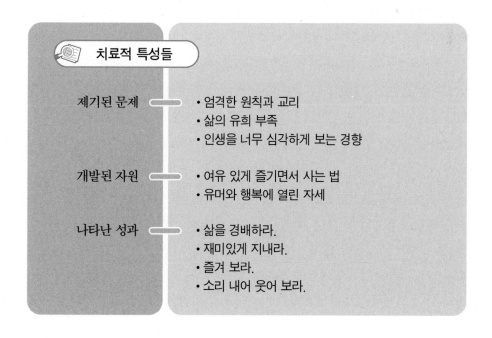

치료적 특성들

제기된 문제
- 엄격한 원칙과 교리
- 삶의 유희 부족
- 인생을 너무 심각하게 보는 경향

개발된 자원
- 여유 있게 즐기면서 사는 법
- 유머와 행복에 열린 자세

나타난 성과
- 삶을 경배하라.
- 재미있게 지내라.
- 즐겨 보라.
- 소리 내어 웃어 보라.

교황이 죽고 천국에 가서 아주 특별한 귀빈으로 환대를 받았다. 경의의 표시로, 성 피터가 진주로 된 천국의 문에서 대천사들을 사열시켜 놓고 몸소 교황을 맞했다. "당신이 여기에 오시다니 아주 기쁩니다. 성하!" 성 피터가 말했다. "당신은 당신의 삶을 신과 인류를 위해 바치셨습니다. 당신의 봉사와 헌신에 합당한 보답을 해 드리고 싶습니다. 편히 머무르시면서 즐겁게 보내시기 위해 필요한 게 있으시면 무어라도 저희들에게 알려 주십시오."

교황이 말했다. "저, 그런데 말입니다. 제가 전 생애 동안 인류에게 하사하신 신의 근본 명령에 전념을 한 것은 사실입니다. 하지만 세월이 흐르면서 이게 좀 왜곡되고 잘못 받아들여진 것 같습니다. 늘 의도한 대로 전해지는 것도 아니고, 우리 자신의 인식과 선입견으로 들은 바를 왜곡하기도 하지요. 그러다 보면 끝에 전해지는 메시지는 처음 것과는 영 딴판이 되기도 합니다."

"제 평생 이런 현상에 빠져 있었습니다. 이런 현상이 성서에서는 어떻게 일어나고 있는지에 모든 관심이 쏠려 있었습니다. 오늘날의 교회가 신이 원래 우리에게 준 가르침에 얼마나 근접한 가르침을 줄 수 있는가에 말입니다."

"아시겠지만, 우린 이곳에서 아주 상세히 기록을 한답니다."라고 성 피터가 답했다. "모든 기록들이 서고에 저장되어 있으며 당신이 원하는 것이 무엇이든, 언제 원하시든, 얼마든지 보실 수 있도록 하겠습니다."

교황은 은퇴 후 이보다 더 좋은 길은 꿈에서도 없을 것 같았다. 그는 장서를 탐닉하며 먼지 가득한 서류들을 뒤져 가며, 잃어버린 시간들 속에 정신없이 빠져들었다. 그는 밤낮없이 읽어 댔다. 신이 내린 말씀들을 찾아 현대의 교리와 학설에 비추어 보았다. 여긴 정말 천국이었다.

여러 주, 아니면 여러 달이나 여러 해가 지났을 어느 날, 온 천국이 서고에서 들리는 비명 때문에 잠에서 깼다. "으악, 으악, 악"이라는 비명이 밤의 적막을 깨고, 성자와 천사들과 대천사들의 단잠을 깨워 버렸다. 성 피터가 이들을 데리고, 그 소란이 어디서 나는지 서고로 달려가 봤더니, 교황이 몸을 굽히고 곰팡내 나는 고서를 들여다보면서 자기 손가락으로 한쪽을 가리키며 "이럴 수가,

아니 이럴 수가. 악～～"이라고 고함치고 있었다.

"무슨 일이십니까?" 뭐가 뭔지 모르겠다는 듯 성 피터가 물었다.

교황의 눈이 한 글자에 꽂혀 있었고, 그의 손가락은 그 곳을 계속 콕콕 찌르고 있었다. "으악, 악, 악" 하면서 계속 소리치며 울더니 이렇게 말했다. "이 안에 R이 있어요. 신께서 가라사대, '신나게 즐겨라(celeb**R**ate)' 하시나니."[2]

---

2) 'celebate' 는 '금욕적으로 살다' 는 뜻이고, 'celeb**R**ate' 는 '마음껏 신나게 즐기다' 는 뜻이다. 교황은 평생 'celebrate' 를 가운데 'r' 이 빠진 채로 'celebate(금욕적으로 살다)로 잘못 알고 평생을 신의 가르침대로 금욕을 했는데, 천국의 도서관에서 그 안에 'r' 이 있는 것을 보고, 신의 가르침이 'celebrate', 즉 마음껏 즐기라는 것이었다는 것을 그제야 알게 된 것이다(역자 주).

연습문제

　살면서 보는 농담, 유머, 재미있는 경험 같은 걸로 특정 내담자의 결과와 관련 있는 목표가 될 메시지를 전달할 수도 있다. 치료에서 유머를 사용하면 재미있는 학습의 방법도 되지만, 강력한 교육 도구가 되기도 한다. 직접적으로 전하기 힘든 메시지를 표현할 때 유머를 쓸 수도 있다.

　공책에 결과의 메시지를 담아 자신의 유머러스한 이야기를 기록한다. 다음에 나오는 예들은 각 이야기마다 치료적 특성들에 대한 정의를 내려 주고 있다.

1. 언급하는 문제의 유형에 주목하라.
2. 문제 극복을 개발하기 위한 자원, 능력, 방법 등의 종류를 기록하라.
3. 듣는 사람에게 보여 주는 결말을 명확히 하라.

　유머가 비아냥으로 들릴 수 있다는 점에 유의하면서, 듣는 사람의 기분이 상하지 않게 하면서도 목표 지향의 결말을 자아낼 수 있도록 하는 것이 중요하다.

제3부

은유 직접 만들기

제14장 해야 할 것과 하지 말아야 할 것
제15장 자신의 치유적 이야기 창안을 위한 PRO 접근법 사용

제14장
해야 할 것과 하지 말아야 할 것

아버지는 같이 나무에 망치질을 하거나, 어버이날 선물로 손수 뭘 만들거나, 텃밭에 도랑을 파면서 나에게 많은 말씀을 해 주셨는데, 그중에 이런 말씀이 있었다. "내가 하는 말만 듣지 말고, 내가 행동하는 걸 봐라." 그때는 무슨 말인지 이해할 수 없었지만 아버지는 나에게 말과 행동 혹은 내용과 과정의 차이를 가르쳐 주시고 계셨던 것이다. 아버지는 아무 생각 없이 시키는 것만 따라 하지 말고 언젠가 독립하여 살 때 꼭 필요한 기술을 나 스스로의 방법으로 개발할 수 있도록 교육을 하셨던 것이다. 이 책 마지막 부분에서 나는 내가 한 것을 가르쳐 주려는 게 아니라 여러분들이 자기만의 효과적인 은유적 이야기를 만들 수 있는 방법을 보여 주고자 한다. 자, 첫 번째가 제일 중요하다.

내가 한 대로 하지 말 것

　지금까지 내가 가장 좋아하는 치유적 이야기 백 가지를 썼고 이제 드디어 마지막 부분까지 왔다. 나는 주로 "은유를 창안해 내는 주제나 아이디어는 어디서 찾으시나요?"라고 묻는 학생들의 요구에 부응해 왔다.

　이 책의 이야기들이 여러분 자신의 교훈적 이야기를 창안해 내고 개발하는 계기가 되기를 바란다. 어떤 이야기들은 특출하다 싶은 것도 있고, 아주 신랄한 메시지를 포착할 수 있는 이야기도 있을 것이고, 어떤 건 무슨 말을 하는 건지 잘 모르겠다 싶은 것도 있을 수 있고, 여러분들이 다시 할 수 없는 것도 있을지 모르겠다. 3부에서는 이런 이야기들에 대한 타당성을 여러분들이 직접 찾아볼 수 있을 것이며, 이런 치료의 형태에서 여러분들이 편안함을 느낄 수 있는 방법을 배우는 중요한 부분이 될 것이다. 내담자들이 치유적 이야기에 대해 비슷한 개별적 반응을 할 수 있다는 걸 유념하라.

　주관적 연상을 만들어 내면서도, 어떤 이야기들은 나중에 쓸 수 있도록 기억 창고 안에 저장해 둘 만한 주제를 보여 주기도 한다. 여러분들이 고통받는 내담자들의 눈으로만 볼 것이 아니라 여러분 자신과 관련된 것으로 읽을 수 있기를 바란다. 우울증에 걸려 있거나 공포증, 약물 중독에 시달리는 내담자들이 이야기를 어떻게 듣고 어떻게 반응하는가에 대해서 생각하라. 내담자들에게 특효가 있는 이야기라고 해서 여러분에게도 영향을 미치는 건 아닐 테니까. 물론 그 반대도 마찬가지고.

　이제 여러분들이 이 이야기들을 읽는다면, 나는 딱 한 가지만 분명히 말해 두고 싶다. 이야기를 말 그대로 읽거나 그대로 따라 하지 마라. 나는 그러지 않는다. 그리고 여러분도 그러지 않기를 바란다. 이 경고는 이야기를 하는 데에 있어서 여러분들만의 '목소리'를 찾아야 한다는 것에 근거를 두고 있다.

　은유치료 중에 하지 말아야 할 것을 전해 주면서, 여러분들이 더 잘해 나가기 위해서는 반드시 피해야 할 여러 가지 단계들에 대해 말하고자 한다.

1단계: 읽은 그대로 치유적 이야기로 활용한다

치료 중에 치료적 관계가 맺어지는 대화나 의사소통의 한 부분으로 은유를 말하게 된다. 즉, 치료적 이야기들은 특정 이야기의 축어적 반복이 아니라 의사소통 과정 및 기능에 관심을 가질 수 있도록 하는 상황의 일부분이다.

컴퓨터 전문가가 잘못된 순서로 컴퓨터를 사는 사람이 많다는 말을 한 적이 있다. "사람들이 본체를 먼저 사고." 그가 말했다. "최신 소프트웨어를 제일 나중에 사서는, 그걸 사용하는 법을 알려고 합니다." 그의 주장은 우선 컴퓨터로 뭘 할지 생각해 보고 나서 그 기능을 충족하는 소프트웨어를 찾아야 한다는 것이다. 그러고 나서 그걸 실행시켜 줄 수 있는 본체를 선택해야 한다.

은유를 효과적으로 쓰려면 그와 유사한 과정을 따라야 한다. 우선, 내담자와 함께 알맞은 목표를 사정(査定)해서 은유가 그 목표 달성에 적절하고 타당한지를 생각해 본다. 혹은 다른 치료적 접근이 더 효과적이지는 않은지 살펴본다. 그러고 나서 그 목표에 이르는 데 필요한 자원들을 찾는다. 마지막으로 명시해야 할 문제와 그 목표에 이르도록 하는 자원, 윤리적이면서도 알맞은 결과 등에 맞아 들어가는 이야기를 찾는다.

이걸 두고 나는 PRO(Problem: 문제, Resources: 자원, Outcome: 결과) 접근법이라고 명하고 다음 장에서 좀 더 심도 있게 다루고자 한다.

이 책에서 읽었던 이야기를 그대로 반복하는 게 이 과정을 따르는 것은 아니다. 그러니까, 이야기들이 여러분의 내담자들에게는 구체적이지도 않고, 내담자 중심적이라고 볼 수 없고, 목표에 초점이 맞춰지지도 않고, 개별적으로 상관이 없을 수도 있다는 말이다.

2단계: 모든 내담자, 모든 문제들에 은유치료를 활용한다

매슬로(A. Maslow)가 "망치를 주면, 모든 문제를 못으로 볼 것이다."라고 말한 것을 나는 믿는다. 아무리 좋고, 통찰력 있고, 멋진 이야기라 해도 그게 모든 내담자들에게 효과적이지는 않다. 목표가 두 동강 난 나무를 하나로 묶는 것이라면, 그 목표를 이룰 수 있는 가장 효과적인 방법을 생각해 봐야 한다. 접착제를 발라야 하나? 이음새를 만들어야 하나? 나사로 연결할 수 있나? 경첩을 써야 하나? 못을 박는 게 나을까?

이야기가 보편적으로 영향을 미칠 수 있고 인간의 상호작용에 근간을 두고 오랜 세월 만들어져 온 것이라 해도, 은유치료가 모두에게 맞는 건 아니다. 지나치게 현학적이거나 혹은 애매한 것이라고 보는 내담자들도 있을 것이다. 은유치료가 간접적으로 치료에 접근하기 때문에, 좀 더 직접적인 접근을 선호하고 거기에 더 잘 반응하는 내담자들에게는 잘 안 맞을 수도 있다. 분명하고 목표 지향적인 사정(査定)을 개발하고, 치료적 개입을 적절하게 고르는 한편, 이 하나의 도구가 모든 문제를 풀어내지는 못할 것임을 명심하면 치료에서 실패를 면할 수 있을 것이다.

3단계: 처방전처럼 이야기를 사용한다

우울증이다 싶으면 프로작[1] 학대라는 판단이 되면, 억압된 기억을 분석함. 자신감이 낮다고 사료되면, 자기 강화 최면 주문을 씀. 힘을 주어야 한다는 생각이 들면, 열 번째 이야기로. 이런 처방전 같은 생각은 잘 맞지도 않을 뿐더러 위험하기까지 하다. 내담자의 개별적 요구와 자원은 치료사들이 알 수도 없고

---

1) 우울증 치료제(역자 주).

바꿀 수 있는 것도 아니다.

은유를 가지고 효과적으로 치료를 하고 싶으면, 은유를 의사 처방전이나 최면술 주문처럼 사용해서는 안 된다. PRO 접근법은 병리와 치료 처방이 아니라 결과에 초점을 두는 과정이라고 보아야 한다.

4단계: 하나의 이야기가 평생 지녀온 트라우마를 고칠 수 있다고 생각한다

단 하나의 잘 다듬어진 이야기가 평생의 트라우마가 되어 온 문제를 확 바꿔버릴 수도 있고, 내담자가 오래도록 바라고 있었지만 여태 이루지 못한 목표를 성취할 수 있도록 할 수도 있다. 아흔한 번째 이야기 '자신을 위한 시간 갖기'에서 나는 클린턴이라는 가명으로 내담자의 실화를 이야기했다. 내가 그 이야기에서 그에게 말해 주었던 은유가 그의 삶에 작은 변화들을 만들 기회를 열어주는 한 번의 개입이 되면서, 그가 마음자세를 달리하여 좀 더 편안한 기분으로 집에 돌아갈 수 있도록 해 주었다. 게다가 이로써 더 나은 가족 관계라는 그의 치료 목표에도 이를 수 있게 되었다.

이런 일이 늘 있는 건 아니다. 제1장 '이야기의 힘'에서, 필리파에 대한 이야기를 했는데, 필리파는 내가 만난 사람 중에 공포증이 가장 심했다. 나는 그녀와 함께 이야기를 만들어서(열한 번째 이야기, '높이 더 높이'), 그 은유를 담은 그림을 그녀에게 그려 보라고 했다. 이는 그녀의 창조적 재능도 보여 주었고 공포증을 이겨 낼 수 있게 간접적으로 도움을 준 방법으로 그런 재능을 개발할 수 있도록 해 주기도 했다.

그렇다 하더라도, 은유치료가 유일한 치료적 개입은 아니다. 필리파와 나는 치료 과정 중에 여러 은유를 함께했다. 하지만 그녀는 자기 최면도 배웠고, 생체 둔감화(in vivo desensitization) 프로그램도 마쳤고, 자신의 우울한 기분을 조절할 수 있는 전략도 실천했다. 즉, 은유는 여러 다른 개입을 포함한 전체 치료 계획에 속하는 일부분이었다.

어린 문어의 이야기는 그것만으로 기적 같은 효과를 본 게 아니다. 내담자가 그렇게 여겼을지는 모르지만 마법 같은 걸 부린 게 아니다. 그러나 이야기가 희망의 요소와 그녀가 변할 수 있는 방법이 있다는 인식을 준 것은 사실이다. 이는 전체 치료 프로그램을 용이하게 할 수 있는 부분이 된다.

5단계: 이야기가 딱 정해져서 절대 변할 수 없는 것처럼 사용한다

예로부터, 이야기는 입으로 전해지다 보니 그만큼 변하기도 쉽고, 상호적이며 유동성이 있었다. 치료에서 은유의 주제나 아이디어들이 개작되고, 고쳐지고, 내담자의 경험이나 바람직한 결과에 맞춰 수정되는 걸 목도하게 된다. 워크숍에서 은유를 가르칠 때도 구전의 전통을 따라 특정 이야기에 대한 축어적 설명을 해 주는 게 아니라 수련생들이 스스로 치유적 이야기를 만들어서 다시 쓸 수 있도록 하는 과정과 은유 아이디어들을 가르쳐 준다.

이야기들이 인쇄가 되면서 그 맥이 바뀌어 이야기가 고정되고 성서처럼 변할 수 없는 느낌을 주게 되었다. 지금부터 5년 뒤에 이 책을 읽는다면 이야기야 그대로겠지만, 지금부터 5년 뒤에 이야기의 주제 중 하나를 사용한다면 전혀 다르게 전하게 될 것이다.

6단계: 101가지 치유적 이야기가 궁극적이거나 최고의 은유적 이야기라고 믿는다

이 책에 있는 101가지 이야기들은 책을 쓸 당시에 내가 가장 좋아하던 이야기들이었을 뿐이다. 내 평생 몇 천 가지의 이야기를 듣고 읽었는지도 잘 모르겠다. 내가 읽었던 수천의 이야기들이나 우연히 목도하게 된 은유적 의미들을 설명하고 싶은 것도 아니다. 몇 년이나 지나고 나서 다시 치료를 받으러 오는 내담자가 가끔 있는데, 그 사람들 덕에 예전에 했던 까마득한 이야기가 다시 떠오르기도 한다. 내 레퍼토리에서 그 이야기들은 사라지고, 새로운 이야기들과 새로운 경험들이 나의 발전된 개인적이고 직업적인 삶의 일부가 되어 있다.

마흔한 번째 이야기 '예전보다 나은가요?'는 내 개인적 경험에서 나온 것으로 우리가 시간이 흐르면서 어떻게 변하고 적응해 나가는가를 어느 정도 설명해 주고 있다. 우리의 경험—사람으로서 그리고 치료사로서—이 변함에 따라 내담자에게 줄 것도 달라진다. 모든 이야기의 본성은 인생 그 자체처럼 유동적이고 쉽게 변한다.

그러므로 은유를 제대로, 정말 제대로 사용하고 싶다면, 여기서 읽은 그대로의 이야기로 하지도 말고, 최면 주문을 그대로 옮겨 놓는 것 같은 축어적 양식으로 사용하지도 마라. 그렇다면 여러분은 이렇게 물을 수도 있을 것이다. 어떻게 해야 가장 효과적으로 이야기를 사용하는 건가? 다음에 나올 부분에서, 단계적으로 이 책에서 이야기를 구축해 가는 과정을 면밀히 살펴보면서 여러분 스스로 창조적 이야기를 개발할 수 있도록 돕는 지침을 보여 줄 것이다.

치유적 이야기 만드는 법

오랜 속담 중에 이런 말이 있다. "물고기를 주면 하루는 버틸 수 있다. 물고기 잡는 법을 가르치면 평생을 먹고 살 수 있다." 나는 은유적 물고기를 한두 마리—사실은 101마리—를 주었다. 그걸 모두 사용하고 제대로 먹여 준다 하더라도, 여러분의 요구에 딱 맞지도 않을 뿐더러, 여러분이 그 이야기들을 함께하고 싶은 이들의 요구에 맞아떨어질 수도 없다. 하지만 내가 여기서 보여 준 것들을 어떻게 얻었는지를 면밀히 살펴보는 과정을 보여 줌으로써, 여러분들이 스스로 은유적 이야기를 계속 만들고 싶을 때 쓸 수 있는 기술을 개발할 수 있게 해 줄 수도 있다.

그걸 위해서 2부의 많은 이야기들을 다시 보고 그 이야기의 원천을 어디서 찾았는지 설명하고, 그 아이디어를 어떻게 은유로 발전시켰는지, 그걸로 교훈적 이야기를 구축하는 과정까지 설명하고자 한다. 이는 여러분들이 만나게 되는 아이디어, 상상, 내담자 사례, 실증적 문학, 관찰, 일상 등과 같은 다양한 공급원에서 어떻게 은유를 만들어 낼 수 있는지를 보여 줄 것이다. 다음 장에서는 건설적이고, 실행적이며 추후에도 사용 가능한 은유 중재안을 위한 PRO 접근법을 개략적으로 보여 줄 것이다. 이는 여러분들이 스스로 어떻게 효과적인 은유를 만들고 사용할 수 있는지를 보여 줄 것이다.

1. 아이디어에서 은유를 개발하라

여러분들은 여러 공급원에서 은유를 찾을 수 있을 것이다. '위를 보라'(제6장, 스물두 번째 이야기)의 아이디어는 안토니 드 멜로(Anthony de Mello)의 『새의 노래(*The Song of Bird*)』(1988)에서 읽은 네 줄의 짧은 글에서 나왔다.

참선하던 이가 말했다.
"내 집이 불타고 나니
아무 걸림 없이
밤하늘의 달을 볼 수 있었다네!"

짧지만 정말 매혹적인 이야기가 아닌가! 경험을 재구성하는 은유를 개발하기에 안성맞춤이다! 일반적 기대 이상의 결실에 대한 가능성을 보여 주는 강력한 메시지를 담고 있다. 주어진 환경을 전혀 다른 시각으로 볼 수 있도록 가르쳐 준다. 상실의 상황에서 긍정적인 마음의 자세를 가질 수 있다는 가능성을 보여 준다. 상실이 생기면 정서적으로 비탄이나 슬픔, 분노만이 일어나는 것이 아님을 보여 준다. 그러나 그 이야기가 그 상태대로라면, 치유적 이야기로

서의 가능성을 제한하는 몇 가지 약점이 있기는 하다.

첫째, 불타 버린 집이라는 문제와 그 수도승이 그제야 밤에 하늘을 볼 수 있다는 태도를 연결해 줄 수 있는 알맞은 인과관계가 없는 마법적이고 신비적인 결말이 그것이다. 즉, 소중한 것을 잃어버리면 부정적이거나 불쾌한 정서적 반응 같은 게 따라오게 된다는 일반적인 인과관계에 배치된다는 것이다.

둘째, 처음도 분명하고(수도승의 집이 불타 버린 것), 치료에서 내담자에게 확실히 효과 있는 끝도 있는데, 가운데 부분이 없다. 이는 수도승이 어떻게 그런 결론을 내리게 되었는지를 보여 주지 못하고, 끝에 가서 왜 그런 생각을 하게 되었는지 그 과정도 보여 주지 못한다. 그러니 내담자들이 본보기로 삼을 만한 양식이나 모델이 없다.

셋째, 불교의 대가 같은 깨달음의 상태에 있어야만 그런 결론에 이를 수 있다는 걸 이야기가 암시하고 있다는 것이다. 트럭 운전수나 가정부, 학생, 점원, 사업가 등과 같은 내담자들의 평범한 인간의 범주를 넘어서는 결론을 내리고 있다.

넷째, 비현실적이어서 듣는 사람들이 자칫 자기들에게는 해당하지 않는 이야기라는 생각을 하기 쉽다. 보통의 사람들이 불교의 수도승처럼 생각할 수 있을까? 모든 걸 잃었는데 누가 행복을 발견할 수 있단 말인가?

다섯째, 이야기의 결말이 아주 구체적이면서도 발생 과정을 하나도 전해 주지 못한다. 집을 잃었다는 특정 상실에 대한 수도승의 반응에 대해서만 이야기할 뿐, 그 상태대로라면, 다른 것을 잃었을 상황에서는 적용하기 힘들다는 것이다.

내가 이 이야기를 쓴 방식은(스물두 번째 이야기에서 다시 한 대로) 이런 약점을 극복하면서 문제에 대한 좀 더 나은 인식을 보여 주고, 비슷한 일을 경험한 사람들이 할 만한 반응, 좀 더 긍정적인 시각을 가질 수 있도록 하는 과정 등을 보여 줌으로써 아이디어를 은유로 조직해 나가기 위한 것이었다. 이는 청자가 다시 쓸 수 있는 기술 양식과 그런 상황에 대한 전형적인 반응을 보여 줌으로

써 원작에서 신비적 요소를 빼려고 한 것이다. '위를 보라'에서도 이야기에 가운데 부분을 만들어 넣었고, 내담자는 성공적으로 끝까지 갈 수 있도록 하는 지도를 갖게 되었다. 드디어 스물두 번째 이야기의 형태는 우리 같은 보통 인간(깨달음을 얻은 수도승 같은 사람이 아니라)이 그런 상황에 처할 때 경험하게 될 것 같은 여러 정서들을 설명하게 된다. 그렇게 하면서 문제, 과정, 이야기의 결말 등과 동일시를 하는 식으로 청자를 끌어들이려고 한다.

수도승의 이야기를 개작하면서, 나는 내용(불타 버린 집)이 아니라 과정에 초점을 두려고 했다. '위를 보라'는 큰 상실을 겪게 될 때 사람이 거치게 되는 경험, 감정, 정서적 갈등, 몸부림 등을 이야기에서 표현한다. 집을 은유적 상실의 대상으로 보면서도 상실과 관련된 과정을 더 잘 설명할 수 있게 됨으로써, 그 은유는 집이나 직장, 사랑하던 이를 잃은 사람의 입장에 상응하게 된다. 치료사가 슬픔에 대한 경험이 있는 개별 내담자의 이야기를 들으면서 그걸 은유 안에 섞어 넣으면 이야기의 개인적 관련성이 더 높아질 수도 있다.

원작을 효과적인 교훈적 이야기로 만들려면, 치료사는 제일 큰 약점을 제대로 처리해야 한다. 청자가 자신의 감정을 처리하고, 사고를 형성하고, 태도를 다시 구성할 수 있는 기술을 어떻게 개발해 내는지 그 과정이 필요하다. 결과는 한 가지뿐이지만, 치료의 가장 중요한 목표 중 한 가지는 가능성을 모두 열어 두고 현재 상황에서 생각하고 느끼고 반응하는 방법들은 여러 가지가 있다는 것을 볼 수 있도록 하는 것이다. '위를 보라'에서 주인공인 그 수도승은 가능성을 얻었는데, 그러한 상황이나 환경에 처한 내담자라면 이야기를 듣고 나서 자신에게 도움이 될 만한 선택사항에 눈을 돌릴 수 있을 것이다.

· 은유 아이디어가 될 수 있는 것에 지속적으로 유념한다.
· 책, 내담자의 말, 사교적인 대화, 농담 등과 같은 데서 은유의 아이디어가
  될 만한 것들을 찾는다.
· 아이디어를 기록한다. 계속 기록해 나가면서 적절할 때 쓸 수 있도록 은유적
  메시지의 보고를 만든다.
· 문제, 도전, 위기 등이 내담자가 그 과정과 동일시할 수 있는 방법으로 해결
  되도록 개발한다.
· 내담자에게 필요한 자원을 개발해서 자기 결말에 이를 수 있어야 한다.
· 적절하고 가능한 결말을 개발한다.

2. 상상에서 은유를 개발하라

수련생들은 자신들이 상상력이나 은유적 이야기를 개발할 만한 창의력이 부족하다는 말을 자주 한다. 그러나 상상력이 풍부한 소설가 같은 창의적 천재가 아니라도 치료적 이야기는 할 수 있다. 대부분 치료적 이야기의 원천은 자신의 경험, 다른 사람의 관찰, 내담자 사례, 매일의 일상 등에서 찾을 수 있다. 여기에다 창의적 이야기를 삽입시켜 '높이 더 높이'(제4장, 열한 번째 이야기)에서 보여 준 대로, 단계적인 발달 과정을 따른다.

이 은유는 1장에서 언급한 사례의 필리파와 힘을 합쳐 발전시킨 것이다. 필리파가 자기 집 앞의 뜰에 서서 매일 몇 시간씩 서 있어야 했던 공포증을 어떻게든 좀 덜어 보려 생각을 바꾸려고 애쓴 게 수십 년이었다. 그녀는 혼자서 집 안에 있지를 못했고, 너무 무서워 마당 밖으로 나가지도 못했다.

처음엔 나한테 말하는 것도 무서워서, 머리를 푹 숙인 채 머리카락을 베일처럼 늘어뜨려 얼굴을 가렸었다. 뭘 물어봐야 아무 소용이 없었다. 대답을 얻어

낼 수도 없었을 뿐아니라 겁만 더 주는 것 같았다. 그래서 이야기가 의사소통 수단으로 더 나은 듯했고 어린 문어의 이야기, '높이 더 높이'라는 은유가 나오게 된 것이다.

이야기 등장인물 선별

필리파의 남편이 그녀는 개미집이나 거미줄 같은 것도 생물이 살고 있는 집이라며 함부로 하지 않는 따스한 사람이라고 말해 줘서 동물 이야기로 정했다. 동물을 등장인물로 써서 그녀가 관심을 갖기 쉽게 하고, 흥미를 유발시켜, 치료적 과정에 일치하는 부분이 있기를 바라면서 가설을 세웠다.

여러 동물 중에서도 어린 문어를 고른 것은 몇 가지 요인에 의한 것이었다. 첫째, 그녀가 작은 동물에 대한 배려를 하는 사람이니까, 이야기 등장인물을 작은 걸로 하면 내담자가 은유에 참여할 수 있게 된다. 둘째, 사람들이 필리파를 '거머리(clingy)'[2]라고 불렀을지도 모른다. 그녀가 남편에게 매달려 안정을 얻으려 했고, 앞뜰이 유일한 안식처였으니까. 어떤 작은 동물이 이런 특성들을 다 가지고 있는지 곰곰이 생각해 보니, 문어가 안성맞춤이었다. 여덟 개의 촉수를 가지고 착 달라붙을 수 있으니까.

셋째, 어린 문어로 그려 내고 보니, 작기만 한 게 아니라 약하고 무능해 보이기도 했다. 어린 문어는 내담자와 그 문제에 딱 맞았다. 필리파는 고개를 푹 숙이고 자신을 왜소화하는 경향이 있었고, 아무런 힘도 없는 인간으로 보여 자신의 불행한 환경을 바꿀 수 없는 듯했으니까.

마지막으로 여덟 개의 촉수를 가지고 있는 동물이라면 내담자와 문제에만 맞아 들어가는 것이 아니라, 해결 수단과 결말과도 잘 맞아들어간다. 여덟 개의 촉수가 있으면, 매달린 데서 벗어날 수 있는 방법에도 다양한 선택이 있을 것이다. 한 번에 완전히, 아니면 조금씩 조심스레, 한 번에 촉수 하나씩 떼어

---

2) '들러붙는'이란 의미에 착안해서 우리 정서에 맞춰 의역함(역자 주)

내면서 할 수도 있다.

은유의 플롯 개발

어린 문어는 따뜻하고 편안한 물속에서 삶을 시작했지만, 늘 달라붙기를 좋아했다(내담자와 이런 점에서 일치하기를 바랐다.). 문어가 자라면서 집에서 벗어나 더 멀리 여행을 하게 되고, 물은 점점 어두워지고 깊어진다(그리고 자기 한계를 벗어나는 느낌이 든다.). 닻은(필리파에게 뜰처럼) 이 광막한 우주 안에서 안전하다고 느끼는 유일한 작은 공간이지만, 그조차도 완전히 믿을 수가 없다. 매달려 있는 것도 겁나고 떨어지는 것도 겁난다(필리파의 두려움을 그대로 보여 준다.).

곁으로 헤엄쳐 오던 첫 번째 물고기가 그녀를 치료했던 의사를 나타낸다. 어린 문어는 도와달라고 소리친다. 물고기는 자기는 도와줄 수 없다고 말하지만 더 큰 물고기를 추천해 준다(임상심리학자를 추천한 셈이다.). 그 물고기는 몇 가지를 지시해 주고 문어를 데리고 안전하다고 느끼면서 혼자서 충분히 나아갈 수 있을 만큼 자신감을 가질 때까지 같이 가 준다.

결말

어린 문어가 혼자서 헤엄쳐 가는 걸로 끝나지 않고, 해변으로 기어올라가 벼랑을 타고 그 너머로 가서, 독수리처럼 촉수를 펴고 하늘로 붕 날아올라 새로운 높이까지 솟아오르게 된다.

은유의 결말은 여러 방법으로 필리파가 따를 청사진을 제시한다. 그녀는 어릴 때 영국에서 이민 와서 오랫동안 고향으로 돌아가기를 바랐는데, 앞뜰도 못 벗어날 정도로 겁이 많은 사람이니 꿈도 못 꿀 일이었다. 이제는 짧은 여행도 해 보고 드디어 영국에 돌아갈 수도 있게 되었다.

치료를 하는 동안 그녀는 우리의 은유를 그림으로 그렸다. 그림에 재능도 있어 보였고, 치료적으로도 그림을 배우는 게 좋겠다고 격려를 해 주었다. 나중에 그림을 가르쳐 준 선생이 그녀의 작품으로 개인전을 열어 주었고, 거기에 내가 초청받았다. 필리파는 다른 전시회를 또 준비하면서, 우화 같은 작품들을 그리고 있었는데 주로 동물 캐릭터와 작은 생물들이었다.

필리파의 이야기는 어린 문어의 그것처럼 거기서 끝나지 않았다. 그녀는 훨씬 더 높은 수준까지 솟아올랐다. 그녀가 곰인형을 만들게 되었는데 그 품질과 모양이 뛰어나 국제적인 수집 품목이 되기도 했다. 필리파는 소아과 병동과 경찰차에 곰인형을 가져다주는 간병인 집단을 만들고 힘든 상황에 있는 아이들에게 편안함을 줄 수 있었다.

그녀의 작품은 책과 텔레비전에서도 알려졌다. 필리파가 자기 첫 번째 곰인

연습문제 14.2　　상상으로 은유 개발

은유치료가 맞는 현재 내담자를 고른다.

· 은유를 만들 시간을 가지고 할 수 있으면 자기 생각을 종이에 옮겨 적어 놓는다.
· 어떤 등장인물이 내담자의 특성, 성격, 자원에 맞을 것 같은지 생각해 본다. 어떤 등장인물이 비슷한 문제를 겪고 비슷한 과정을 거쳐서 내담자가 바라는 것과 비슷한 결말에 이르는가?
· 줄거리나 플롯을 개발하면서, 자기가 할 수 있는 설명을 삽입한다.
  − 위기나 도전을 묘사한다.
  − 필요한 자원을 개발한다.
  − 적절한 해결책을 내놓는다.
  − 학습이나 발견과 관련된 과정을 진작시킨다.
· 등장인물이 내담자의 바람직한 결말에 어울리는 방법으로 이를 수 있는 실행 가능하고 현실적인 목표를 정한다.
· 이런 핵심 요소로 이야기를 쓴다.
· 그 이야기를 내담자에게 해 주면서, 조심스럽게 내담자가 말하는 동안 사용하는 탐구 현상과 과정을 지켜본다.

형의 이름을 '송골매'라고 한 것은 안성맞춤인 것 같다. 믿기 힘들 정도로 아주 높이까지 날아오를 수 있는 새가 송골매다.

3. 내담자 사례와 실례에서 은유를 개발하라

모든 치료의 기본은 유익하고 해로운 게 없어야 한다는 것이다. 내담자에게 가장 효과적이고 능률적인 도움을 확실히 주려면, 주어진 내담자에게 사용할 만한 중재의 버팀목이 될 수 있는 근거가 되는 좋은 자료들을 확보해야 한다. 연구를 하는 사람은 어떤 처치가 효과가 있고 어떤 처치가 효과가 없는지에 대한 물음을 분명히 하기 위해 수많은 시간과 노력을 기울인다(Nathan & Groman, 1998을 예로 들 수 있다).

일반적 치료에 적용할 수 있는 것은 은유치료에도 쓸 수 있다. 은유는 목표를 획득할 수 있도록 내담자가 적절한 자원을 개발할 수 있도록 해 주는 효과적인 전략을 개발하는 것으로 근간을 삼아야 한다. 은유가 내담자에게 제시하는 행동이 현실적이어야 하지만 얻을 수 있는 결과도 현실적이어야 한다. 현실을 바탕으로 하지 않고, 바람직한 결론을 얻을 수 있는 실용적인 수단을 제시하지도 못하며, 획득 가능한 결과를 제시하지도 못하는 은유는 내놓을 필요가 없다. 다른 치료에서 사용하는 것과 마찬가지로 은유치료사가 은유를 사용하는 데도 똑같은 윤리적 근간을 필요로 하는데 그런 면은 치료되는 상황에 대한 건전하고도 깊이 있는 이해의 한 국면이다. 그런 바탕 위에서 치료사가 적절한 은유를 제시할 수 있다.

예를 들어, 우울증을 앓는 내담자에게 은유를 사용할 때, 치료사는 개선시켜야 하는 증상과 이런 변화들이 가장 잘 진척될 수 있는 과정에 대해 알고 있어야 한다. 은유치료는 우울증에 대한 다른 치료들처럼 내담자 개인이 절망감과 무능감을 어떻게 다룰지를 안내하고, 빈약한 대인관계 기술을 향상시키며, 좌절을 견딜 수 있는 힘을 길러 주고, 무가치감이나 죄의식을 처리할 수 있어야 한다. 개입을 해서 좀 더 편히 잠을 잘 수 있거나, 집중을 더 잘할 수 있거나, 고갈된 에너지를 재충전할 수 있는가? 죽음이나 자살에 대한 생각을 완화시키고 왜곡된 인지적 양식의 방향을 전환시켜 줄 수 있는가?

많은 저서들이 우울증을 앓는 사람들의 인지적 왜곡과(Beck, 1967, 1972, 1976; Beck, Rush, Shaw, & Emery, 1979; Beck, Brown, Berchick, Stewart, & Steer, 1990), 학습된 무력감의 양식(Seligman, 1989, 1990, 1993, 1995), 태도(Yapko, 1985, 1988, 1992, 1997, 1999) 등에 대해 써 놓고 있다. 이런 요인에 대한 건전한 지식과 치료에 관한 바로 된 이해가 우울증 내담자들을 위한 효과적인 은유적 개입에는 결정적이다.

'호사다마(好事多魔)'(제6장 스물네 번째 이야기)는 내담자의 이야기와 귀인양식에 대한 작품을 조합하여 비슷한 문제를 가진 청자가 그 은유와 동일시할 수 있게 하고, 치료사의 이해를 감사히 여기고, 변화를 위한 전략을 찾게 된 예다. 바로 이 이야기가 우울증을 앓고 있는 사람들에게서 종종 나타나는 귀인양식에 초점을 맞추고 있어서 비슷한 증상을 가지고 있는 사람에게 맞아 들어갈 수 있지만, 우울의 다른 특성을 지닌 내담자들에게까지 반드시 필요한 것은 아니다. 이는 어떤 치료에서든 목표 지향적 평가와 실증을 바탕으로 하는 치료 정보가 중요하기 때문이다. 은유치료도 마찬가지다.

귀인양식이란 사건에 부여하는 어떤 성질이나 삶 속에서 일어나는 것을 어떻게 설명하느냐 하는 것을 말한다. 그러니까 이는 우리가 느끼는 방법과 그런 감정 밑에 어떤 것을 두고 행동하느냐 하는 것에 영향을 미친다. 행동으로 나타나는 것은 어떤 마음을 가지고 있느냐를 보여 주는 것이다.

내담자의 귀인양식에 어울리는 은유 만들기(문제를 중심으로)

마리아라는 내담자는 자기 이야기로 '호사다마'라는 은유를 지으면서, 처음에 일반적인 우울적 귀인의 특징을 보여 주는 말을 했다. 그녀는 이렇게 말했다. "좋은 일이 생긴다 싶으면 꼭 나쁜 일이 같이 생겨요." 치료사가 이 말에서 주의를 기울여야 하는 첫 번째 귀인은 뭔가 일어난다는 것이다. 이는 내담자가 어떻게 할 수 있는 범위 밖의 일이고, 이런 인식 때문에 그녀는 무력감을 느낀다. 이런 무력감은 무능감—또 하나의 우울의 일반적 증상과 원인—에 불을 붙인다.

꼭이란 말은 두 번째 귀인의 단서가 된다. 나쁜 일이 꼭 따라온다. 이는 영속적이고 바꿀 수도 없고, 계속되는 것이다. 이런 불멸성으로 아무 희망도, 어떤 개선의 여지도 없는 것이다.

그녀의 세 번째 귀인양식은 너무 광범위하다는 것이다. 무슨 일이 일어날 때마다 다른 일이 꼭 따라온다. 이는 모든 가능성을 아우르는 것으로 어떤 예외도 허락하지 않기 때문에, 피할 길이 없고, 어떤 변화의 가능성에 대한 희망도 무시해 버린다. 여기서 우울의 주요 특성 중 하나인 절망감의 원인이 되는 것을 또 볼 수 있다.

은유에서 귀인 발달 추적

'호사다마(好事多魔)'는 불행한 사건들이 연속으로 일어날 때 어떤 귀인양식이 발달하는지를 짐작케 한다. 우선, 마리아의 남편이 떠난다. 그녀의 반응은 구체적이다. 그는 나쁜 놈이고, 인생은 때로는 불공평하기도 하다. 두 번째 상황이 발생하고 그녀의 상관인 남자가 그녀를 해고했을 때, 그녀의 태도는 더 일반화된다. 남자들은 나쁜 놈이고 자기에게 인생이라는 건 공평치 못하다. 세 번째 사건이 생겨 새로운 연인이 떠나자, 그녀의 반응은 전체적으로 모든 걸 아울러 버린다. 남자는 다 나쁜 놈이고 인생은 자기한테 공평한 적이 절대 없다. 이런 전체적인 귀인은 고정적이기도 하다. 주어졌던 환경 그대로 늘 그럴 거라는 걸로 받아들이게 된다.

변화를 위한 전략 제시(개발된 자원)

여기서 은유가 좀 더 건강하고 좀 더 건설적인 사고 양식을 일으킬 수 있도록 하는 과정과 전략을 발견해서 사용할 수 있도록 촉진해야 한다. '자기 귀인 양식 깨뜨리기' 라는 제목 아래 얍코(Yapko, 1997)는 세 가지 전략을 적어 놓는다. 자기 교정, 각 상황의 장점 판별, 내적 자극보다 외적 자극에 더 민감한 반응.

'호사다마' 의 은유에서 마리아는 남자는 다 나쁜 놈이라는 자신의 '규칙' 에서 예외가 있는가에 대한 물음으로 자신의 귀인을 시험해 봄으로써 자기 교정의 모델을 보여 준다. 그녀는 자신의 경험한 남자와 인생 사건 각각의 특성을 탐색해 보기 시작하면서 그것들 하나하나가 가진 좋은 점을 판단하게 되었다.

마리아는 또 내부로 집중된 우울한 사고에서 벗어나 자기를 둘러싼 세계의 즐거운 경험들—여름에 수영하는 것, 봄이면 봉오리가 움을 틔우는 것, 갓 태어난 새가 자기 정원 안으로 들어오는 것 등—을 바라보면서 거기에 대해 생각하는 데로 초점을 이동시켰다. 그녀는 우울한 반추에서 벗어나 신나고, 편안하고, 자연환경과 상호작용을 하면서 생기는 경험을 더욱 풍부하게 하는 데로 초점을 바꾸는 방법을 배웠다(우울증에서 이렇게 내적인 데서 외적인 데로 초점을 더 쉽게 옮기도록 하는 전략을 더 보고 싶다면 Burns, 1998, 1999를 보라).

치료 목표 획득(나타난 성과)

내담자가 자신의 목표에 이를 수 있도록 해 주는 전략을 낳게 하고 나면, 은유의 다음 단계는 목표 획득이다. '호사다마' 는 귀인 양식의 이동이 가능하다는 걸 보여 주고, 마리아가 우울한 상태로 쉽게 다가가지 않도록 하는 귀인의 모델이 되도록 한발 더 나아간다. 추후 과정 회기에서 그녀는 이렇게 물었다. "내가 뭘 발견한지 아세요?" 여기서 '나' 는 이야기 서두에서 자기가 느꼈던 무력감과는 달리, 다스릴 수 있는 내적 영역으로의 이동을 가리킨다.

'뭔가 일어난다면' 이라고 계속 말할 때도, 그녀는 좀 더 구체적이고 덜 포괄적인 것에 대해 생각하고 있었다. 이젠 그런 일이 '일어날 때마다' 가 아니라 그런 일들이 '일어난다면' 인데, 이는 삶에서 일어나는 일들이 영속적이거나 변함없이 예측할 수 있는 건 아니라는 걸 알고 있는 것이다. 마리아는 그렇지 않을 수도 있는 가능성을 허락했다. "그런 게 인생이잖아요."라고 말하면서, 그녀는 이제 고정되지 않은 태도를 표현하면서 수용의 태도를 보여 주었다.

그녀의 마지막 말, "그건 정말 당신이 어떻게 보느냐에 달려 있어요."는 그녀의 현재와 미래의 안녕을 보장해 줄 것 같은 건강한 사고 양식을 더해 주었다.

내담자에게 어떤 연구가 효과적인지를 말해 주는 것만으로는 별 도움이 되지 않는다. 연구 논문에 쓰이는 언어나 우리가 동료들과 사용하는 의사소통 양식도 내담자에게는 이해하지 못하는 언어가 될 수도 있다. 인간 경험의 이야기에 담긴 우리의 규칙 속에서 효과적이라고 입증된 건전하고 사실에 근거한 원칙들을 다 아울러 메시지와 의미, 수단, 변화 등을 더 잘 전할 수 있을 것이다.

 연습문제 14.3   실증을 근거로 하는 은유 개발

· 내담자의 상황, 특히 구체적 증상, 성격, 드러나는 특성 등을 기록한다.
· 그런 상황에 맞는 실증 기반의 작품을 연구한다. 특히 효과가 있었던 치료적 개입을 시험한다.
· 그런 특정 개입 중에 어떤 것이 내담자가 치료 목표에 가장 쉽게 도달할 수 있게 하는 건지 살펴본다.
· 내담자와 관련될 수 있는 방법으로 효과적 개입에 활용할 수 있을 은유를 짠다.
· 다음에 유념한다.
 – 등장인물이 위기에 어울리고 결말을 본보기로 삼을 수 있게 한다.
 – 제시해야 하는 문제의 특정 국면을 고려한다.
 – 내담자가 자기 결말에 이르는 데 필요한 자원을 상세히 보여 준다.
 – 새로운 학습과 발견으로 이끌 실증 기반의 개입을 바라본다.
 – 유효하고 획득 가능한 내담자의 바람직한 결말을 제시한다.

4. 인생 경험에서 은유를 개발하라

치유적 이야기의 가장 좋은 원천은 인생 그 자체일 것이다. 모든 이야기의 아이디어는 서로 다른 전통이나 역사적 사건, 연구 자료, 상상력에서 나왔다고 해도 인생을 바탕으로 한다는 공통점이 있다. 인생 그 자체가 은유이고, 삶의 경험이 새로운 은유를 개발할 수 있는 자원들의 광대한 장을 제공한다.

예를 들어, 지속적으로 심각한 고통을 받고 있는 한 내담자를 만났다고 하자. 여러분은 그와 같은 질병을 앓은 적이 없을 수도 있고, 똑같이 오토바이 사고를 당한 것은 아니라 해도 어느 정도까지는 여러분도 그런 상황을 경험한 고통을 알 수 있다. 아무 아픔도 없이 인생을 살아가는 사람은 없다는 것과, 무엇이 더 심하게 만드는지, 무엇이 그런 걸 완화시키는지 알게 된다. 고통을 대하는 정신적 태도와 고통을 감지하는 태도의 결과에 대한 것을 배운다. 경험의 내용은 매우 다르지만 그런 경험의 과정은 아주 비슷하다.

그 과정을 보면, 은유의 원천이 될 수 있는 일상의 경험적인 측면들이 많이 있다. '나의 아버지'(서른한 번째 이야기)와 '가득 채워라'(여든네 번째 이야기)처럼 부모한테서 배울 수도 있다. 아이들이 삶에 대한 자신들의 신념을 형성해 나가는 걸 보면서(아흔 번째 이야기 '신뢰 형성과 변화'), 혹은 발견의 길에 접어드는 걸 보면서(스물여덟 번째 이야기 '이럴 수도 있구나!') 은유적 메시지를 볼 수도 있다. '조에게 힘을!'(열 번째 이야기)에서처럼 위기를 맞거나 힘든 환경에서 배울 수도 있다. 관계 속에서 어려움을 극복하는 '흐름을 따라서'(여든 여섯 번째 이야기)나 '모순을 알고 활용하라'(서른네 번째 이야기) 등과 같은 경험은 대인관계의 어려움에 처한 사람들에게 도움이 되는 아이디어들을 담고 있다.

여행은 낯선 상황에 처하게 할 뿐만 아니라 사물을 다르게 보도록 하기도 한다. 이런 경험을 은유 개발의 근거로 활용한 예를 마흔두 번째 이야기 '가진 것을 사용하라', 마흔다섯 번째 이야기 '문제가 새로운 가능성을 열어 줄지도 모르지', 마흔여섯 번째 이야기 '비극 속에서 보물을 찾아라', 쉰 번째 이야기 '자신의 능력을 믿어라', 아흔세 번째 이야기 '주고받고' 등에서 찾아볼 수 있다. 성가시고 잡다한 일들(스물다섯 번째 이야기 '돛을 올려라'), 과중한 일에 대한 부담(쉰여섯 번째 이야기 '책을 쓴다는 것'), 이웃을 지나가면서 발견하게 되는 섬광 같은 메시지(스물한 번째 이야기 '인생에 왕도는 없어') 등은 이야기에서 보여 주는 것처럼 모두 인생 경험의 한 부분들이다.

시골구석을 돌아다니는 한 무리의 아이들이 보여 주는 이야기(예순 번째 이야기 '성공의 비밀')를 보라. 장난기도 서려 있고, 재미도 들어 있고, 유머도 배어 나오지만, 곳곳에 경쟁과 경쟁의식 때문에 생기는 상황을 다스릴 수 있는 실제적인 지시들과 목표를 향해 애쓰는 과정까지 스며들어 있다.

 연습문제 14.4   자기 삶의 경험에서 은유 개발

· 내담자의 바람직한 목표를 유념한다.
· 그 성과 획득을 보여 주는 경험을 찾는다. '언제 내가 비슷한 목표를 획득했는가?'를 자문한다.
· 목표 획득에 필요한 자원, 학습, 발견 등을 개발하려고 애쓴다. '내가 그 목표에 이를 수 있도록 한 능력이나 수단들은 어떤 것이었는가?'를 자문한다.
· 은유적 문제를 정의한다. '내가 했던 어떤 경험이 그 경우를 담고 있으며, 내담자가 직면한 문제의 주요 특성과 과정에 비슷한가?'를 자문한다.
· 문제로 이야기를 시작해서, 자원, 학습, 성과에 이르는 발견 등을 가지고 이야기를 진행한다.
· 자기 경험에 기반을 둔 이야기이므로 자기만의 언어로 이야기를 한다. 하지만 이야기가 내담자의 경험과 요구에 상당한 타당성 있는 방식에 연결되어 있어야 한다.
· 2장에서 설명한 이야기하기의 테크닉을 활용해서 이야기한다.

내담자가 처한 위기와 비슷한 은유 만들기(문제)

내가 처음 '성공의 비밀'을 들려 준 내담자는 자기가 자기 친구만큼 잘하지 못할 거라고 생각했었다. 직장에서 경쟁력을 키우려고 무던히 애를 쓰고 있었고, 자기 성과도 향상시키고 싶어 했다. 하지만 아무리 해 봐도 소용이 없다고 느꼈다. 그의 이야기를 들으면서 내 손자 녀석이 목표를 이루었을 때 맛본 기쁨이 떠올랐다. 손자가 목표를 이룬 과정은 성취하는 기쁨의 전형적인 예였다. 이야기의 내용은 내담자의 관심과는 거리가 먼 것이었지만, 결말에 이르는 과정은 내담자가 의미심장하면서도 유머러스하게 연결시킬 수 있는 어떤 것이 있었다.

내용은 별 연관이 없다 해도, 인생길의 갖가지 장애들과 만나게 되면서 자기들만의 독특한 위기 대처와 극복에 사용할 수 있는 유사한 과정을 은유가 보여 주어야 한다.

성공을 위한 전략 개발과 활용(자원)

다니엘과 토머스의 이야기를 통해 청자에게 유익하고 효과적인 전략을 개발하려고 했다. 첫째, 목표 지향적 평가에서, 정신적 지도자를 가지는 것이 성공을 향해 떠나는 이 내담자를 우선 도울 수 있는 요소가 된다는 걸 발견했다. 그래서 이야기는 정신적 지도자(할아버지)와 수련생(토머스)을 소개하고 예전에 걸어왔던 길에서 배울 수 없었던 메시지를 던져 준다.

둘째, 이야기는 또 강점과 능력, 약점에 대한 인식, 자기 강점을 이용하는 법 등에 대해서도 말하고 있다. 이는 개인적 강점을 어떻게 개발하느냐 하는 선택을 열어 두고 있다.

셋째, 이 은유는 어디에 노력을 기울일지 결정한 다음 무엇을 해야 하는지 보여 준다. 어떤 일이 일어나도록 하려면 노력을 기울이지 않고는 안 된다. 그러므로 이야기는 목표에 이르기 위한 훈련과 적용 등의 메시지를 전하고 있다.

마지막으로, 다른 사람과 맞서 경쟁하는 것에서 자기 능력을 개발하는 것으로 초점을 이동시킬 필요성을 주장한다. 이 메시지는 자기 향상과 최상의 자기를 만들기 위한 고군분투 중의 하나다.

최상의 자기 성취(성과)

이 이야기에서 말한 내담자가 바라는 결말에 맞추기 위해, 토머스는 자기가 쓸 수 있는 자원과 자기가 강화해야 하는 것들을 모두 사용해서 자기 목표를 성취했다. 토머스는 자기가 별로 잘하지 못하는 것을 인정하고, 잘하는 것을 개발해서 훈련하고, 자기를 최고로 만들기 위해서 애쓰는 것을 자신의 정신적 지도자에게서 배웠다. 그의 성공은 고진감래의 성공이었던 것이다.

연습문제 14.5 　　　남의 경험 관찰에서 은유 개발

· 목표나 바람직한 결말을 정한다. 은유를 개발하는 데에 있어 그것을 주안점으로 둔다.
· 비슷한 목표를 성취한 이야기에 관련된 사람을 보았거나 들었던 게 언제였는지 자문한다. 이야기의 메시지나 결말이 내담자의 목적과 얼마나 잘 이어지는지 본다.
· 제3자의 이야기에 관련된 것이라도, 자기 것으로 만든다. 자기만의 언어로 이야기를 하되, 내담자가 바라고 요구하는 것과 특히 잘 맞는 방식으로 한다.
· 목표에 이르기 위해서 사용되거나 사용될 수 있는 수단이 무엇인지 살펴본다. 목표를 향해 가면서 내담자가 사용할 수 있는 건 무엇이며, 개발해야 하는 건 무엇인가?
· 이야기 속의 인물이 처한 처음의 위기나 문제가 내담자의 경험에 맞도록 어떻게 개작할 수 있는가?
· 들은 대로 반복하는 게 아니라 목적에 맞춰서 특정 치료적 목적에 따라 개작할 수 있다는 것을 잊지 않는다.

개인적 삶의 이야기를 사용하기 위한 지침

워크숍 참여자들이 이야기하기에서 자기를 어느 정도까지 보여 주어야 하는 지를 묻곤 한다. 그 물음 자체는 '자기 노출(self disclosure)'이라는 말이 어떤 뜻인지 몇 가지 가설을 세우게 한다. 자기 노출이란 초기 치료적 접근에서 나온 것으로, 치료사가 자기를 전혀 보이지 않는 것보다 '자기 노출'을 할 때 내담자가 더 많은 격려를 받는다는 것이다. 치료사라는 변인은 자유 연상의 치료적 과정에서 간섭으로서 보일 수 있으므로, 배경에서 치료사는 전지전능하지만 실재하지는 않는 사람이 된다. 그런 치료적 역할은 치료사와 내담자 간의 관계가 동등하지 못하다는 걸 반영한다.

다른 학설에 따르면 효과적이고 상호적이며 동등한 관계가 치료적 결말에 의미 있는 사항이 된다고 보고, 서로 나누는 개인적 경험으로 의사소통을 하는 것이 뜻깊은 관계를 가지는 하나의 방식이라고도 한다. 이는 첼프(Chelf), 데슐러(Deschler), 힐먼(Hillman), 두라조-알비주(Durazo-Arvizu) 등의 암환자에 관한 연구(2000)에서 치료적 이야기하기 워크숍에 참여한 환자의 85%가 같은 질병을 이겨 낸 다른 사람들의 개인적 삶의 경험을 들으면서 희망을 얻었다는 기록으로 증명된다.

개인적 삶의 경험에서 도출한 이야기를 사용하는 것이 내담자의 요구에 맞게 내담자의 바람직한 결말을 향해 가면서 고안된 이야기라면 자기 노출의 문제는 아니다. 즉, 치료적 이야기를 하는 목적과 기능이 치료사에 대한 것을 드러내는 것이 아니라 내담자의 목표 획득을 더 용이하게 하는 것이다. 치료사의 인생 경험에서 나온 어떤 것이 결말 과정에 관련되어 있다면, 내담자 사례, 문화적 이야기, 어떤 상황에 대한 실증 기반의 자료 등에서 했던 것과 똑같은 방식으로 집어넣으면 된다.

개인 삶의 경험 이야기는 모든 치료적 이야기처럼, 어떤 상황이나 치료사가 아니라 내담자의 이야기가 핵심 목적이 되는 효과적이고 상호적인 치료적 관계를 촉진하는 지침과 상응할 때 은유적으로 된다. 우리 역사 전반을 통해, 이야기를 가르치는 것은 늘 경험을 공유하는 것이었다. 마찬가지로, 은유도 인간의 경험에 근간을 두고 의사소통을 하는 것이다. 그러므로 공유의 과정이 되는 것을 노출 행위라고 할 수는 없는 것이다.

개인적 삶의 경험을 치료적인 교훈적 이야기로 사용했을 때 유효성이 확실하다면, 몇 가지 지침을 염두에 두는 것이 좋을 것이다.

- **이야기의 목적을 유념한다.** 이야기의 기능은 치료사에 대한 어떤 것을 드러내는 것이 아니라 내담자를 위한 이로운 학습 경험을 창출하여 현재의 위기를 극복하기 위한 필수 기술이나 과정의 획득을 촉진하고 미래에 유사한 상황에 처했을 때 대처를 더 잘할 수 있도록 하는 것이다.

- **이야기가 가리키고 있는 것이 누구인지를 유념한다.** 은유는 특별히 내담자를 위해 고안되어야 한다. 그러므로 치료사의 개인적 기억을 아무렇게나 말해서도 안 되고, 한발 더 나가 최악의 상황을 보는 게임이 되어서도 안 되고, 식사자리에서 경박하게 내뱉을 이야기도 아니다. 이는 여러분과 관련된 이야기가 아니라 내담자가 듣고 적용하고, 사용할 것들이다.

- **이야기의 목표를 잊지 않는다.** 이야기의 목적은 내담자가 삶의 통제와 즐거움을 얻을 수 있도록 뜻깊은 치료적 경험을 낳을 수 있도록 하는 것이다. 여러분의 경험에서 나온 이야기이든, 어디에서 나온 이야기이든, 내담자의 문제점과 바람직한 결말에 근접할 때 최상의 효과를 발휘한다.

여러분이 경험한 것이 적절한 결과 지향의 은유가 될 수도 있다. 그러나 여러분에 대한 이야기를 만드는 것은 이야기의 메시지에서 벗어날 수도 있고, 여러분 자신의 결점이나 슬픔, 아픔 등에 대해 말하는 것과는 관련성이 없을 수도 있다. 그런 상황에서 볼 때, 당사자에게서 제3자로 개인적 이야기가 넘어가는 것은 좋은 해답이 될 수 있다. 그 방법은 치료사가 그 이야기에서 자신을 떼어 내어 거리를 두면서도 그 경험이 주는 은유적 메시지는 전달할 수 있게 한다.

- **이야기와 관련된 상황을 확인한다.** 개인적 경험의 이야기는 대화 중에 일어날 때 더 잘 받아들여질 수 있다. 내담자가 자기 아이 이야기를 한다면, 상황적으로 자연스럽게 여러분 자신의 경험에 근거한 어린 시절 이야기를 할 수 있다. 내담자가 취미나 운동, 오락적 관심 등을 이야기하면, 여러분의 오락적 활동에서 연유한 은유를 제시할 수 있다.

- **도움이 되면 보조 도구를 사용한다.** 내 상담실에는 여러 가지 물건들이 있다. 네팔에서 가져온 융단, 사라와크(Sarawak)에서 가져온 무속 토템이 새겨진 목각, 여러 가지 액자 속의 어린 시절 가족 사진, 수영대회 우승 기념 사진, 여행 등에서 찍은 사진 등이다. 그 물건들 뒤에는 저마다의 치료적 이야기들이 숨어 있다. 내담자가 이것들에 대해서 물어보면, 처음부터 내가 직접 은유로 시작하지 않고서도 내담자의 질문에 답을 하면서 관련 은유를 말할 수 있는 기회가 생긴다. 예를 들어, 융단은 뜻밖에 처하게 된 위기, 새로운 고도를 향해 올라가야 한다는 도전, 문제를 극복해야 하는 것, 새로운 자기 발견, 오래도록 품어온 목표 성취 등과 같은 것을 이야기할 수 있게 해 준다. 해묵은 흑백 가족사진은 3세대를 지나온 것인데, 관계와 성장, 변화, 개인적 발달 등에 대해 이야기할 수 있는 기회를 열어 준다.

- **PRO 접근법을 따른다(다음 장에서 충분히 논의될 것이다.).** 문제점과 내담자와 관련된 문제를 드러내면서 이야기를 하고, 자기 해결책을 위한 적절한 자원 유형을 평기하고, 만족할 만한 결말을 내놓는다.

- **내담자의 반응을 유심히 관찰한다.** 내담자의 시선을 얼마나 잘 잡고 있는지를 통해서 이야기의 타당성을 사정한다. 관심이 없거나 주의가 산만해진다 싶으면 이야기가 그 사람에게 별로 특별하지도 않고 관심도 없는 것이라고 여기면 된다.

- **소용이 없으면 개인적 경험 사용(다른 것들도 마찬가지)을 중단한다.** 앞에서

말한 것처럼 은유치료가 모든 사람에게 맞는 것도 아니고 은유치료만이 효과적인 치료적 개입인 것도 아니다. 여러분의 이야기가 내담자의 관심을 사로잡지 못하거나 별로 연관성이 없다 싶으면, 두 가지 문제점이 숨어 있을지도 모른다. 첫째는 개인적 특성으로, 삶의 경험 이야기가 그 내담자에게는 자연스럽게 맞아 들어가지 않을 수 있다. 이런 경우, 사례 역사나 실증 기반의 이야기들이 은유 사용에 더 잘 접근할 수 있는지 시험해 보는 것이 좋다. 둘째, 은유라는 간접 접근이 특정 내담자나 문제와 잘 맞지 않을 수 있다. 그럴 경우는 다른 치료적 개입을 찾아보는 것이 더 낫다. 효과적 치료 기법이나 과학이라면 무엇이든 부분적으로는 개별 내담자에 대한 개입과 특정 문제, 바람직한 결말에 맞을 수 있다.

제15장
자신의 치유적 이야기 창안을
위한 PRO 접근법 사용

앞 장이 다른 공급원에서 은유가 어떻게 구성되는가를 보여 주었다면, 이 장에서는 여러분 자신의 은유를 만들어 나가는 과정의 개요를 보여 주고자 한다. 책 전반을 통해, PRO 접근법이라는 은유를 구축해서 보여 주는 일반적 형식을 내놓았다. 이 접근법은 2부에서 제시한 이야기마다 치료적 특성들이라는 제목 아래 함께 나와 있었으므로 이젠 낯익을 것이다. PRO란 문제(Problems), 자원(Resources), 결말(혹은 성과, Outcomes) 등의 첫 글자를 딴 것이다.

PRO 접근법 구축

PRO 접근법은 내담자에게 이야기가 일반적으로 제시되는 순서를 말한다. 우선, 이야기는 내담자에게 맞는 문제(Problem)를 보여 준다. 둘째, 등장인물이 문제를 해결하기 위한 적절한 자원(Resources)을 어떻게 사정하는지를, 그리고 셋째, 이야기의 성공적인 결말(Outcome)을 제시한다. 하지만 은유 구성

설정에 있어서는 역방향으로 사용하는 것이 좋다. 즉, 결말을 먼저 정한다는 말이다. 이런 접근은 치료 목표와 이야기가 나아갈 방향에 분명한 초점을 유지하게 해 준다.

은유치료를 처음 배우는 단계의 수련생들이 내담자의 문제를 너무 선명하게 정의하고 그 문제에 너무 딱 맞는 이야기를 보여 주는 경우를 자주 보았다. 이는 치료사가 정확하게 이해하고 알고 있음을 알려 주기는 하지만 문제 너머로 갈 수 있도록 하기는 쉽지 않으며, 변화를 위한 수단을 내놓기도 쉽지 않다. 비록 공감을 하고 문제를 이해하고 있다 하더라도, 치료사가 어디에서 계속하고 어디서 멈춰야 하는지를 제대로 모르면, 내담자가 전진해 나갈 수 있는 방법을 가르쳐 주는 기제(mechanisms)는 제공하지 못하게 된다. 이런 이유로 여러분이 먼저 결말에 대해 분명히 이해하고 여러분의 이야기가 여러분과 여러분의 내담자를 어디로 끌고 갈지를 제대로 알기를 바란다.

결말을 정하고 나면, 내담자(와 은유의 등장인물)가 바람직한 결말에 이르도록 하는 자원, 능력, 수단 등을 살펴보기가 더 쉬워지고, 은유가 벗어나야 할 문제가 뭔지를 고려하는 것도 더 쉬워진다. 이하의 내용에서 책 전반에 제시해 놓은 은유를 통한 일련의 효과적인 의사소통을 모두 이 접근법으로 설명하고자 한다.

치료적 은유 실행 단계

1단계: 결말 지향 평가에 초점을 맞춘다

치료적 은유의 시원적 기능은 바람직한 목표지점까지 가는 길로 이끌거나 안내하는 것이다. 목적지나 목표를 분명히 새겨 두는 것은, 문제점에서 샛길로 빠지지 못하게 하며, 내담자의 문제가 해결될 수 없을 것 같다는 생각에 빠지는 것을 막아 준다. 치료에 있어 은유를 개발하고 사용하는 데 황금률이 있다면, 바로 이것이다. '목표를 분명히 하고 이야기를 그쪽으로 나아가게 하라.' 그렇게 하려면 치료사는 내담자가 치료에서 얻고자 하는 것이 무엇인지 분명하고 정확하게 알고 있어야 한다. 다음 단계들은 그렇게 하는 것에 도움을 줄 것이다.

결말 지향 접근을 한다

이 책과 여기에 모아 둔 은유들은 결과에 집중되어 있다. 제시된 은유의 아이디어들은 내담자가 나아가 자신의 구체적인 치료 목표를 얻을 수 있도록 짜여 있다. 즉, 지난 일을 분석하거나 이해하고자 하는 이야기들이 아니라, 현재와 미래에 좀 더 건강하게 기능할 수 있도록 하는 기술과 수단을 가르치도록 짜여 있다.

이 접근법을 채택한 치료사들은 자기들의 사정과 치료에서 미래를 바라보게 될 것이다. 이 접근법은 실용적이고, 내담자가 현재 상태에서 그 목표에 이르기 위해 요구되는 수단이나 자원들을 생산할 수 있게 해 줄 것이다. 운전을 할 때처럼, 치료에 있어서도 가야 할 곳을 봐야 한다. 앞을 보고 나아갈 때, 목적지에 이르는 길을 찾기가 더 쉽다. 반면, 뒤를 자꾸 돌아보면 가던 길에서 틀어지기 십상이다. 목표 지향적 접근을 사정하면서, 내담자는 가장 능률적이고 효과적인 방식으로 나아가게 되는 시각을 받아들인다.

결말에 집중된 가설을 만든다

내담자가 말하는 걸 들으면, 나는 하나의 가정을 한다. 내가 듣고 있는 것이 한쪽으로 치우친 것이라는 걸 뻔히 알고 있으면서, 내담자가 말하는 것이 내담자가 바라는 것이 아닐 수도 있다는 사실 때문에 나는 의식적으로 그런 식의 선택을 한다(하나의 가정을 세우는 식으로). 그래서 내가 처음 내담자에게 던지는 질문 중의 하나가 우리가 함께하는 시간 동안 이루고 싶은 게 뭔가 하는 것이다. 그런 질문을 해서, 나는 내담자가 자기들이 바라는 목표나 결과를 바로 볼 수 있도록 손을 내밀어 준다.

내담자가 "전 우울합니다."라고 말한다면, "내가 더 행복감을 느낄 수 있는 방법을 말해 주세요."라는 말로 받아들인다. "불안합니다."라고 말하면, "편안해지는 법에 대해 말해 주세요." "평온해지는 법을 알려 주세요." "평정을 찾을 수 있는 방법을 말해 주세요."라고 말하는 걸로 생각한다. 어느 부부가 "우리는 관계에 어려움이 있습니다."라는 말을 하면, 효과적인 관계나 좀 더 즐겁고 좀 더 편안한 관계를 맺는 방법에 대해서 알고 싶은 거라고 생각한다.

내담자가 드러내는 목표를 살펴본다

처음 내담자가 드러내는 목표는 내담자가 찾고자 하는 것이라고 보기 힘든 경우가 있다. 한 내담자가 "내가 왜 이런 기분이 드는지 알고 싶어요."라고 말한다 해도, 이 말이 과연 치료적 목적일까? 오랫동안 우리 같은 일을 하는 이들은 왜 그런 일이 일어났는지를 이해하고 그걸 변화시킬 수 있도록 사람들을 가르쳐 왔다. 그 이미지는 방송이나 영화에서 치료를 분석의 과정으로 보거나 행동이나 정서 이면에 있는 이유를 파악하려는 걸로 묘사하는 과오를 범해 생긴 것이기도 하다.

이 말을 다음과 같은 물음으로 대신하려고 한다. "왜 당신이 이런 식으로 생각하는지 아는 것이 중요합니까? 아니면 당신이 좀 더 나은 기분이 될 수 있게 해 주는 수단이나 기술을 개발하는 게 더 중요합니까?" 그러면 대개는 이렇게 답할 것이다. "물론 왜 그런지 알면 좋겠지요. 하지만 분명한 건 난 기분이 좋아지고 싶다는 겁니다."

부정적인 데서 긍정적인 데로

내담자들은 부정적인 말로 목표를 표현하는 경우가 많다. "난 무서워하고 싶지 않아요." "난 우울해지고 싶지 않아요." 이 말을 내담자의 목표로 받아들인다면, 우리는 내담자가 경험한 데서 어떤 것을 소거하고 그 자리에 아무것도 주지 않는 위치에 서게 된다. 치료가 안녕을 더해 가는 게 아니라 증상 제거에 더 기울어져 있다는 것이 염려스럽다. 치료 목표가 우울과 불안을 소거하고, 공포증을 제거하고, 부적절한 행동 양식을 근절하는 것이라면, 내담자에게 남는 건 무엇일까? 의사가 종양을 제거하는 것처럼 정서 양식이나 행동 양식을 제거하는 것은 비현실적이며 비실용적이다.

우선, 우리가 늘 중용의 상태로 살지는 않기 때문에 비현실적이다. 우리는 정서적 존재이기 때문에 끊임없이 다양한 종류와 강도의 감정을 느끼게 된다. 우리가 정서 없이 존재한다는 건 불가능하고, 우리의 가치판단이 정서를 긍정적이거나 부정적이라고 결정하는 것도 불가능하다. 어떤 식으로든 우리는 감정을 느끼고 있고 앞으로도 느낄 것이다. 부정적 감정의 제거에만 주력하여 정서적 평정을 치료의 목표로 삼는 것은 정서의 법칙에도 어긋나므로 실패는 자명한 일이다.

둘째, 증상의 제거는 비실용적이다. 오랫동안 아무 소득도 없이 고군분투하던 문제를 제거하는 것보다는 바람직한 목표를 창출할 수 있도록 해 주는 것이 더 실용적이다. 앞으로 나아가기 전에 뒤로 물러나는 것보다 바람직한 방향으로 전진하는 것이 더 실용적이다. 적절한 치료 목표로 행복과 편안함, 즐거움, 효과적인 관계 등을 알게 되는 것이 더 실용적이다. 결국 모든 것은 성취 가능하고, 획득 가능하게 하는 실용적 수단들이 있다.

내담자가 이런 전환을 할 수 있게 격려하기 위해서, 긍정적인 것을 전제로 두기 위해서 질문들을 하기도 한다. 누가 "무서워하고 싶지 않아요." "우울해지고 싶지 않아요."라고 말한다면, 나는 이렇게 묻는다. "그러고 싶지 않다면, 당신은 어떤 기분이 되고 싶은가요?"

포괄적 목표에 대한 질문

앞선 질문에 대한 내담자의 답은 광범위할 수 있다. 예를 들어, 이런 것 말이다. "더 행복해지고 싶어요." 결과 지향적 접근 치료로 볼 때, 이 대답은 적절한 치료적 개입을 자아내기에는 충분히 구체적이지도 선명하지도 못하다.

치료에서 이런 말을 하는 사람을 생각해 보자. "저는 우울합니다." 그 사람은 더 행복해지고 싶다는 가정을 할 수 있고, 그 가정을 바탕으로 해서, 그 사람이 좀 더 긍정적인 목표에 초점을 맞출 수 있도록 하는 전초 질문을 던질 수 있다. 그 대답이 "좀 더 행복해지고 싶어요."라는 거라면, 우리는 한발 더 나아간 거지만, 아직은 부족하다. 은유적 접근을 취한다 해도, 행복에 대한 전체적인 주제를 담은 이야기가 딱 그 사람의 요구에 맞지 않을 수도 있고, 그 때문에 좀 더 나은 행복의 상태로 옮겨가는 것을 촉진시킬 수 있는 수단을 낳지 못할 수도 있다.

구체적 결말을 탐색한다

지나간 일에서 내담자들이 포괄적인 목표를 경험하도록 한 것을 살펴본다. 예전에 어떤 구체적인 것이 더 행복하게 만들거나, 더 좋다고 말하거나, 좀 더 편히 잠들게 해 주었는가? 어떤 종류의 것이 지금 그런 목표에 이를 수 있게 했을까?

우울한 감정을 갖고 있으며 더 행복해지고 싶다는 포괄적인 목표를 가진 사람은 좀 더 구체적으로 죄의식을 다스릴 수 있는 건설적인 테크닉을 개발하고 싶어 할 것이다. 그런 사람은 경계를 설정하거나 개인적으로 힘을 부여받는 듯한 느낌을 강화하는 법을 배우는 게 좋을 수 있다. 그런 사람은 좀 더 희망적으로 되고 싶고, 즐거운 자극을 높이고, 좀 더 긍정적인 태도로 인지적 이동을 하고 싶을지도 모른다. 그런 사람은 상실을 수용하는 법을 익히고, 수면 습관을 더 좋게 하고, 너무 심각하게 생각하는 과정을 바꾸고 싶어 할지도 모른다. 구체적인 목표는 다양하면서도 광범위하다. 치료 방향으로 포괄적인 목표를 수용한다면, 미묘한 구체성을 놓쳐 버리고 부적절한 길로 치료를 이끌어 나가게 될지도 모른다.

내담자와 치료사가 구체적 목표를 일단 설정하고 나면, 구체적 목표 획득을 향한 치료(우리가 선택한 치료적 개입이 무엇이든)의 방향을 잡기는 더 쉬워진다. 은유로 치료를 한다면, 행복한 상태를 만들기 위한 일단의 구체적 목표를 개발하고 강화할 수 있도록 고안된 일련의 상이한 은유들이 필요할 것이다.

결말을 예측한다

결과 지향적 접근은 목표 획득을 예측한다. 치료사가 내담자에게 목표에 이를 수 있는 능력을 예견해 줄 때, 내담자는 더 쉽게 그렇게 한다. 치료사가 결말에 대해 긍정적인 기대를 가지는 것이 실제 목표 획득에 의미 있는 영향을 미친다.

목표가 획득 가능하다고 믿고 내담자가 그 목표를 얻을 수 있는 수단을 가지고 있거나 개발할 수 있다고 믿고 나면, 성취에 대한 예상을 전해 줄 수 있다. 그런 결말을 얻을 거라는 전제적인 질문을 해 줌으로써 내담자 스스로도 그런 예측을 하도록 할 수도 있다. 그런 질문들은 다음과 같은 것들이다. "당신이 이 목표에 이르게 되면 어떨까요?" "당신이 좀 더 희망적으로 되면 당신 삶에는 어떤 변화가 있을까요?" "상실을 수용하는 법을 배우면, 당신은 얼마나 더 긍정적으로 환경을 바라보게 될까요?"

결말을 실증한다

바람직한 치료 목표에 이르는 과정에서 각 단계마다 내담자에게 성취에 대해 확신을 심어 주고 실증을 보여 주는 것이 좋다. 이는 내담자들에게 곧 성취될 수 있음을 확인시켜 주어 내담자들이 미래 목표를 설정하고 획득할 수 있도록 다시 한 번 자신감을 갖게 한다.

여행 공포증이 있었던 사람에게 첫번째 여행 목적지에 가서 엽서를 한 장 보내달라고 하는 것도 성취를 입증하는 수단이 될 수 있다. 성취를 증명해 줄 만한 것을 사진으로 남겨 두도록 하는 것도 좋다. 편지를 쓰는 행위, 전화를 한

통 하는 것, 치료사에게 이메일을 하나 보내도록 하는 것 등도 뭔가 달라지고 변화되었다는 것을 확신시켜 줄 수 있다.

결과 지향적 평가의 예

주사공포증으로 치료실을 찾아온 20세의 제이미는 나에게 슈퍼비전을 받고 있는 동료의 내담자였다. 처음 만나 "여기 있으면서 얻고 싶은 게 뭡니까?"라는 물음으로 시작하면서 목표 지향적 접근을 했다. 바로 그런 질문을 함으로써 내담자가 현재의 목적과 이유에 초점을 맞추면서 긍정적이고 결과 지향적으로 바뀔 수 있도록 해 주었다.

제이미는 여느 내담자들이 하는 대로 반응했다. 자기 이야기를 하고 싶어 했고 긴 시간 동안 주사기와 바늘에 대한 자신의 두려움을 말했다. 자기가 곧 군대를 가야 하고 나중에 의료적 처치를 받거나 채혈을 해야 할지도 모른다고 걱정했다.

내 동료는 그의 이야기를 경청했다. 그녀는 목표 지향적 접근을 이행하면서, 제이미가 문제를 말하는 게 아니라 그보다는 해결책을 찾으려 한다고 가정했다. 바늘이 무섭다고 말하는데, 그녀는 그가 그런 의료적 처치가 필요할 때 정말 편안한 기분을 느낄 수 있도록 도움을 받고 싶은 거라는 생각을 했다. 그래서 다시 이렇게 물었다. "이게 당신이 당면한 문제이고 바꾸고 싶은 거라면 말입니다. 이번 상담에서 당신이 얻고 싶은 게 뭐지요?"

제이미는 부정적인 말로 이렇게 답했다. "바늘 앞에서 벌벌 떨고 싶지 않아요." 내 동료는 결과 중심의 접근으로 대답했다. "떨고 싶지 않으면 어떻게 기분이 나아질 수 있지요?"

이 앞에서 말한 대로, 이 질문의 목적은 중의적이다. 첫째, 내담자가 긍정적이고 건설적이며, 실용적인 방법으로 결말에 집중할 수 있도록 하는 것이고, 둘째, 치료사에게 치료적 개입의 방향을 분명하게 해 준다.

내담자가 자기 목표에 대해 특히 긍정적이고 구체적인 태도를 갖게 되면, 치료사는 좀 더 일찍 그리고 좀 더 정확하게 치료의 방향을 결정할 수 있다. 제이미가 자신이 이전에는 주사만 보면 불안이 일어났던 상황에서 좀 더 편안해지고 싶다고 말했다면, 치료사는 제이미가 그런 상황에 둔감해지도록 하는 체계적인 방법을 고를 수도 있다. 제이미가 다른 무언가에 시선을 돌리거나 다른 생각을 하고 싶다고 말한다면, 치료사는 그에게 생각의 연결고리를 끊어 버리는 테크닉을 가르쳐 줄 수도 있다. 정신을 잃어버리기 때문에 그런 주문에서 벗어나고 싶다고 말하면, 치료사는 편안해지는 것보다는 정신을 바짝 차리도록 해서 혈액이나 바늘에 대한 공포증을 일으키는 혈압의 고저를 재어 보도록 할 수도 있다.

제이미가 말한 것은 자기가 좀 더 편해지고 싶다는 것이었으며 이는 포괄적으로 목표를 말한 것이다. 내 동료는 그가 이걸 좀 더 구체적으로 정의하도록 해 주었다. "당신이 편안해질 때, 어떤 기분이 드나요?" 그녀가 물었다. "긴장하고 있을 때 어떤 일이 있으면 조금 편안해지지요?"

이 질문으로 제이미는 좀 더 구체적인 정의를 할 수 있게 되었다. 편안해진다는 것은 주사나 혈액검사를 미리 알고 있을 때 차분해진다는 뜻이라고 말했다. 병원에서 좀 더 긴장이 풀리는 것도 편안해지는 것이라고 했다. 마음이 편해지면 몸도 긴장이 풀린다. 이런 구체성은 이제 제이미가 갈 방향과 가장 유익한 치료적 개입에 대한 아이디어 등에 분명한 초점을 두게 한다. 그의 문제는 이제 자기를 완전히 압도해 버려서 도저히 어찌해 볼 수 없을 것 같았던 증상에서 좀 더 쉽게 닿을 수 있을 것 같은 구체적 목표의 획득으로 자리를 옮겼다.

내 동료는 목표 획득에 대한 예측을 촉진시키려고 했다. 그녀는 이렇게 물었다. "미리 알고 있어서 좀 더 차분해지고, 병원에서 좀 더 편안해질 때, 당신에게 어떤 변화가 생기지요? 사는 게 어떻게 더 나아질까요? 어떤 식으로 그런 개선이 일어나지요?" 이런 것이 내담자가 문제를 넘어 해답을 향해 가는 생각을 하게 해 주더라도, 그런 질문 앞에는 전제되는 것이 있다. 이런 것들은 문제는 풀릴 수 있으며 내담자가 그 문제를 해결할 수 있다고 치료사가 믿고 기대하고 있다는 것을 간접적으로 전해 준다. 알맞은 목표 지향의 사정을 하고 나면 거기에 걸맞은 은유 유형을 고르고 내담자의 요구에 맞춰 짜나갈 수 있는 것이다.

2단계: PRO 접근법을 공식화한다

끝에서 시작한다: 은유 결말 결정

분명하고 적절한 목표 지향적 사정에 바탕을 둔 은유에서 결말을 지어내는 것은 비교적 쉽다. 결말을 정하면 치료 목표를 얻는 데 필요한 치료적 개입이 향해야 할 지도를 가지게 되는 것이다.

가운데를 찾는다: 필요 자원 개발

목표를 정하고 나면, 그다음에는 거기에 이를 수 있게 해주는 것을 생각할 수 있다. 자원은 끝까지 가는 수단이다. 여행을 할 수 있게 해 주는 길이고, 운송수단이고, 연료다. 앞 장에서 여러 원천으로부터 은유에 대한 자원을 어떻게 구축해 나가는지 그 예들을 보였다. 내담자가 자기 목적지까지 가는 동안 배우고 발견하는 적절한 단계들을 밟는 데 필요한 능력을 가지고 사용하는 것도 설명했다.

- **있는 능력을 찾아낸다.** 내담자가 이미 가지고 있는 기술을 찾는다. 그것이 내담자의 목표를 획득하는 데 도움이 될 것이다. 새로운 것을 만들어 내는 것보다 있는 능력을 사용하는 것이 치료적으로 더 능률적이다.
- **있는 능력을 활용한다.** 내담자가 과거에 배웠거나 얻었던 기술을 발견하고 나면, 그 처리 과정에 접근해서 현재 바람직한 결말에 이르는 데 필요한 것을 학습할 수 있게 될 수도 있다.
- **필요한 자원을 구축한다.** 여러분이 성인 내담자를 대해야 한다면, 그들은

이미 갖가지 인생 경험을 하면서 여러 난관과 위기를 극복하는 것을 배웠을 것이다. 그러니까 이런 능력들은 당면한 목표에 이를 수 있도록 만들어지거나 개작될 수 있다.

내담자들이 새로운 기술을 개발해야 할 때도 있다. 예를 들어, 우울증을 앓는 사람은 하나의 인지 양식으로 사건을 처리하는 오랜 동안의 양식이 있기 때문에 같은 유형의 사건이라도 새로운 처리 양식을 배워야 할 수도 있다.

- **새로운 걸 배우는 경험을 만든다.** 모든 치료의 목표와 기법은 변화가 일어날 수 있다는 것을 보여 주고자 함이다. 치료 목표는 인지적, 정서적, 행동적 수준, 그리고 경험을 변화시키는 것이므로, 은유도 내담자가 자신의 삶에서 당면하지 못했던 학습 경험을 창조하고, 다른 사람의 경험을 통해서도 좋은 점을 받아들일 수 있도록 할 필요가 있을 것이다.

- **새로운 발견의 기회를 열어 둔다.** 과거의 양식이 현재에 대처하는 데 별 도움이 되지 않음을 알게 되면, 새로운 선택의 기회나 새로운 가능성에 대해 문을 열어야 한다. 이 책이 제시한 대부분의 이야기 아이디어는 이런 과정의 예시를 보여 주고 특히 해묵은 문제점을 수정해 나갈 수 있다는 새로운 가능성의 창출을 강조하고 있다.

처음에서 끝낸다: 문제에 맞춰 탐색

마지막으로 극복해야 할 장애나 방해물이 무엇인지 조사해 본다. 이것이 문제(Problem)다. 우리 아버지는 이렇게 말씀하시곤 했다. "문제는 해결책을 찾게 해 주는 구실에 불과하다."(제6장, 스물한 번째 이야기를 보라.) 은유적 이야기에 나오는 등장인물이 만나게 되는 위기나 도전은 새로운 경험 창출로 가기 위한 수단일 뿐이므로 삶을 더 풍요롭게 해 준다. 이것이 결론을 향한 수단의 일부가 되는 것이다.

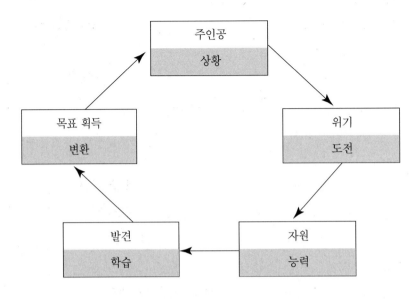

은유 구축과 제안을 위한 형식

3단계: 은유를 구축해서 제시한다

PRO 접근법을 거꾸로 해서 여러분의 은유를 세워 보라고 했지만(즉, 결말에서 문제로), 여러분이 이야기를 할 때는 PRO의 순서에 따라서 해야 한다. 문제를 먼저 내놓고, 다음에 자원(즉, 학습과 발견)을 이끌어 내고, 결말로 마무리한다(위의 그림을 보라.).

주인공과 상황을 만든다

내담자가 동일시할 듯한 인물을 개발한다. 등장인물과 잘 맞아야 내담자가 공감을 일으키면서 힘도 부여할 수 있는 방식으로 참여할 수 있다. 열한 번째 이야기의 어린 문어에서 나온 예처럼. 이 시점에서, 시원적 목표는 주인공이 내담자의 특성과 비슷해 이야기와 가장 잘 동일시할 수 있도록 해서 결말과 개인적 관계를 발달시키는 것이다. 이는 몇 가지 방법으로 행해진다. 이야기의 등장인물이 내담자와 나이, 성별, 문화적 배경, 직업 활동, 관심 유형 등에 맞아야 한다. 좀 더 자세히 말하면, 비슷한 성격 유형, 사고 양식, 행동 양식 등을 함께 가진 인물을 만들어 내야 한다는 것이다.

청자가 등장인물이나 문제 혹은 이 둘 다에 동일시를 하고 나면, 성취될 수 있는 변화와 결말의 과정과 동일시가 더 쉬워진다. 이런 식으로 등장인물을 내담자에게 맞추면 먼저 변화를 전제하고 문제에서 해답으로 옮겨 가는 방법에 대한 지침을 내어 놓을 수 있다.

이 책의 목표가 시원적으로는 결말을 바탕으로 하는 은유에 초점을 두고 있지만, 내담자의 특성과 동일시의 과정을 맞추는 것이 청자를 끌어들이고 만족할 만한 치료적 결과를 보증하는 핵심 부분이기도 하다. 은유의 이런 면을 더 깊게 탐구하고 싶으면, 랭크턴과 랭크턴(Lankton & Lankton, 1983, 1989), 얍코(Yapko, 1990), 코프(Kopp, 1995) 등에서 도움이 될 만한 것을 찾을 수 있을 것이다.

이야기 속의 등장인물은 상황 속에서 설정되어야 한다. 그리고 이야기가 만들어진 상황에는 청자가 동일시할 수 있는 것을 첨가해야 하고, 그게 결국 이야기의 박진감을 좌우한다. 상황은 이야기가 전달하려고 하는 것에 바탕을 두고 고르는 것이 최고다. 그러므로 이야기의 목적이 편안함을 갖게 하려는 것이라면, 해변의 평화로운 낮이나 일몰을 바라볼 수 있는 언덕의 편안한 환경으로 배경을 삼는 것이 좋을 것이다. 내담자의 동일시를 이야기에 더하고자 한다면, 집이나 직장 같은 청자의 환경에 있는 것을 그대로 쓸 수도 있다. 이야기가 호기심을 불러일으키거나 약간 신비로운 게 있도록 만들고자 한다면, 특이한 장소나 낯선 문화적 상황을 배경으로 잡는 것도 괜찮다.

위기나 도전을 묘사한다

은유적 이야기에서 등장인물은 일반적으로 청자와 비슷한 문제를 경험하고,

위기에 처하거나, 도전에 직면한다. 그러니 내담자들이 자신의 경험에 대해 말해 주는 이야기와 그 내담자들만큼이나 위기나 도전도 다양할 수 있다. 상실에 직면하고, 두려운 상황을 다스리고, 관계 문제를 처리하는 것도 여기에 들어간다.

몸무게가 너무 많이 나가는 내담자에게 여러분이 본 비슷한 일—몸무게를 줄이는 것—을 겪은 다른 사람에 대한 이야기를 해 주는 것은 이야기로 내담자가 제시한 문제에 직접 맞추는 것이 될 수 있다. 힘들고 곤란을 겪는 부분을 반영하면서, 구체적인 문제는 설명해 주지 않으면, 이야기가 간접적으로 맞추는 게 될 수도 있다.

이 시점에서, 은유는 문제만 보여 줄 뿐 해답 같은 건 제시하지 않는다. 성공적인 결말에 이르기 전에 거쳐야 할 다른 처리 과정들이 있으니까. 다음 단계에서는, 은유적 이야기가 그런 과정으로 청자를 안내한다.

자원과 능력을 개발한다

이야기의 이 부분은 내담자가 자기가 이미 가지고 있는 능력을 사정하거나, 과거의 기술들을 재활성화하고, 현재의 문제를 극복할 수 있는 새로운 수단을 개발하도록 해 준다. 이는 내담자가 자기가 쓸 수 있는 도구가 무엇인지를 알고 자각할 수 있도록 도와준다.

학습과 발견을 촉진시킨다

다음 단계는 만족할 만한 결과에 이르도록 사용 가능한 자원을 어떻게 활용하는지 발견하는 것이다. 그냥 도구를 가지고 있다고 해도 그걸로 뭘 해야 할지를 모른다면 작업을 제대로 수행할 수 없다. 적용과 변화, 발견의 과정은 청자가 마지막 단계로 갈 수 있도록 해 주는 것이다.

치료 목표에 도달한다

마지막 단계는 탈바꿈과 변형, 목표의 획득이다. 여기에서 이야기는 대개 그 목표에 도달했을 때의 경험이나 감정을 보여 주면서, 이야기의 주인공이 얻을 듯한 한발 더 나간 이득에 대한 것까지 함께 보여 준다.

이야기는 내담자와 함께 진화하고 변화하므로, 꼭 이 지점에서 끝나야 하는 건 아니다. 주인공에게로 돌아가거나 청자와 어울리는 다른 인물을 소개할 수도 있다. 그렇게 해서, 이야기는 상담이나 다음 회기로 이어질 수 있다.

치료적 이야기를 하면서, 준비단계와 이야기하기에 도움이 되도록 2장에서 논의한 이야기하기의 기법을 상기하고 효과적인 이야기하기 위한 열 가지 지침을 다시 살펴보라. 치료적 메시지를 좀 더 효과적으로 전달하기 위해 이야기꾼의 목소리 사용을 위한 여섯 가지 지침을 활용하라. 여러분의 이야기를 듣는 사람들을 매료시키고 도와주기 위해서 가장 좋은 도구를 찾아 쓰기를 갈구하면서, 은유를 제시할 때 이런 지침들을 시험해 보라.

4단계: 탐색 과정 관찰과 활용

이야기를 하는 사람이 명확한 목적을 가지고 이야기를 짰다 하더라도, 은유는 투사적 검사처럼 이야기를 듣는 사람에게 불확실한 자극이 된다. 치료사가 명백한 치료적 목적을 가지고 이야기를 보여 줄 수는 있지만, 내담자가 그 이야기를 해석하는 방법에는 정도(正道)가 없다는 것을 염두에 두어야 한다. 듣는 사람에게 가장 의미 있는 해석은 대개 내담자가 그렇다고 생각하는 것이다.

불확실한 특정 자극을 제시할 때, 우리는 의미나 개연성을 찾으려고 한다. 구조를 요구하고, 그게 우리와 어떤 연관성을 지녔는지 탐색한다. 그와 똑같은 과정이 누군가 은유에 귀를 기울일 때도 일어난다.

치료 중의 연구 과정은 치료 준비의 어떤 특성들로 진작된다. 내담자는 치료에서 어떤 것을 얻기 위해서 치료실을 찾고 사교 모임 같은 데에서 하는 이야기에 귀를 기울이거나 영상에 나타나는 이야기를 보면서 색다른 동기도 부여받고 기대도 가지게 된다. 또한 서로 다른 상황에서 서로 다른 의미를 찾게 된다. 극장에서는 즐거움을 찾는 반면, 치료에서는 이야기가 우리 삶과 맺고 있는 개연성을 찾는다. 이런 동기들이 주어지기 때문에, 내담자들은 치료 중에 치료적 은유가 자신들과 자신들의 존재 이유에 어떻게 맞아 들어갈 수 있는지를 의아해 한다. 치료사를 '전문가'로 여길 수도 있고 내담자가 얻고자 하는 해답이나 해결책에 대한 지혜와 지식이 담긴 샘으로 여길 수도 있다. 치료사가 이야기를 하면, 내담자는 '왜 나한테 이런 이야기를 하는 거지? 내 치료사가 이 이야기를 가지고 뭘 하려는 거지?'라고 궁금해 하기도 한다.

치료사의 관점으로 보자면, 대답은 명확하다. 각각의 모든 치유적 이야기를 하는 데는 견실한 이론적 근거와 건전한 윤리적 이유들이 있어야 한다. 내담자와의 치료적 계약이란 점에서 보자면, 은유는 바람직한 결말을 향한 내담자의 움직임을 촉진시킬 수단을 제공해야 한다. 그러나 치료사가 이야기를 하는 의도나 목적이 내담자의 기대와 다를 수도 있다는 사실에도 대비를 해야 한다.

내담자가 이야기에 대해서 어떤 해석을 하더라도 부정해서는 안 된다. 내담자의 해석이 그 내담자에게는 가장 의미 있는 것일 수 있으니까. 그게 비록 여러분이 의도했던 것과는 다르더라도 말이다. 그다음의 은유와 치료적 개입에서 내담자의 과정을 다져 주고 한 발 더 나아가게 하는 내담자의 해석을 활용하라. 여러분의 이야기를 투사 검사로 보면서 사람이 다르면 같은 이야기라도 다른 의미로 해석될 수 있다는 걸 이해하고, 목표를 향해 건설적으로 가는 방법으로 그 의미를 만들어 나갈 만큼 유연성을 가져라.

내 서류철 속에는 의미 탐색에서 그런 개인적 과정을 떠올리게 하는 내담자로부터 받은 편지 한 통이 들어 있다. 그녀는 50대 여성으로 자기 힘으로는 어쩔 수 없는 인생의 굴곡들을 수도 없이 겪었다. 그래서 그녀는 무력감과 우울함을 느끼게 되었다. 그녀의 구체적 목표 중의 하나가 그런 사건들을 더 잘 받아들이는 것이었기 때문에, 내가 그녀에게 해 준 이야기가 '환경 받아들이는 법'(열세 번째 이야기)이었다. 그녀는 이야기를 경청했고, 그 이야기 때문인지 아닌지는 몰라도, 그 뒤 몇 주 동안은 자기 환경에 대처하는 게 좀 나아지는 듯했다. 그러고 얼마 뒤 그녀는 다시 처음 상태로 돌아갔다. 내가 그녀에게 그 이야기를 예전에 어떤 식으로 했는지는 잊어버리고, 나는 다시 그녀의 현재 상황에 맞춰 그 이야기를 해 주었다.

다음 회기가 되기 전에 그녀가 나에게 편지 한 통을 썼다. 그녀는 이렇게 말했다. "그 놈의 석수장이 이야기(그녀는 그 이야기를 이렇게 일컬었다)는 확실히 효과가 있네요. 사람들이 안 좋으면 그 이야기를 한 번 들려 주고, 사람들이 좀 나아진다 싶으면 또 들려 주지요. 그러면 사람들이 다시 재발하지 않지요. 자기들이 재발하게 되면 당신이 그 빌어먹을 놈의 이야기를 또 한 번 할 거라는 걸 그 사람들은 알고 있으니까요!"

5단계: 은유를 입증하라

입증한다는 것은 확인과 승인의 과정이다. 이야기 준비와 개인적으로 관련된 상황에서 나오는 결과는 이야기와 그 결론 모두를 듣는 사람에게 입증해 주거나 상기시켜 준다.

캐디는 티베트 불교신자 센터에 살고 있는 불교신자로 자신의 신앙에 귀의하고 있었다. 그녀는 능력도 있고 가능성도 있는 화가였다. 자신의 두 가지 큰 관심거리가 갈등을 일으켰다. 불교신자답게 청렴한 삶을 살고 싶기도 하지만 자신의 예술적 재능을 개발해서 그에 수반되는 명성과 부를 누리고 싶은 마음도 있었던 것이다. 이런 상반된 관심거리에 대한 자신의 양가감정이 그녀를 '터지기 일보 직전'—자기가 말한 대로—으로 만들었다.

나는 등장인물과 위기를 자신과 동일시할 수 있으면서, 건설적 결론에 도달하기 위해 자신의 자원을 동원하기 바라면서 그녀에게 이야기를 하나 해 주었다. 그 이야기는 그녀의 일상적 행동들과 종교적 실천을 다시 한 번 확인시켜 주는 은유를 위한 계기도 주었다.

　나는 그녀에게 천 개의 팔을 가진 자비의 부처 천수보살에 대한 이야기를 상기시켜 주었다. 캐디처럼 천수보살도 두 가지 상반된 감정으로 찢어져 버렸다. 천수보살은 삼라만상을 고통에서 구하겠다는 서원을 했지만, 자신이 그토록 열망하던 것을 이룰 수 있는 능력이 부족하다는 생각이 들었다. 자기 사명의 거대함과 그에 따른 갈등을 실감하면서, 그의 머리가 터져서 산산조각이 났다. 그 조각들의 힘을 모아서, 무한대량의 부처님이 도와주었다. 무한대량의 부처님이 천수보살의 몸을 11개의 머리와 천 개의 팔을 가진 더 강력한 형상으로 다시 만들어 주었다. 그 손마다 손바닥 한가운데 눈이 달려서, 지혜(눈)와 기술 수단(손)의 합일을 상징하게 되었다. 지혜와 기술 수단 모두를 자원으로 활용해서 자비의 부처님은 자신의 딜레마를 해결할 수 있었다. (캐디가 자기 상황을 인식하는 식으로) 이것이냐 저것이냐를 문제로 삼을 게 아니라, 그 두 가지를 어떻게 건설적으로 잘 조화시키느냐를 생각해야 한다.

　이야기에 살을 좀 붙여서 캐디에게 해 주었더니 캐디는 동일시의 과정에 참여하면서 자신의 딜레마에 대한 해결책을 향해 나아갔다. 그녀는 자신의 자원 —예술가로서의 기질이 있는 손과 자비로운 철학적 지혜—을 활용하는 법을 발견했다. 천수보살 전에 엎드리거나 (천수보살의 환생이라고 믿는) 달라이 라마의 사진을 볼 때마다, 그녀는 그 이야기를 생각했고, 그게 자신에게 확신을 주었다. 내가 캐디를 마지막으로 본 것은 자선 기부 전시회에 초대되었을 때였다. 그녀는 아름다운 회화작품을 그려서 그 수익금을 기부했다. 내담자들이 친숙한 상황을 은유적 이야기의 근저로 삼거나 바람직한 치료적 결말을 연결시키는 방법으로 내담자들 세계의 현실에 관한 어떤 것을 덧붙이면, 치료적 이야기를 한 발 더 나아가게 하는 동시에 은유적 목표에 동의해 주는 것이 된다.

요약: 치료에서 은유를 활용하는 단계

1. 구체적 결말 목표를 정하는 목표 지향적 사정을 고른다. 이는 여러분이 은유적 개입을 상관성 있도록 구조화하는 것과 내담자가 자신들이 목표를 획득할 수 있다는 확신을 더 쉽게 할 수 있도록 한다.
2. 바람직한 결말로 시작해서, 적절한 자원을 개발하고, 마지막으로 관련 문제를 정하는 PRO 접근법에 따라 은유의 형식을 만든다.
3. 등장인물을 창조하고, 위기나 도전을 묘사하고, 필요한 자원을 개발하고, 새로운 배움을 진작시키고, 목표를 획득하는 은유를 짠다. 괜찮다면, [그림 15-1]의 은유 구조화 양식을 따른다. (a) 효과적인 이야기하기에 대한 지침과 (b) 2장에서 설명한 목소리의 특징을 활용하여 내담자에게 은유를 보여 준다.
4. 내담자의 탐색 과정을 살펴보고 내담자가 이야기 안에서 바람직한 결말을 향해 나아갈 수 있는 길을 찾는 의미들을 활용한다.
5. 이야기를 검토하여 동의하고, 결말을 확인하고, 전진 학습을 할 수 있도록 격려한다.

맺으면서

2장을 시작하면서, 두 명의 치료사들이 하는 말을 어깨너머로 들었던 것을 이야기했다. 한 사람은 내담자들과 함께할 수 있는 치료적 은유를 사용하는 것에 대해서 좀 더 배우고자 하는 마음을 드러내었다. "전문가들을 가만히 보면 특정 내담자들에게 딱 맞는 이야기를 얼마나 잘 골라내는지. 그 사람들의 아이디어는 정말 대단해요. 나도 해 보려고 하는데. 은유의 소재를 어디서 얻을지, 어떻게 해야 그 은유들을 효과적으로 말할 수 있는지를 모르겠어요."

난 한 번도 그 사람과 이런 문제로 이야기를 나눈 적이 없다. 그 대신, 책을 썼다. 이야기를 효과적으로 할 수 있는 데에 도움이 되는 단서들, 그 이야기들을 여러분의 내담자들과 그 내담자들의 바람직한 결말에 맞도록 하는 방법들, 괜찮다 싶은 은유적 주제를 떠올리게 만들어 주는 아이디어들을 책 속에서 발견하기를 바란다. 한 가지 더, 나는 치유적 이야기를 만들어 낼 수 있는 구조와 내담자들과 은유적으로 의사소통할 수 있는 방법들도 내어놓았다.

우리의 삶도 내담자들의 그것처럼, 하나의 이야기가 아니라, 한 덩어리로 묶어진 치유적 이야기들로 가득 차 있다. 우리는 다른 사람들의 삶의 이야기를 경청하고, 책에서 읽고, 다른 문화권이나 전통에서 찾고, 내담자들에게서도 듣고, 자신들의 삶의 여정에서도 경험한다. 그 이야기들을 하면서, 우리는 다른 사람들과 경험을 나눈다. 그 이야기들을 들으면서, 우리 삶의 여정을 좀 더 편하게 해 주는 배움도 얻고, 우리의 안녕을 증대시키고, 우리가 커 나갈 수도 있다. 자, 그걸 한 번 누려 보자.

왜 이야기로 가르치는가

한 젊은이가 자기가 고민하는 수많은 문제들의 답을 구하려고 도를 깨우친 스승을 찾아갔다. 어서 모든 걸 꿰뚫는 앎을 얻고 싶어서, 그는 단박에 제일 중요한 것부터 물었다.

"말씀해 주십시오." 그 젊은이가 채근했다. "제가 인생의 비밀을 찾으려면, 어디서부터 시작해야 하겠습니까?"

그 스승이 인자하게 답했다. "옛날에 신께서 천사들의 무리에 둘러싸여 계셨지. 신께서는 자신의 피조물을 기쁜 마음으로 지켜보시면서 천국의 왕좌에 그냥 가만히 앉아 계셨다네. 그분의 발 아래 아름다운 우주가 펼쳐져 있었지. 신께서는 특히 지구를 마음에 들어 하셨는데, 거기에 생명을 만들어 두셨기 때문이었다네. 산들바람에 나뭇잎이 춤추고, 해가 고개를 내밀면 새들이 소리 모아 지저귀고, 고래들은 물속에서 어울려 콧노래를 불렀지. 지구에서는 생명들이 계속 생겨나고 삶을 이어 나갔어. 얼마나 멋진 일인가."

"신께서 자기를 잘 도와준 천사들을 치하하시고, 이렇게 말씀하셨지. '딱 한 가지만 빼고 나면 모든 게 잘 되었도다. 인생의 비밀을 숨겨 둘 곳을 찾아야 한다. 인간들이 그걸 함부로 쓰지 못하게.'"

"천사에게 좋은 생각이 떠올랐다네. '저 높은 산들 중에서 제일 높은 곳에 두는 게 어떠하올지요?'"

"신께서 잠시 생각에 잠기시더니 이렇게 말씀하셨네. '안 될 말이야. 인간들은 아무리 높고 근접할 수 없을 만큼 큰 산이라 해도 언젠가 오를 수 있게 될 것이다. 그렇게 되고 나면 인간들은 인생의 비밀을 찾고 말 것이야. 다른 곳에 숨겨야 하느니라.'"

"두 번째 천사가 나섰지. '그렇다면 저 바다 밑바닥은 어떨지요? 거기라면 도저히 갈 수 없을 것입니다.'"

"신께서는 다시 생각에 잠기셨다가 입을 떼셨네. '나는 인간들에게 기계를 만들어 낼 수 있는 지능을 주었느니라. 그들은 기계를 만들어 아무리 깊은 바다 밑이라 해도 갈 수 있게 될 것이니라.'"

"그때까지 입을 다물고 있던 세 번째 천사가 앞으로 나섰다네. '알겠사옵니다. 그걸 인간들 속에 숨기시지요.'"

"신께서는 무릎을 탁 치셨지. '바로 그것이로다! 인간들은 절대로 자기 속은 들여다볼 수 없을 것이야.'"

가르침을 받으러 왔던 젊은이는 그 이야기를 듣고 적잖이 당황했지만, 질문을 멈추지는 않았다. 그 젊은이가 묻는 것마다 직접적인 답은 하나도 얻을 수 없었고, 계속 또 다른 이야기만 들어야 했다. 결국, 더 이상은 실망감을 감출 수가 없어서 소리를 질러 버렸다. "도대체 왜 물을 때마다 이야기로 답을 하시는 겁니까? 그냥 바로 알아들을 수 있는 답을 주시면 안 됩니까?"

젊은이가 이번엔 제대로 대답을 해 주겠지 하는데 그 스승이 입을 열었다.

"옛날에 사과 농사를 짓던 사람이 한 젊은이에게 사과를 하나 주고 싶어 했다네. 그 사과는 그냥 사과가 아니었어. 아주 특별한 사람을 위한 아주 특별한 선물이었지."

"그 사과 농사꾼은 수년 동안이나 일을 배우고, 자기 스승을 지켜보면서, 자신의 기술을 개발했다네. 그렇게 해서 그 특별한 사과를 자기 손으로 키웠어. 그는 그 사과 씨를 받아 다시 심어 키웠지. 제일 좋은 땅에 그늘도 적당하고 햇볕도 적당한 곳에 심었다네. 땅도 갈아 주고, 가지도 쳐 주고, 새들이 쪼지 못하게 막아도 주고는, 완전히 다 익었을 때 그 사과를 땄다네. 드디어 그 농사꾼이 그 젊은이에게 사과를 건네주었지. 반짝반짝 윤이 나는 루비처럼 붉은 빛의 달콤하고 아삭아삭한 그 사과를 말일세."

"그런데 말일세, 그 농사꾼이 젊은이를 위한답시고 그 사과를 꼭꼭 씹어서 주었다면 그 젊은이가 그 사과가 어떤지를 자기가 직접 경험한다거나, 그 선물이 얼마나 특별한 것인가 하는 것을 알 수 있었겠나?"

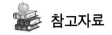
참고자료

은유에 관한 참고자료와 전문서적

전문적인 문헌 중에는 은유 과정에 대한 연구를 제공하고, 사례 역사를 보여 주고, 은유에 대한 보기와 원천들을 제시하는 여러 도서와 논문이 많이 있다. 나는 이 책에서 이야기와 이야기 활용의 테크닉에 최대한의 공간을 할애하기 위해서 다른 사람들의 연구에 대한 언급이나 반복을 가능한 한 최소화했다. 이 책만으로 은유치료의 모든 요소를 다룰 엄두를 내지 못하므로, 여러분이 좀 더 심도 있게 과학, 이론, 양식, 치료적 이야기의 적용 등을 탐구할 수 있도록 하는 인지적 참고 목록을 제공하려고 했다. 다음 목록은 여러분이 지식과 이해를 구축하고 이런 매혹적인 치료의 장에서 실습할 수 있도록 하는 작품(나와는 다른 뿌리를 가진 것도 있다는 것을 발견할 수도 있다.)을 광범위하게 담고 있다. 뿐만 아니라 여기에는 내가 교재에서 인용한 논문과 도서들도 있다.

Angus, L. E., & Rennine, D. L. (1988). Therapist participation in metaphor generation: Collaborative and noncollaborative style. *Psychotherapy, 25,* 552–560.

Angus, L. E., & Rennine, D. L. (1989). Envisioning the representational world: The client's experience of metaphoric expression in psychotherapy. *Psychotherapy, 26,* 372–379.

Barker, P. (1985). *Using metaphors in psychotherapy.* New York: Brunner/Mazel.

Beck, A. (1967). *Depression: Causes and treatment.* Philadelphia: University of Pennsylvania Press.

Beck, A. (1973). *The diagnosis and management of depression.* Philadelphia: University of Pennsylvania Press.

Beck, A. (1976). *Cognitive therapy and the emotional disorders.* New York: International Universities Press.

Beck, A., Brown, G., Berchick, R., Stewart, B., & Steer, R. (1990). Relationship between hopelessness and ultimate suicide: A replication with psychiatric outpatients. *American Journal of Psychiatry, 147,* 190–195.

Beck, A., Rush, J., Shaw, B., & Emery, G. (1979). *Cognitive therapy of depression.* New York: Guilford Press.

Bettelheim, B. (1976). *The uses of enchantment: The meaning and importance of fairy tales.* New York: Knopf.

Bettelheim, B. (1984). *Freud and man's soul.* New York: Vintage.

Black, M. (1962). *Models and metaphors.* New York: Ithaca.

Burns, G. L. (1996). *From coconuts to cocktails: A sociocultural study of tourism on a Fijian island.* Unpublished Master's Thesis, University of Western Australia, Perth.

Burns, G. W. (1998). *Nature-guided therapy: Brief integrative strategies for health and well-being.* Philadelphia: Brunner/Mazel.

Burns, G. W. (1999). Nature-guided therapy: A case example of ecopsychology in clinical practice. *Australian Journal of Outdoor Education, 3* (2), 9-16.

Campbell, J. (1986). *The inner reaches of outer space: Metaphor as myth and as religion.* New York: Harper & Row.

Campos, L. (1972). Using metaphor for identifying life script changes. *Transactional Analysis Journal, 2* (2), 75.

Chelf, J. H., Deschler, A. M. B., Hillman, S., & Durazo-Arvizu, R. (2000). Storytelling: A strategy for living and coping with cancer. *Cancer Nursing, 23* (1), 1-5.

Close, H. T. (1998). *Metaphor in psychotherapy: Clinical applications of stories and allegories.* San Luis Obispo, CA: Impact.

Cohen, T. (1979). Metaphor and the cultivation of intimacy. In S. Sacks (Ed.), *On metaphor* (pp. 1-10). Chicago: University of Chicago Press.

Combs, G., & Freedman, J. (1990). *Symbol, story, and ceremony: Using metaphor in individual and family therapy.* New York: Norton.

Cox, M., & Theilgaard, A. (1987). *Mutative metaphors in psychotherapy: The aeolian mode.* London: Tavistock.

Dolan, Y. M. (1986). Metaphors for motivation and intervention. *Family therapy collections, 19,* 1-10.

Donnelly, C. M., & Dumas, J. E. (1997). Use of analogies in therapeutic situations: An analogue study. *Psychotherapy, 34* (2), 124-132.

Donnelly, C. M., & McDaniel, M. A. (1993). The use of analogy in learning specific scientific concepts. *Journal of Experimental Psychology, 19,* 975-986.

Duhl, B. (1983). *From the inside out and other metaphors: Creative and integrative approaches to training in systems thinking.* New York: Brunner/Mazel.

Erickson, M. H., Rossi, E. L., & Rossi, S. (1976). *Hypnotic realities.* New York: Irvington.

Evans, M. B. (1985). *Metaphor, personality, and psychotherapy: An individual difference approach to the study of verbal metaphor.* Unpublished doctoral dissertation, University of North Carolina, Chapel Hill.

Evans, M. B. (1988). The role of metaphor in psychotherapy and personality change: A theoretical reformulation. *Psychotherapy, 25* (4), 543-551.

Fantz, R. E. (1983). The use of metaphor and fantasy as an additional exploration of awareness. *Gestalt Journal, 6,* 28-33.

Gardner, R. (1971). *Therapeutic communication with children: The mutual storytelling technique.* New York: Science House.

Gonclaves, O. F., & Craine, M. H. (1990). The use of metaphors in cognitive therapy. *Journal of Cognitive Psychotherapy, 4* (2), 135-149.

Gordon, D. (1978). *Therapeutic metaphors: Helping others through the looking glass.* Cupertino, CA: Meta.

Groth-Marnat, G. (1992). Past Cultural Traditions of Therapeutic Metaphor. *Psychology: A Journal of Human Behavior, 29* (3/4, 1-8)

Grove, D. J., & Panzer, B. I. (1989). *Resolving traumatic memories: Metaphors and symbols in psychotherapy*. New York: Irvington.

Haley, J. (1973). *Uncommon therapy: The psychiatric techniques of Milton H. Erickson*. New York: Norton.

Hammond, D. C. (Ed.). (1990). *Handbook of hypnotic suggestions and metaphors*. New York: Norton.

Harris, J. J., Lakey, M. A., & Marsalek, F. (1980). Metaphor and images: Rating, reporting, remembering. In R. R. Hoffman & R. P. Honeck (Eds.), *Cognitive and figurative language* (pp. 231-258). Hillsdale, NJ: Erlbaum.

Haskell, R. E. (Ed.). (1987). *Cognition and symbolic structures: The psychology of metaphoric transformation*. Norwood, NJ: Ablex.

Hesley, J. W., & Hesley, J. G. (1998). *Rent two films and let's talk in the morning: Using popular movies in psychotherapy*. New York: Wiley.

Hillary, E. (1975). *Nothing venture, nothing win*. London: Coronet Books.

Hintikka, J. (Ed.). (1994). *Aspects of metaphor*. Boston: Kluwer Academic.

Hoffman, L. (1983). Imagery and metaphor in couples therapy. *Family Therapy, 10*(2), 141-156.

Honeck, R. P., & Hofman, R. R. (1980). *Cognition and figurative language*. NJ: Hillsdale.

Hunter, M. E. (1988). *Daydreams for discoveries: A manual for hypnotherapists*. Vancouver: Seawalk.

Ingal, C. K. (1997). *Metaphors, maps, and mirrors: Moral education in middle schools*. Greenwich, CT: Ablex.

Jung, C. G., & von Franz, M. L. (Eds.). (1964). *Man and his symbols*. New York: Dell.

Kingsbury, S. J. (1994). Interacting within metaphors. *American Journal of Clinical Hypnosis, 36*(4), 241-247.

Kirsch, I. (1997). Hypnotic suggestion: A musical metaphor. *American Journal of Clinical Hypnosis, 39*(4), 271-282.

Kohen, D. P., & Wynne, E. (1997). Applying hypnosis in a preschool family asthma education program: Uses of storytelling, imagery, and relaxation. *American Journal of Clinical Hypnosis, 39*(3), 169-181.

Kopp, R. R. (1995). *Metaphor therapy: Using client-generated metaphors in psychotherapy*. New York: Brunner/Mazel.

Kopp, R. R., & Craw, M. J. (1998). Metaphoric language, metaphoric cognition and cognitive therapy. *Psychotherapy, 35*(3), 306-311.

Kopp, S. (1971). *Guru: metaphors from a psychotherapist*. Palo Alto, CA: Science & Behavior Books.

Kuttner, L. (1988). Favorite stories: A hypnotic pain-reduction technique for children in acute pain. *American Journal of Clinical Hypnosis, 30*, 289-295.

Lakoff, G., & Johnson, M. (1980). *Metaphors we live by*. Chicago: University of Chicago Press.

Lankton, C., & Lankton, S. R. (1989). *Tales of enchantment: Goal-oriented metaphors for adults and children in therapy*. New York: Brunner/Mazel.

Lankton, S. R. (1988). *The blammo-surprise book: A story to help children overcome fears*. New York: Magination.

Lankton, S. R., & Lankton, C. (1983). *The answer within: A clinical framework of Ericksonian hypnotherapy*. New York: Brunner/Mazel.

Lankton, S. R., & Lankton, C. (1986). *Enchantment and intervention in family therapy: Training in Ericksonian hypnosis*. New York: Brunner/Mazel.

Martin, J., Cummings, A. L., & Hallberg, E. T. (1992). Therapists' intentional use of metaphor: Memorability, clinical impact, and possible epistemic/motivational functions. *Journal of Consulting and Clinical Psychology, I*, 143-145.

Matthews, W. M., & Dardeck, K. L. (1985). Construction of metaphor in the counseling process. *American Mental Health Counselors Association Journal, 7*, 11-23.

McCurry, S. M., & Hayes, S. C. (1992). Clinical and experimental perspectives on metaphor talk. *Clinical Psychology Review, 12*, 763-785.

McNeilly, R. B. (2000). *Healing the whole person: A solution-focused approach to using empowering language, emotions and actions in therapy*. New York: Wiley.

Mills, J. C., & Crowley, R. J. (1986). *Therapeutic metaphors for children and the child within*. New York: Brunner/Mazel.

Muran, J. C., & DiGiuseppi, R. A. (1990). Towards a cognitive formulation of metaphor use in psychotherapy. *Clinical Psychology Review, 10*, 69-85.

Nathan, P. E., & Gorman, J. M. (Eds.). (1998). *A guide to treatments that work*. New York: Oxford University Press.

Norton, C. S. (1989). *Life metaphors: Stories of ordinary survival*. Carbondale: Southern Illinois University Press.

O'Hanlon, B. (1986). The use of metaphor for treating somatic complaints in psychotherapy. *Family Therapy Collections, 19*, 19-24.

Ornstein, R., & Sobel, D. (1971). *The healing brain*. New York: Simon & Schuster.

Ortony, A. (Ed.). (1979). *Metaphor and thought*. New York: Cambridge University Press.

Pert, C. (1985). Neuropeptides, receptors, and emotions. *Cybernetics, 1* (4), 33-34.

Pert, C. (1987). Neuropeptides: The emotions and the body-mind. *Neotic Sciences Review, 2*, 13-18.

Radman, Z. (Ed.). (1995). *From a metaphoric point of view: A multidisciplinary approach to the cognitive content of metaphor*. New York: W de Gruyter.

Remen, R. M. (1996). *Kitchen table wisdom: Stories that heal*. Sydney: Pan Macmillan.

Rosen, S. (1982). *My voice will go with you: The teaching tales of Milton H. Erickson*. New York: Norton.

Rossi, E. L. (1993). *The psychobiology of mind-body healing: New concepts of therapeutic hypnosis* (2nd ed.). New York: Norton.

Rossi, E. L., & Cheek, D. B. (1988). *Mind-body Therapy: Methods of ideodynamic healing in hypnosis.* New York: Norton.

Rossi, E. L., Rayn, M., & Sharp, F. (Eds.). (1984). *Healing in hypnosis. Vol I. The seminars, workshops, and lectures of Milton H. Erickson.* New York: Irvington.

Sacks, S. (Ed.). (1979). *On metaphor.* Chicago: University of Chicago Press.

Seligman, M. (1989). Explanatory style: Predicting depression, achievement, and health. In M. Yapko (Ed.), *Brief therapy approaches to treating anxiety and depression* (pp. 5-32). New York: Brunner/Mazel.

Seligman, M. (1990). *Learned optimism.* New York: Knopf.

Seligman, M. (1993). *What you can change and what you can't.* New York: Knopf.

Seligman, M. (1995). *The Optimistic Child: How learned optimism protects children from depression.* New York: Houghton Mifflin.

Siegelman, E. Y. (1990). *Metaphor and meaning in psychotherapy.* New York: Guilford Press.

Sommer, E., and Weiss, D. (1996). *Metaphor dictionary.* Detroit: Visible Ink.

Sommers-Flanagan, J., & Sommers-Flanagan, R. (1996). The wizard of oz metaphor in hypnosis with treatment-resistant children. *American Journal of Clinical Hypnosis, 39* (2), 105-114.

Sontag, S. (1991). *Illness as metaphor and AIDS and its metaphors.* London: Penguin.

Sternberg, R. J. (1990). *Metaphors of mind: Conceptions of the intelligence.* Cambridge: Cambridge University Press.

Stevens-Guille, M. E., & Boersma, F. J. (1992). Fairy tales as trance experience: Possible therapeutic uses. *American Journal of Clinical Hypnosis, 34* (4), 245-254.

Thiessen, I. (1983). Using fairy tales during hypnotherapy in bulimerexia and others psychological problems. *Medical Hypnoanalysis, 4,* 139-144.

Thiessen, I. (1985). A new approach with fairy tales as anchoring devices in hypnotherapy. *Medical Hypnoanalysis, 6,* 21-26.

Tilton, P. (1984). The hypnotic hero: A technique for hypnosis with children. *International Journal of Clinical and Experimental Hypnosis, 32,* 366-375.

Turbayne, C. M. (1991). *Metaphors of the mind: The creative mind and its origins.* Columbia: University of South Carolina Press.

Ullman, J. R. (1956). *Man of Everest: The autobiography of Tenzing.* London: Reprint Society.

Vaisrub, S. (1977). *Medicine's metaphors: Messages and menaces.* Oradell, NJ: Medical Economics.

Wallas, L. (1985). *Stories for the third ear: Using hypnotic fables in Psychotherapy.* New York: Norton.

Walters, C., & Havens, R. A. (1993). *Hypnotherapy for health, harmony, and peak performance: Expanding the goals of psychotherapy.* New York: Brunner/Mazel.

Welch, M. J. (1984). Using metaphor in psychotherapy. *Journal of Psychosocial Nursing and Mental Health Services, 22,* 13-8.

White, R. M. (1996). *The structure of metaphor: The way the language of metaphor works.* Oxford: Blackwell.

Wynne, E. (1987). Storytelling in therapy. *Children Today, 16* (2), 11-15.

Yapko, M. (1985). Therapeutic strategies for the treatment of depression. *Erickson monographs, 1,* 89-110. NY: Brunner/Mazel.

Yapko, M. (1988). *When living hurts: Directives for treating depression.* NY: Brunner/Mazel.

Yapko, M. D. (1990). *Trancework.* New York: Bruner/Mazel.

Yapko, M. D. (1992). *Hypnosis and the treatment of depressions: Strategies for change.* New York: Brunner/Mazel.

Yapko, M. D. (1995). *Essentials of hypnosis.* New York: Brunner/Mazel.

Yapko, M. D. (1997). *Breaking the patterns of depression.* New York: Brunner/Mazel.

Yapko, M. D. (1999). *Hand-Me-Down Blues: How to stop depression from spreading in families.* New York: Golden.

Zeig, J. K. (1980). *A teaching seminar with Milton H. Erickson.* New York: Brunner/Mazel.

Zeig, J. K., & Gilligan, S. G. (Eds.). (1990). *Brief therapy: Myths, methods and metaphors.* New York: Brunner/Mazel.

Zeig, J. K., & Munion, W. M. (Eds.). (1990). *Ericksonian approaches.* San Francisco: Jossey-Bass.

아동을 위한 은유치료

은유는 아동의 치료에도 쉽고 적절하게 사용할 수 있다. 이 목록은 인지적인 것과는 거리가 멀지만, 여러분에게 적용 가능한 작품에 대한 아이디어를 제공하는 시작점이 될 수도 있고 여러분이 부가적 자원을 찾을 수 있도록 하는 자리가 될 수도 있다.

Amos, J. (1994). *Brave.* Austin, TX: Raintree Steck-Vaughn.

Amos, J. (1994). *Happy.* Austin, TX: Raintree Steck-Vaughn.

Amos, J. (1997). *Lonely: Stories about feeling and how to cope with them.* Bath, UK: Cherrytree.

Amos, J., & Spenceley, A. (1997). *Owning up.* Bath, UK: Cherrytree.

Brett, D. (1997). *Annie stories: Helping young children meet the challenges of growing up.* Sydney, Australia: Hale and Iremonger.

Brown, L. K., & Brown, M. (1998). *How to be a friend: A guide to making friends and keeping them.* Boston: Little, Brown.

Johnson, M. (1996). *Dealing with insults.* New York: Powerkids.

Lankton, C., & Lankton, S. R. (1989). *Tales of enchantment: Goal-oriented metaphors for adults and children in therapy.* New York: Brunner/Mazel.

Lankton, S. R. (1988). *The blammo-surprise Book: A story to help children overcome fears.* New York: Magination Press.

Mills, J. C., & Crowley, R. J. (1986). *Therapeutic metaphors for children and the child within*. New York: Brunner/Mazel.

Moses, B. (1997). *I'm worried*. East Essex, UK: Wayland.

아이들의 이야기

아이들의 이야기는 은유적 내용을 담고 있는 경우가 많아 창조적 아이디어를 자극하는 좋은 원천이 되기도 한다. 게다가 아이들의 이야기는 이야기의 속성, 이야기 구조화 과정, 이야기로 의사소통하는 기법 등을 보여 준다. 여기에 몇 개의 예가 있다.

de Saint-Exupery, A. (1993). *The Little prince*. London: Mammoth.

Jackson, J. (1981). *Tawny scrawny lion*. Rancine, WI: Golden.

Milne, A. A., & Shepherd, E. H. (1999). *Winnie-the-pooh's little book of wisdom*. London: Methuen.

Nyokabi, S. (1974). *The chameleon who couldn't stop changing his mind*. Nairobi, Kenya: Transfrica.

O'Mara, L. (Ed.). (1991). *Classic animal stories*. London: Michael O'Mara.

Powell, M. (1994). *Wolf tales: North American children's stories*. Santa Fe, NM: Ancient City.

Shipton, J., & Foreman, M. (1991). *Busy! Busy! Busy!*. London: PictureLions.

Williams, M. (1991). *The Velveteen rabbit*. London: Heineman.

민담, 타문화 신화, 전설, 이야기

민담은 전반적인 역사와 이야기를 통한 의사소통의 전통을 담고 있으며, 정보를 주고 가르침을 주고 즐거움을 준다. 그 안에는 문화, 종교, 세대를 초월하는 보편적인 이야기가 있다. 치료적 주제로 할 수 있는 것 중에 눈과 귀를 열고 이런 이야기를 읽는 것보다—혹은 좀 더 좋은 방법으로, 이야기꾼과 함께 앉아서 이야기를 듣는 것보다—이야기의 본질을 더 재미있게 이해할 방법은 없을 것이다.

Akello, G. (1981). *Iteso thought patterns in tales*. Dar Es Salaam, Tanzania [formerly Tanyanyika]: Dar Es Salaam University Press.

Bruchal, J. (1991). *Native American stories*. Golden, CO: Fulcrum.

Bruchal, J. (1993). *Flying with the eagle, racing the great bear: Stories from native North America*. Mahwah, NJ: Troll Medallion.

Caduto, M. J., & Bruchal, J. (1994). *Keepers of the night*. Golden, Colorado: Fulcrum.

Chophel, N. (1983). *Folk culture of Tibet*. Dharamsala, India: Library of Tibetan Works and Archives.

Hatherley, S. (1991). *Folk tales of Japan*. South Melbourne, Australia: Macmillan.

Hull, R. (1992). *Native North American stories*. East Essex, UK: Wayland.

Hull, R. (1994). *Indian stories*. East Essex, UK: Wayland.

Ingpen, R., & Hayes, B. (1992). *Folk tales and gables of the Middle East and Africa*. Surrey, UK: Dragon's World.

In-Sob, Z. (1979). *Folktales from Korea*. New York: Grove.

Kamera, W. D., & Mwakasaka, C. S. (1981). *The compliment: East Africa folktales*. Arusha, Tanzania [formerly Tanyanyika]: East Africa Publications.

Lall, K. (1991). *Nepalese book of proverbs*. Kathmandu, Nepal: Tiwari's Pilgrims Bookhouse.

Morgan, W. (1988). *Navajo coyote tales*. Santa Fe, NM: Ancient City.

Njururi, N. (1975). *Tales from Mount Kenya*. Nairobi, Kenya: Transafrica.

Retan, W. (1989). *Favorite tales from many lands*. New York: Grosset & Dunlap.

Roberts, A., & Mountford, C. P. (1980). *The first sunrise: Australian Aboriginal myths in paintings*. Adelaide, Australia: Rigby.

Sakya, K., & Griffith, L. (1980). *Tales of Kathmandu: Folktales from the Himalayan kingdom of Nepal*. Brisbane, Australia: House of Kathmandu.

Scheffler, A. (1997). *Silent beetle gets the seeds: Proverbs from far and wide*. London: Macmillan.

Schultz, G. F. (1968). *Vietnamese legends*. Tokyo: Charles E. Tuttle.

Scott, M. (1988). *Irish fairytales*. Dublin: Mercier Press.

Sherman, J. (1993). *Rachel the Clever and other Jewish folktales*. Little Rock, AR: August House.

Te Kanawa, K. (1997). *Land of the long white cloud: Maori myths, tales And legends*. Auckland, NZ: Viking.

Urton, G. (Ed.). (1985). *Animal myths and metaphors in South America*. Salt Lake City, UT: University of Salt Lake City Press.

Zipes, J. (1979). *Breaking the magic spell: Radical theories of folk and fairytales*. Houston: University of Texas Press.

종교적이고 영적인 이야기

종교는 비유를 통해서 오랫동안 가르침을 주고 있다. 영적인 작품은 강한 도덕적 가치관과 긍정적인 재구조화, 건설적 관계 맺음, 건강한 세계관 등에 대한 여러 이야기를 담고 있다. 여기에 작은 보기가 몇 개 있다.

Berg, L. (1999). *The God Stories: A celebration of legends*. London: Frances Lincoln.

de Mello, A. (1988). *The Song Of The Bird*. Anand, India: Gujarat Sahitya Prakash.

Feldman, C., & Kornfield, J. (1991). *Stories of the spirit, stories of the heart: Parables of the spiritual path from around the world*. San Francisco: Harper.

Friedlander, S. (1987). *When you hear hoofbeats think of a zebra: Talks on Sufism*. New York: Perennial Library.

Hoff, B. (1989). *The tao of Pooh*. London: Mandarin.

Hoff, B. (1993). *The te of Piglet*. London: Mandarin.

Jensen, L. (1999). *Uncovering the wisdom of the heartmind*. Wheaton, IL: Quest.

Martin, R., & Soares, M. (1995). *One hand clapping: Zen stories for all ages*. New York: Rizzoli.

Redhouse, R. W. (Trans.). (1977). *Legends of the Sufis*. London: Theosophical Publishing House.

Shah, I. (1970). *Tales of the dervishes*. New York: Dutton.

Shah, I. (1970). *The Fufis*. London: Allen.

비디오테이프

이런 매개체로 작업을 하는 은유치료의 숙련된 임상가를 보여 주는 좋은 비디오들이 많이 있다. 이런 것들은 내담자와의 상호작용, 의사소통 양식, 출판물로는 알 수 없는 목소리의 활용 등을 볼 수 있는 이점이 있다. 밀턴 H. 에릭슨 재단은 지난 20년이 넘는 동안의 회의들에 대한 기록 자료들을 녹화한 이해 자료 선집을 갖추고 있다. 이 재단의 연락처는 다음과 같다.

- The Milton H. Erickson Foundation, Inc.,
- 3606 N. 24th Street, Phoenix, AZ 85016, USA
- E-mail: office@erickson-foundation.org

인터넷 웹 사이트

이야기를 좋아하는 사람들의 재미있는 웹 사이트들도 많고 은유치료에 적용할 만한 신선한 아이디어들을 찾을 수 있는 곳도 많다. 앞서 제시한 모든 자료 출처들처럼, 특정 내담자나 제시된 문제, 바람직한 임상적 결말에 적합한 아이디어들이 갑자기 저 넓은 물속에서 툭 튀어나오는 게 아니라 많은 이야기들을 하나하나 살펴봐야 할지도 모른다. 웹 사이트는 이것이 맞는 것이라고 하기 힘들 정도로—어떤 때는 아주 급하게—주제가 바뀌어 버리기도 한다. 심지어 출판물에서도 그러하다. 여러분이 더 많은 이야기를 훑어보는 데에 도움이 되기를 바란다.

- 저녁 시간에 듣는 감동적인 이야기. http://inspirationalstories.com
- 아하-생활 이야기. http://www.ah-life.com
- 감동적인 이야기: 수피즘. http://inspirationalstories.com/2_sfm.htm
- 아이 이야기. http://home.netrover.com/~kinskid/108.html
- 레이코프의 개념적 은유. http://www.ac.wwu.edu/~market/semiotic/metaphor_toc.html
- 언어와 사고에서의 은유. http://Garnet.berkeley.edu:4247/metaphor.html
- 대화로서의 은유. http://www.stanford.edu/~dib/metaphor.html
- 나스루딘의 이야기. http://www.csclub.uwaterloo.ca/u/tamulder/nasrudin.html
- 스토리아트. www.storyarts.org/library/nutshell
- 이야기 궁전: 감동적인 이야기. http://storypalace.ourfamily.com/inspirational.html
- 성공 이야기. http://www.successstories.digital.com
- 수피 이야기. http://www.ias.org/sufi_stories.html
- 은유 작업. http://www.le.ac.uk/psychology/metaphor/abstracts.html
- 세계의 이야기. http://www.enimagnaphics.com/stories/stories/world.html
- 선(禪)의 추종자. http://sungag.buddhism.org/14enlight/looking.html
- 이웃에게 들려주고 싶은 선(禪) 이야기. http://www.rider.edu/users/suler/zenstory/nature/html
- 선(禪) 수피 이야기 공원. http://www.zensufi.com/story.html
- 선(禪) 워크숍. http://www.acc.umu.se/~ararmis/zenworkshop/koan.html

저자 소개

George W. Burns

▌ 임상심리사로서 현재 Western Australia에 있는 Milton H. Erickson 연구소 소장이자 심리치료 수련감독자로 일하고 있다. 주요 저서로는 *101 Healing Stories for Kids and Teens, Nature Guided Therapy* 등이 있고, 공저로 *Standing Without Shoes: Creating Happiness, Relieving Depression, Enhancing Life*가 있다.

역자 소개

김춘경

▌ 현재 경북대학교 아동가족학과와 문학치료학과 교수로서, 아동청소년상담 및 부부가족상담, 문학치료를 가르치면서 연구하고 있다. 주요 저서 및 역서로는 『아동상담: 이론과 실제』 『아들러 아동상담: 이론과 실제』 『청소년 상담』(공저), 『상호작용놀이를 통한 집단상담』(공저), 『상담기법』(역), 『삶의 기술』(역), 『상담과 심리치료: Adler의 개인심리학의 통합적 접근』(역), 『집단상담: 전략과 기술』(역), 『아동 집단상담 프로그램』(공저), 『상담 및 심리치료의 이해』(공역), 『어린이와 청소년을 위한 마음을 치유하는 101가지 이야기』(역) 등이 있다.

▌ E-mail: kckyung@knu.ac.kr

배선윤

▌ 경북대학교 대학원 문학치료학과에서 석사학위를 취득했으며, 동 대학원에서 박사과정을 수료하였다. 대한문학치료학회 정회원이며 2006년 『순수문학』 지를 통해 시인으로 등단하였다. 동인시집 『낮은 곳을 찾아 흐르는 바다 바라보며』가 있다.

▌ E-mail: chenny13@hanmail.net

마음에게 들려주는 101가지 이야기
-은유를 사용한 심리치료-

101 Healing Stories
–Using Metaphors in Therapy-

2010년 6월 21일 1판 1쇄 인쇄
2010년 6월 28일 1판 1쇄 발행

지은이 • George W. Burns
옮긴이 • 김춘경 · 배선윤
펴낸이 • 김진환
펴낸곳 • ㈜ 학지사

　　　　121-837 서울특별시 마포구 서교동 352-29 마인드월드빌딩 5층
대표전화 • 02)330-5114　　　팩스 • 02)324-2345
등록번호 • 제313-2006-000265호

홈페이지 • http://www.hakjisa.co.kr
커뮤니티 • http://cafe.naver.com/hakjisa

ISBN 978-89-6330-360-4 03180

정가 18,000원